客家選舉政治
影響客家族群投票抉擇因素的分析

劉嘉薇 ★著

五南圖書出版公司 印行

自 序

　　本人過去的研究以政治傳播、選舉研究和政治社會化為主，在進行這些研究的路上，一直感到「客家選舉研究」的缺乏，我們可以看到各式討論客家族群在選舉中扮演重要角色的文章，也會看到候選人爭取客家選票的新聞，更看到政治人物學起客家話，甚至講得很流利。這些情境經常出現，但卻缺乏系統性的學術討論，這就是筆者撰寫本書的緣由。在以上的研究背景之下，基於「客家選舉研究」的缺乏，這本《客家選舉政治：影響客家族群投票抉擇因素的分析》的問世，可說是對「客家選舉」最根本的描述，提供後續相關研究的基礎。

　　然而，這本書的完成並非一蹴可幾，花了很長時間的醞釀。有一次與劉義周教授在徐州路上走著，巧遇邱榮舉教授，當時邱老師正是臺灣大學客家研究中心主任，劉老師介紹我認識邱老師，邱老師訴說著客家研究的一切與理想，也燃起我內心投入客家選舉研究的火。很幸運能陸續參與由臺大客家研究中心所提的研究計畫，包括：（一）劉嘉薇，2014.1-2014.11，「地形、語言與情節：六堆客家族群投票抉擇之分析」，計畫編號：103-07-07，新北：行政院客家委員會委託研究案，以及（二）邱榮舉與劉嘉薇，2012.1-2012.11，「大臺北地區客家族群投票行為之研究：調查資料分析與深入訪談」，計畫編號：101-07-01-07，新北：行政院客家委員會委託研究案。本書的寫作也奠基於這些計畫，透過深度訪談，找到客家選舉政治中的重要概念與影響因素。

　　也因著上述的研究成果，有感於質性研究需再加入量化研究的輔助，才得以完整。筆者提出大規模客家族群樣本的調查：劉嘉薇，2017-2018，「選舉研究的缺角：客家族群投票行為之研究」，計畫編號：MOST 106-2410-H-305 -040 -SSS，臺北：行政院科技部專題研究計

畫，亦即本書分析的資料來源。尤其感謝科技部的經費支持與計畫審查人的意見，計畫執行期間特別感謝陳金貴教授、羅清俊教授、林瓊珠教授和蕭怡靖教授，他們對於問卷設計和抽樣設計的建議，讓本書更能體現當前客家選舉研究的重點。研究助理呂旻容小姐與蔡鈞穎小姐更是本計畫完成的得力助手。同時感謝五南圖書劉靜芬副總編輯與蔡琇雀資深責任編輯在專書的策劃、審查和編輯工作的諸多協助，以及兩位審查人在理論、研究設計和資料分析的建議，當然文責由作者自負。

最後，國立臺北大學公共行政暨政策學系提供良好的研究環境，伴隨著課堂上的「教學相長」和各式校內外服務工作的「參與觀察」，以及家人的完全支持，本書終於得以完成。值此本人擔任教職已十年，也算是一本給自己的禮物以及對學界知識累積的一小步。

踏入學界以來，一顆在內心的「客家選舉」種子，逐漸發芽，受到「客家研究」和「選舉研究」前輩的諸多協助，如同種子受到土壤的滋養，終能開花結果。然而，開花結果不是結束，而是醞釀下一次萌芽的過程，未來客家族群政治社會化和政治傳播的研究，都是作者繼續思索的研究方向。

劉嘉薇 謹識

2019年1月

目 錄

第一章

客家選舉政治研究動機與目的

　　蔡英文總統於2016年總統選舉時，提出打造「國家級臺三線客庄浪漫大道」的構想，行政院客家委員會（以下稱「客委會」）為落實這項客家政見，建構客家經濟政策新思路，規劃「國家級臺三線客庄浪漫大道推動方案」，打造臺三線豐富的人文、生態、產業，啓動客家文藝復興，帶動青壯人才回流或移居，再造客庄新生命。它的策略思維在運用文化生態旅遊的策略聯盟，進行相關文史生態調查、山林經濟等基礎建設整備、扶植藝文團隊、舉辦傳統歲時節慶及創新文化產業活動等措施，藉此帶動小農、導覽、休閒旅遊、文史、生態及藝術等相關領域人才的在地創（就）業；最後得以促進人口回流，完成社會資本重建，文化亦得以傳承、延續及創新，達成客家文藝復興的願景目標（中華民國行政院，2016）。過去客家族群的政黨傾向被認為較支持「泛藍」陣營，與國民黨理念較相近，從2016年總統與立委合併選舉結果觀之，在桃園市的七個客家文化重點發展區中，選票卻呈現一片綠油油（陳婕如，2017）。

　　在投票行為的研究中，有一群鮮少被單獨關注的族群，但在競選活動時，這個族群卻是候選人競相爭取選票的對象。客家族群的投票抉擇對象，除了1996年總統大選，從1994年省長選舉到2000、2004、2008、2012年總統大選，都呈現「北藍南綠」的現象，即北部客家族群（以下簡稱「北客」）較支持國民黨；南部高屏六堆地區的客家族群（以下簡稱「南客」）[1]較支持民進黨（中央選舉委員會，2016；客家雜誌編輯部，2004；客家雜誌編輯部，2008a）。

　　這個現象在客家族群中相當明顯，桃園、新竹、苗栗的客家族群偏向泛藍陣營，而高雄、屏東六堆地區的客家族群偏向泛綠陣營。客家族群雖有「北藍南綠」的現象，但整體偏向泛藍；客家族群在投票取向

---

[1] 以南北地域區分，「北客」為《客家基本法》定義桃園市、新竹縣、新竹市和苗栗縣的客家人，「南客」為《客家基本法》定義高雄市（包括改制前的高雄縣）和屏東縣的客家人，其他南部或北部縣市雖也有客家人，但因未符合《客家基本法》規定，因此未納入。

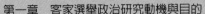

上，政黨取向超越族群取向；客家族群在都會區隱形化嚴重，政治凝聚力差；福佬、外省族群掌握政治綠、藍主流，客家族群形成依附（何來美，2007）。

過去在選舉中鮮少被注意的客家族群，在2016年總統選舉中被民進黨提出了一項政見「國家級臺三線客庄浪漫大道」，在2016年總統選舉之前，我們已經從過去選舉的總體資料，看出客家族群政治傾向有「北藍南綠」的傾向。至於個體資料的部分，將於「研究方法、進行步驟及執行進度」呈現現有結果，然因這些現有結果客家族群樣本過小，除了客家族群內部無法比較，亦無法與其他族群進行外部比較，亦凸顯本研究的重要。

客家族群自從民主化後的歷次選舉，總能扮演關鍵少數的重要角色，客家族群對政黨的偏好，幾乎落在閩南族群與大陸各省市人之間。在這些族群分離的範圍內，投票行為的空間群聚可能會出現。在選舉中，如果一個政黨或候選人在一個特定的族群或次群體中特別受歡迎，那麼選舉結果可能會展現出此空間分布，儘管產生這些分布的方式本質上並不必然是空間過程，反而是和特定族群人口的分布有關（Lay, Yap and Chen, 2008: 786-787），因此客家族群投票抉擇的移動也關係著臺灣政黨體系的變遷。那麼，本次提出的「國家級臺三線客庄浪漫大道」是否受到客家族群青睞，是否有「由藍翻綠」的情況？南北客家族群在這一次選舉後的藍綠流動又有何差異？若是變動，除了客家政策的提出可能有所影響，其他原因為何？

臺灣客家移民，長時間以來受到羅香林教授的見解所影響。羅香林的主張代表了認識客家的主要觀點，客家的歷史、客家的源流、客家人的認同（特別是作為漢人、作為中原人士的認同）基礎，可說已經相當穩固。臺灣客家研究的先驅，陳運棟（1988）先生開始寫作《客家人》一書時，其所思所為或可作為這個說法的延伸。早期在臺灣，客家人自認為中原人士，正統的漢人是相當普遍的，客家相關的媒體，以中原雜誌、中原周刊、中原衛星電視臺命名，都是彰顯出華夏邊緣理論的意義，同時也說明了羅香林見解的重要性與影響力（張維安，2015：197）。

　　客家族群遷徙來臺後，在臺灣政治參與的過程並不快速。在威權時代，客家族群不能使用母語（客語）且客家文化不受到重視，客家族群的政治影響力大多侷限於地方層級，但自民主轉型以後，客家族群的政治力明顯擴散至全國層面，提升到中央層級。將客家事務以公共議題對待，以民進黨臺北市市長候選人陳水扁在1994年臺北市市長選舉中首次提出客家政策白皮書為肇始，馬英九亦於1998年競選臺北市市長選舉提出其客家政策白皮書（Young, Stuart, 2000；范振乾，2002：12-17）。此外，1996年首次總統直選，各組總統候選人在族群政策中都提及了客家語言文化的保存（客家雜誌編輯部，1996），2000年總統選舉時，各組候選人亦不約而同地提出客家政策白皮書，客家議題正式成為全國性公共議題（范振乾，2002：12-17），客家政策櫥窗正式開啟（丘昌泰，2007）。

　　以1994年的臺北市長選舉以及2004年的總統大選為例，在這兩次大選中「客家議題」均成功地使陳水扁贏得臺北市長的客家票源，以及在2004年的總統選舉中贏得客家地區選票的票源成長。其關鍵在前者是承諾設立客家委員會，後者則是包含客家公共電視臺在內的「政治訴求計畫」（柯朝欽，2015；Hsu, 2010）。

　　2008年總統選舉時，各組候選人客家政策白皮書亦相繼推出，不僅維持原有的客家政策，更欲強化既有成效（客家雜誌編輯部，2008c）。2012年總統選舉候選人馬英九和蔡英文也紛紛競爭客家族群選票（何來美，2012）。2016年總統選舉時，蔡英文以「客家妹」自稱，提出客庄浪漫臺三線，甚至確立客語成為國家語言之一（張語羚，2015）；朱立倫也提出「客家人國父建立國民黨」的說法（唐詩，2015），雙雙都在鞏固客家票。如果沒有客家票？政治人物為何要爭取客家票？以上在在說明客家族群在政治的影響力逐漸擴大，值得本研究關注。

　　若要解釋客家族群的政治態度，我們就必須先對臺灣客家族群的特徵提出說明。根據行政院客家委員會（2011）調查結果顯示，《客家基本法》定義的客家族群全國人口18.1%，推估約有419.7萬人；自我單一認同為客家族群占全國人口的13.6%，推估約有314.7萬人；自我多重認同的客

家族群為18.5%，推估約有428.6萬人；廣義定義的客家族群為24.8%，推估約有575.3萬人[2]。然施正鋒（1997：80-84）指出，客家菁英所展現的集體焦慮，可以歸納為擔心客家族群在文化認同上逐漸衰退，隨著前往都會區謀生的客家族群愈來愈多，他們面對多數族群的無形文化壓力，往往不得不屈從，讓自己成為隱形人。

　　客家族群投票抉擇「北藍南綠」的背後更深層的原因是什麼？其解釋原因與其他族群有何不同？亦即本研究會探詢過去客家族群的投票抉擇，由於政治版圖的劃分，主要以中央選舉為主，中央選舉劃分了主要的政治權力，因此本研究選擇客家族群總統選舉投票抉擇為研究目標，分析客家族群在2012年和2016年投票抉擇的變化，以及變化的原因。目的在於補足選舉研究的缺角──客家族群投票行為（主要指投票抉擇，亦即投票投給誰），以及提供「客家選票」實務操作者意見，將「客家選舉研究」這塊拼圖拼入，臺灣的選舉研究便更加完整。再者，即使過去有客家選舉研究，亦以質性研究進行，然而以量化進行的代表性樣本研究，卻付之闕如。本研究一方面以量化進行研究，亦納入客家特殊因素（將在文獻檢閱提出），探索選舉研究的缺角──客家選舉研究。

---

[2]　若欲瞭解客家族群、自我單一認同為客家族群、自我多重認同的客家族群的定義，因為非本文主要目的，請讀者詳見行政院客家委員會（2011）。

討論客家選舉的重要因素

　　國際上的客家研究多集中在語言、宗教、企業等，且集中在中國大陸的客家族群研究（Berkowitz, Brandauer, and Reed, 1969; Cohen, 1968; Constable, 1996; Erbaugh, 1992; Hashimoto, 1973; Lutz and Lutz, 1998）。羅烈師在2005年將客家研究作一統計，客家政治研究僅占少數，多數客家研究爲語言、文學、音樂、藝術以及社會文化。周錦宏（2012）也發現客家研究偏重語言和文學，直至解嚴後，客家意識抬頭，但客家政治研究仍不多，因此以下研究將以西方投票行爲的文獻爲基底，分爲三大因素，包括：社會學因素、理性抉擇因素與社會心理學因素。然影響客家族群投票抉擇的特色在於一些探討全體選民投票抉擇時所未曾或較少探討的因素，例如：社會學因素中包括一般談論所有族群未論及的地形、語言、族群關係、通婚／宗親、是否爲都會地區客家人（簡稱：都會客家）以及使用客家媒體來聽或看選舉的新聞等客家族群相關的因素。再者，政治人物因素也相當不同，本研究特別挑出客籍政治人物對選民投票行爲的影響進行研究，以下分點論述之。

　　在投票行爲個體因素的研究中，包括著名的社會學途徑、社會心理學途徑和理性抉擇途徑。社會學研究途徑注重選舉中的社會結構因素，社會心理學派提出的心理學因素，納入選民對政治人物的看法，理性抉擇學派加入選民理性的思維，主要是選民預期投票可能獲得的利益（陳義彥，1986）。筆者根據上述社會學因素的核心概念，從文獻中歸納（一）地形；（二）語言；（三）閩客關係；（四）通婚／宗親／地方派系／社團（活動）和（五）使用客家媒體來聽或看選舉的新聞等是客家族群投票抉擇北藍南綠的箇中原因，說明如下。再者，社會學因素偏向社會學的論述，這些因素都較屬於社會結構性因素，然相對地，理性抉擇因素也可能影響客家族群的政治行爲，這些理性的經濟因素有別於社會的結構因素，社會性的系絡、結構因素來自於人與人之間互動產生的影響，理性的經濟因素則伴隨著利益誘因。至於社會心理因素，對客家族群來說，邱連輝、葉菊蘭和許信良長期在政治上如此重要的人物，對客家族群的政治傾向有所影響嗎？除此之外，客家意識／客家認同對客家族群來說亦是重要的身

分認同特徵，除了血緣是客家族群，身分上認同的強弱也可能影響客家族群對客家事務的想法，以下將這些因素分類說明之。

第一節　社會學因素

綜整過去文獻，社會學因素包括：地形、語言、閩客關係、通婚／宗親／地方派系／對客家社團（活動）的參與以及使用客家媒體來聽或看選舉的新聞，說明如下。

一、地形

地形環境是一政治社會化的情境，亦可能形成地域感（sense of place），地域感是指選民在特定區域尋求自我認同的途徑（Cox, 1969: 93）。地域因素與投票抉擇息息相關，在同一地域者因為接觸而可能強化或改變政治態度（王甫昌，2002）。

因為屏東位處的地域為平原地形，沒有山的阻隔，自然而然閩客的界線就愈來愈模糊，客家人幾乎都會講閩南話，投票抉擇自然可能受當地較大族群（閩南人）的影響。洪惟仁（2006：387）提到，在整個屏東平原漢語分布區內，閩南話是最優勢的語言。閩南話不但同化了所有清代所謂的「熟番」，也就是平埔族，同時也同化了客家人[1]。相反地，我們卻沒有看到閩南人大規模被客家人同化的現象。

孤立與互動是一體兩面，前者是族群內部互動，後者則是族群之間互動──苗栗的客家鄉鎮緊鄰密集，而高雄的美濃一帶亦然，因此，客家族內互動的機會較高。最為明顯的對比，則是孤立的雲林崙背，由於使用客語人口有限，而且周圍閩南鄉鎮密集，距離其他鄉鎮遙遠，因而呈現極低

---

[1] 高樹鄉北部、佳冬鄉石光村、車城鄉保力村，以及滿州鄉⋯⋯等閩客交界或雜居地帶的客家人。

的孤立指數。非客家鄉鎮地區的互動指數普遍很高，顯示居住在這裡的客家人口較不易密集聚合，必須高度與其他群體互動。最後從空間近似性指標而言，除了高雄六龜甲仙一帶，客家人口在空間上並未過度集中於少數聚落點（陳信木與林佳瑩，2015）。

二、語言

「語言」不僅是情感、思想的傳遞，更蘊含著民族精神的意義，語言彷彿是民族精神的外在表現，民族的語言即民族的精神。因此，在這些客家後生人的經驗中，最重要也被每位研究參與者提及的就是「客家話」。而客家話的學習，環境的提供是非常重要的（李文玫，1999）。臺灣的客家人口規模，以《客家基本法》的定義標準來看，高達全體人口的18%，在家的客語使用率卻僅有6.64%，此一巨大差距，尤其挑戰「寧賣祖宗田、莫忘祖宗言」的客家傳統教訓（陳信木與林佳瑩，2015）。關於語言流失的問題來源，除了最強勢的政治勢力介入所致以外，生活形態及經濟因素更動也是造成語言流失的可能原因之一；同時，不同語言族群的通婚，也將有可能造成下一代的語言流失，間接影響其族群認同（陳嘉甄，2013）。甚至有論者認為，有些客家人反對國民黨主要的因素在於，客家語言的流失。在臺灣，每5個客家人中只有2人可以流利地說客語。相較之下，儘管北京普通話的教育已有50年的歷史，但超過70%以上閩南人口的母語——臺語（閩南語），仍然是臺灣的主要語言（Young, 2000）。

此外，閩南話的優勢在清代即已形成，自清朝康熙初期的混居時期就已經開始。閩南人人口、文化高，相對客家與平埔族，閩南話很自然成為高屏地區的高階語言（H language），也就是共通語，平埔族的西拉雅語以及客家話都是低階語言（L language）。據此，平埔族的南島語和客家話只有被閩南話同化的可能（洪惟仁，2006：387）[2]。Deutsch和Gerard

---

[2]　雖然客家人聚集形成六堆之後，客家話基於地緣關係有機會同化平埔族，但因為閩南語

（1955）發現人際關係可透過語言發揮影響力。Lazarsfeld等人早在1940年研究發現，身處同質性高團體的選民，其政治傾向相當一致。Schmitt-Beck（2003）則提出了在同質性高的人際網絡中，容易重視對此一團體正面的訊息，忽視負面的訊息。在本研究中，語言（閩南話）便可視爲一種同質性，使用相同語言者的政治社會化過程較爲接近。

三、閩客關係

　　此外，社會學因素相當注重網絡關係對政治態度的影響，因此閩客關係也值得探討。清廷於屏東平原開發區域的北移，使得南部客家族群和閩南族群關係也得以緩和。簡炯仁（2000：37）研究指出，康熙末年臺灣的開發逐漸往嘉義以北推進，致使南屏東平原的人口成長變成「封閉性」的自然成長，閩客關係可避免外在的刺激而惡化。加上六堆外圍的「番界」足以提供紓解內在人口壓力的管道，致使屏東平原的閩客族群可以調適彼此之間的矛盾。再者，朱一貴事件（演變成閩客械鬥）之後，閩客聚落相繼各自往外擴張，由於逼近「番界」，客家人和閩南人面臨共同的敵人，因而淡化閩客族群的隔閡，屏東平原便極少發生嚴重的閩客衝突（簡炯仁，2000：37）。直到近代，高屏六堆地區因受解嚴前當地客家族群「反官方」情結及與福佬族群互動佳的影響，明顯偏綠（何來美，2009：103）。在桃竹苗，福佬人、客家人的區別清楚，民進黨執政時，陳水扁總統講話都使用閩南話，似乎每一個人都要聽懂閩南話，無法引起北部客家族群的認同（何來美，2010：69，引自邱榮舉等，2010）。

　　何來美（2008：269-270）曾提到，臺灣的客家族群，受長期「政治社會化」的影響，桃竹苗地區、大臺北都會區及花東地區的政治傾向，受早期「閩客情結」、國民黨長期執政、客家族群較「親官方」，以及與外

　　在整個屏東平原的優勢地位，平埔族沒有理由放棄閩南語而改用客家話，頂多是平埔族的閩南語吸收了一些客語詞彙（洪惟仁，2006）。

省族群互動較多的影響，多數較偏淺藍；此偏藍取向，到中部客家地區後趨淡，到南部高屏六堆客家地區後，因受解嚴前「反官方」（反國民黨）及與福佬族群互動佳的影響，則明顯偏泛綠，尤其是屏東縣客家八鄉更綠。不過，桃竹苗客家地區雖多數偏藍，但桃園市的觀音區、新屋區，受「中壢事件」後，許信良「稻穀服務到家」政策的影響；苗栗縣卓蘭鎮農權會爭取果農利益的衝突，卻是少數偏綠的地區。這也說明了閩客關係是影響客家族群投票抉擇的原因，但也受到其他個別事件和政策的影響。

再者，客家族群遷徙臺灣稍晚，人數上遠不及大規模移入的福佬人（施正鋒，2007）。族群先來後到的差異，也造成族群間關係的差異，閩客來臺次序不同、規模不同，也形成閩客關係的緊張或隔閡。

自1980年代開始，省籍差異及本土化的地緣主義、族群關係訴求，仍為選戰的重要策略，也蘊含著「反支配」的意識在其中，而1981年的縣長選舉，臺中與屏東縣長首次由客籍人士擔任，在選戰中也激起運用閩客分類的族群政治戰略，1981年可說是客家族群在居劣勢的地方社會中，族群政治力大有斬獲的一年（蕭新煌與黃世明，2001：332）。

在這個本土社會運動過程中，客家意識逐漸清晰化。在這一段時間，特別是由於閩南族群的臺灣意識獨占了對於臺灣人與臺灣話的命名權，雖然有一些客家人認為以閩南族群在臺灣的人數來說，把閩南話稱為臺灣話，把閩南人稱為臺灣人也可以接受，但是多數的客家人仍然對此感到不安（張維安，2015：201）。

四、通婚／宗親／地方派系／社團（活動）

族群通婚為族群同化的重要因素，通婚後將淡化族群的特徵，並減少彼此的偏見，亦影響子代的母語使用和文化同化（Gordon, 1964；王甫昌，1993；巫麗雪與蔡瑞明，2006；梁世武，2009；劉千嘉與章英華，2014）。通婚家庭中，父母通常會以共通的語言或強勢語言交流，也以該強勢語言與兒童溝通；非通婚家庭中，如父母皆為客家籍，則較有可能在

孩童幼兒時期，即以客家母語作為家庭中的主要溝通語言，也較有可能接觸客語發音的媒體節目。因此，非通婚家庭的下一代語言流失可能性將低於通婚家庭（陳嘉甄，2013）。婚姻的同化是否影響政治認同的形成或改變，亦值得觀察。

除了通婚，宗親也是一種人際網絡縱深的表現。彭鳳貞（2013）指出，至2013年10月底止，新竹縣總計212個登記有案的宗親會，平時作為同姓宗親聯合祭祀、互助協力、聯絡宗親情感、維繫認同的管道，選舉時則以人情相繫而展開合縱連橫，在既有的人際網絡下，發揮政治動員效用。曾建元（2016）也指出，客家人的選舉政治動員，主要還是依賴宗親、同學、鄉親或派系的動員，公共政策議題或政治意識形態辯論的效果有限。客家族群的社會力在政治場域的行事邏輯，有其組織動員的「關係原則」，而血緣關係與地緣關係所構成的動員網路，對於重視宗親世系和人地關係的客家人來說，是客家族群政治力展現的重要依循管道（蕭新煌與黃世明，2001：2）。

客家政治影響力除侷限於地方外，彼此競爭激烈的政治派系、宗親團體幾乎都與執政黨緊密結合，呈現出「一黨化」現象（江明修與吳正中，2013）。屏東縣客家族群約占五分之一，威權時期是張派、林派輪政，不成文規定是副議長、縣府機要祕書安排客家人出任，並保有一席客家籍省議員（何來美，2007）。這些過去的地方派系至今是否還存在，值得一探。

最後，由於臺灣被日本統治50年（1895-1945），1949年國民政府從大陸帶來大批的政治性移民，本地居民與大陸移民在思想上有衝突矛盾，藉傳統客家社團的成立，對政府有政令宣導、輔助施政的功能，在選舉時又能藉社團達到輔選的目的（蕭新煌與黃世明，2001：327）。

五、對客家媒體的使用

不諳客語的後裔面對被族群長輩責備不會說客家話的殺傷力，讓這群

不諳客語卻又十分認同客家身分的後裔產生丟臉、沮喪甚至憤怒的情緒。其中客家電視臺的角色在於擴大客家族群對自己族群文化的認識以及記憶中的族群認同（蔡珮，2007）。彭文正與陳康宏（2012）也分析了客家雜誌、六堆風雲雜誌、六堆雜誌、山城週刊、石岡人社區報等平面媒體，發現它們多具有豐富的客家意象。而經常閱聽這些媒體的民眾，是否比較偏向投給客籍候選人呢？

第二節　理性抉擇因素

　　除了上述的社會學因素，便是理性的經濟因素，亦即國民兩大政黨在經濟上、理性上如何對待客家族群，亦即政府有無重北輕南的現象以及是否關心客家族群關切的議題。政府重北輕南是否為一實際現象，進而影響南北客家族群在投票抉擇上有不同的傾向？國民黨早期的執政，比較偏向於北部，當然也照顧外省族群，客家族群與外省族群畢竟是少數族群，少數族群之間較可能因為惺惺相惜而團結，造成北部客家族群與外省族群相同，比較認同國民黨（何來美，2009；何來美，2010：69，引自邱榮舉等，2010）。

　　以實際的資料觀察政府是否有重北輕南的情況，北部獲得的中央補助款高於南部（陳順勝，1995：17）。楊重信（1990）分析許多重大交通建設、工業區開發、大型醫療設施及都市公共設施都從北部展開。黃尚志與蔡哲嘉（1995：21）統計北部的每個醫療院所平均照顧的民眾高於南部。根據楊重信（1990）的計算，臺灣地區地方政府總支出分配在臺北都會區的比例，由1961年的22.19%，提升至1988年的39.67%，經濟建設支出由1961年的29.40%，提升至1988年的51.91%，交通支出則由32.91%增為45.02%，臺北都會區所獲得經費在1980年代大幅提升。李玫霙（1995）以經濟學的方法驗證，政府在交通建設有重北輕南情形，從最早十大建設的中山高、臺中港、北迴鐵路、中正國際機場、鐵路電氣化等，一直到後來北二高、臺北捷運、臺北鐵路電氣化等，發現北、中、南、東四個區域

分配權重爲1：0.4755：0.2624：0.0813，亦即在決策者心目中，北部區域交通建設的重要性比南部區域高了3.8倍。若深入至客家縣市而言，依據行政院統計[3]和本研究計算，北部客家縣市受到的統籌分配稅款也高於南部客家縣市[4]。以上學者對於重北輕南的論證歷歷，南北客家人是否心中有所感受，對國民黨政府和民進黨政府的看法是否不同，是本研究欲探索之處。除了重北輕南，議題本身就是理性抉擇因素關切的重點，亦一併討論。

　　雖然上述文獻多從預算或建設提及政府重北輕南，然客家族群本身又是如何看待？對國民黨政府和民進黨政府的看法又有何差異？再者，過去的文獻較少提及政府對中客（中部客家族群）和東客（東部客家族群）[5]的作爲，亦無提及中客和東客對政府重視程度的看法，本書將一併納入研究，以評估政府重視程度對不同區域客家人的影響。

第三節　社會心理學因素

　　綜整過去文獻，社會心理學因素包括：候選人／政治人物因素、客家意識／客家認同、政黨偏好／統獨立場，說明如下。

一、候選人／政治人物因素

　　在選舉投票行爲研究中，社會心理學因素指的是候選人因素，除此之外，在客家研究中，客籍政治人物的因素也需要考慮，同屬選民的社

---

[3]　資料爲國立臺北大學教授羅清俊提供，羅清俊曾利用這筆資料發表在：羅清俊與詹富堯（2012），〈立法委員特殊利益提案與中央政府計畫型補助款的分配：從民國94年至98年之資料探析〉，《公共行政學報》，第42期，頁1-31。

[4]　北部客家縣市和南部客家縣市的界定如本研究表2-1的界定。

[5]　「中客」爲《客家基本法》定義改制前的臺中縣、南投縣和雲林縣的客家族群，「東客」爲花蓮縣和臺東縣的客家族群。雖其他中部或東部縣市也有客家人，但因未符合《客家基本法》規定，因此未納入。

會心理因素。邱連輝的政治遭遇引發民眾的邱連輝情結，可能也與南部客家族群較北部客家族群支持民進黨候選人有關。以2008年的總統大選為例，馬英九在屏東縣只輸了兩千多票，但是在客家八鄉鎮大輸（何來美，2010：70，引自邱榮舉，2010）。1959年邱連輝以黨外身分擊敗國民黨提名的候選人，當選麟洛鄉長，之後再連任一屆鄉長。1968年他當選屏東縣議員，1973年由國民黨提名，當選臺灣省議員，表現優越，曾獲上級頒獎，但未獲國民黨提名競選連任，1977年他毅然脫黨競選，以十二萬高票當選。1980年，邱連輝拒絕國民黨千萬元的收買，發動5位黨外省議員，支持尤清當選監察委員（吳應文，1989）。邱連輝雖曾是國民黨員，但黨性不強，為了人民，曾冒犯黨意，也與黨外敏感人物交往。這些行為使他在政黨考核得到較差的評價，但在人民心中建立正義的形象（李旺臺，1982）。

1981年以「客家」少數族群且為「無黨籍」的身分，當選屏東縣第一位黨外縣長，邱連輝一路的從政過程，帶動他自己所屬的客家族群，由偏向國民黨轉向黨外（吳應文，1989），之後邱連輝擔任立委都受到民進黨的提名，是否也帶動南部客家族群的投票抉擇？雖然他不是一直都是候選人，但確實是對地方政治影響相當大的政治人物，而葉菊蘭、許信良，對於北客的政治傾向有所影響嗎？格外值得本研究關注，本研究將設計各區域重要的客籍政治人物作為測量標的。

二、客家意識／客家認同

客家族群以往的「義民印象」，在戰後的族群衝突過程中，則有「依違兩難」的困境；就實而論，戰後臺灣的反對運動，客家人扮演相當重要的角色，如中壢事件可見一斑，絕非「義民」、「順民」一類政治的刻板印象可概括。再者，臺灣史上對當政者或既得利益者進行抗爭的階級運動，如日據即有乃至到戰後又浮現的農民運動，以及1980年代的勞工運動，客家人皆擔任主導性的角色地位，而有令人刮目相看的可敬演出（蕭

新煌與黃世明，2001：6）。

臺灣的客家族群發展，也很難完全免除「族群集體記憶」被政治力扭曲的命運；從另一個角度來看，臺灣客家族群的發展，若能適當地從族群政治力分析相關的複雜問題，當可對客家族群在臺灣的發展過程，有更清楚、更深入的認識（蕭新煌與黃世明，2001：3）。集體認同注重個體之間的相似性（similarity），強調集體意識（collective conscience）和共同體（community），人們藉此組織自己的生活，並且藉此認識他們生活中的地域（Jenkins, 1996），本研究依此將「客家身分認同」指具有客家身分者，對客家身分的認同感。一般說來，族群的分類並不依照生物遺傳所認定的特色來分類，許多主觀的與文化性的因素引導著族群的形成與建構，例如關於族群的共同記憶、相同的祖先、共同的逃難路線、共同的英雄、分享相同的宿命或苦難史等等（張維安，2006）。施正鋒（2006：42-43）以「是否承認自己爲客家人」、「會不會說客家話」以及「是否承認有客家血統」作爲客家認同程度的劃分。

1980年代末期政治解嚴，本土意識開始浮上檯面，客家族群在臺灣本地的奮鬥與貢獻，漸漸成爲思考與論說的對象，閩南族群的臺灣化排擠了客家族群的臺灣記憶，因而喚起了客家族群的在地記憶，中原記憶雖然還在許多人的腦海中，但是實際的論說與議題，則集中在自來臺起，在臺灣歷史中的角色，對臺灣文化的貢獻，對公共資源排擠客家的不滿。客家意識與客家運動相互的發展，進而因公部門資源的介入，學術知識體系的建立，以及許多新創的客家文化的實作活動，逐漸的重新定義客家，新的客家，從這裡誕生新的客家記憶（張維安，2006）。

解嚴後，一些民間論述開始凸顯客家的特色，例如客家文學、客家美食、客家服等等，客家作爲一個人群的分類，其語言、文化、社會、經濟、政治特色逐漸受到重視。其中最重要的是客家發聲運動，客家族群從提倡文化公民權、檢討廣播、電視等公共資源的分配，讓客家在公共領域現身，並提升客家族群的自尊與認同（張維安，2015：201）。

王保鍵和邱榮舉（2012）認爲客家運動的性質可以說是一種政治運

動、社會運動、文化運動、族群運動、自覺運動和客家改造運動。葉德聖（2013）談臺灣客家運動的發展歷程，包括從《客家風雲》到《客家》的轉型，從臺灣客家公共事務協會到寶島客家電臺的成立，都說明了客家意識的再度覺醒，也是客家族群更能在社會上勇敢表達自己的過程，也因為僅有雜誌無法發聲，臺灣客家公共事務協會和寶島客家電臺因此而生，尤其電臺的成立更為了避免都會客家人的流失。王保鍵和邱榮舉（2012）更以《客家基本法》當作客家運動長年努力的成果，最主要的內容包括客家母語權、客家文化權、客家文化產業以及客家知識體系。

客家人與其他族群最大的區別應在於語言，而非外觀（例如原住民），以往客家人較支持客家人，或客家人較支持外省人，可能是因為閩南人通常直接將閩南話界定為臺語，不會講臺語就不是臺灣人，客家人在歸屬上也自然被排斥在狹義的臺灣人之外，相對於臺灣多數的閩南族群，客家人相對少數的族群危機意識可能是左右其選舉行為的重要原因。因為客家人確實屬於隱性族群，所以在實證分析上本研究將突破地域限制，以民意調查方式瞭解非居住於客家鄉鎮的客家人想法，應有助於此研究的豐富性與內涵，也進一步探求客家意識與民眾投給客籍候選人的關聯。

此外，與族群文化有關的節慶活動，對於族群意識與族群認同的強化，有著積極促進功能。Hsu（2010）和陳麗華（2015）指出，節慶活動已經成為展演族群文化和認同的重要途徑。

三、政黨偏好／統獨立場

政黨偏好對投票行為的研究幾乎不勝枚舉，起源於美國密西根學派的研究（Campbell et al., 1960），後續的投票行為研究皆採用此變數，因此本研究亦納入此變數。此外，因為統獨立場是臺灣民眾特殊的政治分歧，也一併納入討論。

整體而言，影響不同地區客家族群政治態度差異的來源可能包括社會學因素、理性抉擇因素和社會心理學因素，社會學因素包括地形、語言和

閩客關係等，過去解釋投票抉擇的主要因素為家庭帶來的政治社會化，然而對客家族群而言，地形、語言、閩客關係和都會客家、客家意識等等，相較於過去全體選民的投票行為研究，無疑是有趣而特殊的切入角度。至於重北輕南和選民「關切議題」這些因素，對於選民而言是理性抉擇因素，因為這關係著客家族群的「生存」與「發展」，同樣適合用於討論客家族群投票抉擇的差異來源。

　　由政治學角度進行的客家研究比起歷史、文化方面的研究，一向較為缺乏，筆者也希望於本文進行更多的耕耘，由於客家族群在政治上扮演關鍵族群，各政黨爭相競爭其支持。「北藍南綠」是新聞界經常描述臺灣政治板塊的名詞，然這是針對客家庄在總體層次的分析，客家族群在「個體」層次也是如此嗎？為什麼？以下將從討論「影響客家族群政治態度內部差異和外部差異的來源」開始，以此文獻基礎進行研究設計和實證研究，最後進入討論和結論。

第四節　個人背景與影響客家族群投票因素

　　透過前三節的文獻和理論整理，我們已經找到影響客家族群投票的因素，那麼這些因素又因何而異？不同背景的客家族群在這些因素又可能有何差異，我們綜合文獻，歸納了幾項因素，其中區域和客家世代因為客家的地緣政治和客家「還我母語運動」的歷史，特別值得關注。其他個人背景包括性別、教育程度、收入以及職業等，也說明了客家民眾所處社會位置的差異，一併討論之。

一、區域

　　在前述「研究背景、研究目的與研究重要性」中，本研究已經從過去投票結果發現客家族群投票「北藍南綠」的情況，因此地域會是首要討論因素，然地域間的差異若要找到差異的因素，應進入探討個別選民投票

抉擇的因素，因此南客與北客僅為過去常見的分野，對中客和東客投票抉擇的探討則較少，值得開發。因此本研究將區域分為北、中、南、東四部分。

關於地緣政治，Key（1949）對美國南方政治的描述即為著名的研究，Price（1970）和Sindler（1955）也發現美國地域間民眾政治認同的差異。有關臺灣北藍南綠的政治版塊分布確實也在客家族群中發生，鄰近效應（neighborhood effect）可提供部分的解釋。Lay等人（2006）研究臺灣1996年至2000年三次的總統大選，發現鄰近效應的重要性，鄰近效應意指鄰近區域的民眾，他們的態度會有大群體影響小群體的情況。基於地域的差異，本研究表2-1「客家鄉鎮客家人比例」首先呈現《客家基本法》定義的「客家文化重點發展區」（附錄一）客家族群的分布狀況。

整體而言，北部客家族群所處的省籍系絡多半為客家人過半的鄉鎮市區，包括：桃園市的中壢區、楊梅區、龍潭區、平鎮區、新屋區；新竹縣的竹北市、竹東鎮、新埔鎮、關西鎮、湖口鄉、新豐鄉、芎林鄉、橫山鄉、北埔鄉、寶山鄉、峨眉鄉；苗栗縣的苗栗市、頭份鎮、卓蘭鎮、大湖鄉、公館鄉、銅鑼鄉、南庄鄉、頭屋鄉、三義鄉、西湖鄉、造橋鄉、三灣鄉和獅潭鄉都是客家族群過半的客家庄。南部客家庄如：高雄市杉林區、屏東縣麟洛鄉、內埔鄉和新埤鄉是客家族群多於閩南族群的鄉鎮，但南部仍有其他客家庄處於省籍比例不到一半的狀況，如：高雄市六龜區和甲仙區，以及屏東縣長治鄉、高樹鄉、萬巒鄉和佳冬鄉，可見南北客家族群所處的省籍系絡不同。

民進黨版圖的成功擴張，表現出他們有效動員了閩南人，由於閩南人集中於南部，這使民進黨的擴張在南部特別明顯，有助於刺激北藍南綠的印象。基此，本研究進一步推論：因為選舉族群動員時產生的鄰近效應，造成在南部人數較多的閩南人影響了人數較少的客家族群的投票抉擇。閩南族群人口多於客家族群，因為擴散效應，而使南部客家族群投票抉擇與閩南族群相似。北藍南綠是整體的現象，但解釋客家族群北藍南綠的原因卻有其特殊性。因此筆者不會針對所有族群進行研究，反而會針對客家族

群深入研究。筆者不比較客家族群與其他族群投票抉擇的原因在於，客家族群本身即存在內部（南、北）差異，我們的焦點在於北部客家族群和南部客家族群的差異和對照，北部客家族群相對南部客家族群較藍，南部客家族群相對北部客家族群較綠，為什麼呢？這便是本研究要探討的。

表 2-1　客家鄉鎮客家人比例

	縣市區域	客家人比例（%）
北部	桃園市中壢區	56.99
	桃園市楊梅區	68.22
	桃園市龍潭區	59.07
	桃園市平鎮區	59.28
	桃園市新屋區	76.56
	桃園市觀音區	47.68
	桃園市大園區	25.98
	新竹縣竹北市	56.60
	新竹縣竹東鎮	78.38
	新竹縣新埔鎮	91.64
	新竹縣關西鎮	89.44
	新竹縣湖口鄉	75.43
	新竹縣新豐鄉	65.50
	新竹縣芎林鄉	83.54
	新竹縣橫山鄉	88.93
	新竹縣北埔鄉	93.52
	新竹縣寶山鄉	75.49
	新竹縣峨眉鄉	91.76
	新竹市東區	37.07
	新竹市香山區	26.64
	苗栗縣苗栗市	87.02
	苗栗縣竹南鎮	37.57

表 2-1　客家鄉鎮客家人比例（續）

	縣市區域	客家人比例（%）
北部	苗栗縣頭份鎮	77.87
	苗栗縣卓蘭鎮	78.59
	苗栗縣大湖鄉	88.00
	苗栗縣公館鄉	91.34
	苗栗縣銅鑼鄉	87.26
	苗栗縣南庄鄉	81.83
	苗栗縣頭屋鄉	88.84
	苗栗縣三義鄉	81.33
	苗栗縣西湖鄉	76.29
	苗栗縣造橋鄉	77.08
	苗栗縣三灣鄉	88.05
	苗栗縣獅潭鄉	79.35
	苗栗縣泰安鄉	40.88
	苗栗縣通霄鎮	32.75
	苗栗縣苑裡鎮	29.69
	苗栗縣後龍鎮	29.01
中部	臺中市東勢區	77.02
	臺中市新社區	45.09
	臺中市石岡區	46.31
	臺中市和平區	33.83
	臺中市豐原區	26.62
	南投縣國姓鄉	57.96
	南投縣水里鄉	27.17
	雲林縣崙背鄉	38.78
南部	高雄市美濃區	86.63
	高雄市六龜區	44.07
	高雄市杉林區	51.25
	高雄市甲仙區	28.02

表 2-1　客家鄉鎮客家人比例（續）

縣市區域		客家人比例（%）
南部	屏東縣長治鄉	43.34
	屏東縣麟洛鄉	68.15
	屏東縣高樹鄉	41.89
	屏東縣萬巒鄉	48.72
	屏東縣內埔鄉	63.65
	屏東縣新埤鄉	53.56
	屏東縣佳冬鄉	40.63
	屏東縣竹田鄉	71.41
東部	花蓮縣鳳林鎮	66.28
	花蓮縣玉里鎮	39.03
	花蓮縣吉安鄉	33.03
	花蓮縣瑞穗鄉	41.96
	花蓮縣富里鄉	50.43
	花蓮縣壽豐鄉	34.38
	花蓮縣花蓮市	31.89
	花蓮縣光復鄉	29.83
	臺東縣關山鎮	40.52
	臺東縣鹿野鄉	33.34
	臺東縣池上鄉	42.59

資料來源：筆者整理自行政院客家委員會，2011年。

　　國內有關客家族群投票抉擇「北藍南綠」板塊的情況，彭鳳貞與黃佳模（2015）提到，全國性選舉結果經常呈現「北藍南綠」現象，其中客家族群人口比例居全臺各縣市第三高的桃園市，客家人口數逼近80萬人，高居全國第一，在現階段臺灣藍綠政治版圖中，屬於基本盤「藍大於綠」的泛藍優勢區域。彭鳳貞與黃佳模（2014）指出，民進黨成立以來，在全國其他各縣市各級公職人員選舉中多所斬獲，卻在苗栗縣難以獲得重要突

破，苗栗縣因此成爲泛藍陣營最穩固的政治版圖之一。

　　基於以上現象，北部客家族群與南部客家族群所處的社會系絡有所差異，亦即所處環境的族群比例不同，質言之，南北的閩客關係或閩客情結是否因爲族群比例不同而有差異？

　　南部閩南人口占多數，可能因爲鄰近效應影響了人數較少客家族群的投票抉擇，然而，這樣的推論僅止於「南部閩南」的說法，本研究將進一步細緻到全臺各鄉鎮進一步解釋，若不符合鄰近效應解釋者，搭配其他因素進行解釋。例如花東部分客家鄉鎮中的閩南人比例亦高，爲何偏向支持國民黨候選人，是否有個體因素，將輔以以下各個因素資料進行解釋。

二、客家世代

　　1987年到1988年可說是客家社會力浮現高張，工運、農運的帶動與動員，客家人皆扮演重要的角色，而「還我母語運動」，則是臺灣首次凸顯族群母語受政治社會的不平等、不合理待遇，一方面欲藉改善政治力對語言的不當滲透與干預，另一方面也藉此集體行動的訴求，強化客家的身分認同與族群尊嚴，力圖走出隱形化的陰影（蕭新煌與黃世明，2001：321）。

　　世代也是一種社會學因素，尤其不同世代的客家意識可能並不相同。江明修與邱郁芬（2012）發現，不同世代對族群情感與意識的看法有所不同。本研究認爲，曾經經歷「還我母語運動」的世代，以及未曾經歷「還我母語運動」的世代，他們對客語保存的客家意識相同嗎？至於此處所指「曾經經歷還我母語運動」，應該意指能夠認識政治事務的年齡，本研究界定爲高一以上曾歷經「還我母語運動」者，亦即1988年「還我母語運動」時16歲以上的客家族群，亦即目前44歲以上的客家族群。整體而言，44歲以上者爲第一代客家族群，43歲以下者爲第二代客家族群。當然，除了對客語保存的意識，還有其他面向的客家意識，也將納入討論，特別是客家族群意識在世代之間的差異。不同的客家世代是否受到不同的

因素影響而產生不同的投票抉擇？例如：屬於社會學因素的人際網絡是否對第一代客家世代較有影響？理性抉擇因素是否對第二代客家世代較有影響？

三、其他個人背景

　　其他人口背景因素也將影響民眾投票抉擇，包括性別、教育程度、收入以及職業等。Laurison（2016）認為，教育程度影響政治態度和行為甚鉅，教育程度較高的人們最有可能屬於某一政黨或去投票。屬於管理階層或是專業職業的人們，比較有可能志願去參與競選活動、聯絡他們的代表或是捐助給政黨，而那些擁有較高收入的人們有更大的政治效能感，也就是說，他們較有可能相信能夠影響政治結果。性別間差異的可能性來自於女人接收到「政治是男人的世界」的訊息所導致。社會地位不僅影響政治的「客觀知識」以及「投票率」，更關鍵地影響人們如何思考、理解政治和政治參與對於他們生活意義所在。

　　在其他社經地位對政治態度或行為的討論中，近期仍有討論，Lahtinen, Mattila, Wass and Martikainen（2017）發現，較不富裕的公民擁有較少的機會去受到政治招聘，這顯示出擁有較多資源的公民較被關注。即使收入變為稀有，有優勢的社會階級地位依舊可以提供其他資源，像是藉由工作習得的公民技能，可以用來彌補收入缺乏所造成的負面影響。Brown-Iannuzzi, Lundberg and McKee（2017）也看到，社會經濟地位與對於重分配支持呈現負相關，較高的社會經濟地位者較少支持重分配性政策。

第三章

探析客家選舉重要因素的方法

第一節　研究架構

　　本研究首先採用二手資料進行量化分析，此部分的分析僅分析近年來客家族群投票抉擇的變化。再者，本研究以深度訪談法進一步瞭解影響客家族群投票抉擇的原因。過去研究發現南客較北客偏向認同泛綠，然其中原因值得探究，基於本研究假設原因可能是南部客家聚落與福佬聚落向來互動頻繁，加上地形、語言的阻隔較小，因而可能是南客較北客偏向泛綠的原因。

圖 3-1　研究架構圖

　　其次，政府長期重北輕南的發展，也是推波助瀾的原因。再者，對桃竹苗或高屏客籍政治人物偏好較高者，將引領民意偏向該客籍政治人物所屬政黨推出候選人的認同。最後，選民政黨偏好與投票抉擇的關聯幾乎不言而喻，政黨認同偏國民黨的選民傾向投給國民黨總統候選人，政黨認同偏民進黨的選民傾向投給民進黨總統候選人。

　　以上假設需要依賴調查資料分析趨勢，包括不同區域客家族群的比較，以及客家族群與其他族群的比較。除了北客與南客，雖中客與東客過去文獻甚少提及，基於研究的完整性，將一併討論分析。圖3-1為研究架構圖，自變數為所有文獻檢閱的變數，適用於客家族群的分析。本書第二章前三節分別為影響客家民眾投票抉擇的重要因素，包括社會學因素、理性抉擇因素以及社會心理學因素，那麼，這三大因素又受到哪些客家民眾個人背景的影響？因此第四節討論「個人背景與影響客家族群投票因素」，也構成本書的研究架構圖和第五章的分析策略。

第二節　深度訪談

　　進行深度訪談法的目的在於瞭解南北客家族群政黨偏好和投票抉擇差異的原因，第四節進一步將這些題目設計成問卷形式，以便全面性瞭解這些因素的分布及影響這些因素分布的因素。本研究在邱榮舉與劉嘉薇（2012）以及劉嘉薇（2014）訪談了北部地方記者（前聯合報地方記者）、北部政治人物（民進黨客家事務部主任與桃園市議員）、北部民眾（苗栗同鄉會副理事長、新竹縣北埔鄉鄉民）和北部學者（新竹縣客籍學者），以及南部六堆地區民眾（退休老師、志工）、六堆政治人物（前村長、前鄉長）、六堆文化重鎮相關人士（客家文化園區祕書）、六堆信仰中心人士（忠義祠副總幹事）。每位受訪者訪談原因如表3-1，希望從以上各類不同身分的受訪者，瞭解南北客家族群政黨偏好和投票抉擇差異的可能原因，這些受訪者皆熟知客家族群政黨偏好和投票抉擇的發展。

　　質性研究的受訪者不似量化多，然本研究已在受訪者選取上兼顧多元的面向，表3-1亦說明訪談該名受訪者原因。雖然受訪者的回答可能主觀，但透過不同受訪者皆表達類似的看法，訪談資料也達到相當一致性，例如：所有受訪者都提到邱連輝在南部客家政治的重要性，我們便很難忽略此一因素的重要性。加上筆者已運用文獻檢閱設計相關訪談題綱，將受訪者所言與文獻作一交互對照，有助於實證研究。

表 3-1　調查資料分析資料來源

北客或南客	經歷	代號	訪談原因
南客	內埔客家會館志工	受訪者1	瞭解地方客家政治細節與原由。
	六堆客家文化園區祕書	受訪者2	曾於北部和南部客委會所屬單位服務，深知地方政治民情。
	六堆忠義祠副總幹事	受訪者3	在客家信仰中心服務，對於南客政治傾向有深入觀察。
	前竹田鄉村長	受訪者4	於六堆實際從政，瞭解客家選民。
	前內埔鄉長	受訪者5	於六堆實際從政，瞭解客家選民。
	麟洛國小退休老師	受訪者6	從出生到退休，都住在六堆，對於南客政治傾向有深入觀察。
北客	前聯合報地方記者	受訪者7	苗栗地方記者，熟悉客家政治。
	前民進黨客家事務部主任	受訪者8	研擬客家政策，曾經於北部客家選區參選。
	苗栗同鄉會副理事長	受訪者9	熟悉客家事務，深諳客家選民需求。
	新竹縣北埔鄉鄉民	受訪者10	曾經預計參選，熟悉客家政治，就讀客家學院。
	新竹縣客籍學者	受訪者11	研究客家政治。
	桃園市議員	受訪者12	選區中有許多客家選民，深諳客家選民需求。

資料來源：筆者自行整理。

　　依據理論而設計的訪談大綱如下，聚焦在南北客家族群投票抉擇的歷年異同，更重要的是變化的原因。變化的原因與本研究文獻檢閱的方向是否相同，有無其他非文獻檢閱的原因？由於本研究的目的聚焦在客家族群北藍南綠的「原因」，採用非結構式訪談大綱較適合，因為可以在不限制受訪者的情況下，探詢更多「原因」。

　　1. 請問您認為南（北）部客家族群投票抉擇歷年變化的原因是什麼？

　　2. 請問您認為您所屬客家庄客家族群投票抉擇與其他客家庄有何異同？為什麼？

　　3. 如果用「因南部閩南族群人口占多數，影響了人數較少客家族群的政黨偏好和投票抉擇」這個鄰近效應解釋北客偏藍、南客偏綠，您認為是否適當？為什麼？

　　4. 如果用國民黨政府重北輕南解釋客家族群北藍南綠是否合適？為什麼？解嚴前後有變化嗎？

　　5. 如果用政治人物因素解釋客家族群北藍南綠是否合適？為什麼？解嚴前後有變化嗎？

第三節　既有調查研究

　　進行調查資料分析的目的在於分析總統選舉南北客家族群投票抉擇的趨勢和差異。客家庄的定義為行政院客家委員會公布的「客家文化重點發展區」（附錄一）和附錄二的六堆範圍，六堆是一般認為的客家地區，但其中九如鄉、屏東市、鹽埔鄉、高樹鄉、旗山區和里港鄉卻未被納入「客家文化重點發展區」，基於一般對六堆屬於客家庄的認知，本研究同樣將之（九如鄉、屏東市、鹽埔鄉、高樹鄉、旗山區和里港鄉）納入研究。之

所以選擇總統選舉，是因為在總統選舉中，較能凸顯民眾投票抉擇的差異
或對立，在地方選舉上，反而有許多派系因素或地方議題的影響，較難凸
顯民眾投票抉擇的差異或對立。由於投票抉擇的研究並無長期統一的官方
資料可得，故本研究資料首先分析國立政治大學選舉研究中心於1996、
1998、2000年間的面訪資料，尚包括2001、2004、2008和2012年臺灣選
舉與民主化調查（TEDS）的面訪資料，資料來源說明如表3-2。

表 3-2　調查資料分析資料來源

總統選舉年度	計畫名稱	資料來源單位	計畫執行期間	計畫主持人	客家族群樣本數
1996	總統選舉選民投票行為之科際整合研究	政治大學選舉研究中心	1995/08-1996/07	謝復生	191
2000	跨世紀總統選舉中選民投票行為科際整合研究	政治大學選舉研究中心	1999/08-2000/07	陳義彥	161
2004	2002年至2004年「選舉與民主化調查」三年期研究規劃（III）：民國93年總統大選民調案	臺灣選舉與民主化調查規劃與推動委員會	2005/01-2005/03	黃秀端	206
2008	2005年至2008年「臺灣選舉與民主化調查」四年期研究規劃（IV）：民國97年總統選舉面訪案	臺灣選舉與民主化調查規劃與推動委員會	2008/06-2008/08	游清鑫	219
2012	2009年至2012年「臺灣選舉與民主化調查」三年期研究規劃（3/3）：2012年總統與立法委員選舉面訪案（TEDS2012）	臺灣選舉與民主化調查規劃與推動委員會	2012/01-2012/04	朱雲漢	232

表 3-2　調查資料分析資料來源（續）

總統選舉年度	計畫名稱	資料來源單位	計畫執行期間	計畫主持人	客家族群樣本數
2016	2012年至2016年「選舉與民主化調查」四年期研究規劃（4/4）：2016年總統與立法委員選舉面訪案	臺灣選舉與民主化調查規劃與推動委員會	2016/01-2016/04	黃紀	222

資料來源：筆者自行整理。

　　之所以選擇1996年後的資料，原因在於這些是首度總統直選後的資料，亦即這些是在民主化後更能展現直接民主的選舉。本研究的研究對象為客家族群，對於此族群的認定，本研究根據以下題目：「請問你的父（母）親是本省客家人、本省閩南人、大陸各省市人還是原住民？」只要受訪者的父親或母親為本省客家人，本研究就視其為客家族群，每年度的客家族群樣本數如表3-2最後一欄。由於只使用政大選舉研究中心及臺灣選舉與民主化調查的面訪資料，不僅各項變數的題型和問法相似度極高，且分層抽樣的標準和執行方式也大致相同，可避免整合資料時所可能造成的問題。

　　表3-3資料首先分析總統選舉時選民投票抉擇的分布狀況，目的在以長期趨勢觀察客家族群投票抉擇在南客和北客之間的差異。以下分析南客和北客（界定方式同前）歷次總統選舉投票對象，在1996年南北客投票抉擇的交叉分析中，$p > .05$，未達顯著水準，亦即南北客的投票抉擇沒有顯著差異，以下將以細格內的調整後標準化殘差進一步詮釋南北客投票對象是否仍略有差異。本年中北客投給李登輝占80.3%，約略高於全體的79.0%；北客其餘的部分，投給陳履安（6.6%）略低於全體的7.0%；投給彭明敏（9.2%）略低於全體的10.0%；投給林洋港（3.9%）略低於全體的4.0%。南客的部分，投給李登輝（75.0%）略低於全體的79.0%；反之，投給陳履安（8.3%）略高於全體的7.0%；投給彭明敏占12.5%，略高於全

體的10.0%；投給林洋港（4.2%）約略高於全體的4.0%。就1996年結果而言，北客相對較為支持國民黨提名的候選人李登輝，南客則較為支持民進黨候選人彭明敏。

表 3-3　南北客歷次總統選舉投票對象交叉分析

1996年				
	陳履安	李登輝	彭明敏	林洋港	總計
北客	5, 6.6%(-0.3)	61, 80.3%(0.6)	7, 9.2%(-0.5)	3, 3.9%(0.0)	76
南客	2, 8.3.0%(0.3)	18, 75.0%(-0.6)	3, 12.5%(0.5)	1, 4.2%(0.0)	24
總計	7, 7.0%	79, 79.0%	10, 10.0%	4, 4.0%	100

2000年			
	宋楚瑜 張昭雄	連戰 蕭萬長	陳水扁 呂秀蓮	總計
北客	18, 45.0%(2.9)	9, 22.5%(-0.8)	13, 32.5%(-2.0)	40
南客	3, 11.5%(-2.9)	8, 30.8%(0.8)	15, 57.7%(2.0)	26
總計	21, 31.8%	17, 25.8%	28, 42.4%	66

2004年		
	陳水扁 呂秀蓮	連戰 宋楚瑜	總計
北客	32, 56.1%(0.4)	25, 43.9%(-0.4)	57
南客	5, 50.0%(-0.4)	5, 50.0%(0.4)	10
總計	37, 55.2%	30, 44.8%	67

2008年		
	謝長廷 蘇貞昌	馬英九 蕭萬長	總計
北客	18, 21.7%(-4.9)	65, 78.3%(4.9)	83
南客	14, 82.4%(4.9)	3, 17.6%(-4.9)	17
總計	32, 32.0%	68, 68.0%	100

表 3-3　南北客歷次總統選舉投票對象交叉分析（續）

2012年			
	蔡英文 蘇嘉全	馬英九 吳敦義	宋楚瑜 林瑞雄	總計
北客	66, 37.1%(-2.1)	137, 65.9%(2.4)	5, 2.4%(-0.8)	208
南客	32, 45.7%(2.1)	35, 50.0%(-2.4)	3, 4.3%(0.8)	70
總計	98, 35.3%	172, 61.9%	8, 2.9%	278

2016年			
	朱立倫 王如玄	蔡英文 陳建仁	宋楚瑜 徐欣瑩	總計
北客	26, 36.6%(1.5)	35, 49.3%(-2.2)	10, 14.1%(1.2)	71
南客	1, 1.1%(-1.5)	8, 88.9%(2.2)	0, 0.0%(-1.2)	9
總計	27, 33.8%	43, 53.8%	10, 12.5%	80

資料來源：筆者整理自表3-2資料。

說明一：1996年：卡方值 = 0.344，df = 3，$p > .05$

　　　　2000年：卡方值 = 8.321，df = 2，$p < .05$

　　　　2004年：卡方值 = 0.130，df = 1，$p > .05$

　　　　2008年：卡方值 = 23.865，df = 1，$p < .001$

　　　　2012年：卡方值 = 5.680，df = 2，$p > .05$

　　　　2016年：卡方值 = 5.137，df = 2，$p > .05$

說明二：細格中第一個數字爲樣本數，第二個數字爲百分比，括號內爲調整後殘差，殘差絕對值大於1.96，代表該細格與該欄全體總和有顯著差異。

說明三：在總和數值中，各百分比數值是經過四捨五入的結果，因爲小數點第一位後面還有無數的小數無法除盡，僅取小數第一位。

在2000年南北客投票抉擇的交叉分析中，$p < .05$，達顯著水準，亦即南北客的投票抉擇有顯著差異，本年中北客投給宋楚瑜占45.0%，顯著高於全體的31.8%；北客投給連戰（22.5%）的比例略低於全體的25.8%；投給陳水扁（32.5%）的比例顯著低於全體的42.4%。南客投給宋楚瑜

（11.5%）的比例顯著低於全體的31.8%；反之，投給連戰（30.8%）略高於全體的25.8%；投給陳水扁占57.7%，顯著高於全體的42.4%。就2000年結果而言，北客相對較為支持親民黨提名的候選人宋楚瑜，南客則較為支持民進黨候選人陳水扁。

在2004年南北客投票抉擇的交叉分析中，$p > .05$，未達顯著水準，亦即南北客的投票抉擇沒有顯著差異，本年中北客投給陳水扁占56.1%，略高於全體的55.2%；北客投給連戰（43.9）略低於全體的44.8%。南客的部分，投給陳水扁（50.0%）略低於全體的55.2%；反之，投給連戰（50.0%）略高於全體的44.8%。就2004年結果而言，北客相對較為支持民進黨提名的候選人陳水扁，南客則較為支持國民黨候選人連戰。

在2008年南北客投票抉擇的交叉分析中，$p < .001$，達顯著水準，亦即南北客的投票抉擇有顯著差異。本年中北客投給謝長廷占21.7%，顯著低於全體的32.0%；北客投給馬英九（78.3）顯著高於全體的68.0%。南客的部分投給謝長廷（82.4%）顯著高於全體的32.0%；反之，投給馬英九（17.6%）顯著低於全體的68.0%。就2008年結果而言，北客相對較為支持國民黨提名的候選人馬英九，南客則較為支持民進黨候選人謝長廷。

在2012年南北客投票抉擇的交叉分析中，$p > .05$，未達顯著水準，亦即南北客的投票抉擇沒有顯著差異，以下將以細格內的調整後標準化殘差進一步詮釋南北客投票對象是否仍略有差異。本年中北客投給蔡英文占37.1%，略高於全體的35.3%；北客投給馬英九（65.9%）略高於全體的61.9%；投給宋楚瑜（2.4%）略低於全體的2.9%。南客投給蔡英文（45.7%）略高於全體的35.3%；反之，投給馬英九（50.0%）略低於全體的61.9%；投給宋楚瑜占4.3%，略高於全體的2.9%。就2012年結果而言，北客相對較為支持國民黨提名的候選人馬英九，南客則較為支持民進黨候選人蔡英文。

最後，就2016年結果而言，北客相對較為支持國民黨提名的候選人朱立倫，南客則較為支持民進黨候選人蔡英文。

除了上述既有資料的分析，本研究亦進行一手調查研究。之所以需

要進行一手資料的蒐集，主要原因是既有資料皆非以客家族群為全體樣本，因此樣本數非常少，數量皆在一兩百左右，無法推論全體客家族群。因此本研究依照上述文獻，自行設計問卷，較為全面性探詢客家族群投票抉擇及其影響因素。相對於過去的研究，本研究將完成1,067個樣本，推論全體客家族群投票抉擇。再者，因為能夠設計更多的自變數，對於客家族群投票抉擇將更全面，而非使用過去非為客家族群設計的問卷。

第四節　一手調查研究

　　為了在短時間能觸及具有代表性的客家族群，且不花費面訪的高額成本，本研究採用電話訪問，以「隨機撥號」（random digital dialing, RDD）方式，依據各鄉鎮市區樣本配置抽出所需數量的電話前三碼或前四碼（區局碼），再以隨機亂碼方式產生後四碼，抽樣完成後，電腦自動將所有電話樣本隨機排序，避免同一時段集中撥打某個地區的電話樣本，訪員再依電腦伺服器指定之電話號碼，由電腦撥號進行電話訪問。

一、調查範圍

　　以臺灣地區（含金馬地區）為調查範圍，包括新北市、臺北市、桃園市、臺中市、臺南市、高雄市、臺灣各縣市及福建省金門縣、連江縣。

二、調查對象

　　以普通住戶內年滿20歲以上、符合《客家基本法》定義之客家人為調查對象（《客家基本法》定義之客家人指「具有客家血緣」或「客家淵源」且「自我認同為客家人者」）。

　　關於客家母體，客家委員會委託典通股份有限公司執行「103年度臺閩地區客家人口推估及客家認同委託研究」，這是截至目前為止最新的客

家族群母體調查資料，調查採電話訪問方式進行，調查期間自103年1月16日至103年2月25日止，以設籍臺閩地區具有中華民國國籍者為調查對象。採分層隨機抽樣法隨機抽取樣本，共計成功訪問78,174位民眾，在信心水準95%下，全國客家人口比例的估計值抽樣誤差在±0.39個百分點之間。研究推估，符合《客家基本法》中客家人定義的民眾約有420.2萬人，占全國2,337.4萬民眾的18.0%。若分縣市來看，符合《客家基本法》定義的客家人口比例最高的前五個縣市依序為：新竹縣（69.5%）、苗栗縣（62.2%）、桃園縣（39.1%）、花蓮縣（31.9%）及新竹市（30.5%）（行政院客家委員會，2014）。

　　規範具備哪些條件才算是「標準客家人」的族群定義，也致使在臺灣的客家人口總數，除了未作戶籍的精密登記外，客家身分確認，由於多元考量所產生的模糊性與行動號召的可操作性，更加深客家人口統計的困難度。也因為人口比例的不確定，過度高估客家人口比例，將片面強調客家所得政治資源的不公平性，以及相對比例而言，客家族群在政治結構所占位置質量顯得太貧乏；過度低估則又有貶抑客家族群在民主制度選戰中的影響實力，並打壓客家人應有的合理主張與政治行動。由此看來，族群的定義，也有族群人口統計的政治功能（蕭新煌與黃世明，2001：10）。

　　本研究重要目的之一即在於依據《客家基本法》所定義客家人的認定方式，即「指具有客家血緣或客家淵源，且自我認同為客家人者」，推估全國、各縣市客家人口數及人口比例。依照《客家基本法》定義，客家人從三個方向來認定，即客家血緣、客家淵源及客家自我認同。

（一）客家血緣

　　客家血緣以（親生）父親、（親生）母親、（親生）祖父、（親生）祖母、（親生）外祖父、（親生）外祖母或祖先中，任一個對象為客家人者，即歸類為具有「客家血緣」。

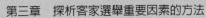

（二）客家淵源

客家淵源以「配偶是客家人」、「其他家人是客家人」（如養父母等）、「住在客家庄且會說客家話」或「職場或工作關係會說客語」，只要具有上述任何一項即認定為具有「客家淵源」。

（三）客家自我認同

包括單一自我認定及多重自我認定中，受訪者自我認定為客家人者，即具有「客家自我認同」。

（四）《客家基本法》定義

客家人需同時包含「客家血緣」或「客家淵源」，且必須具有「客家自我認同」者，即歸類為《客家基本法》定義之客家人。

具體來說，何謂客家族群？本研究引用客委會的12種定義，符合1種即可。其中《客家基本法》明確定義客家人的認定方式，即「指具有客家血緣或客家淵源，且自我認同為客家人者。」根據行政院客家委員會（2014）委託研究報告「103年度臺閩地區客家人口推估及客家認同委託研究」，為求完整涵蓋客家人口，客家民眾可能同時具有兩種定義以上認定為客家人，定義之間並非互斥選項，部分定義可能產生重疊（如定義2即包含定義1）。其定義分別如下和圖3-2（大陸客家人部分由於人數較少，且由於歷史背景不同，不適合與臺灣客家人視為一體分析，因此不列入定義中）：

1.自我族群認定

定義1：自我單一主觀認定為客家人者，即算為客家人。
定義2：自我多重主觀認定為客家人者，即算為客家人。

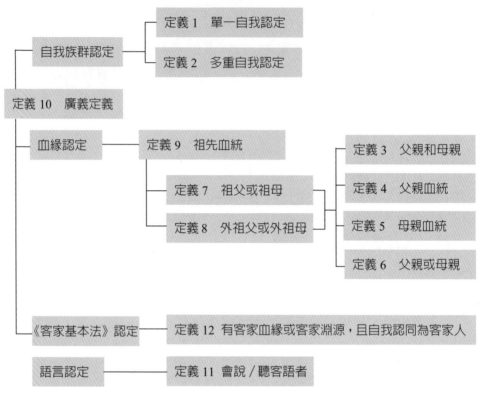

圖 3-2　本研究之客家族群不同定義標準

2.血緣認定

定義3：父母親皆爲客家人者，即算爲客家人。

定義4：父親爲客家者，即算爲客家人。

定義5：母親爲客家人者，即算爲客家人。

定義6：父母親有一方爲客家人者，即算爲客家人。

定義7：祖父母中有一方爲客家人，或父親爲客家人者。但不包含父親爲大陸客家人者。

定義8：外祖父母中有一方爲客家人，或母親爲客家人者。但不包含母親爲大陸客家人者。

定義9：歷代祖先中有人為客家人，或祖父母中有一方為客家人，或外祖父母中有一方為客家人，或父母中有一方為客家人。但不包含父母親皆為大陸客家人，或父親為大陸客家人且母親為其他族群，或母親為大陸客家人且父親為其他族群者。

3.廣義認定

定義10：廣義定義，泛指以上九項定義中，至少有一項被認定為客家人者，即算為客家人。

4.語言認定

定義11：會說非常流利／還算流利的客語，或非常聽得懂／還算聽得懂客語者，即算為客家人。

5.《客家基本法》認定

定義12：根據《客家基本法》定義，客家人指「具有客家血緣或客家淵源，且自我認同為客家人者」。客家淵源意指配偶是客家人、主要照顧者是客家人、住在客家庄且會說客家話、職場或工作關係會說客家話、社交或學會說客家話。

三、調查期間

本次調查時間為106年11月20日（一）至106年11月30日（四）間執行電話訪問，平日調查時段為晚上6：00至10：00（都會地區配合受訪者指定約訪可能到10：30最後撥出電話）。

四、調查方法

本次調查採用電話訪問並使用電腦輔助電話調查系統（CATI系統）進行訪問。

五、抽樣方法

　　抽樣採分層隨機抽樣法進行抽樣，自各層（縣市）以隨機抽樣法抽出樣本戶，將22縣市（將澎湖縣、金門縣及連江縣合併為一層，因此總數為20個），依照「105年全國客家人口暨語言基礎資料調查研究」調查結果中，各縣市客家人口（具有客家血緣或客家淵源，且自我認同為客家人者）比例的高低進行配置，如表3-4。

六、樣本抽取

　　以典通公司CATI系統內建之臺灣地區住宅電話號碼簿為抽樣清冊，抽樣方式採兩階段進行：第一階段使用「抽取率與單位大小成比例方式」（Probability Proportional to Size, PPS）自住宅電話簿抽取樣本局碼，以取得電話號碼局碼組合（prefix）。由於電話號碼簿並未包含未登錄電話，因此抽出的電話必須進行「隨機撥號法」（Random Digit Dialing, RDD）的處理程序，才能作為訪問使用，而在第二階段時，會將第一階段所抽的電話號碼最後四碼以隨機亂數方式取代之，俾使原本沒有登錄在電話號碼簿上的住宅電話，也有機會能夠中選成為電話號碼樣本。

七、樣本代表性檢定及加權

　　本次調查完成1,078份有效樣本數，在信心水準95%的情況下，抽樣誤差介於±2.98%之間。

　　資料經審查和複查後，為瞭解調查有效樣本的母體代表性，分別就性別、年齡、教育程度及縣市別進行檢定。檢定結果發現成功樣本與母體在性別、年齡及教育程度方面有不一致的現象。為避免資料分析時造成推論的偏差，以「多變數反覆加權（raking）」方式進行成功樣本統計加權，亦即先調整樣本之性別結構與母體相符，然後依序調整年齡、教育程度及縣市等變數結構，直至調查樣本在這些變數的分布與母體一致。本書送審前僅取得縣市居住人口資料，因此以此為加權母體。

表 3-4　各縣市《客家基本法》認定客家人口比例與樣本配置

縣市	20歲以上全國人口結構		20歲以上《客家基本法》認定客家人口結構		按客家人口比例樣本配置
	人數	百分比	人數	百分比	
總計	18,808,872	100.0	3,605,857	100.0	1,068
新北市	3,213,487	17.1	421,551	11.7	125
臺北市	2,181,991	11.6	278,702	7.7	82
桃園市	1,629,203	8.7	650,983	18.1	193
臺中市	2,141,025	11.4	328,322	9.1	97
臺南市	1,529,671	8.1	79,053	2.2	23
高雄市	2,257,514	12.0	251,623	7.0	75
宜蘭縣	369,556	2.0	31,487	0.9	10
新竹縣	408,017	2.2	381,936	10.6	113
苗栗縣	449,073	2.4	389,401	10.8	115
彰化縣	1,023,730	5.4	60,478	1.7	18
南投縣	415,374	2.2	75,155	2.1	22
雲林縣	567,012	3.0	42,286	1.2	13
嘉義縣	431,269	2.3	39,713	1.1	12
屏東縣	689,883	3.7	243,514	6.8	73
臺東縣	179,802	1.0	62,977	1.7	18
花蓮縣	268,305	1.4	125,533	3.5	37
基隆市	306,772	1.6	22,757	0.6	6
新竹市	330,337	1.8	106,045	2.9	31
嘉義市	211,016	1.1	7,859	0.2	2
離島	205,835	1.1	6,482	0.2	2

資料來源：行政院客家委員會，2017，「105年度全國客家人口暨語言基礎資料調查研究」，https://www.hakka.gov.tw/Content/Content?NodeID=626&PageID=37585。

　　經過加權處理後，顯示成功樣本在性別（表3-5）、年齡（表3-6）、教育程度（表3-7）以及縣市別（表3-8）的分布上，均與母體分布無顯著差異。

八、接觸狀況

　　本次市話調查共使用45,184個電話號碼（含傳真機、電話故障、非住宅電話、空號及無人接聽），成功訪問有效樣本數為1,078份，訪問成功率（Cooperation Rate）為30.7%、拒訪率（Refusal Rate）為9.4%、接觸率（Contact Rate）為15.9%，詳細接觸情形如表3-9。而1,078份有效樣本數，在信心水準95%的情況下，抽樣誤差介於±2.98%之間。

表 3-5　訪問成功樣本代表性檢定（性別）

性別	20歲以上母體結構		調查樣本				樣本代表性檢定結果
			加權前		加權後		
	人數	百分比	樣本數	百分比	樣本數	百分比	
總計	3,605,857	100.0	1,078	100.0	1,078	100.0	加權後 $\chi^2 = 0.0000 < 3.841$，自由度1，顯著水準5%，在5%顯著水準上，樣本與母體性別分配無顯著差異。
男性	1,822,801	50.6	572	53.1	545	50.5	
女性	1,783,056	49.4	506	46.9	533	49.5	

母體資料來源：行政院客家委員會，2017，「105年度全國客家人口暨語言基礎資料調查研究」，https://www.hakka.gov.tw/Content/Content?NodeID=626&PageID=37585。20歲以上客家人口母體結構係依據該調查推估取得。

表 3-6　訪問成功樣本代表性檢定（年齡）

年齡	20歲以上母體結構		調查樣本				樣本代表性檢定結果
			加權前		加權後		
	人數	百分比	樣本數	百分比	樣本數	百分比	
總計	3,605,857	100.0	1,078	100.0	1,078	100.0	加權後 $\chi^2 = 0.0007 <$ 9.488，自由度4，顯著水準5%，在5%顯著水準上，樣本與母體分配無顯著差異。
20-29歲	637,336	17.7	72	6.7	190	17.7	
30-39歲	731,699	20.3	114	10.6	219	20.3	
40-49歲	647,031	17.9	183	17.0	193	17.9	
50-59歲	681,614	18.9	303	28.1	204	18.9	
60歲及以上	908,178	25.2	406	37.7	272	25.2	

母體資料來源：行政院客家委員會，2017，「105年度全國客家人口暨語言基礎資料調查研究」，https://www.hakka.gov.tw/Content/Content?NodeID=626&PageID=37585。20歲以上客家人口母體結構係依據該調查推估取得。

表 3-7　訪問成功樣本代表性檢定（教育程度）

教育程度	20歲以上母體結構		調查樣本				樣本代表性檢定結果
			加權前		加權後		
	人數	百分比	樣本數	百分比	樣本數	百分比	
總計	3,605,857	100.0	1,078	100.0	1,078	100.0	加權後 $\chi^2 = 0.0000$ < 11.070，自由度5，顯著水準5%，在5%顯著水準上，樣本與母體分配無顯著差異。
小學以下	392,979	10.9	98	9.1	118	10.9	
國初中	312,757	8.7	124	11.5	94	8.7	
高中職	999,310	27.7	369	34.2	299	27.7	
專科	453,313	12.6	178	16.5	136	12.6	
大學	1,197,632	33.2	241	22.4	358	33.2	
研究所及以上	249,866	6.9	68	6.3	75	6.9	

母體資料來源：行政院客家委員會，2017，「105年度全國客家人口暨語言基礎資料調查研究」，https://www.hakka.gov.tw/Content/Content?NodeID=626&PageID=37585。20歲以上客家人口母體結構係依據該調查推估取得。

表 3-8　訪問成功樣本之代表性檢定（縣市別）

| 縣市 | 20歲以上母體結構 | | 調查樣本 | | | | 樣本代表性檢定結果 |
| | | | 加權前 | | 加權後 | | |
	人數	百分比	樣本數	百分比	樣本數	百分比	
總計	3,605,857	100.0	1,078	100.0	1,078	100.0	加權後
新北市	421,551	11.7	44	4.1	126	11.7	$\chi^2 = 0.0000$
臺北市	278,702	7.7	30	2.8	83	7.7	< 30.144，自
桃園市	650,983	18.1	211	19.6	195	18.1	由度19，顯著
臺中市	328,322	9.1	86	8.0	98	9.1	水準5%，在
臺南市	79,053	2.2	5	0.5	24	2.2	5%顯著水準
高雄市	251,623	7.0	60	5.6	75	7.0	上，樣本與母
宜蘭縣	31,487	0.9	4	0.4	9	0.9	體分配無顯著
新竹縣	381,936	10.6	195	18.1	114	10.6	差異。
苗栗縣	389,401	10.8	233	21.6	116	10.8	
彰化縣	60,478	1.7	6	0.6	18	1.7	
南投縣	75,155	2.1	11	1.0	22	2.1	
雲林縣	42,286	1.2	7	0.6	13	1.2	
嘉義縣	39,713	1.1	2	0.2	12	1.1	
屏東縣	243,514	6.8	94	8.7	73	6.8	
臺東縣	62,977	1.7	11	1.0	19	1.7	
花蓮縣	125,533	3.5	42	3.9	38	3.5	
基隆市	22,757	0.6	1	0.1	7	0.6	
新竹市	106,045	2.9	34	3.2	32	2.9	
嘉義市	7,859	0.2	1	0.1	2	0.2	
離島	6,482	0.2	1	0.1	2	0.2	

母體資料來源：行政院客家委員會，2017，「105年度全國客家人口暨語
　　　　　　言基礎資料調查研究」，https://www.hakka.gov.tw/Content/
　　　　　　Content?NodeID=626&PageID=37585。20歲以上客家人口母體結構係依
　　　　　　據該調查推估取得。

說明：澎湖縣、金門縣及連江縣三縣市合併為離島。

表 3-9　接觸狀況統計表

接觸狀況	撥號數	百分比（%）	有效撥號（%）
總計	45,184	100.0	100.0
合格樣本			
I.成功訪問	1,078	2.4	4.9
P.約訪	80	0.2	0.4
R.中途拒答與拒訪	2,072	4.6	9.4
NC：無法聯繫（如無人接聽、答錄機等）	12,200	27.0	55.4
O：其他類型（如生理或心理因素無法接受訪問）	278	0.6	1.3
UH：無法判定是否為合格電話數住戶數（如忙線）	6,307	14.0	28.6
UO：其他種類未知類型	-	0.0	0.0
非合格樣本			
公司行號	1,465	3.2	
無合格受訪者（未滿20歲、非客家人）	2,069	4.6	
傳真	1,444	3.2	
空號	18,007	39.9	
暫停使用	184	0.4	

註[1]：

成功率 $= I/(I + P + R + O) = 30.7\%$

拒訪率 $= R/(I + P + R + O + NC + UH + UO) = 9.4\%$

接觸率 $= (I + P + R + O)/(I + P + R + O + NC + UH + UO) = 15.9\%$

---

[1]　見The American Association for Public Opinion Research. 2016. Standard Definitions: Final Disposition of Case Codes and Outcome Rates for Surveys. 9th edition. Lenexa, Kansas: AAPOR. http://www.aapor.org/AAPOR_Main/media/publications/Standard-Definitions20169theditionfinal.pdf。

描述客家選舉的重要因素

　　關於第四章和第五章的分析架構，第四章為次數分配或平均數、標準差的基本描述，第五章依據研究架構圖，進行交叉分析或T檢定、變異數分析，兩章的分析順序第一節皆為身分背景，第二節皆為社會學因素，第三節皆為理性抉擇因素，第四節皆為社會心理學因素，第五節皆為客家族群投票抉擇。

　　本研究有些問卷題目有跳題設計，為維持原始樣本數，統一將跳題納入分析。再者，各題「無反應」因為仍為合理的答案，為了維持所有分析的一致性，皆保留各題的「無反應」。

第一節　身分背景

　　關於客家民眾的身分，根據圖3-2「本研究之客家族群不同定義標準」，包括自我認定（表4-2單一自我認定和表4-1多重自我認定）、血緣認定（表4-6祖先血統、表4-5祖父或祖母、外祖父或外祖母、父親和母親、表4-3父親血統、表4-4母親血統、父親或母親）、《客家基本法》認定（具有客家血緣【表4-3到4-6】或客家淵源【表4-7】，且自我認同為客家人者【表4-1到4-2】）、語言認定（會說非常流利／還算流利的客語，或非常聽得懂／還算聽得懂客語者，即算為客家人【表4-20到4-21】）和廣義認定（泛指以上九項定義中，至少有一項被認定為客家人者，即算為客家人），關於構成各種定義客家人題目的結果，分述如下。至於語言認定（表4-20到表4-21）則於第二節敘述。以下第四章、第五章所有次數分配與交叉分析的結果皆以官方《客家基本法》定義的客家人為基礎進行分析，共1,078人。

　　由表4-1得知，在一個人身分可以有很多種的認定下，客家民眾認為自己是本省客家人的受訪者最多，占整體樣本的97.5%；其次是本省閩南人，占整體樣本數的36.9%；第三是大陸各省市人（外省人），占整體樣本數的6.8%；其他依序是，大陸客家人占整體樣本數的6.2%；原住民占整體樣本數的2.3%；海外／華僑客家人占整體樣本數0.9%；外國人占整

體樣本數的0.3%。由此可知，超過九成五的客家人認為自己具有本省客家人身分。另外，「反應值百分比」是以勾選次數為計算基礎；「觀察值百分比」是以樣本數為計算基礎。由於複選的關係加總為151.0%，超過100%，表示在本複選題中，每個人平均答了1.51個答案。

表 4-1　一個人身分可以有很多種的認定，包含本省客家人、本省閩南人、大陸各省市人、原住民，在以上幾種身分當中，您會認為自己有哪幾種身分呢？（複選題）（問卷第1-1題）次數分配表

	次數	觀察值百分比	反應值百分比
本省客家人	1,051	64.6%	97.5%
大陸客家人	67	4.1%	6.2%
海外／華僑客家人	10	0.6%	0.9%
本省閩南人	398	24.4%	36.9%
大陸各省市人（外省）	74	4.5%	6.8%
原住民	25	1.5%	2.3%
外國人	4	0.2%	0.3%
總和	1,628	100.0%	151.0%

資料來源：劉嘉薇（2017-2018）。

說明：「觀察值百分比」是以「樣本數」為計算基礎，亦即變數類別在整體樣本數（1,078）中的占比；「反應值百分比」則是以「勾選次數」為計算基礎，因此以反應值為計算基礎的樣本，會大於以觀察值為計算基礎的樣本，加總會超過100%。

　　從表4-2可知，如果只能選一種身分，客家民眾認為自己是本省客家人的受訪者最多，占75.2%；其次是本省閩南人，占19.5%；第三是大陸客家人，占2.1%；其他依序是大陸各省市人（外省人），占1.7%；原住民者占1.1%；僅0.4%的受訪者認為自己是海外／華僑客家人。整體而言，超過七成的客家人認為自己是本省客家人。

表 4-2　如果只能選一種身分，請問您認為自己是本省客家人、本省閩南
人、大陸各省市人，還是原住民？（單選題）（問卷第1-2題）次數
分配表

	次數	百分比
本省客家人	810	75.2%
大陸客家人	23	2.1%
海外／華僑客家人	4	0.4%
本省閩南人	210	19.5%
大陸各省市人（外省人）	18	1.7%
原住民	11	1.1%
外國人	0	0.0%
總和	1,078	100.0%

資料來源：劉嘉薇（2017-2018）。

　　從表4-3可知，客家民眾的父親是本省客家人的受訪者最多，占
79.9%；其次是本省閩南人，占13.2%；第三是大陸各省市人（外省
人），占3.2%；其他依序是大陸客家人，占2.8%；原住民占0.5%；僅
0.3%的受訪者表示他們的父親是海外／華僑客家人。綜觀來看，將近八
成的客家人的父親是本省客家人，其次為本省閩南人。

　　從表4-4可知，客家民眾的母親是本省客家人的受訪者最多，占
73.1%；其次是本省閩南人，占23.6%；第三是大陸客家人，占1.2%；
其他依序是大陸各省市人（外省人），占0.7%；海外／華僑客家人占
0.4%；原住民占0.3%；僅0.2%的受訪者表示他們的母親是外國人。綜觀
來看，超過七成的客家人表示他們的母親是本省客家人，其次為本省閩南
人。

表 4-3　請問您的父親是本省客家人、本省閩南人、大陸各省市人，還是原住民？（單選題）（問卷第1-3題）次數分配表

	次數	百分比
本省客家人	861	79.9%
大陸客家人	31	2.8%
海外／華僑客家人	4	0.3%
本省閩南人	142	13.2%
大陸各省市人（外省人）	34	3.2%
原住民	6	0.5%
無反應	1	0.1%
總和	1,078	100.0%

資料來源：劉嘉薇（2017-2018）。

說明：無反應包括不知道。

表 4-4　請問您的母親是本省客家人、本省閩南人、大陸各省市人，還是原住民？（單選題）（問卷第1-4題）次數分配表

	次數	百分比
本省客家人	788	73.1%
大陸客家人	12	1.2%
海外／華僑客家人	4	0.4%
本省閩南人	254	23.6%
大陸各省市人（外省人）	8	0.7%
原住民	3	0.3%
外國人	2	0.2%
無反應	7	0.6%
總和	1,078	100.0%

資料來源：劉嘉薇（2017-2018）。

說明：無反應包括不知道。

　　由表4-5得知，客家民眾的祖父是客家人的受訪者最多，占整體樣本數的75.8%；其次是祖母，占整體樣本數的75.3%；第三是外祖母，占整體樣本數的68.8%；其他依序是外祖父，占整體樣本數的66.7%；都沒有者，占整體樣本數的3.9%；不知道者，占整體樣本數3.7%。另外，「反應值百分比」是以勾選次數為計算基礎；「觀察值百分比」是以樣本數為計算基礎。由於複選的關係加總為294.2%，超過100%，表示在本複選題中，每個人平均答了2.942個答案。

表 4-5　請問您的祖父母、外祖父母中，有沒有人是客家人？請問哪些人是客家人？（可複選）（問卷第1-5題）次數分配表

	次數	觀察值百分比	反應值百分比
祖父	817	25.8%	75.8%
祖母	812	25.6%	75.3%
外祖父	719	22.7%	66.7%
外祖母	742	23.4%	68.8%
都沒有	42	1.3%	3.9%
不知道	40	1.3%	3.7%
總和	3,172	100.0%	294.2%

資料來源：劉嘉薇（2017-2018）。

說明：「觀察值百分比」是以「樣本數」為計算基礎，亦即變數類別在整體樣本數（1,078）中的占比；「反應值百分比」則是以「勾選次數」為計算基礎，因此以反應值為計算基礎的樣本，會大於以觀察值為計算基礎的樣本，加總會超過100%。

　　從表4-6可知，客家民眾表示他們的祖先具有客家人身分的受訪者占97.9%，而有2.1%的受訪者則表示無。整體而言，大多客家民眾的祖先具有客家人的身分。雖然2.1%的受訪者表示他們的祖先不具有客家人身分，但可發現這些受訪者皆具有客家淵源且自我認同為客家人，符合《客家基本法》定義，客家人指「具有客家血緣或客家淵源，且自我認同為客家人者」。

表 4-6 就您所知，請問在您的祖先中是否具有客家人的身分？（問卷第1-6題）次數分配表

	次數	百分比
有	1,055	97.9%
沒有	23	2.1%
總和	1,078	100.0%

資料來源：劉嘉薇（2017-2018）。

　　由表4-7得知，客家民眾的客家淵源，以有客家朋友的淵源的受訪者最多，占整體樣本數的79.2%；其次是有成長時期主要照顧者是客家人的淵源（如養父母等），占整體樣本數的78.7%；第三是有住在客家庄且會說客家話的淵源，占整體樣本數的60.0%；其他依序是，有學習說客家話的淵源，占整體樣本數的57.9%；有工作關係會說客家話的淵源，占整體樣本數的34.8%；有配偶是客家人的淵源，占整體樣本數30.7%；僅2.8%受訪者表示他們沒有上述所列的客家淵源。另外，「反應值百分比」是以勾選次數為計算基礎；「觀察值百分比」是以樣本數為計算基礎。由於複選的關係加總為344.1%，超過100%，表示在本複選題中，每個人平均答了3.441個答案。

表 4-7 請問您有沒有下面的客家淵源（客：關係）？（複選題）（問卷第1-7題）次數分配表

	次數	觀察值百分比	反應值百分比
配偶是客家人的淵源	331	8.9%	30.7%
成長時期主要照顧者是客家人的淵源（如養父母等）	848	22.9%	78.7%
住在客家庄且會說客家話的淵源	646	17.4%	60.0%
工作關係會說客家話的淵源	375	10.1%	34.8%
有客家朋友的淵源	854	23.0%	79.2%

表 **4-7**　請問您有沒有下面的客家淵源（客：關係）？（複選題）（問卷第
1-7題）次數分配表（續）

	次數	觀察值百分比	反應值百分比
學習說客家話的淵源	625	16.8%	57.9%
都沒有	30	0.8%	2.8%
總和	3,709	100.0%	344.1%

資料來源：劉嘉薇（2017-2018）。

說明：「觀察值百分比」是以「樣本數」爲計算基礎，亦即自變數類別在整體樣本數
　　　（1,078）中的占比；「反應值百分比」則是以「勾選次數」爲計算基礎，因
　　　此以反應值爲計算基礎的樣本，會大於以觀察值爲計算基礎的樣本，加總會超
　　　過100%。

　　根據表4-8，在客家民眾的戶籍中，居住在「新北市」的比例占
11.7%，「臺北市」的比例占7.7%，「桃園市」的比例占18.1%，「臺
中市」的比例占9.1%，「臺南市」的比例占2.2%，「高雄市」的比例
占7.0%，「宜蘭縣」的比例占0.9%，「新竹縣」的比例占10.6%，「苗
栗縣」的比例占10.8%，「彰化縣」的比例占1.7%，「南投縣」的比例
占2.1%，「雲林縣」的比例占1.2%，「嘉義縣」的比例占1.1%，「屏
東縣」的比例占6.8%，「臺東縣」的比例占1.7%，「花蓮縣」的比例占
3.5%，「離島」的比例占0.2%，「基隆市」的比例占0.6%，「新竹市」
的比例占2.9%，「嘉義市」的比例占0.2%。整體而言，在戶籍地中，以
「桃園市」爲最高比例者，居住在北部（包括「新北市」、「臺北市」、
「桃園市」、「新竹縣」、「苗栗縣」、「基隆市」以及「新竹市」）
的客家民眾則超過六成，占有62.4%（11.7% + 7.7% + 18.1% + 10.6% +
10.8% + 0.6% + 2.9% = 62.4%）。

　　本節除了身分認定以外，還包括認人背景的描述，包括戶籍所在縣
市、年齡、教育程度、職業、收入、性別以及訪問使用語言，分述如下。

表 4-8 請問您的戶籍在哪一個縣市？（問卷第6-1題）次數分配表

	次數	百分比
新北市	126	11.7%
臺北市	83	7.7%
桃園市	195	18.1%
臺中市	98	9.1%
臺南市	24	2.2%
高雄市	75	7.0%
宜蘭縣	9	0.9%
新竹縣	114	10.6%
苗栗縣	116	10.8%
彰化縣	18	1.7%
南投縣	22	2.1%
雲林縣	13	1.2%
嘉義縣	12	1.1%
屏東縣	73	6.8%
臺東縣	19	1.7%
花蓮縣	38	3.5%
離島	2	0.2%
基隆市	7	0.6%
新竹市	32	2.9%
嘉義市	2	0.2%
總和	1,078	100.0%

資料來源：劉嘉薇（2017-2018）。

說明：澎湖縣、金門縣及連江縣三縣市合併為離島。

根據表4-9，在客家民眾的出生年中，換算成歲數，歲數區間在「20歲～29歲」的比例占17.7%，「30歲～39歲」的比例占20.3%，「40歲～49歲」的比例占17.9%，「50歲～59歲」的比例占18.9%，「60歲以上」的比例占25.2%。整體而言，歲數區間在「60歲以上」的客家民眾占最多數。

表 4-9   請問您是民國哪一年出生的？（說不出的改問：您今年幾歲？由訪
員換算成出生年：即106－歲數＝出生年次）（問卷第6-2題）次數分
配表

	次數	百分比
20歲～29歲	190	17.7%
30歲～39歲	219	20.3%
40歲～49歲	193	17.9%
50歲～59歲	204	18.9%
60歲以上	272	25.2%
總和	1,078	100.0%

資料來源：劉嘉薇（2017-2018）。

　　根據表4-10，在客家民眾的最高學歷中，「不識字及未入學」的比
例占2.3%，「小學」的比例占8.6%，「國、初中」的比例占8.7%，「高
中、職」的比例占27.7%，「專科」的比例占12.6%，「大學」的比例占
33.2%，「研究所以上」的比例占6.9%。整體而言，最高學歷屬於「大
學」的客家民眾占最多數。

表 4-10   請問您的最高學歷是什麼（讀到什麼學校）？（問卷第6-3題）次數
分配表

	次數	百分比
不識字及未入學	24	2.3%
小學	93	8.6%
國、初中	94	8.7%
高中、職	299	27.7%
專科	136	12.6%
大學	358	33.2%
研究所以上	75	6.9%
總和	1,078	100.0%

資料來源：劉嘉薇（2017-2018）。

　　根據表4-11，在客家民眾的職業當中，「民代」的比例占0.1%，「公營事業主管」的比例占0.7%，「民營事業主管」的比例占3.2%，「民營事業公司負責人（自營商人），有僱用人」的比例占3.6%，「民營事業公司負責人（自營商人），沒有僱用人」的比例占3.1%，「私人部門研究人員（科學家）」的比例占0.0%，「公立醫療單位醫事技術人員（醫師、藥師、護士、醫療人員）」的比例占0.3%，「非公立醫療單位醫事技術人員（醫師、藥師、護士、醫療人員）」的比例占0.6%，「會計師」的比例占0.1%，「公立教育機構教師」的比例占3.5%，「私立教育機構教師」的比例占1.0%，「宗教工作者」的比例占0.0%，「藝術工作者（演員、表演工作者、攝影師）」的比例占0.5%，「文字工作者（作家、記者、劇作家）」的比例占0.1%，「公營事業工程師（機師）」的比例占0.1%，「民營事業工程師（機師）」的比例占4.2%，「政府單位與公營事業部門職員」的比例占2.2%，「民營事業職員」的比例占10.6%，「買賣業務人員」的比例0.7%，「服務、餐旅人員（含攤販、個人服務、計程車司機）」的比例6.7%，「農林漁牧」的比例6.4%，「政府單位與公營事業部門勞工」的比例0.8%，「民營事業勞工」的比例15.4%，「學生」的比例1.8%，「軍警調查人員」的比例0.7%，「家管，沒有做家庭代工」的比例13.5%，「家管，但有做家庭代工」的比例0.8%，「家裡有事業，有幫忙但未領薪水」的比例1.2%，「家裡有事業，有幫忙且領薪水」的比例0.4%，「失業者（含待業中）」的比例6.9%，「退休者」的比例10.7%。整體而言，在客家民眾的職業當中，以「民營事業勞工」比例所占最多。

　　再根據表4-11，在客家民眾的職業類別中，主管人員（包括「民代」、「公營事業主管」、「民營事業主管」、「民營事業公司負責人（自營商人），有僱用人」、「民營事業公司負責人（自營商人），沒有僱用人」）比例占10.7%（0.1% + 0.7% + 3.2% + 3.6% + 3.1% = 10.7%）；專業人員（包括「私人部門研究人員（科學家）」、「公立醫療單位醫事技術人員（醫師、藥師、護士、醫療人員）」、「非公立醫療

單位醫事技術人員（醫師、藥師、護士、醫療人員）」、「會計師」、「公立教育機構教師」、「私立教育機構教師」、「宗教工作者」、「藝術工作者（演員、表演工作者、攝影師）」、「文字工作者（作家、記者、劇作家）」、「公營事業工程師（機師）」、「民營事業工程師（機師）」）比例占10.4%（0.0% + 0.3% + 0.6% + 0.1% + 3.5% + 1.0% + 0.0% + 0.5% + 0.1% + 0.1% + 4.2% = 10.4%）；佐理人員（包括「政府單位與公營事業部門職員」、「民營事業職員」、「買賣業務人員」）比例占13.5%（2.2% + 10.6% + 0.7% = 13.5%）；服務人員（包括「服務、餐旅人員（含攤販、個人服務、計程車司機）」）比例占6.7%；農林漁牧比例占6.4%；勞工（包括「政府單位與公營事業部門勞工」、「民營事業勞工」）比例占16.2%（0.8% + 15.4% = 16.2%）；學生比例占1.8%；軍警（包括「軍警調查人員」）比例占0.7%；家管（包括「家管，沒有做家庭代工」、「家管，但有做家庭代工」、「家裡有事業，有幫忙但未領薪水」、「家裡有事業，有幫忙且領薪水」）比例占15.9%（13.5% + 0.8% + 1.2% + 0.4% = 15.9%）；「失業者（含待業中）」的比例6.9%，「退休者」的比例10.7%。整體而言，在客家民眾的職業類別當中，以「勞工」類別所占比例最多。

表 4-11　請問您的職業（客：頭路）是什麼？（問卷第6-4題）次數分配表

	次數	百分比
民代	1	0.1%
公營事業主管	7	0.7%
民營事業主管	34	3.2%
民營事業公司負責人（自營商人），有僱用人	39	3.6%
民營事業公司負責人（自營商人），沒有僱用人	33	3.1%
私人部門研究人員（科學家）	0	0.0%
公立醫療單位醫事技術人員（醫師、藥師、護士、醫療人員）	3	0.3%

表 4-11　請問您的職業（客：頭路）是什麼？（問卷第6-4題）次數分配表（續）

	次數	百分比
非公立醫療單位醫事技術人員（醫師、藥師、護士、醫療人員）	7	0.6%
會計師	1	0.1%
公立教育機構教師	38	3.5%
私立教育機構教師	11	1.0%
宗教工作者	0	0.0%
藝術工作者（演員、表演工作者、攝影師）	6	0.5%
文字工作者（作家、記者、劇作家）	1	0.1%
公營事業工程師（機師）	1	0.1%
民營事業工程師（機師）	46	4.2%
政府單位與公營事業部門職員	24	2.2%
民營事業職員	114	10.6%
買賣業務人員	8	0.7%
服務、餐旅人員（含攤販、個人服務、計程車司機）	73	6.7%
農林漁牧	69	6.4%
政府單位與公營事業部門勞工	8	0.8%
民營事業勞工	166	15.4%
學生	20	1.8%
軍警調查人員	7	0.7%
家管，沒有做家庭代工	146	13.5%
家管，但有做家庭代工	9	0.8%
家裡有事業，有幫忙但未領薪水	13	1.2%
家裡有事業，有幫忙且領薪水	4	0.4%
失業者（含待業中）	74	6.9%
退休者	115	10.7%
總和	1,078	100%

資料來源：劉嘉薇（2017-2018）。

　　根據表4-12，在客家民眾的先生（或太太）職業是什麼中，「政府行政主管」的比例占0.1%，「公營事業主管」的比例占0.0%，「民營事業主管」的比例占1.1%，「民營事業公司負責人（自營商人），有僱用人」的比例占0.7%，「民營事業公司負責人（自營商人），沒有僱用人」的比例占0.9%，「非公立醫療單位醫事技術人員（醫師、藥師、護士、醫療人員）」的比例占0.1%，「公立教育機構教師」的比例占0.2%，「宗教工作者」的比例占0.1%，「文字工作者（作家、記者、劇作家）」的比例占0.1%，「民營事業工程師（機師）」的比例占0.9%，「政府單位與公營事業部門職員」的比例占1.0%，「民營事業職員」的比例占1.4%，「服務、餐旅人員（含攤販、個人服務、計程車司機）」的比例1.3%，「農林漁牧」的比例1.5%，「政府單位與公營事業部門勞工」的比例0.3%，「民營事業勞工」的比例2.9%，「軍警調查人員」的比例0.4%，「配偶已去世」的比例0.8%，「沒有配偶（含已離異）」的比例0.7%，「跳題」的比例84.0%，「無反應」的比例1.4%。整體而言，在客家民眾的先生（或太太）職業是什麼當中，以「民營事業勞工」比例所占最多。

　　再根據表4-12，在客家民眾的先生（或太太）職業是什麼類別中，主管人員（包括「政府行政主管」、「公營事業主管」、「民營事業主管」、「民營事業公司負責人（自營商人），有僱用人」、「民營事業公司負責人（自營商人），沒有僱用人」）比例占2.8%（0.1% + 0.0% + 1.1% + 0.7% + 0.9% = 2.8%）；專業人員（包括「非公立醫療單位醫事技術人員（醫師、藥師、護士、醫療人員）」、「公立教育機構教師」、「宗教工作者」、「文字工作者（作家、記者、劇作家）」、「民營事業工程師（機師）」）比例占1.4%（0.1% + 0.2% + 0.1% + 0.1% + 0.9% = 1.4%）；佐理人員（包括「政府單位與公營事業部門職員」、「民營事業職員」）比例占2.4%（1.0% + 1.4% = 2.4%）；服務人員（包括「服務、餐旅人員（含攤販、個人服務、計程車司機）」）比例占1.3%；農林漁牧比例占1.5%；勞工（包括「政府單位與公營事業部門勞工」、

表 4-12　請問您先生（或太太）的職業是什麼？（若已失業、退休者，請追問失業、退休前之職業）（問卷第6-5題）次數分配表

	次數	百分比
政府行政主管	2	0.1%
公營事業主管	1	0.0%
民營事業主管	12	1.1%
民營事業公司負責人（自營商人），有僱用人	8	0.7%
民營事業公司負責人（自營商人），沒有僱用人	10	0.9%
非公立醫療單位醫事技術人員（醫師、藥師、護士、醫療人員）	1	0.1%
公立教育機構教師	2	0.2%
宗教工作者	1	0.1%
文字工作者（作家、記者、劇作家）	1	0.1%
民營事業工程師（機師）	10	0.9%
政府單位與公營事業部門職員	11	1.0%
民營事業職員	15	1.4%
服務、餐旅人員（含攤販、個人服務、計程車司機）	14	1.3%
農林漁牧	16	1.5%
政府單位與公營事業部門勞工	3	0.3%
民營事業勞工	32	2.9%
軍警調查人員	4	0.4%
配偶已去世	9	0.8%
沒有配偶（含已離異）	7	0.7%
跳題	906	84.0%
無反應	15	1.4%
總和	1,078	100.0%

資料來源：劉嘉薇（2017-2018）。

說明一：無反應包括拒答和不知道。

說明二：跳題係指該受訪者於上一題（第6-4題）的回應為非「家管，沒有做家庭代工」、「家管，但有做家庭代工」、「家裡有事業，有幫忙但未領薪水」、「家裡有事業，有幫忙且領薪水」，因此不需回答此題。

「民營事業勞工」）比例占3.2%（0.3% + 2.9% = 3.2%）；軍警（包括「軍警調查人員」）比例占0.4%；其他（包括「配偶已去世」、「沒有配偶（含已離異）」）比例占1.5%（0.8% + 0.7% = 1.5%）；「跳題」的比例占84.0%，「無反應」的比例占1.4%。整體而言，在客家民眾的先生（或太太）職業是什麼類別中，以「民營事業勞工」類別所占比例最多。

　　根據表4-13，在客家民眾以前（或退休前）的職業是什麼中，「政府行政主管」的比例占0.1%，「公營事業主管」的比例占0.3%，「民營事業主管」的比例占0.7%，「民營事業公司負責人（自營商人），有僱用人」的比例占1.1%，「民營事業公司負責人（自營商人），沒有僱用人」的比例占0.6%，「政府部門研究人員（科學家）」的比例占0.0%，「公立教育機構教師」的比例占1.4%，「私立教育機構教師」的比例占0.2%，「宗教工作者」的比例占0.1%，「文字工作者（作家、記者、劇作家）」的比例占0.1%，「民營事業工程師（機師）」的比例占0.9%，「政府單位與公營事業部門職員」的比例占1.4%，「民營事業職員」的比例占1.3%，「買賣業務人員」的比例0.4%，「服務、餐旅人員（含攤販、個人服務、計程車司機）」的比例1.8%，「農林漁牧」的比例1.0%，「政府單位與公營事業部門勞工」的比例0.5%，「民營事業勞工」的比例3.5%，「學生」的比例1.3%，「軍警調查人員」的比例0.4%，「跳題」的比例82.4%，「無反應」的比例0.4%。整體而言，在客家民眾以前（或退休前）的職業是什麼中，以「民營事業勞工」比例所占最多。

　　再根據表4-13，在客家民眾以前（或退休前）的職業類別是什麼中，主管人員（包括「政府行政主管」、「公營事業主管」、「民營事業主管」、「民營事業公司負責人（自營商人），有僱用人」、「民營事業公司負責人（自營商人），沒有僱用人」）比例占2.8%（0.1% + 0.3% + 0.7% + 1.1% + 0.6% = 2.8%）；專業人員（包括「政府部門研究人員（科學家）」、「公立教育機構教師」、「私立教育機構教師」、「宗教工作者」、「文字工作者（作家、記者、劇作家）」、「民營事業工程師

表 4-13　請問您以前（或退休前）的職業是什麼？（問卷第6-6題）次數分配表

	次數	百分比
政府行政主管	1	0.1%
公營事業主管	3	0.3%
民營事業主管	7	0.7%
民營事業公司負責人（自營商人），有僱用人	12	1.1%
民營事業公司負責人（自營商人），沒有僱用人	7	0.6%
政府部門研究人員（科學家）	0	0.0%
公立教育機構教師	15	1.4%
私立教育機構教師	2	0.2%
宗教工作者	1	0.1%
文字工作者（作家、記者、劇作家）	1	0.1%
民營事業工程師（機師）	10	0.9%
政府單位與公營事業部門職員	16	1.4%
民營事業職員	14	1.3%
買賣業務人員	4	0.4%
服務、餐旅人員（含攤販、個人服務、計程車司機）	19	1.8%
農林漁牧	11	1.0%
政府單位與公營事業部門勞工	6	0.5%
民營事業勞工	37	3.5%
學生	14	1.3%
軍警調查人員	4	0.4%
跳題	888	82.4%
無反應	5	0.4%
總和	1,078	100.0%

資料來源：劉嘉薇（2017-2018）。

說明一：無反應包括拒答和不知道。

說明二：跳題係指該受訪者於上一題（第6-5題）的回應為非「失業者（含待業中）」、「退休者」，因此不需回答此題。

（機師）」）比例占2.7%（0.0% + 1.4% + 0.2% + 0.1% + 0.1% + 0.9% = 2.7%）；佐理人員（包括「政府單位與公營事業部門職員」、「民營事業職員」、「買賣業務人員」）比例占3.1%（1.4% + 1.3% + 0.4% = 3.1%）；服務人員（包括「服務、餐旅人員（含攤販、個人服務、計程車司機）」）比例占1.8%；農林漁牧比例占1.0%；勞工（包括「政府單位與公營事業部門勞工」、「民營事業勞工」）比例占4.0%（0.5% + 3.5% = 4.0%）；學生比例占1.3%；軍警（包括「軍警調查人員」）比例占0.4%；「跳題」的比例占82.4%，「無反應」的比例占0.4%。整體而言，在客家民眾以前（或退休前）的職業類別是什麼中，以「民營事業勞工」類別所占比例最多。

　　根據表4-11到表4-13，合併成表4-14，其中「高、中級白領」占22.2%，「中低、低級白領」占16.7%，「藍領」占11.1%，其他占16.1%。

表 4-14　職業（合併問卷第6-4、6-5、6-6題）

	次數	百分比
高、中級白領	240	22.2%
中低、低級白領	180	16.7%
藍領	120	11.1%
其他	174	16.1%
總和	1,078	100.0%

資料來源：劉嘉薇（2017-2018）。

說明一：「其他」包含無業與拒答。

說明二：第6-4題回答失業、退休或家管者，以第6-5題、第6-6題的答案置入第6-4題。

　　根據表4-15，在客家民眾家庭月收入大約多少中，家庭月收入區間在「28,000元以下」的比例占12.2%，「28,001-52,000元」的比例占22.2%，「52,001-72,000元」的比例占16.7%，「72,001-97,000元」的比

例占11.1%，「97,001-168,000元」的比例占16.1%，「168,001元以上」的比例占5.6%，「無反應」的比例占16.1%。整體而言，家庭月收入區間在「28,001-52,000元」的客家民眾在占最多數。

表 4-15　請問您家庭月收入大約多少？（問卷第6-7題）次數分配表

	次數	百分比
28,000元以下	131	12.2%
28,001-52,000元	240	22.2%
52,001-72,000元	180	16.7%
72,001-97,000元	120	11.1%
97,001-168,000元	173	16.1%
168,001元以上	61	5.6%
無反應	174	16.1%
總和	1,078	100.0%

資料來源：劉嘉薇（2017-2018）。
說明：無反應包括拒答和不知道。

　　根據表4-16，在客家民眾性別中，「男性」的比例占50.5%，「女性」的比例占49.5%，由此可知受訪客家民眾中男性比例大於女性比例。

表 4-16　性別（訪員自行勾選）次數分配表

	次數	百分比
男性	545	50.5%
女性	533	49.5%
總和	1,078	100.0%

資料來源：劉嘉薇（2017-2018）。

　　根據表4-17，在訪問使用的語言中，使用「國語」的比例占96.7%，「閩南語」的比例占1.8%，「客語」的比例占0.8%，「國客語」的比例占0.3%，「閩客語」的比例占0.1%，「國閩語」的比例占0.5%。整體而言，在所使用的語言當中，以使用「國語」的比例為最多。

表 4-17　訪問使用語言次數分配表

	次數	百分比
國語	1,042	96.7%
閩南語	19	1.8%
客語	8	0.8%
國客語	3	0.3%
閩客語	1	0.1%
國閩語	5	0.5%
總和	1,078	100.0%

資料來源：劉嘉薇（2017-2018）。

第二節　社會學因素

　　依照研究架構圖，社會學因素包括：地形、語言、閩客關係、通婚 /
宗親 / 地方派系 / 對客家社團 （活動）的參與以及使用客家媒體來聽或
看選舉的新聞。

一、地形

　　地形分布可說是南北客家族群政黨偏好和投票抉擇差異的重要原因之
一，南部客家族群與閩南族群居住地區交錯，不似北部客家族群的集體分
布，因而可能受到閩南族群的影響。也因為南部的平原地形，讓客家聚落

和閩南聚落容易往來。另一方面，桃竹苗客家族群身處內陸，不易與閩南人接觸。

　　南部的客家人，他的客家庄的分布喔，它是很淺的、很淺的、很淺的一個帶狀，很淺的一個帶狀（手齊擺以示帶狀）。他沒有深入的腹地，所以它跟……福佬（臺語）的聚落喔，是犬牙交錯喔。所以你如果去六堆，你發現他們會講客家話的比例非常的高……不，講閩南話的比例非常的高。那……六堆人很多客家人講的閩南話，講的福佬話（臺語）沒有客家腔……那當然他們平原嘛，也容易往來嘛。對，平原也容易往來嘛，這會讓閩南人影響客家人的政黨偏好。（受訪者8）。

　　那我們那邊，桃竹苗這個地方……你很容易身處內陸，所以像我，我到了研究所畢業才開始學閩南話啊……可是對北部的客家人來說，我們是一個團塊。我們周邊，有接觸到；中間，我們沒接觸到（以手勢示之），對不對？所以我們從小到大，除了電視上聽到閩南話，很少聽到閩南話啊。所以我們有個腹地啊，我們身處那個內陸、客家內陸腹地啊，所以我們對閩南話是陌生的、是疏離、是隔閡的，所以我們比較不會互相影響（受訪者8）。

　　北部客家庄都集中在一起，走出去就是客家庄，走到旁邊還是客家庄，南部客家庄的地形還跟閩南庄混在一起，所以北部客家人因為地形連結在一起，互相影響，愈來愈藍。南部客家人居住的地形是跟閩南人交錯，政治上也會受到閩南人影響（受訪者12）。

　　地形此一因素的確在過去的選民投票抉擇研究上甚少被提及，客家政治因為選民分居南北，有居住地形上的差異，「犬牙交錯」和「連成一片」對政治訊息的傳遞和政治傾向的相互影響也起了作用。

　　從表4-18可知，客家民眾認為他們住的地方容易（包括「非常容易」與「有點容易」）跟閩南人接觸的受訪者占82.5%（13.1% + 69.4% = 82.5%），而有17.0%（3.8% + 13.2% = 17.0%）的受訪者認為不容易（包

括「非常不容易」與「不太容易」）。整體而言，超過八成的客家人認為他們住的地方容易跟閩南人接觸。

表 4-18　請問您住的地方容不容易跟閩南人（客：河洛人）接觸？（問卷第2-1題）次數分配表

	次數	百分比
非常不容易	41	3.8%
不太容易	142	13.2%
有點容易	141	13.1%
非常容易	748	69.4%
無反應	6	0.5%
總和	1,078	100.0%

資料來源：劉嘉薇（2017-2018）。
說明：無反應包括看情形、不知道。

　　從表4-19可知，客家民眾認為他們住的地方容易（包括「非常容易」與「有點容易」）到閩南庄的受訪者占78.5%（14.6% + 63.9% = 78.5%），而有18.0%（3.0% + 15.0% = 18.0%）的受訪者認為不容易（包括「非常不容易」與「不太容易」）。整體而言，將近八成的客家人認為他們住的地方容易到閩南庄。

表 4-19　請問您住的地方容不容易到閩南庄（大多數是閩南人住的地方）？（問卷第2-2題）次數分配表

	次數	百分比
非常不容易	32	3.0%
不太容易	162	15.0%
有點容易	157	14.6%

表 4-19　請問您住的地方容不容易到閩南庄（大多數是閩南人住的地方）？
　　　　（問卷第2-2題）次數分配表（續）

	次數	百分比
非常容易	689	63.9%
無反應	39	3.5%
總和	1,078	100.0%

資料來源：劉嘉薇（2017-2018）。

說明：無反應包括看情形、無意見、不知道。

二、語言

　　再者，民進黨經常使用的語言爲閩南話，從事民主化和本土化運動時採行的語言論述亦爲閩南話，使北部客家族群和閩南族群產生隔閡，甚至使客家族群感受到這是一種閩南強勢作風，甚或閩南沙文主義。由上述對於北部客家族群和南部客家族群所處地形的描述來看，這種語言隔閡的狀況在北部尤其明顯，因爲南部客家族群對閩南話的接受度較高，平時與閩南人往來也都會使用閩南話。

　　對北部客家人而言，閩南話幾乎是難以接受的語言，認爲客家話相對於閩南話是少數和非主流，也因爲語言使用的差異，讓北部客家族群與閩南族群有所隔閡，而民進黨習慣使用閩南話進行論述或群眾運動，便可能讓北部客家族群難以接近，受訪者有深切的感受：

　　沒有客家話就沒有客家人，蔡英文第二次選總統客家話進步很多，她只要到客家宮廟就講客家話，客家人很在意語言，所以被認爲是客家人。妳說自己是客家人不會說客家人，豪姣（受訪者10）！

　　再者，北部客家人認爲閩南話與客家話或客家人格格不入，經常使用

閩南話的政治人物被北客認為是閩南沙文主義，從語言使用的矛盾我們也看到北部閩客之間的情結。

　　早期民進黨很喜歡用閩南話講話，閩南話就是臺語，客家人就覺得很奇怪，那我客家話算什麼，像我（註：受訪者是北部客家人）當記者當了三十幾年，早期對阿扁這樣閩南政治人物只講閩南話，我就很討厭他。第二個原因是閩南沙文主義，他們用閩南話當國語啊（受訪者7）！

　　南部客家族群相對於北部客家族群，對於閩南話的看法就有所不同。民進黨以南部作為發展基地，為了與國民黨所持的語言有所區別，以閩南話作為政治動員的語言，南部客家族群因為也能使用這種語言，因此參與了民進黨崛起的歷程，但因北部客家族群相對慣用客語，因此對於這段從黨外到民進黨的民主化歷程，自然較為邊緣，對民進黨的好感也不如南客。

　　在民主化的過程裡面，這個語言的「minority」（閩南話）實質上是人口的多數，那樣的優勢慢慢浮現了。喔！所以這個「majority」呢，他會習慣用自己的語言、文化、他的思維方式，用他們的溝通，去形成他們的一個政治的圖像。去改變原來那個被（國民黨）支配的政治圖像。這個過程裡面，是用「福佬話」（臺語）進行的啊，南部客家人因為懂得閩南話的論述，就能夠接受民進黨這套（受訪者8）。

　　可是對北部客家人們來說，因為這樣的討論，主要是由閩南話來呈現的，所以他自然而然會有一種疏離感（受訪者5）。

　　甚至為了生存考量，這是說南部有比較多閩南人，客家人覺得自己是弱勢，跟當地的省籍比例有關，客家小孩子覺得客家話難聽，就不說客家話了（受訪者10）。

　　對南部客家人而言，閩南話是還能接受的語言，而南部客家族群為何

又在語言的政治社會化中偏向支持民進黨？南部客家人不論是求學、日常生活都可能使用閩南話，在黨外的政治活動中，南部客家族群也因為理解以閩南話傳遞的理念，因而具有黨外運動的參與感和認同，以下受訪者的經驗提供了南部客家族群如何被帶入閩南族群認同的過程：

因為求學你都到外地去，那還有一點就是受到電視的影響，早期電視演的連續劇都是幾乎都是講閩南話。那你像我，我大概高中之後我就離開屏東到高雄、到中部去念書，同學都是講閩南話居多（受訪者2）。

如果說，你是……六堆那邊的客家人，反正閩南話我也很會講，對他來說這兩種語言他都很流利、都很容易溝通……比如說你到麟洛、內埔、萬巒，都有福佬村莊阿……喔，長治，都有福佬村莊啊。所以他們很容易去跟……跟閩南人接觸，所以他們閩南話也講得很好……從黨外公政會時代以來，一次又一次的說明會，一次又一次的政治這個選舉的動員……喔，從政治場合的說明會到動員造勢，到……這個這個……第四臺裡面的民主臺……這個過程裡面……（思考），南部的客家人是可以參與的，參與了這樣的一個改變，參與了這樣的一個改變。所以在這改變裡面喔，他不是被客體化的，他是參與者（受訪者1）。

上述南客的生活經驗說明了，南部客家族群從日常生活與閩南人的相處，習得了與閩南人的溝通方式和文化，客家人遇到閩南人不再說客家話，反而操著閩南話。加之民進黨在南部舉辦各種的黨外活動，在當時高壓的政治環境下，南客因為熟悉閩南話，也受到「黨外」的「吸引」。

從表4-20可知，客家民眾認為自己能完全聽懂客家話的受訪者，占40.3%；大部分聽懂客家話者，占33.0%；其他有16.9%聽不太懂客家話，有9.7%的受訪者認為自己完全聽不懂客家話。綜觀來看，不到五成的客家人認為他們自己能完全聽懂客家話。

表 4-20　請問您認為自己能聽懂多少客家話？是完全不懂、不太懂、大部分懂還是完全懂？（問卷第2-3題）次數分配表

	次數	百分比
完全不懂	105	9.7%
不太懂	182	16.9%
大部分懂	355	33.0%
完全懂	434	40.3%
無反應	1	0.1%
總和	1,078	100.0%

資料來源：劉嘉薇（2017-2018）。
說明：無反應包括看情形。

　　從表4-21可知，在客家民眾中會講（包括「非常流利」、「還算流利」與「不太流利」）客家話的受訪者占79.7%（22.8% + 23.1% + 33.8% = 79.7%），有20.2%的受訪者則表示他們不會講客家話。由此可知，將近八成的客家人會講客家話。

表 4-21　請問您會不會講客家話？是不會說、不太流利、還算流利還是非常流利？（問卷第2-4題）次數分配表

	次數	百分比
不會說	218	20.2%
不太流利	246	22.8%
還算流利	250	23.1%
非常流利	365	33.8%
總和	1,078	100.0%

資料來源：劉嘉薇（2017-2018）。

三、閩客關係

　　歷史上的閩客械鬥造成閩客情結，客家族群與閩南族群間並不融洽，彰化一帶的械鬥也往桃竹苗北遷。閩客情結也同時肇因於客家族群眼中的「閩南沙文主義」，對於閩南族群的排擠讓客家族群在政治光譜上趨向了國民黨。

　　我認為北部的客家人會比較藍的原因之一是閩客情結。閩客情結從道光30年開始，有幾次重大的閩客械鬥。以前苗栗閩客械鬥最厲害的時候，還動用兩個名人去化解。一個是開臺進士，另外一個是苗栗舉人，所以我認為客家人比較支持國民黨第一個原因是閩客情結（受訪者7）。

　　閩南沙文主義早期當然有啊。客人，你是客家人，你是客郎仔（客語），當然是用一種鄙視的方式……我們講這個上揚尾音就代表說你是小一號的或者你是次等的。那當然我們福佬人的沙文主義就是「咱是正牌的，他是副牌的（臺語），咱才是主人」（受訪者9）。

　　南部客家人認為外省人歧視他們，認為國民黨打壓他們，所以很討厭閩南沙文主義，有閩客情結。北部客家人不恨二二八，我家也是二二八，但國民黨還是照顧我們（受訪者11）。

　　而國民黨早期採用的聯客制閩也達到少數族群之間團結的目的，進而使客家族群對多數的閩南族群無法產生好感。不過受訪者對國民黨當時採取的聯客制閩也有不同的看法，認為聯客制閩是對客家族群的譁眾取寵。然不論國民黨的聯客制閩是為了團結少數族群或是討好客家族群，都深化了客家族群和國民黨的連結：

　　聯客制閩，你看像蔣經國、宋美齡也好。宋美齡身邊有很多客家人，去當她的保鑣、安全侍衛，這些客家人大多為北部客家人，而且客家話又跟國語比較接近，像當兵唸書的時候，客家人自然就會跟外省人比較

好，客家人比較老實、保守，所以弱勢對弱勢比較容易在一起（受訪者7）。

然而，亦有受訪者認為國民黨聯客制閩的本質在於討好客家族群，企圖贏得客家族群在政治上的認同。

我告訴你，不是聯客制閩，是對客家予以譁眾取寵。你說聯客制閩，我把他說是譁眾取寵。妳很漂亮啊，妳穿什麼我都說妳好啊，譁眾嘛取寵嘛！因為他要保持他的優勢阿，為了保持優勢所以我要跟妳講謊話啊，讓妳覺得我是真心愛妳啊，真心的愛這個族群，真心的愛、真心的想要對妳們好，是譁眾取寵（受訪者9）。

歷史上閩客關係南北各異，在我們的訪談中，也的確從受訪者口中理解了閩客情結至今未滅。北部的閩客關係至今仍有情結，南部閩客因為在歷史上曾經有共同的敵人，兩者相對較為融洽的關係也影響了後代子孫，客家族群的政治傾向受到閩南族群的影響。從表4-22可得知，客家民眾評估與四種族群好不好相處的平均數都有達到5.00以上，當中以和本省客家相處的評估最高（7.55），最低為大陸各省市人（6.28）。由此可知，客家人可能基於其自身的族群意識，認為與同樣身為客家族群的民眾較好相處。

再者，客家民眾評估與大陸各省市人和原住民好不好相處程度的標準差（2.25）皆相同，且相較於本省客家人（1.96）和本省閩南人（1.93）來得高，顯示客家民眾對與大陸各省市人和原住民好不好相處的評估回應較分歧。

表 4-22　客家民眾評估與下列四種族群好不好相處？（問卷第2-5題）

	N	平均值	標準差
本省客家人（0～10）	1,020	7.55	1.96
本省閩南人（0～10）	1,020	7.32	1.93
大陸各省市人（0～10）	886	6.28	2.25
原住民（0～10）	914	6.94	2.25

資料來源：劉嘉薇（2017-2018）。

說明一：此為詢問受訪者：如果我們用0到10來表示本省客家人、本省閩南人、大陸各省市人、原住民的人好不好相處；0表示非常不好相處，10表示非常好相處，5表示中間，請您從0到10裡面選出您認為最接近的位置。

說明二：各族群總數（N）皆與本研究樣本總數（1,078）有落差，係因分析過程中已先將「拒答」、「看情形」、「無意見」以及「不知道」等設定為遺漏值。

　　從表4-23可知，在閩南人面前，客家民眾會（包括「經常會」與「有時會」）承認自己是客家人的受訪者占81.8%（15.0% + 66.8% = 81.8%），而有15.6%（8.7% + 6.9% = 15.6%）的受訪者表示他們不會（包括「幾乎不太會」與「不太會」）在閩南人面前承認自己是客家人。整體而言，八成左右的客家人會在閩南人面前承認自己是客家人，且「經常會」占多數。

表 4-23　在閩南人面前，請問您會不會承認自己是客家人？（問卷第2-6題）次數分配表

	次數	百分比
幾乎不太會	94	8.7%
不太會	74	6.9%
有時會	162	15.0%
經常會	720	66.8%
無反應	29	2.7%
總和	1,078	100.0%

資料來源：劉嘉薇（2017-2018）。

說明：無反應包括看情形、無意見、不知道。

　　從表4-24可知，相對於閩南人，客家民眾認為他們在政治上是弱勢族群（包括「非常弱勢」與「有時弱勢」）的受訪者占43.4%（26.4% + 17.0% = 43.4%），而有43.7%（16.1% + 27.6% = 43.7%）的受訪者表示他們在政治上不是弱勢族群（包括「非常不弱勢」與「不太弱勢」）。從上述可知，客家人對於自己相較於閩南人在政治上處於弱勢（43.4%）和非處於弱勢（43.7%）相差不多，皆為四成左右。

表 4-24　相對於閩南人，請問您認為客家人在政治上是不是弱勢的族群？
　　　　（問卷第2-7題）次數分配表

	次數	百分比
非常不弱勢	174	16.1%
不太弱勢	297	27.6%
有時弱勢	285	26.4%
非常弱勢	184	17.0%
無反應	138	12.8%
總計	1,078	100.0%

資料來源：劉嘉薇（2017-2018）。

說明：無反應包括拒答、看情形、無意見、不知道。

四、通婚／宗親／地方派系／社團（活動）

　　從表4-25可知，客家民眾中已婚的受訪者最多，占69.7%；其次是未婚，占27.0%；第三是喪偶，占1.7%；有1.6%的受訪者表示他們已離婚。整體而言，將近七成的客家人處於已婚狀態。

表 4-25 請問您的婚姻狀況？（客：敢有結婚？）（問卷第2-8題）次數分配表

	次數	百分比
已婚	751	69.7%
未婚	291	27.0%
離婚	17	1.6%
喪偶	19	1.7%
總和	1,078	100.0%

資料來源：劉嘉薇（2017-2018）。

　　在表4-26中，由於上一題（表4-25）只有填「已婚」者才需續填此題，因此有30.3%的受訪者跳題。依據此填答的結果來看，客家民眾中他們的先生或太太是本省客家人的受訪者最多，占33.1%；其次是本省閩南人，占22.0%；第三是大陸各省市人（外省人），占5.3%；其他依序是原住民占4.6%；大陸客家人占3.5%；外國人占0.7%；僅0.5%的受訪者表示他們的先生或太太是海外／華僑客家人。由此可知，有三成左右的客家人的配偶爲本省客家人。

表 4-26 請問您的先生或太太是本省客家人、本省閩南人、大陸各省市人，還是原住民？（問卷第2-8-1題）次數分配表

	次數	百分比
本省客家人	357	33.1%
大陸客家人	38	3.5%
海外／華僑客家人	6	0.5%
本省閩南人	237	22.0%
大陸各省市人（外省人）	57	5.3%
原住民	49	4.6%

表 4-26   請問您的先生或太太是本省客家人、本省閩南人、大陸各省市人，
還是原住民？（問卷第2-8-1題）次數分配表（續）

	次數	百分比
外國人	8	0.7%
跳題	327	30.3%
總和	1,078	100.0%

資料來源：劉嘉薇（2017-2018）。

說明：跳題係指該受訪者於上一題（第2-8題）的回應為「未婚」、「離婚」或「喪
偶」，因此不需回答此題。

從表4-27可知，客家民眾表示客家宗親會會向他們拉票的占29.4%，
而有67.7%的受訪者則表示不會。整體而言，將近七成的客家人表示客家
宗親會並不會向他們拉票。

表 4-27   請問有選舉的時候，客家宗親會會向您拉票嗎？（問卷第2-9題）次
數分配表

	次數	百分比
會	317	29.4%
不會	730	67.7%
無反應	32	2.9%
總和	1,078	100.0%

資料來源：劉嘉薇（2017-2018）。

說明：無反應包括拒答、不知道。

在表4-28中，由於上一題只有填「會」者才需續填此題，因此有
70.7%的受訪者跳題。依據此填答的結果來看，在受到客家宗親會拉票的
受訪者中，有14.8%表示客家宗親會幫哪一個政黨拉票要看情形，因為
「看情況」比例較高，不列入無反應，而是獨立一類討論。其他有6.1%

的受訪者表示他們大部分會幫國民黨拉票，而會幫民進黨拉票的則占
4.6%。綜觀來看，客家宗親會大部分不會幫特定政黨拉票，而是依情況
而定。

表 4-28 請問他們大部分是幫哪一個政黨拉票？（問卷第2-9-1題）次數分配表

	次數	百分比
國民黨	66	6.1%
民進黨	50	4.6%
看情形	160	14.8%
無反應	41	3.8%
跳題	762	70.7%
總和	1,078	100.0%

資料來源：劉嘉薇（2017-2018）。

說明一：無反應包括拒答、無意見、不知道。

說明二：跳題係指該受訪者於上一題（第2-9題）的回應爲「不會」或「無反應」，
因此不需回答此題。

從表4-29可知，客家民眾表示在選舉時地方派系並不會向他們拉票的
受訪者占56.0%，而有41.2%的受訪者則表示會。整體而言，超過四成的
客家人表示地方派系在選舉時會向他們拉票。

表 4-29 請問有選舉的時候，地方派系會向您拉票嗎？（問卷第2-10題）次
數分配表

	次數	百分比
會	444	41.2%
不會	604	56.0%
無反應	30	2.8%
總和	1,078	100.0%

資料來源：劉嘉薇（2017-2018）。

說明：無反應包括拒答、不知道。

在表4-30中，由於上一題只有填「會」者才需續填此題，因此有58.8%的受訪者跳題。依據此填答的結果來看，在受到地方派系拉票的受訪者中，有23.5%表示客家宗親會幫哪一個政黨拉票要看情形，因為「看情況」比例較高，不列入無反應，而是獨立一類討論。其他有8.5%的受訪者表示他們大部分會幫國民黨拉票，而會幫民進黨拉票的占6.6%、會幫無黨團結聯盟、時代力量拉票的皆占0.1%。綜觀來看，客家宗親會大部分不會幫特定政黨拉票，而是依情況而定。

表 4-30 請問他們大部分是幫哪一個政黨拉票？（問卷第2-10-1題）次數分配表

	次數	百分比
國民黨	91	8.5%
無黨團結聯盟	2	0.1%
民進黨	71	6.6%
時代力量	1	0.1%
看情形	253	23.5%
無反應	27	2.5%
跳題	634	58.8%
總和	1,078	100.0%

資料來源：劉嘉薇（2017-2018）。

說明一：無反應包括拒答、無意見、不知道。

說明二：跳題係指該受訪者於上一題（第2-10題）的回應為「不會」或「無反應」，因此不需回答此題。

從表4-31可知，在閩南人面前，客家民眾常（包括「經常」與「有時」）參加客家文化相關活動的受訪者占22.9%（15.7% + 7.2% = 22.9%），而有77.1%（38.6% + 38.5% = 77.1%）的受訪者表示他們不常（包括「從不」與「很少」）參加客家文化相關活動。整體而言，近八成

左右的客家人不常參加客家文化相關活動（例如：義民祭、桐花季、山歌班等）。

表 4-31 請問您常不常參加客家文化相關活動（例如：義民祭、桐花季、山歌班等）？（問卷第2-11題）次數分配表

	次數	百分比
從不	416	38.6%
很少	415	38.5%
有時	169	15.7%
經常	77	7.2%
無反應	1	0.1%
總和	1,078	100.0%

資料來源：劉嘉薇（2017-2018）。

說明：無反應包括看情形。

　　從表4-32可知，客家民眾沒有參加過客家相關社團的受訪者占88.5%，而有11.4%的受訪者則表示有參加過。整體而言，近九成的客家人表示他們沒有參加過客家相關社團。

表 4-32 請問您有沒有參加過客家相關社團？（問卷第2-12題）次數分配表

	次數	百分比
有	123	11.4%
沒有	955	88.5%
不知道	1	0.1%
總和	1,078	100.0%

資料來源：劉嘉薇（2017-2018）。

五、對客家媒體的使用

從表4-33可知，在選舉期間，客家民眾常（包括「經常」與「有時」）使用客家媒體來聽或看選舉的新聞的受訪者占18.7%（11.4% + 7.3% = 18.7%），而有80.6%（54.9% + 25.7% = 80.6%）的受訪者表示他們不常（包括「從不」與「很少」）使用客家媒體來聽或看選舉的新聞。整體而言，八成左右的客家人不常使用客家媒體來聽或看選舉的新聞。

表 4-33　在選舉期間，請問您多常使用客家媒體來聽或看選舉的新聞（如：客家電視、客家廣播、客家雜誌和「客家小吵」等）？（問卷第2-13題）次數分配表

	次數	百分比
從不	592	54.9%
很少	277	25.7%
有時	123	11.4%
經常	78	7.3%
無反應	9	0.8%
總和	1,078	100.0%

資料來源：劉嘉薇（2017-2018）。

說明：無反應包括看情形、無意見、不知道。

第三節　理性抉擇因素

根據研究架構圖，理性抉擇因素包括政府重北輕南和客家民眾關切議題說明如下。

一、政府重北輕南

　　經濟理性因素在客家族群政黨偏好和投票抉擇中扮演重要角色，尤其國民黨政府重北輕南以及北部客家族群依賴國民黨的物質恩惠。在北部，客家族群享受到國民黨政府建設的經濟利益，甚至北部客家人多從事公教，因而得到較多公教福利，受訪者從他們的生活經驗現身說法：

　　因為外省人來臺灣，從基隆港進來，以為馬上就要反攻大陸，所以大都居住在北部，這也導致國民黨長期執政重北輕南，所以你看北部跟南部之落差，為天地之差。早期的執政者把這些土地拿來蓋工廠，北部輕工業多，造成客家人生活經濟全面改善（受訪者7）。

　　北藍，就像苗栗有很多人去鐵路局上班，鐵路局是公家的，民進黨常常在講18%不公不義。也就是說北部的客家人跟18%跟軍公教比較沾得上邊，他為了要保護他的飯碗，所以他就這樣做（支持國民黨），這也是地緣關係，因為他在北部，他在上班跟軍公教比較能夠搭得上邊。所以我認為說，其實就是保住他的飯碗啦（受訪者9）！

　　相對地，南部客家族群遠離首都，國民黨幾乎無法形塑南部客家人對其認同。加上南部客家族群以務農為主，國民黨對他們的照顧相對較少，這也是國民黨長期未能在南部客家族群心中深耕的原因，我們也可以看到南部客家族群對國民黨的不滿以及對民進黨的推崇：

　　那南部就較遠離首都……當然也會影響到你的政治認同啦。那民進黨執政，基本上是要把過去威權時代被壓抑的那些本土文化去提升嘛，給予更多的支持嘛。那相對來說，表現在地域上就感覺是對南部的支持，力度比較大。把國慶、把煙火、把燈節，我要拿出臺北去（受訪者8）。

　　國民黨的某些作為人家也會看不下去啊！就是說你沒有照顧農民啊，所以南部的美濃、六堆，他們覺得說未被照顧到啊。屏東啊、高雄，

都是民進黨參與執政的地方，民進黨也不會漠視跟弱視那些客家人啦（受訪者9）！

　　因為為什麼國民黨執政以來，因為一直對我們屏東市南部客家大部分都是耕田的，都是農民、都農保，啊我們這個農保年金一開始是余陳月瑛爭取的，她先實施的我們的政府才跟著實施。嘿余陳月瑛她自己當縣長她先辦農保，啊然後的話，政府先看到她辦才隨著她辦的，所以現在才有這個農保（受訪者4）。

　　加上客家活動預算分配的南北差異，使國民黨重北輕南的形象更加落實，造成南部客家族群心中的不平，以及對國民黨政府的不信任，受訪者便有所抱怨：

　　像我們這些社團吼，聽說啊就是要是申請錢的時候，北部聽說是可以砸比較多，那南部他會比較縮緊（受訪者6）。

　　六堆嘉年華這個活動，是客庄十二大節慶裡面的一個重要的活動，桐花祭是客家十二大節慶裡面的一個重要活動……這兩個活動的性質是一南一北的一個代表性活動。在主體活動的補助款就不一樣……例如說辦六堆嘉年華活動的這些鄉區，他的最高補助額是50萬，但是在辦桐花祭的時候，縣市政府的補助最高是300萬（受訪者2）。

　　不過，值得注意的是，僅有南客認為國民黨政府重北輕南，本研究訪問的北客卻不認為國民黨和民進黨政府有重北輕南的傾向：

　　國民黨的客家政策是不分地域，客委會主委人選也考量南北平衡，以「重北輕南」論述北藍南綠，並不合適。國民黨的吳志揚、朱立倫因為海線客家人少，福佬化了，所以也不照顧桃園縣海線，不蓋客家文物館（受訪者10）。

　　重北輕南不成立，因為南部也有客家中心（受訪者11）。

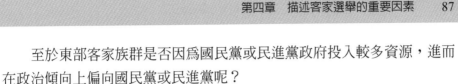

　　至於東部客家族群是否因爲國民黨或民進黨政府投入較多資源，進而在政治傾向上偏向國民黨或民進黨呢？

　　東部客家人的藍綠就比較跟客家政策沒關係，比較跟傅崐萁較有關係，東部客家不是用藍綠來看（受訪者10）。

　　東部因爲傅崐萁的關係，國民黨根本進不去，所以沒有政府重不重視的問題（受訪者11）。

　　本研究爲何呈現東部客家族群的政治傾向不因爲政府照顧而偏向國民黨或民進黨，因爲倘若客家族群因爲政府給的資源不同而偏向任何一政黨，顯然部分受訪者不認爲北客因爲國民黨政府挹注較多資源而靠攏，東客作爲一個對照組，更未因政府挹注資源多寡而有不同政治傾向。

　　從表4-34可知，客家民眾認爲國民黨政府比較重視北部客家庄的發展的受訪者最多，占40.4%；其次有32.2%表示他們不知道國民黨政府比較重視哪個區域客家庄的發展，因爲「不知道」比例較高，不列入無反應，

表 4-34　請問您認為國民黨政府比較重視哪個區域客家庄的發展？是北部、中部、南部還是東部？（問卷第3-1題）次數分配表

	次數	百分比
北部	436	40.4%
中部	87	8.0%
南部	29	2.7%
東部	24	2.2%
不知道	347	32.2%
無反應	156	14.5%
總和	1,078	100.0%

資料來源：劉嘉薇（2017-2018）。

說明：無反應包括拒答、看情形、無意見。

而是獨立一類討論；第三是認爲中部客家庄的發展，占8.0%；其他依序認爲，南部客家庄的發展，占2.7%；東部客家庄的發展，占2.2%。整體而言，有四成的客家人認爲國民黨政府比較重視北部客家庄的發展。但有三成的客家人表示他們不知道國民黨政府比較重視哪個區域客家庄的發展。

　　從表4-35可知，客家民眾不知道民進黨政府比較重視哪個區域客家庄的發展的受訪者最多，占34.3%，因爲「不知道」比例較高，不列入無反應，而是獨立一類討論；其次是認爲比較重視南部客家庄的發展，占31.3%；第三是北部客家庄的發展，占13.7%；其他依序認爲，中部客家庄的發展，占5.0%；東部客家庄的發展，占0.7%。整體而言，有三成的客家人認爲民進黨政府比較重視南部客家庄的發展。但也有三成的客家人表示他們不知道民進黨政府比較重視哪個區域客家庄的發展。

表 4-35　請問您認爲民進黨政府比較重視哪個區域客家庄的發展？是北部、中部、南部還是東部？（問卷第3-2題）次數分配表

	次數	百分比
北部	148	13.7%
中部	54	5.0%
南部	338	31.3%
東部	7	0.7%
不知道	369	34.3%
無反應	162	15.0%
總和	1,078	100.0%

資料來源：劉嘉薇（2017-2018）。

說明：無反應包括拒答、看情形、無意見。

二、關切議題

　　從表4-36可知，客家民眾不瞭解（包括「非常不瞭解」與「不太瞭解」）《客家基本法》的受訪者占56.8%（38.4% + 18.4% = 56.8%）；沒聽過《客家基本法》的受訪者，占23.6%；不知道《客家基本法》的受訪者，占14.6%。因爲「沒聽過」和「不知道」比例較高，不列入無反應，而是各獨立一類討論。僅4.9%（3.5% + 1.4% = 4.9%）的受訪者表示他們瞭解《客家基本法》。整體而言，超過五成的客家人不瞭解《客家基本法》。

表 4-36　請問您瞭不瞭解《客家基本法》？（問卷第3-3題）次數分配表

	次數	百分比
非常不瞭解	414	38.4%
不太瞭解	199	18.4%
還算瞭解	37	3.5%
非常瞭解	15	1.4%
沒聽過	254	23.6%
不知道	158	14.6%
無意見	1	0.1%
總和	1,078	100.0%

資料來源：劉嘉薇（2017-2018）。
說明：無反應包括無意見。

　　從表4-37可知，對客家人而言，他們認爲最重要的議題以「保存客家傳統文化」占最多，占38.1%；其次是語言的傳承（客家話），占30.3%；其他依序是，經濟方面的議題，占10.9%；客家人不團結的議題，占5.0%；0.9%的受訪者則表示他們認爲最重要的議題不在題目所列之中（其他），包含：「不要分族群，大家都是臺灣人」、「不要有族群

差別」、「生存」、「老人福利與地方建設」、「客家人好相處」、「政府對客家人的重視程度」、「族群融合，不要分客家、閩南」、「親切感」。整體而言，近四成的客家人認為最重要的議題在於「保存客家傳統文化」。

表 4-37　請問您認為對客家人來說，最（客：慶）重要的議題是什麼？（問卷第3-4題）次數分配表

	次數	百分比
語言的傳承（客家話）	326	30.3%
保存客家傳統文化	411	38.1%
客家人不團結	54	5.0%
經濟	118	10.9%
其他	9	0.9%
無反應	159	14.7%
總和	1,078	100.0%

資料來源：劉嘉薇（2017-2018）。

說明一：無反應包括拒答、看情形、無意見、不知道。

說明二：其他包含「不要分族群，大家都是臺灣人」、「不要有族群差別」、「生存」、「老人福利與地方建設」、「客家人好相處」、「政府對客家人的重視程度」、「族群融合，不要分客家、閩南」、「親切感」。

　　在表4-38中，由於上一題（表4-37）只有回答明確答案者才需續填此題，因此有14.7%的受訪者跳題。依據此填答的結果來看，客家民眾對於他們認為最重要的議題，32.2%（10.6% + 21.7% = 32.3%）的受訪者表示國民黨政府和民進黨政府的做法偏向沒有差別（包括「不太有差別」與「幾乎沒有差別」）；26.8%（14.1% + 12.7% = 26.8%）的受訪者則表示有差別（包括「差很多」與「有點差別」）。另外，19.7%的受訪者表示他們不知道國民黨政府和民進黨政府的做法有沒有差別，因為「不知道」

比例較高，不列入無反應，而是獨立一類討論。整體而言，在客家人認為最重要的議題上，國民黨政府和民進黨政府的做法對他們而言偏向沒有差別。

表 4-38 有關上面的議題，請問您認為國民黨政府和民進黨政府的做法有沒有差別？（問卷第3-4-1題）次數分配表

	次數	百分比
差很多	152	14.1%
有點差別	137	12.7%
不太有差別	114	10.6%
幾乎沒有差別	234	21.7%
不知道	212	19.7%
無反應	69	6.4%
跳題	159	14.7%
總和	1,078	100.0%

資料來源：劉嘉薇（2017-2018）。

說明一：無反應包括拒答、看情形、無意見。

說明二：跳題係指該受訪者於上一題（第3-4題）為「無反應」的情形，因此不需回答此題。

　　在表4-39中，由於上一題只有填「差很多」、「有點差別」或「不太有差別」者才需續填此題，因此有62.6%的受訪者跳題。依據此填答的結果來看，客家民眾對於他們認為最重要的議題，11.9%的受訪者表示國民黨政府做得比較好；8.6%的受訪者表示民進黨政府做得比較好；6.7%的受訪者認為都不好；1.1%的受訪者認為都好。整體而言，在客家人認為最重要的議題，且覺得國民黨政府和民進黨政府對該議題的做法有差別時，認為國民黨政府做得比較好。

表 4-39　有關上面的議題，請問您認為國民黨政府做得比較好？還是民進黨政府做得比較好？（問卷第3-4-2題）次數分配表

	次數	百分比
國民黨政府	128	11.9%
民進黨政府	93	8.6%
都不好	72	6.7%
都好	12	1.1%
無反應	98	9.1%
跳題	674	62.6%
總和	1,078	100.0%

資料來源：劉嘉薇（2017-2018）。

說明一：無反應包括拒答、看情形、無意見、不知道。

說明二：跳題係指該受訪者於上一題（第3-4-1題）為不需回答者（即「跳題」），或者其回應為「幾乎沒有差別」、「不知道」、「無反應」，因此不需回答此題。

　　從表4-40可知，客家民眾沒有聽過蔡英文所提出的「國家級臺三線客庄浪漫大道」政策的受訪者，占61.1%，而有36.0%的受訪者則表示有聽過。整體而言，可能因政策宣導不足，因此有六成的客家人表示他們沒有聽過蔡英文所提出的「國家級臺三線客庄浪漫大道」政策。

表 4-40　請問您有沒有聽過蔡英文所提出的「國家級臺三線客庄浪漫大道」政策？（問卷第3-5題）次數分配表

	次數	百分比
沒有聽過	659	61.1%
聽過	388	36.0%
無反應	31	2.9%
總和	1,078	100.0%

資料來源：劉嘉薇（2017-2018）。

說明：無反應包括不知道。

在表4-41中，由於上一題只有填「聽過」者才需續填此題，因此有
64.0%的受訪者跳題。依據此填答的結果來看，客家民眾不滿意（包括
「非常不滿意」與「不太滿意」）「國家級臺三線客庄浪漫大道」政策
的受訪者占9.6%（4.1% + 5.5% = 9.6%）；滿意（包括「有點滿意」與
「非常滿意」）「國家級臺三線客庄浪漫大道」政策的受訪者，占11.5%
（8.9% + 2.6% = 11.5%）。整體而言，在聽過「國家級臺三線客庄浪漫大
道」政策的客家人之中，對於該政策的滿意度偏向滿意。

表 4-41　請問您滿不滿意這項政策？（問卷第3-5-1題）次數分配表

	次數	百分比
非常不滿意	44	4.1%
不太滿意	59	5.5%
有點滿意	96	8.9%
非常滿意	28	2.6%
無反應	161	14.9%
跳題	690	64.0%
總和	1,078	100.0%

資料來源：劉嘉薇（2017-2018）。

說明一：無反應包括拒答、看情形、無意見、不知道。

說明二：跳題係指該受訪者於上一題（第3-5題）的回應爲「沒有聽過」、「不知
　　　　道」，因此不需回答此題。

第四節　社會心理學因素

根據研究架構圖，社會心理學因素包括：候選人 / 政治人物因素、客
家意識 / 客家認同、政黨偏好 / 統獨立場，說明如下。

一、候選人／政治人物因素

　　政治人物號召南部客家族群，對於當地客家族群偏向民進黨亦不容忽視，邱連輝可說是當地重要的政治領袖，不同背景的受訪者皆對其政治影響力頻頻稱道，包括他的個人特質、領導風格以及對他政治理念的認同：

　　當然偶然因素可能也有關係啦喔，就是邱連輝成為屏東鎮之上的大家長，那樣一個領導性的地位，然後被尊敬，然後呢會有一些人是因為對他的認同，順著而認同他的理念（受訪者8）。

　　最主要要講到邱連輝，對，他是很關鍵的人物（受訪者3）。

　　邱連輝、徐傍興，這醫生界齁，醫生界當時就是所謂的六堆的意見領袖，真正的領袖，醫界的，本來就是反對國民黨的。這個是長期以來的東西，不是現在忽然間出來反對國民黨的（受訪者1）。

　　今天南部客家人會這麼綠，關鍵在於邱連輝，他27歲當選麟洛鄉長，口才很好，那時候省主席很喜歡他，國民黨提名他當省議員，但是他有事情得罪謝東閔，是監察委員賣票，他講說國民黨怎麼可以出賣公職……那時候客家人就說，國民黨政府欺負我們客家人，客家人平常是很客氣的，但是一反彈不得了；然後邱連輝脫黨參選屏東縣長，聲勢很好……結果投票前一天晚上，邱連輝選舉期間回到家裡洗澡還吹口哨，他老婆說選舉不是很累嗎，怎麼吹口哨？他說我看選民這麼支持我，我會當選，我不會累啊，結果邱連輝就當選屏東縣長（受訪者7）。

　　那個時候是他如日中天的時候啊！他那時候也還沒有民進黨，他脫黨競選，高票當選。所以屏東縣的整個生態開始產生質變。那後來民進黨開始崛起的時候，他就是一個很敢表達的人，他就加入了，漸漸帶動了一種風潮（受訪者2）。

　　邱連輝是代表人物，他不爽國民黨，就加入民進黨。雖然邱連輝已經不是政治人物，但是他的影響已經向下一代扎根（受訪者1）。

　　難道北部就沒有對客家族群有影響的政治人物嗎？或是他的影響不夠大，甚至被其他因素凌駕，訪談的北客，多不肯定北部客籍政治人物的影響：

　　北部宗親的力量很大，超過民進黨政治人物像葉菊蘭、許信良的因素，就算過去葉菊蘭、許信良對客家都很照顧，但客家支持民進黨的還是少，主要是因為北部客家人的宗親力量，還有吳伯雄，比如你要選縣長，要經過同姓的宗親同意（受訪者11）。

　　即使葉菊蘭、許信良再用力，仍然無法將北部客家變成綠色（受訪者10）。

　　整體而言，在訪談過程中，北部受訪者對葉菊蘭、許信良並不青睞，認為其他因素對北客傾向國民黨的影響更大，包括閩客情結、地形因素和語言因素，甚至宗親因素也凌駕政治人物因素，以及吳伯雄在北部客家庄的影響力。反之，在所有研究者訪問的南部受訪者中，幾乎每一位都強調邱連輝因素，令人難以忽略政治人物因素在南部客家政治的重要。

　　根據表4-42，在客家民眾對於許信良喜歡程度中，不喜歡（包括「0」到「4」）的比例占15.1%（6.6% + 1.4% + 3.0% + 6.5% + 4.2% = 21.7%），喜歡程度介於中間者（為「5」）占27.2%，喜歡（包括「6」到「10」）的比例占29.4%（10.4% + 9.2% + 6.0% + 1.6% + 2.2% = 29.4%），沒聽過這個人的比例占7.8%，其餘則有13.8%的民眾為無反應。整體而言，客家民眾對於許信良這位政治人物喜歡程度，以「喜歡」居多。

表 4-42　你會給許信良多少？0表示「非常不喜歡」，10表示「非常喜
　　　　歡」。（問卷第4-1-2題）次數分配表

	次數	百分比
0	71	6.6%
1	15	1.4%
2	33	3.0%
3	70	6.5%
4	46	4.2%
5	294	27.2%
6	112	10.4%
7	99	9.2%
8	64	6.0%
9	18	1.6%
10	23	2.2%
沒聽過這個人	84	7.8%
無反應	149	13.8%
總和	1,078	100%

資料來源：劉嘉薇（2017-2018）。

說明：無反應包括拒答、看情形、無意見、不知道。

　　根據表4-43，在客家民眾對葉菊蘭喜歡程度中，不喜歡（包括
「0」到「4」）的比例占17.9%（7.2% + 1.3% + 2.0% + 5.0% + 2.4%
= 17.9%），喜歡程度介於中間者（為「5」）占22.1%，喜歡（包括
「6」到「10」）的比例占32.6%（8.5% + 8.5% + 8.3% + 2.9% + 4.4% =
32.6%），沒聽過這個人的比例占13.2%，其餘則有14.1%的民眾為無反
應。整體而言，客家民眾對葉菊蘭這位政治人物喜歡程度，以「喜歡」居
多，但值得一提的是「沒聽過這個人」的比例達13.2%。

表 4-43　你會給葉菊蘭多少？0表示「非常不喜歡」，10表示「非常喜歡」。（問卷第4-1-2題）次數分配表

	次數	百分比
0	77	7.2%
1	14	1.3%
2	21	2.0%
3	54	5.0%
4	26	2.4%
5	239	22.1%
6	92	8.5%
7	92	8.5%
8	89	8.3%
9	32	2.9%
10	47	4.4%
沒聽過這個人	142	13.2%
無反應	153	14.1%
總和	1,078	100%

資料來源：劉嘉薇（2017-2018）。

說明：無反應包括拒答、看情形、無意見、不知道。

　　根據表4-44，在客家民眾對吳伯雄喜歡程度中，不喜歡（包括「0」到「4」）的比例占20.1%（5.5% + 1.9% + 3.0% + 5.8% + 3.9% = 20.1%），喜歡程度介於中間者（為「5」）占25.3%，喜歡（包括「6」到「10」）的比例占38.9%（11.5% + 8.5% + 11.2% + 3.6% + 4.1% = 38.9%），沒聽過這個人的比例占5.0%，其餘則有10.7%的民眾為無反應。整體而言，客家民眾對吳伯雄這位政治人物喜歡程度，以「喜歡」居多，「介於中間者」則比「不喜歡」多。

表 4-44　你會給吳伯雄多少？0表示「非常不喜歡」，10表示「非常喜歡」。（問卷第4-1-3題）次數分配表

	次數	百分比
0	59	5.5%
1	20	1.9%
2	33	3.0%
3	63	5.8%
4	42	3.9%
5	273	25.3%
6	124	11.5%
7	91	8.5%
8	120	11.2%
9	39	3.6%
10	44	4.1%
沒聽過這個人	54	5.0%
無反應	116	10.7%
總和	1,078	100%

資料來源：劉嘉薇（2017-2018）。

說明：無反應包括拒答、看情形、無意見、不知道。

　　根據表4-45，在居住於北部（只詢問臺北市、新北市、基隆市、桃園市、新竹縣、新竹市、苗栗縣民眾）的客家民眾對林光華喜歡程度中，不喜歡（包括「0」到「4」）的比例占9.3%（3.2% + 1.1% + 0.9% + 2.4% + 1.7% = 9.3%），喜歡程度介於中間者（為「5」）占10.6%，喜歡（包括「6」到「10」）的比例占10.8%（4.6% + 2.8% + 2.2% + 0.2% + 1.0% = 10.8%），沒聽過這個人的比例占21.2%，其餘10.7%的民眾為無反應，37.6%「跳題」的部分為非北部客家民眾。整體而言，客家民眾對林光華這位政治人物喜歡程度，以「介於中間者」居多，但值得一提的是「沒聽過這個人」的比例高達21.2%。

表 4-45 你會給林光華多少？0表示「非常不喜歡」，10表示「非常喜歡」。北部（只詢問臺北市、新北市、基隆市、桃園市、新竹縣、新竹市、苗栗縣民眾）（問卷第4-2-1題）次數分配表

	次數	百分比
0	34	3.2%
1	11	1.1%
2	10	0.9%
3	26	2.4%
4	18	1.7%
5	115	10.6%
6	49	4.6%
7	30	2.8%
8	24	2.2%
9	2	0.2%
10	10	1.0%
沒聽過這個人	228	21.2%
無反應	115	10.7%
跳題	405	37.6%
總和	1,078	100%

資料來源：劉嘉薇（2017-2018）。

說明一：無反應包括拒答、看情形、無意見、不知道。

說明二：跳題係由於本題只詢問臺北市、新北市、基隆市、桃園市、新竹縣、新竹市、苗栗縣民眾，因此其他地區民眾無需作答。

　　根據表4-46，在居住於北部（只詢問臺北市、新北市、基隆市、桃園市、新竹縣、新竹市、苗栗縣民眾）的客家民眾對彭紹瑾喜歡程度中，不喜歡（包括「0」到「4」）的比例占9.5%（3.2% + 0.6% + 1.0% + 3.1% + 1.6% = 9.5%），喜歡程度介於中間者（為「5」）占11.1%，喜歡（包括「6」到「10」）的比例占14.5%（5.2% + 3.6% + 3.6% + 0.8% + 1.3%

= 14.5%），沒聽過這個人的比例占17.8%，其餘9.6%的民眾為無反應，37.6%「跳題」的部分為非北部客家民眾。整體而言，客家民眾對彭紹瑾這位政治人物喜歡程度，以「喜歡者」居多，但值得一提的是「沒聽過這個人」高達17.8%。

表 4-46 你會給彭紹瑾多少？0表示「非常不喜歡」，10表示「非常喜歡」。北部（只詢問臺北市、新北市、基隆市、桃園市、新竹縣、新竹市、苗栗縣民眾）（問卷第4-2-2題）次數分配表

	次數	百分比
0	34	3.2%
1	6	0.6%
2	11	1.0%
3	33	3.1%
4	17	1.6%
5	119	11.1%
6	56	5.2%
7	39	3.6%
8	39	3.6%
9	8	0.8%
10	14	1.3%
沒聽過這個人	192	17.8%
無反應	103	9.6%
跳題	405	37.6%
總和	1,078	100%

資料來源：劉嘉薇（2017-2018）。

說明一：無反應包括拒答、看情形、無意見、不知道。

說明二：跳題係由於本題只詢問臺北市、新北市、基隆市、桃園市、新竹縣、新竹市、苗栗縣民眾，因此其他地區民眾無需作答。

　　根據表4-47，在居住於北部（只詢問臺北市、新北市、基隆市、桃園市、新竹縣、新竹市、苗栗縣民眾）的客家民眾對徐耀昌喜歡程度中，不喜歡（包括「0」到「4」）的比例占9.8%（2.7% + 1.3% + 1.6% + 2.6% + 1.6% = 9.8%），喜歡程度介於中間者（為「5」）占9.4%，喜歡（包括「6」到「10」）的比例占13.0%（3.8% + 3.5% + 3.9% + 0.5% + 1.3%

表 4-47　你會給徐耀昌多少？0表示「非常不喜歡」，10表示「非常喜歡」。北部（只詢問臺北市、新北市、基隆市、桃園市、新竹縣、新竹市、苗栗縣民眾）（問卷第4-2-3題）次數分配表

	次數	百分比
0	29	2.7%
1	14	1.3%
2	17	1.6%
3	28	2.6%
4	17	1.6%
5	101	9.4%
6	41	3.8%
7	38	3.5%
8	42	3.9%
9	5	0.5%
10	14	1.3%
沒聽過這個人	220	20.4%
無反應	107	9.9%
跳題	405	37.6%
總和	1,078	100%

資料來源：劉嘉薇（2017-2018）。

說明一：無反應包括拒答、看情形、無意見、不知道。

說明二：跳題係由於本題只詢問臺北市、新北市、基隆市、桃園市、新竹縣、新竹市、苗栗縣民眾，因此其他地區民眾無需作答。

= 13.0%），沒聽過這個人的比例占20.4%，其餘9.9%的民眾爲無反應，37.6%「跳題」的部分爲非北部客家民眾。整體而言，客家民眾對徐耀昌這位政治人物喜歡程度，以「喜歡者」居多，但值得一提的是「沒聽過這個人」，高達20.4%。

根據表4-48，在居住於中部（只詢問臺中市、彰化縣、南投縣民眾）

表 4-48　你會給陳庚金多少？0表示「非常不喜歡」，10表示「非常喜歡」。中部（只詢問臺中市、彰化縣、南投縣民眾）（問卷第4-3-1題）次數分配表

	次數	百分比
0	10	0.9%
1	0	0.0%
2	5	0.4%
3	8	0.7%
4	6	0.6%
5	28	2.6%
6	11	1.0%
7	4	0.4%
8	7	0.6%
9	0	0.0%
10	0	0.0%
沒聽過這個人	42	3.9%
無反應	18	1.7%
跳題	939	87.1%
總和	1,078	100%

資料來源：劉嘉薇（2017-2018）。

說明一：無反應包括拒答、看情形、無意見、不知道。

說明二：跳題係由於本題只詢問臺中市、彰化縣、南投縣民眾，因此其他地區民眾無需作答。

的客家民眾對陳庚金喜歡程度中，不喜歡（包括「0」到「4」）的比例占2.6%（0.9% + 0.4% + 0.7% + 0.6% = 2.6%），喜歡程度介於中間者（爲「5」）占2.6%，喜歡（包括「6」到「10」）的比例占14.5%（1.0% + 0.4% + 0.6% = 2.0%），沒聽過這個人的比例占3.9%，其餘1.7%的民眾爲無反應，87.1%「跳題」的部分爲非中部客家民眾。整體而言，客家民眾對陳庚金這位政治人物喜歡程度，以「喜歡」居多，而「不喜歡」與「介於中間者」的比例一樣多，值得一提的是「沒聽過這個人」的比例（3.9%）高於「不喜歡」與「介於中間者」（皆爲2.6%）。

　　陳庚金雖爲客籍政治人物，然因不活躍於政壇，因此中部客家民眾對其瞭解也不多，話說回來，若要找出比陳庚金更知名的中部客籍人物供選民評價，恐亦非易事。

　　根據表4-49，在居住於中部（只詢問臺中市、彰化縣、南投縣民眾）

表 4-49　你會給徐中雄多少？0表示「非常不喜歡」，10表示「非常喜歡」。中部（只詢問臺中市、彰化縣、南投縣民衆）（問卷第4-3-2題）次數分配表

	次數	百分比
0	4	0.3%
1	0	0.0%
2	3	0.3%
3	5	0.5%
4	5	0.4%
5	43	4.0%
6	9	0.8%
7	10	0.9%
8	15	1.4%
9	4	0.4%
10	3	0.3%
沒聽過這個人	19	1.7%

表 4-49 你會給徐中雄多少？0表示「非常不喜歡」，10表示「非常喜歡」。中部（只詢問臺中市、彰化縣、南投縣民眾）（問卷第4-3-2題）次數分配表（續）

	次數	百分比
無反應	19	1.8%
跳題	939	87.1%
總和	1,078	100%

資料來源：劉嘉薇（2017-2018）。

說明一：無反應包括拒答、看情形、無意見、不知道。

說明二：跳題係由於本題只詢問臺中市、彰化縣、南投縣民眾，因此其他地區民眾無需作答。

的客家民眾對徐中雄喜歡程度中，不喜歡（包括「0」到「4」）的比例占2.6%（0.3% + 0.3% + 0.5% + 0.4% = 1.5%），喜歡程度介於中間者（為「5」）占4.0%，喜歡（包括「6」到「10」）的比例占3.8%（0.8% + 0.9% + 1.4% + 0.4% + 0.3% = 3.8%），沒聽過這個人的比例占1.7%，其餘1.8%的民眾為無反應，87.1%「跳題」的部分為非中部客家民眾。整體而言，客家民眾對徐中雄這位政治人物喜歡程度，以「介於中間者」居多，而「沒聽過這個人」的選項，在喜歡程度的比例當中達1.7%。

根據表4-50，在居住於中部（只詢問臺中市、彰化縣、南投縣民眾）的客家民眾對林豐喜喜歡程度中，不喜歡（包括「0」到「4」）的比例占2.5%（0.3% + 0.3% + 0.4% + 1.2% + 0.3% = 2.5%），喜歡程度介於中間者（為「5」）占2.7%，喜歡（包括「6」到「10」）的比例占2.4%（1.1% + 0.6% + 0.5% + 0.2% = 2.4%），沒聽過這個人的比例占3.8%，其餘1.5%的民眾為無反應，87.1%「跳題」的部分為非中部客家民眾。整體而言，客家民眾對林豐喜這位政治人物喜歡程度，以「介於中間者」居多，但值得一提的是「沒聽過這個人」的比例達3.8%。

表 4-50 你會給林豐喜多少？0表示「非常不喜歡」，10表示「非常喜歡」。中部（只詢問臺中市、彰化縣、南投縣民眾）（問卷第4-3-3題）次數分配表

	次數	百分比
0	3	0.3%
1	4	0.3%
2	4	0.4%
3	13	1.2%
4	3	0.3%
5	29	2.7%
6	12	1.1%
7	7	0.6%
8	5	0.5%
9	0	0.0%
10	2	0.2%
沒聽過這個人	40	3.8%
無反應	16	1.5%
跳題	939	87.1%
總和	1,078	100%

資料來源：劉嘉薇（2017-2018）。

說明一：無反應包括拒答、看情形、無意見、不知道。

說明二：跳題係由於本題只詢問臺中市、彰化縣、南投縣民眾，因此其他地區民眾無需作答。

　　根據表4-51，在居住於南部（只詢問雲林縣、嘉義縣、嘉義市、臺南市、高雄市、屏東縣、離島民眾）的客家民眾對（已故的）邱連輝喜歡程度中，不喜歡（包括「0」到「4」）的比例占1.8%（1.0% + 0.0% + 0.0% + 0.7% + 0.1% = 1.8%），喜歡程度介於中間者（為「5」）占3.6%，喜歡（包括「6」到「10」）的比例占5.0%（0.8% + 0.8% + 1.8% + 0.2% +

表 4-51　你會給（已故的）邱連輝多少？0表示「非常不喜歡」，10表示「非常喜歡」。南部（只詢問雲林縣、嘉義縣、嘉義市、臺南市、高雄市、屏東縣、離島民眾）（問卷第4-4-1題）次數分配表

	次數	百分比
0	11	1.0%
1	0	0.0%
2	0	0.0%
3	7	0.7%
4	1	0.1%
5	39	3.6%
6	8	0.8%
7	8	0.8%
8	19	1.8%
9	2	0.2%
10	15	1.4%
沒聽過這個人	59	5.5%
無反應	28	2.7%
跳題	878	81.4%
總和	1,078	100%

資料來源：劉嘉薇（2017-2018）。

說明一：無反應包括拒答、看情形、無意見、不知道。

說明二：跳題係由於本題只詢問雲林縣、嘉義縣、嘉義市、臺南市、高雄市、屏東縣、離島民眾，因此其他地區民眾無需作答。

1.4% = 5.0%），沒聽過這個人的比例占5.5%，其餘2.7%的民眾為無反應，81.4%「跳題」的部分為非南部客家民眾。整體而言，客家民眾對（已故的）邱連輝這位政治人物喜歡程度，以「喜歡」居多，但值得一提的是「沒聽過這個人」的比例達5.5%。

　　根據表4-52，在居住於南部（只詢問雲林縣、嘉義縣、嘉義市、臺南市、高雄市、屏東縣、離島民眾）的客家民眾對邱議瑩喜歡程度中，

不喜歡（包括「0」到「4」）的比例占4.1%（1.0% + 0.4% + 1.5% + 0.9% + 0.3% = 4.1%），喜歡程度介於中間者（為「5」）占4.4%，喜歡（包括「6」到「10」）的比例占7.4%（2.0% + 2.2% + 1.7% + 0.4% + 1.1% = 7.4%），沒聽過這個人的比例占1.1%，其餘1.6%的民眾為無反應，81.4%「跳題」的部分為非南部客家民眾。整體而言，客家民眾對邱議瑩這位政治人物喜歡程度，以「喜歡」居多。

表 4-52　你會給邱議瑩多少？0表示「非常不喜歡」，10表示「非常喜歡」。南部（只詢問雲林縣、嘉義縣、嘉義市、臺南市、高雄市、屏東縣、離島民眾）（問卷第4-4-2題）次數分配表

	次數	百分比
0	10	1.0%
1	4	0.4%
2	16	1.5%
3	10	0.9%
4	3	0.3%
5	48	4.4%
6	21	2.0%
7	24	2.2%
8	18	1.7%
9	5	0.4%
10	12	1.1%
沒聽過這個人	12	1.1%
無反應	17	1.6%
跳題	878	81.4%
總和	1,078	100%

資料來源：劉嘉薇（2017-2018）。

說明一：無反應包括拒答、看情形、無意見、不知道。

說明二：跳題係由於本題只詢問雲林縣、嘉義縣、嘉義市、臺南市、高雄市、屏東縣、離島民眾，因此其他地區民眾無需作答。

　　根據表4-53，在居住於南部（只詢問雲林縣、嘉義縣、嘉義市、臺南市、高雄市、屏東縣、離島民眾）的客家民眾對鍾紹和喜歡程度中，不喜歡（包括「0」到「4」）的比例占2.8%（1.3% + 0.2% + 0.3% + 0.6% + 0.4% = 2.8%），喜歡程度介於中間者（為「5」）占3.7%，喜歡（包括「6」到「10」）的比例占5.5%（1.4% + 2.4% + 0.7% + 0.3% + 0.7% = 5.5%），沒聽過這個人的比例占4.0%，其餘2.5%的民眾為無反應，81.4%

表 4-53　你會給鍾紹和多少？0表示「非常不喜歡」，10表示「非常喜歡」。南部（只詢問雲林縣、嘉義縣、嘉義市、臺南市、高雄市、屏東縣、離島民眾）（問卷第4-4-3題）次數分配表

	次數	百分比
0	14	1.3%
1	2	0.2%
2	4	0.3%
3	6	0.6%
4	5	0.4%
5	39	3.7%
6	16	1.4%
7	25	2.4%
8	7	0.7%
9	4	0.3%
10	7	0.7%
沒聽過這個人	43	4.0%
無反應	27	2.5%
跳題	878	81.4%
總和	1,078	100%

資料來源：劉嘉薇（2017-2018）。

說明一：無反應包括拒答、看情形、無意見、不知道。

說明二：跳題係由於本題只詢問雲林縣、嘉義縣、嘉義市、臺南市、高雄市、屏東縣、離島民眾，因此其他地區民眾無需作答。

「跳題」的部分為非南部客家民眾。整體而言，客家民眾對鍾紹和這位政治人物喜歡程度，以「喜歡」居多，但值得一提的是「沒聽過這個人」的比例達4.0%，高於「不喜歡」（2.8%）以及「介於中間者」（3.7%）。

　　根據表4-54，在居住於南部（只詢問雲林縣、嘉義縣、嘉義市、臺南市、高雄市、屏東縣、離島民眾）的客家民眾對鍾榮吉喜歡程度中，不喜歡（包括「0」到「4」）的比例占3.9%（1.9% + 0.3% + 0.4% + 0.9%

表 4-54　你會給鍾榮吉多少？0表示「非常不喜歡」，10表示「非常喜歡」。南部（只詢問雲林縣、嘉義縣、嘉義市、臺南市、高雄市、屏東縣、離島民眾）（問卷第4-4-4題）次數分配表

	次數	百分比
0	20	1.9%
1	3	0.3%
2	4	0.4%
3	10	0.9%
4	4	0.4%
5	44	4.0%
6	11	1.0%
7	10	0.9%
8	12	1.1%
9	0	0.0%
10	2	0.2%
沒聽過這個人	52	4.8%
無反應	29	2.7%
跳題	878	81.4%
總和	1,078	100%

資料來源：劉嘉薇（2017-2018）。

說明一：無反應包括拒答、看情形、無意見、不知道。

說明二：跳題係由於本題只詢問雲林縣、嘉義縣、嘉義市、臺南市、高雄市、屏東縣、離島民眾，因此其他地區民眾無需作答。

＋0.4％＝3.9％），喜歡程度介於中間者（爲「5」）占4.0％，喜歡（包括「6」到「10」）的比例占3.2％（1.0％＋0.9％＋1.1％＋0.2％＝3.2％），沒聽過這個人的比例占4.8％，其餘2.7％的民衆爲無反應，81.4％「跳題」的部分爲非南部客家民衆。整體而言，客家民衆對鍾榮吉這位政治人物喜歡程度，以「介於中間者」居多，但值得一提的是「沒聽過這個人」的比例達4.8％。

根據表4-55，在居住於東部（只詢問宜蘭縣、花蓮縣、臺東縣民衆）

表 4-55　你會給傅崐萁多少？0表示「非常不喜歡」，10表示「非常喜歡」。東部（只詢問宜蘭縣、花蓮縣、臺東縣民衆）（問卷第4-5-1題）次數分配表

	次數	百分比
0	4	0.4%
1	4	0.3%
2	5	0.5%
3	4	0.3%
4	1	0.1%
5	6	0.6%
6	5	0.5%
7	4	0.3%
8	5	0.4%
9	3	0.3%
10	11	1.0%
沒聽過這個人	7	0.6%
無反應	7	0.7%
跳題	1,012	93.9%
總和	1,078	100%

資料來源：劉嘉薇（2017-2018）。

說明一：無反應包括拒答、看情形、無意見、不知道。

說明二：跳題係由於本題只詢問宜蘭縣、花蓮縣、臺東縣民衆，因此其他地區民衆無需作答。

的客家民眾對傅崑萁喜歡程度中，不喜歡（包括「0」到「4」）的比例占1.6%（0.4% + 0.3% + 0.5% + 0.3% + 0.1% = 1.6%），喜歡程度介於中間者（為「5」）占0.6%，喜歡（包括「6」到「10」）的比例占2.5%（0.5% + 0.3% + 0.4% + 0.3% + 1.0% = 2.5%），沒聽過這個人的比例占0.6%，其餘0.7%的民眾為無反應，93.9%「跳題」的部分為非東部客家民眾。整體而言，客家民眾對傅崑萁這位政治人物喜歡程度，以「喜歡」居多。

根據表4-56，在居住於東部（只詢問宜蘭縣、花蓮縣、臺東縣民眾）

表 4-56 你會給吳水雲多少？0表示「非常不喜歡」，10表示「非常喜歡」。東部（只詢問宜蘭縣、花蓮縣、臺東縣民眾）（問卷第4-5-2題）次數分配表

	次數	百分比
0	0	0.0%
1	2	0.2%
2	1	0.1%
3	2	0.2%
4	1	0.1%
5	11	1.1%
6	2	0.2%
7	4	0.3%
8	5	0.5%
9	1	0.1%
10	2	0.2%
沒聽過這個人	24	2.2%
無反應	12	1.1%
跳題	1,012	93.9%
總和	1,078	100%

資料來源：劉嘉薇（2017-2018）。

說明一：無反應包括拒答、看情形、無意見、不知道。

說明二：跳題係由於本題只詢問宜蘭縣、花蓮縣、臺東縣民眾，因此其他地區民眾無需作答。

的客家民眾對吳水雲喜歡程度中，不喜歡（包括「0」到「4」）的比例占0.6%（0.2% + 0.1% + 0.2% + 0.1% = 0.6%），喜歡程度介於中間者（為「5」）占1.1%，喜歡（包括「6」到「10」）的比例占1.3%（0.2% + 0.3% + 0.5% + 0.1% + 0.2% = 1.3%），沒聽過這個人的比例占2.2%，其餘1.1%的民眾為無反應，93.9%「跳題」的部分為非東部客家民眾。整體而言，客家民眾對吳水雲這位政治人物喜歡程度，以「喜歡」居多，但值得一提的是「沒聽過這個人」的比例達2.2%。

根據表4-57，在居住於東部（只詢問宜蘭縣、花蓮縣、臺東縣民眾）

表 4-57　你會給饒穎奇多少？0表示「非常不喜歡」，10表示「非常喜歡」。東部（只詢問宜蘭縣、花蓮縣、臺東縣民眾）（問卷第4-5-3題）次數分配表

	次數	百分比
0	5	0.4%
1	3	0.3%
2	1	0.1%
3	3	0.3%
4	1	0.1%
5	12	1.1%
6	5	0.5%
7	0	0.0%
8	3	0.3%
9	1	0.1%
10	1	0.1%
沒聽過這個人	12	1.1%
無反應	18	1.6%
跳題	1,012	93.9%
總和	1,078	100%

資料來源：劉嘉薇（2017-2018）。

說明一：無反應包括拒答、看情形、無意見、不知道。

說明二：跳題係由於本題只詢問宜蘭縣、花蓮縣、臺東縣民眾，因此其他地區民眾無需作答。

的客家民眾對饒穎奇喜歡程度中，不喜歡（包括「0」到「4」）的比例
占1.2%（0.4% + 0.3% + 0.1% + 0.3% + 0.1% = 1.2%），喜歡程度介於中
間者（為「5」）占1.1%，喜歡（包括「6」到「10」）的比例占1.0%
（0.5% + 0.3% + 0.1% + 0.1% = 1.0%），沒聽過這個人的比例占1.1%，其
餘1.6%的民眾為無反應，93.9%「跳題」的部分為非東部客家民眾。整體
而言，客家民眾對饒穎奇這位政治人物沒有明顯偏好。

　　若將上述對於政治人物喜歡程度視為連續變數，以平均數和標準差
描述之，從表4-58可得知，在客家民眾對政治人物喜歡程度中，扣除無
反應選項後，客家民眾對邱連輝喜歡程度最高（5.86），最低為陳庚金
（4.37）。

表 4-58　客家民眾對政治人物喜歡程度（問卷第4-1-1題至第4-5-3題）

	N	平均值	標準差
許信良（0～10）	845	4.99	2.34
葉菊蘭（0～10）	783	5.34	2.64
吳伯雄（0～10）	908	5.44	2.47
林光華（0～10）	330	4.78	2.40
彭紹瑾（0～10）	377	5.11	2.44
徐耀昌（0～10）	346	5.01	2.54
陳庚金（0～10）	78	4.37	2.25
徐中雄（0～10）	101	5.64	2.08
林豐喜（0～10）	82	4.75	2.08
邱連輝（0～10）	113	5.86	2.78
邱議瑩（0～10）	171	5.37	2.58
鍾紹和（0～10）	130	5.23	2.61
鍾榮吉（0～10）	120	4.38	2.60
傅崐萁（0～10）	51	5.74	3.43

表 4-58　客家民眾對政治人物喜歡程度（問卷第4-1-1題至第4-5-3題）（續）

	N	平均值	標準差
吳水雲（0～10）	30	5.73	2.27
饒穎奇（0～10）	36	4.50	2.70

資料來源：劉嘉薇（2017-2018）。

說明一：此爲詢問受訪者如果我們用0到10來表示客家民眾對於政治人物的喜歡程度；0表示非常不喜歡，10表示非常喜歡，5表示中間，請您從0到10裡面選出您認爲最接近的位置。

說明二：客家民眾總數（N）皆與本研究樣本總數（1,078）有落差，係因分析過程中已先將「拒答」、「看情形」、「無意見」以及「不知道」設定爲遺漏值，以及上表自林光華以下的題目，若非詢問的特定區域民眾則無需作答。

　　再者，客家民眾對政治人物喜歡程度標準差，以對「傅崐萁」的標準差（3.43）最大，最小則是對「徐中雄」及「林豐喜」的標準差皆爲2.08，顯示客家民眾對「傅崐萁」此政治人物喜歡程度回應較爲分歧，而對「徐中雄」及「林豐喜」喜歡程度回應相較之下較爲一致。

二、客家意識／客家認同

　　根據表4-59，有超過六成五的客家民眾會在新認識的朋友面前介紹自己時，表明自己是「客家人」的身分。會（包括「有時會」與「經常會」）表明自己是客家人身分所占比例爲67.1%（20.0% + 47.1% = 67.1%）。而有27.6%（15.8% + 11.8% = 27.6%）的客家民眾表示不會（包括「幾乎不會」及「不太會」），其餘的5.3%則爲「無反應」選項所占比例。整體而言，大多數的客家民眾均會在新朋友面前介紹自己的同時，表明自己具有客家人身分。

　　根據表4-60，有超過八成的客家民眾同意「我以身爲客家人爲榮」的說法。表示同意（包括「有點同意」與「非常同意」）「我以身爲客家

人爲榮」的說法所占比例爲83.8%（21.3% + 62.5% = 83.8%）。而有9.2%（2.4% + 6.8% = 9.2%）的客家民眾表示不同意（包括「非常不同意」及「不太同意」），其餘的6.9%則爲「無反應」選項所占比例。整體而言，客家民眾大多同意「我以身爲客家人爲榮」的說法。

表 4-59　在新認識的朋友面前，您介紹自己的時候，會不會表明自己是「客家人」的身分？（問卷第4-6題）次數分配表

	次數	百分比
幾乎不會	171	15.8%
不太會	127	11.8%
有時會	216	20.0%
經常會	507	47.1%
無反應	57	5.3%
總和	1,078	100.0%

資料來源：劉嘉薇（2017-2018）。

說明：無反應包括看情形、無意見、不知道。

表 4-60　請問您同不同意「我以身為客家人為榮」的說法？（問卷第4-7題）次數分配表

	次數	百分比
非常不同意	26	2.4%
不太同意	74	6.8%
有點同意	230	21.3%
非常同意	674	62.5%
無反應	75	6.9%
總和	1,078	100.0%

資料來源：劉嘉薇（2017-2018）。

說明：無反應包括拒答、看情形、無意見、不知道。

根據表4-61，有超過七成的客家民眾認同客家人「義民」的形象。認同（包括「有點認同」與「非常認同」）客家人「義民」的形象所占比例為70.2%（29.7% + 40.5% = 70.2%）。而有7.3%（1.2% + 6.1% = 7.3%）的客家民眾表示不認同（包括「非常不認同」及「不太認同」），其餘的22.5%則為「無反應」選項所占比例。整體而言，客家民眾大多認同客家人「義民」的形象。

表 4-61　請問您認不認同客家人「義民」的形象？（可提示是「義民爺」的義民形象）（問卷第4-8題）次數分配表

	次數	百分比
非常不認同	13	1.2%
不太認同	65	6.1%
有點認同	320	29.7%
非常認同	437	40.5%
無反應	242	22.5%
總和	1,078	100.0%

資料來源：劉嘉薇（2017-2018）。

說明：無反應包括拒答、看情形、無意見、不知道。

三、政黨偏好／統獨立場

根據表4-62，在客家民眾回答比較支持哪一個政黨中，選擇支持「國民黨」的比例占24.8%，「親民黨」的比例占3.7%，「新黨」的比例占0.6%，「民進黨」的比例占18.9%，「臺聯」的比例占0.3%，「時代力量」的比例占5.5%，「都支持」的比例占2.9%，「都不支持」的比例占17.7%，「其他」的比例占0.3%，「看情況」的比例占15.7%，「無反應」的比例占9.6%。整體而言，在有選擇支持特定政黨的情況下，以「國民黨」為大宗，但值得一提的是「都不支持」的比例高達17.7%，僅低於支持度最高的「國民黨」（24.8%）比例及支持度次高的「民進黨」

（18.9%）比例；而「看情況」的比例達15.7%，是整體比例當中的第四高，此類因為比例較高，所以留下特別討論。

表 4-62　在國民黨、民進黨、新黨、親民黨、臺聯以及時代力量這六個政黨中，請問您認為您比較支持哪一個政黨？（回答「選人不選黨」者，請追問「非選舉時期」整體而言較支持哪一個政黨）（問卷第4-9題）次數分配表

	次數	百分比
國民黨	267	24.8%
親民黨	40	3.7%
新黨	7	0.6%
民進黨	204	18.9%
臺聯	3	0.3%
時代力量	60	5.5%
都支持	31	2.9%
都不支持	191	17.7%
其他	3	0.3%
看情況	169	15.7%
無反應	104	9.6%
總和	1,078	100.0%

資料來源：劉嘉薇（2017-2018）。

說明一：無反應包括拒答、無意見、不知道。

說明二：其他包含「信心希望聯盟」、「國民黨、民進黨」。

　　根據表4-63，在客家民眾對於比較偏向哪一政黨中，選擇偏向「國民黨」的比例占2.2%，「親民黨」的比例占0.2%，「新黨」的比例占0.3%，「無黨團結聯盟」的比例占0.1%，「民進黨」的比例占1.6%，「時代力量」的比例占0.7%，「都支持」的比例占0.8%，「都不支持」的比例占19.5%，「都不偏」的比例占4.9%，「無黨團結聯盟」的比例占

0.1%，「其他」（包括「綠黨」與「綠黨、社民黨」）的比例占0.1%，「看情況」的比例占10.5%，「無反應」的比例占5.2%，「跳題」的比例占53.9%。整體而言，在選擇偏好特定政黨的情況下，以「國民黨」爲大宗，但值得一提的是「都不支持」的比例高達19.5%，是整體比例當中最高者；而「看情況」的比例達10.5%，是整體比例當中的第二高，此類因爲比例較高，所以留下特別討論。

表 4-63   您比較偏向國民黨、偏向進黨、偏向新黨、偏向親民黨、偏向臺聯還是時代力量，或是都不偏？（問卷第4-9-1題）次數分配表

	次數	百分比
國民黨	23	2.2%
親民黨	2	0.2%
新黨	3	0.3%
無黨團結聯盟	1	0.1%
民進黨	17	1.6%
時代力量	8	0.7%
都支持	8	0.8%
都不支持	211	19.5%
都不偏	53	4.9%
其他	2	0.1%
看情況	113	10.5%
無反應	56	5.2%
跳題	581	53.9%
總和	1,078	100.0%

資料來源：劉嘉薇（2017-2018）。

說明一：無反應包括拒答、無意見、不知道。

說明二：其他爲「綠黨」、「綠黨、社民黨」。

說明三：跳題係指該受訪者於上一題（第4-9題）的回應爲「國民黨」、「親民黨」、「新黨」、「無黨團結聯盟」、「民進黨」、「臺聯」或「時代力量」，已明確回答支持的政黨，因此不需回答此題。

　　根據表4-62到表4-63，合併成表4-64，其中客家民眾政黨偏好偏向「國民黨」的比例占27.0%，「親民黨」的比例占3.9%，「新黨」的比例占0.9%，「無黨團結聯盟」的比例占0.1%，「民進黨」的比例占20.5%，「臺聯」的比例占0.3%，「時代力量」的比例占6.3%，「中立及看情況」的比例占35.7%，「無反應及其他政黨」的比例占5.5%。

表 4-64　政黨偏好（合併問卷第4-9題和第4-9-1題）次數分配表

	次數	百分比
國民黨	291	27.0%
親民黨	42	3.9%
新黨	9	0.9%
無黨團結聯盟	1	0.1%
民進黨	221	20.5%
臺聯	3	0.3%
時代力量	67	6.3%
中立及看情形	384	35.7%
無反應及其他政黨	59	5.5%
總和	1,078	100.0%

資料來源：劉嘉薇（2017-2018）。

說明一：無反應包括拒答、無意見、不知道。

說明二：其他為「綠黨」、「綠黨、社民黨」。

　　根據表4-65，在客家民眾對於臺灣和大陸關係的看法中，選擇偏向「盡快統一」的比例占3.8%，「盡快宣布獨立」的比例占2.7%，「維持現狀，以後走向統一」的比例占13.7%，「維持現狀，以後走向獨立」的比例占12.6%，「維持現狀，看情形再決定獨立或統一」的比例占33.1%，「永遠維持現狀」的比例占26.5%，「無反應」的比例占7.7%。整體而言，在選擇對臺灣和大陸關係的看法中，以「維持現狀，看情形再

決定獨立或統一」的比例爲最多。

表 4-65　關於臺灣和大陸的關係，有下面幾種不同的看法：1.盡快統一；
2.盡快宣布獨立；3.維持現狀，以後走向統一；4.維持現狀，以後
走向獨立；5.維持現狀，看情形再決定獨立或統一；6.永遠維持現
狀。請問您比較偏向哪一種？（問卷第4-10題）次數分配表

	次數	百分比
盡快統一	41	3.8%
盡快宣布獨立	29	2.7%
維持現狀，以後走向統一	148	13.7%
維持現狀，以後走向獨立	136	12.6%
維持現狀，看情形再決定獨立或統一	357	33.1%
永遠維持現狀	285	26.5%
無反應	83	7.7%
總和	1,078	100.0%

資料來源：劉嘉薇（2017-2018）。

說明：無反應包括拒答、很難說、無意見以及不知道。

第五節　客家族群投票抉擇

　　本章最後一節將討論我們關懷的客家族群投票抉擇，包括幾種面向：「會不會因爲候選人是客家人而投票給他」、「候選人的政黨還是族群比較重要」、「2016年總統選舉投票抉擇」、「2012年總統選舉投票抉擇」以及「選舉時您大部分都投給哪一個政黨」，分述如下。

　　根據表4-66，有超過六成五以上的客家民眾不會「因爲候選人是客家人而投票給他」。表示不會（包括「幾乎不會」與「不太會」）「因爲候選人是客家人而投票給他」所占比例爲65.5%（41.5% + 24% = 65.5%），

而有11.1%（6.8% + 4.3% = 11.1%）的客家民眾表示會（包括「有時會」及「經常會」），「看情況」的比例則占22.0%，其餘的1.4%則為「無反應」選項所占比例。整體而言，客家民眾大多「不會」因為候選人是客家人而投票給他，此部分值得一提的是「看情況」的比例占有22.0%，是整體比例當中的第二高，此類因為比例較高，所以留下特別討論。

表 4-66　請問您會不會因為候選人是客家人而投票給他？（問卷第5-1題）次數分配表

	次數	百分比
幾乎不會	447	41.5%
不太會	259	24.0%
有時會	73	6.8%
經常會	46	4.3%
看情況	237	22.0%
無反應	16	1.4%
總和	1,078	100.0%

資料來源：劉嘉薇（2017-2018）。

說明：無反應包括拒答、無意見以及不知道。

根據表4-67，在客家民眾考慮投給誰的時候，候選人的政黨還是族群比較重要中，選擇「政黨」的比例占34.0%，「族群」的比例占17.0%，「都不重要」的比例占21.6%，「都重要」的比例占1.6%，「看情形」的比例占20.8%，「無反應」的比例占5.0%。整體而言，在考慮投給誰的時候，候選人的政黨還是族群比較重要中，認為「政黨」較為重要的比例最多，但此部分值得一提的是，「看情況」的比例占有20.8%，是整體比例當中的第三高，此類因為比例較高，所以留下特別討論。

表 4-67　一般來說，請問您在考慮投給誰的時候，候選人的政黨還是族群比較重要？（問卷第5-2題）次數分配表

	次數	百分比
政黨	366	34.0%
族群	183	17.0%
都不重要（不提示）	233	21.6%
都重要（不提示）	17	1.6%
看情形	224	20.8%
無反應	54	5.0%
總和	1,078	100.0%

資料來源：劉嘉薇（2017-2018）。

說明：無反應包括拒答、無意見以及不知道。

　　根據表4-68，在客家民眾2016年總統選舉投票給誰中，投給「朱立倫、王如玄」的比例占20.0%，「蔡英文、陳建仁」的比例占35.3%，「宋楚瑜、徐欣瑩」的比例占7.8%，「忘了／沒去投（含沒有投票權）」的比例占32.1%，「無反應」的比例占4.8%。整體而言，客家民眾

表 4-68　請問2016年總統選舉您投票給誰？（提供01-03選項）（問卷第5-3題）次數分配表

	次數	百分比
朱立倫、王如玄	216	20.0%
蔡英文、陳建仁	381	35.3%
宋楚瑜、徐欣瑩	84	7.8%
忘了／沒去投（含沒有投票權）	346	32.1%
無反應	51	4.8%
總和	1,078	100.0%

資料來源：劉嘉薇（2017-2018）。

說明：無反應包括拒答和不知道。

2016年總統選舉投票給誰中，投給「蔡英文、陳建仁」的比例為最多，但「忘了／沒去投（含沒有投票權）」的比例占有32.1%，是整體比例當中的第二高，此類因為比例較高，所以留下特別討論。

　　根據表4-69，在客家民眾2012年總統選舉投票給誰中，投給「蔡英文、蘇嘉全」的比例占16.0%，「馬英九、吳敦義」的比例占39.8%，「宋楚瑜、林瑞雄」的比例占5.0%，「忘了／沒去投（含沒有投票權）」的比例占35.6%，「無反應」的比例占3.7%。整體而言，客家民眾2012年總統選舉投票給誰中，投給「馬英九、吳敦義」的比例為最多，但「忘了／沒去投（含沒有投票權）」的比例占有35.6%，是整體比例當中的第二高，此類因為比例較高，所以留下特別討論。

表 4-69　請問2012年總統選舉您投票給誰？（提供01-03選項）（問卷第5-4題）次數分配表

	次數	百分比
蔡英文、蘇嘉全	172	16.0%
馬英九、吳敦義	429	39.8%
宋楚瑜、林瑞雄	54	5.0%
忘了／沒去投（含沒有投票權）	384	35.6%
無反應	40	3.7%
總和	1,078	100.0%

資料來源：劉嘉薇（2017-2018）。
說明：無反應包括拒答和不知道。

　　根據表4-70，在客家民眾選舉時大部分都投給哪一個政黨中，投給「國民黨」的比例占29.9%，「親民黨」的比例占1.1%，「無黨團結聯盟」的比例占0.5%，「民進黨」的比例占21.0%，「臺聯」的比例占0.1%，「其他」（包括「綠黨」）的比例占0.3%，「忘了／沒去投（含沒有投票權）」的比例占7.4%，「看情況」的比例占35.5%，「無反應」

的比例占4.3%。整體而言，在選舉時大部分都投給哪一個政黨中，以「國民黨」爲大宗，但值得一提的是「看情況」的比例高達35.5%，是整體比例當中最高者，所以留下特別討論。

表 4-70　請問選舉時您大部分都投給哪一個政黨？（問卷第5-5題）次數分配表

	次數	百分比
國民黨	322	29.9%
親民黨	11	1.1%
無黨團結聯盟	5	0.5%
民進黨	227	21.0%
臺聯	1	0.1%
其他	3	0.3%
忘了／沒去投（含沒有投票權）	80	7.4%
看情況	382	35.5%
無反應	47	4.3%
總和	1,078	100.0%

資料來源：劉嘉薇（2017-2018）。

說明一：無反應包括拒答、不知道以及無意見。

說明二：其他爲「綠黨」。

客家族群背景與客家選舉的重要因素

　　為了使以下的交叉分析更有意義，更能詮釋類別間的差異，我們將自變數的類別縮減，區域依照地域差異分為「北北基桃竹苗」、「中彰投」、「雲嘉南高屏」、「宜花東」，離島因個數較少，僅能列為遺漏值。性別維持原來的兩類，客家世代依據本研究所主張的論據分為「1974年後」出生和「1974年（含）前」出生兩類，代表的是高一時是否歷經「還我母語運動」。教育程度則分為「小學以下」、「國高中」以及「大專以上」。收入則是依據主計處的分類，包括：「28,000元以下」、「28,001-52,000元」、「52,001-72,000元」、「72,001-97,000元」、「97,001-168,000元」以及「168,001元以上」。職業則包括「高、中級白領」（包含公司部門主管人員與專業人員、軍警調查人員及學生）、「中低、低級白領」（包含佐理人員與業務員）、「藍領」（公私部門勞工和農林漁牧）和「其他」（包含無業與拒答）。

第一節　身分背景

　　由於過去未有客家族群投票抉擇相關因素探討，本書為解析這些因素的先行者，因此以單變量分析為主，先釐清兩兩變數關係，多變量分析將於未來進行研究。

　　再者，為了維持各類「身分認同」分析的一致性，雖有數個細格的個數均甚少，甚至是0，但選項皆不進行合併。表5-27、表5-74、表5-75和表5-82中「無黨團結聯盟」和「時代力量」選項因為仍為合理的答案，皆保留這些原始答案，主要是因為本研究為客家族群投票的基礎研究，仍致力於保留這些選項，供後續研究參考。

　　關於客家民眾的身分，根據圖3-2「本研究之客家族群不同定義標準」，包括自我認定、血緣認定、《客家基本法》認定、語言認定和廣義認定，個人背景與構成各種定義客家人題目的交叉分析如第一節。

　　以下表5-1為客家民眾「個人背景與自我身分多重認同」交叉表，因為複選題無法以殘差呈現細格與期望值的差異，因此以下複選題表格皆以

表 5-1　「個人背景與自我認同分多重認同」交叉表

			本省客家人	大陸客家人	海外/華僑客家人	本省閩南人	大陸各省市人(外省人)	原住民	外國人	總和
區域	北北基桃竹苗	個數	662	26	3	228	48	17	1	673
		%	98.4	3.8	0.5	33.9	7.2	2.6	0.1	
	中彰投	個數	138	11	3	68	6	2	1	139
		%	99.6	7.8	1.9	49.1	4.4	1.1	0.9	
	雲嘉南高屏	個數	184	18	3	70	10	0	0	199
		%	92.6	9.3	1.4	35.4	5.0	0.0	0.0	
	宜花東	個數	65	12	1	31	9	6	2	66
		%	98.4	18.7	1.5	47.6	14.2	9.4	2.3	
	總和	個數	1,049	67	10	398	74	25	4	1,076
性別	女性	個數	523	21	7	202	40	11	1	533
		%	98.2	3.9	1.4	38.0	7.5	2.0	0.2	
	男性	個數	527	46	2	196	34	14	3	545
		%	96.8	8.5	0.4	35.9	6.2	2.6	0.5	
	總和	個數	1,051	67	10	398	74	25	4	1,078
客家世代	1974年後出生	個數	451	21	3	220	27	19	0	459
		%	98.2	4.5	0.7	47.9	5.9	4.1	0.0	
	1974年(含)前出生	個數	600	47	6	178	47	6	4	619
		%	96.9	7.5	1.0	28.8	7.5	0.9	0.6	
	總和	個數	1,051	67	10	398	74	25	4	1,078

表 5-1　「個人背景與自我身分多重認同」交叉表（續）

教育程度		本省客家人	大陸客家人	海外/華僑客家人	本省閩南人	大陸各省省市人（外省人）	原住民	外國人	總和
小學以下	個數	113	10	0	27	10	0	0	118
	%	96.1	8.7	0.0	22.9	8.6	0.0	0.0	
國高中	個數	510	37	7	175	31	5	3	528
	%	96.6	7.0	1.3	33.1	5.9	0.9	0.6	
大專以上	個數	428	20	3	196	32	20	0	433
	%	98.9	4.7	0.6	45.3	7.4	4.6	0.1	
總和	個數	1,051	67	10	398	74	25	4	1,078

收入		本省客家人	大陸客家人	海外/華僑客家人	本省閩南人	大陸各省省市人（外省人）	原住民	外國人	總和
28,000元以下	個數	125	9	1	22	6	1	0	131
	%	95.6	6.7	0.7	16.6	4.9	0.9	0.0	
28,001-52,000元	個數	236	10	3	83	15	5	2	240
	%	99.7	4.4	1.4	34.6	6.1	2.0	0.7	
52,001-72,000元	個數	172	13	2	62	10	1	0	180
	%	95.3	7.3	1.1	36.4	5.7	0.5	0.0	
72,001-97,000元	個數	119	5	1	63	9	0	2	120
	%	99.7	3.9	0.8	52.7	7.4	0.0	1.3	
97,001-168,000元	個數	170	9	1	86	18	8	0	173
	%	98.0	5.0	0.5	49.7	10.6	4.6	0.0	
168,001元以上	個數	61	0	0	28	5	8	0	61
	%	100.0	0.0	0.0	46.9	8.5	13.1	0.6	
總和	個數	883	46	18	345	64	23	4	904

表 5-1　「個人背景與自我身分多重認同」交叉表（續）

		本省客家人	大陸客家人	海外／華僑客家人	本省閩南人	大陸各省市人（外省人）	原住民	外國人	總和
職業	高、中級白領 個數	336	32	2	147	27	6	2	347
	%	96.7	9.2	0.5	42.4	7.8	1.7	0.6	
	中低、低級白領 個數	308	14	2	106	22	19	0	312
	%	98.9	4.4	0.7	34.0	7.0	6.0	0.0	
	藍領 個數	337	18	6	110	21	0	2	349
	%	96.6	5.1	1.6	31.5	6.0	0.1	0.5	
	其他 個數	70	4	0	35	4	0	0	70
	%	99.5	5.5	0.0	49.3	5.2	0.0	0.0	
	總和 個數	1,051	67	10	398	74	25	4	1,078

資料來源：劉嘉薇（2017-2018）。

說明一：本題完整題目為「一個人身分可以有很多種的認定，包含本省客家人、本省閩南人、大陸各省市人、原住民，在以上幾種身分當中，您會認為自己有哪幾種身分呢？」（複選題）（問卷第1-1題）。

說明二：客家民眾收入總數（N）與本研究樣本總數（1,078）有落差，係因選項選項為「拒答」或是「不知道」者，界定為遺漏值。

個數和百分比呈現。首先在區域方面，不論在哪個地區，自我身分多重認同選擇最多的皆爲「本省客家人」，次多的則爲「本省閩南人」，而第三高以後的其餘選項都與第二高的選擇比例相距甚遠，因此不予特別討論；其餘的個人背景，包含性別、客家世代、教育程度以及收入的自我身分多重認同分布當中，與區域相似，也是以「本省客家人」占總體比例爲最高，「本省閩南人」次多。

　　以下表5-2爲客家民眾「個人背景與其自我身分認同」交叉表。首先，我們將關注客家民眾個人背景與其自我身分認同的關聯，六項個人背景中（區域、性別、客家世代、教育程度、收入及職業），除了性別以外，皆與客家民眾對於自我身分的認同有關聯，p皆小於0.05，以下將以調整後殘差解釋個別細格（cell）與總和百分比的差異，亦即在每一交叉表的最後一列，皆具有客家民眾對自我身分認同的表示。例如若分爲男性與女性觀察之，若欲瞭解男性與女性對自我所屬族群的認同與整體分布相同或不同，調整後殘差即爲解釋個別細格（例如男性或女性）與表中最後一列總和分布的差異。爲解釋何種背景的客家民眾特別認同自己爲某一族群身分，評估結果中的「本省客家人」代表自我身分認同爲本省客家人，「大陸客家人」代表自我身分認同爲大陸客家人，「海外／華僑客家人」代表自我身分認同爲海外／華僑客家人，「本省閩南人」代表自我身分認同爲本省閩南人，「大陸各省市人（外省人）」代表自我身分認同爲大陸各省市人（外省人），「原住民」代表自我身分認同爲原住民。

　　首先，在區域方面，居住在北北基桃竹苗的客家民眾認爲自我身分是「本省客家人」的比例爲77.6%，顯著高於總和的75.2%，認爲自我身分是「本省閩南人」的比例爲17.5%，顯著低於總和的19.5%；同時，居住在中彰投的客家民眾認爲自我身分是「本省客家人」的比例爲64.5%，顯著低於總和的75.2%，認爲自我身分是「本省閩南人」的比例爲33.3%，顯著高於總和的19.5%；居住在雲嘉南高屏的客家民眾認爲自我身分是「大陸客家人」的比例爲5.6%，顯著高於總和的2.0%，認爲自我身分是「海外／華僑客家人」的比例爲1.5%，顯著高於總和的0.5%，認爲

表 5-2 「個人背景與自我身分認同」交叉表

		本省客家人	大陸客家人	海外/華僑客家人	本省閩南人	大陸各省市人（外省人）	原住民	總和	
區域	北北基桃竹苗	%	77.6	1.5	0.3	17.5	1.9	1.2	100.0 (673)	
		調整後標準化殘差	2.3	-1.7	-1.0	-2.1	0.9	0.3		$p < .001$
	中彰投	%	64.5	0.0	0.0	33.3	2.2	0.0	100.0 (138)	df = 18
		調整後標準化殘差	-3.1	-1.8	-0.9	4.4	0.5	-1.3		$\chi^2 = 62.906$
	雲嘉南高屏	%	76.3	5.6	1.5	16.7	0.0	0.0	100.0 (198)	
		調整後標準化殘差	0.4	3.9	2.4	-1.1	-2.0	-1.7		
	宜花東	%	70.1	1.5	0.0	19.4	3.0	6.0	100.0 (67)	
		調整後標準化殘差	-1.0	-0.3	-0.6	0.0	0.9	3.9		
	總和	%	75.2	2.0	0.5	19.5	1.7	1.1	100.0 (1,076)	

		本省客家人	大陸客家人	海外/華僑客家人	本省閩南人	大陸各省市人（外省人）	原住民	總和	
性別	女性	%	73.4	1.1	0.6	22.1	2.1	0.8	100.0 (533)	$p > .05$
		調整後標準化殘差	-1.3	-2.1	1.0	2.1	0.7	-1.1		df = 6
	男性	%	76.9	2.9	0.2	17.1	1.5	1.5	100.0 (545)	$\chi^2 = 11.150$
		調整後標準化殘差	1.3	2.1	-1.0	-2.1	-0.7	1.1		
	總和	%	75.1	2.0	0.4	19.6	1.8	1.1	100.0 (1,078)	

		本省客家人	大陸客家人	海外/華僑客家人	本省閩南人	大陸各省市人（外省人）	原住民	總和	
客家世代	1974年後出生	%	70.2	1.1	0.2	24.4	2.0	2.2	100.0 (459)	$p < .001$
		調整後標準化殘差	-3.3	-1.9	-0.7	3.4	0.4	2.9		df = 6
	1974年（含）前出生	%	78.8	2.7	0.5	16.0	1.6	0.3	100.0 (619)	$\chi^2 = 24.545$
		調整後標準化殘差	3.3	1.9	0.7	-3.4	-0.4	-2.9		
	總和	%	75.1	2.0	0.4	19.6	1.8	1.1	100.0 (1,078)	

表 5-2　「個人背景與自我身分認同」交叉表（續）

教育程度		本省客家人	大陸客家人	海外/華僑客家人	本省閩南人	大陸各省市人（外省人）	原住民	總和	
小學以下	%	83.8	4.3	0.0	12.0	0.0	0.0	100.0 (117)	p < .001
	調整後標準化殘差	2.3	1.7	-0.7	-2.2	-1.5	-1.2		df = 12
國高中	%	79.9	3.3	1.0	13.7	1.8	0.3	100.0 (393)	χ² = 48.118
	調整後標準化殘差	2.7	2.0	2.6	-3.6	0.2	-1.9		
大專以上	%	70.3	0.9	0.0	25.1	1.9	1.8	100.0 (566)	
	調整後標準化殘差	-4.0	-3.0	-2.1	4.9	0.7	2.6		
總和	%	75.3	2.1	0.4	19.5	1.7	1.0	100.0 (1,076)	

收入		本省客家人	大陸客家人	海外/華僑客家人	本省閩南人	大陸各省市人（外省人）	原住民	總和	
28,000元以下	%	88.6	3.0	0.0	6.8	1.5	0.0	100.0 (132)	p < .001
	調整後標準化殘差	4.0	1.1	-0.7	-4.1	-0.4	-1.3		df = 30
28,001-52,000元	%	72.1	1.3	0.4	20.8	3.8	1.7	100.0 (240)	χ² = 68.310
	調整後標準化殘差	-1.1	-0.8	0.3	0.3	2.3	1.0		
52,001-72,000元	%	80.1	3.9	1.1	13.8	1.1	0.0	100.0 (181)	
	調整後標準化殘差	1.9	2.2	2.0	-2.3	-0.9	-1.6		
72,001-97,000元	%	69.7	0.0	0.0	28.6	1.7	0.0	100.0 (119)	
	調整後標準化殘差	-1.3	-1.6	-0.7	2.5	-0.3	-1.2		
97,001-168,000元	%	68.4	1.7	0.0	24.7	1.7	3.4	100.0 (174)	
	調整後標準化殘差	-2.1	-0.2	-0.8	1.7	-0.3	3.3		
168,001元以上	%	65.6	0.0	0.0	34.4	0.0	0.0	100.0 (61)	
	調整後標準化殘差	-1.7	-1.1	-0.5	2.9	-1.2	-0.9		
總和	%	74.6	1.9	0.3	20.1	2.0	1.1	100.0 (907)	

表 5-2　「個人背景與自我身分認同」交叉表(續)

職業		本省客家人	大陸客家人	海外/華僑客家人	本省閩南人	大陸各省市人(外省人)	原住民	總和	
高、中級白領	%	66.9	2.9	0.0	28.0	1.7	0.6	100.0 (347)	p < .001 df = 18 χ² = 59.526
	調整後標準化殘差	-4.4	1.2	-1.4	4.8	0.1	-1.2		
中低、低級白領	%	76.0	1.3	0.0	16.9	2.6	3.2	100.0 (313)	
	調整後標準化殘差	0.4	-1.2	-1.3	-1.4	1.5	4.2		
藍領	%	81.9	2.6	1.1	13.2	1.1	0.0	100.0 (348)	
	調整後標準化殘差	3.5	0.7	2.9	-3.6	-0.9	-2.4		
其他	%	80.0	0.0	0.0	20.0	0.0	0.0	100.0 (70)	
	調整後標準化殘差	1.0	-1.3	-0.5	0.1	-1.1	-0.9		
總和	%	75.2	2.1	0.4	19.5	1.7	1.1	100.0 (1,078)	

資料來源:劉嘉薇(2017-2018)。

說明一:本題完整題目為「如果只能選一種身分,請問您認為自己是本省客家人、本省閩南人、大陸各省市人,還是原住民?」(問卷第1-2題)。

說明二:表中百分比為橫列百分比。調整後標準化殘差絕對值大於1.96者以灰階標示。

說明三:客家民眾收入總數(N)與本研究樣本總數(1,078)有落差,係因選項為「拒答」或是「不知道」者,界定為遺漏值。

自我身分是「大陸各省市人（外省人）」的比例為0.0%，顯著低於總和的1.7%；居住在宜花東的客家民眾認為自我身分是「原住民」的比例為6.0%，顯著高於總和的1.1%。

在性別方面，女性客家民眾認為自我身分是「大陸客家人」的比例為1.1%，顯著低於總和的2.0%，認為自我身分是「本省閩南人」的比例為22.1%，顯著高於總和的19.6%；同時，男性客家民眾認為自我身分是「大陸客家人」的比例為2.9%，顯著高於總和的2.0%，認為自我身分是「本省閩南人」的比例為17.1%，顯著低於總和的19.6%。

在客家世代方面，1974年後出生的客家民眾認為自我身分是「本省客家人」的比例為70.2%，顯著低於總和的75.1%，認為自我身分是「本省閩南人」的比例為24.4%，顯著高於總和的19.6%，認為自我身分是「原住民」的比例為2.2%，顯著高於總和的1.1%；同時，1974年（含）前出生的客家民眾認為自我身分是「本省客家人」的比例為78.8%，顯著高於總和的75.1%，認為自我身分是「本省閩南人」的比例為16.0%，顯著低於總和的19.6%，認為自我身分是「原住民」的比例為0.3%，顯著低於總和的1.1%。

在教育程度方面，小學以下的客家民眾認為自我身分是「本省客家人」的比例為83.8%，顯著高於總和的75.3%，認為自我身分是「本省閩南人」的比例為12.0%，顯著低於總和的19.5%；國高中的客家民眾認為自我身分是「本省客家人」的比例為79.9%，顯著高於總和的75.3%，認為自我身分是「大陸客家人」的比例為3.3%，顯著高於總和的2.1%，認為自我身分是「海外／華僑客家人」的比例為1.0%，顯著高於總和的0.4%，認為自我身分是「本省閩南人」的比例為13.7%，顯著低於總和的19.5%；大專以上的客家民眾認為自我身分是「本省閩南人」的比例為70.3%，顯著低於總和的75.3%，認為自我身分是「大陸客家人」的比例為0.9%，顯著低於總和的2.1%，認為自我身分是「海外／華僑客家人」的比例為0.0%，顯著低於總和的0.4%，認為自我身分是「本省閩南人」的比例為25.1%，顯著高於總和的19.5%，認為自我身分是「原住民」的

比例為1.8%，顯著高於總和的1.0%。至於其他細格與總和的差異皆不顯著，不予描述。

　　在收入方面，家庭月收入28,000元以下的客家民眾認為自我身分是「本省客家人」的比例為88.6%，顯著高於總和的74.6%，認為自我身分是「本省閩南人」的比例為6.8%，顯著低於總和的20.1%；月收入28,001-52,000元的客家民眾認為自我身分是「大陸各省市人（外省人）」的比例為3.8%，顯著高於總和的2.0%；月收入52,001-72,000元的客家民眾認為自我身分是「大陸客家人」的比例為3.9%，顯著高於總和的1.9%，認為自我身分是「海外／華僑客家人」的比例為1.1%，顯著高於總和的0.3%，認為自我身分是「本省閩南人」的比例為13.8%，顯著低於總和的20.1%；月收入72,001-97,000元的客家民眾認為自我身分是「本省閩南人」的比例為28.6%，顯著高於總和的20.1%；月收入97,001-168,000元的客家民眾認為自我身分是「本省客家人」的比例為68.4%，顯著低於總和的74.6%，認為自我身分是「原住民」的比例為3.4%，顯著高於總和的1.1%；月收入168,001元以上的客家民眾認為自我身分是「本省閩南人」的比例為34.4%，顯著高於總和的20.1%。

　　最後，在職業方面，高、中級白領的客家民眾認為自我身分是「本省客家人」的比例為66.9%，顯著低於總和的75.2%，認為自我身分是「本省閩南人」的比例為28.0%，顯著高於總和的19.5%；中低、低級白領的客家民眾認為自我身分是「原住民」的比例為3.2%，顯著高於總和的1.1%；藍領的客家民眾認為自我身分是「本省客家人」的比例為81.9%，顯著高於總和的75.2%，認為自我身分是「海外／華僑客家人」的比例為1.1%，顯著高於總和的0.4%，認為自我身分是「本省閩南人」的比例為13.2%，顯著低於總和的19.5%，認為自我身分是「原住民」的比例為0.0%，顯著低於總和的1.1%。至於其他細格與總和的差異皆不顯著，不予描述。

　　以下表5-3為客家民眾「個人背景與其父親身分表示」交叉表。首先，我們將關注客家民眾個人背景與其父親所屬族群的關聯，六項個人

表 5-3　「個人背景與父親身分表示」交叉表

		本省客家人	大陸客家人	海外/華僑客家人	本省閩南人	大陸各省省市人(外省人)	原住民	無反應	總和	
區域	北北基桃竹苗 %	82.4	2.2	0.1	11.4	3.4	0.3	0.1	100.0 (675)	
	調整後標準化殘差	2.8	-1.7	-1.6	-2.2	0.4	-1.5	0.8		
	中彰投 %	69.8	1.4	0.0	23.0	5.8	0.0	0.0	100.0 (139)	
	調整後標準化殘差	-3.1	-1.1	-0.8	3.7	1.8	-0.9	-0.4		p < .001
	雲嘉南高屏 %	76.8	6.6	1.5	14.6	0.5	0.0	0.0	100.0 (198)	df = 18
	調整後標準化殘差	-1.1	3.4	2.9	0.7	-2.4	-1.2	-0.5		$\chi^2 = 84.605$
	宜花東 %	81.8	1.5	0.0	6.1	4.5	6.1	0.0	100.0 (66)	
	調整後標準化殘差	0.4	-0.7	-0.5	-1.8	0.6	6.2	-0.3		
	總和 %	79.7	2.9	0.4	13.2	3.2	0.6	0.1	100.0 (1,078)	
性別	女性 %	77.9	1.9	0.6	15.2	3.6	0.7	0.2	100.0 (534)	
	調整後標準化殘差	-1.5	-1.9	1.0	1.9	0.6	0.8	1.0		p > .05
	男性 %	81.5	3.8	0.2	11.2	2.9	0.4	0.0	100.0 (546)	df = 6
	調整後標準化殘差	1.5	1.9	-1.0	-1.9	-0.6	-0.8	-1.0		$\chi^2 = 10.489$
	總和 %	79.7	2.9	0.4	13.1	3.2	0.6	0.1	100.0 (1,080)	
客家世代	1974年後出生 %	75.8	2.4	0.0	16.3	4.6	0.9	0.0	100.0 (459)	
	調整後標準化殘差	-2.8	-0.7	-1.7	2.6	2.1	1.2	0.9		p < .01
	1974年(含)前出生 %	82.7	3.1	0.6	10.8	2.3	0.3	0.2	100.0 (619)	df = 6
	調整後標準化殘差	2.8	0.7	1.7	-2.6	-2.1	-1.2	0.9		$\chi^2 = 17.564$
	總和 %	79.8	2.8	0.4	13.2	3.2	0.6	0.1	100.0 (1,078)	

表 5-3　「個人背景與父親身分表示」交叉表（續）

教育程度		本省客家人	大陸客家人	海外/華僑客家人	本省閩南人	大陸各省市人（外省人）	原住民	無反應	總和	
小學以下	%	94.9	1.7	0.0	3.4	0.0	0.0	0.0	100.0 (117)	
	調整後標準化殘差	4.3	-0.7	-0.7	-3.3	-2.1	-0.9	-0.3		p < .001
國高中	%	83.2	2.3	0.8	10.2	3.1	0.3	0.3	100.0 (392)	df = 12
	調整後標準化殘差	2.0	-0.7	1.6	-2.1	-0.1	-1.0	1.3		χ² = 36.238
大專以上	%	74.7	3.3	0.2	17.0	3.9	0.9	0.0	100.0 (569)	
	調整後標準化殘差	-4.6	1.2	-1.1	4.1	1.4	1.5	-1.1		
總和	%	80.0	2.8	0.4	13.1	3.2	0.6	0.1	100.0 (1,078)	

收入		本省客家人	大陸客家人	海外/華僑客家人	本省閩南人	大陸各省市人（外省人）	原住民	無反應	總和	
28,000元以下	%	87.1	5.3	0.0	5.3	1.5	0.0	0.8	100.0 (132)	
	調整後標準化殘差	2.5	1.6	-0.7	-3.1	-1.1	-0.8	2.4		
28,001-52,000元	%	77.1	5.4	0.0	12.5	3.3	1.7	0.0	100.0 (240)	
	調整後標準化殘差	-0.8	2.4	-1.0	-0.8	0.2	3.3	-0.6		
52,001-72,000元	%	81.0	0.0	1.1	15.6	2.2	0.0	0.0	100.0 (179)	p < .001
	調整後標準化殘差	0.8	-2.7	2.0	0.7	-0.7	-1.0	-0.5		df = 30
72,001-97,000元	%	80.0	2.5	0.0	12.5	5.0	0.0	0.0	100.0 (120)	χ² = 67.096
	調整後標準化殘差	0.3	-0.4	-0.7	-0.5	1.3	-0.8	-0.4		
97,001-168,000元	%	74.0	2.3	0.6	22.0	1.2	0.0	0.0	100.0 (173)	
	調整後標準化殘差	-1.8	-0.7	0.6	3.3	-1.6	-1.0	-0.5		
168,001元以上	%	73.8	1.6	0.0	14.8	9.8	0.0	0.0	100.0 (61)	
	調整後標準化殘差	-1.0	-0.7	-0.5	0.2	3.1	-0.5	-0.3		
總和	%	78.9	3.1	0.3	14.0	3.1	0.4	0.1	100.0 (905)	

表 5-3　「個人背景與父親身分表示」交叉表（續）

		本省客家人	大陸客家人	海外／華僑客家人	本省閩南人	大陸各省市人（外省人）	原住民	無反應	總和	
職業	高、中級白領									
	%	74.4	4.9	0.3	16.4	3.5	0.6	0.0	100.0 (347)	
	調整後標準化殘差	-3.1	2.7	-0.3	2.2	0.4	0.1	-0.7		*p* < .05
	中低、低級白領									df = 18
	%	84.0	1.9	0.0	10.9	1.9	1.3	0.0	100.0 (312)	χ^2 = 29.403
	調整後標準化殘差	2.2	-1.2	-1.3	-1.4	-1.5	2.0	-0.6		
	藍領									
	%	80.5	2.3	0.9	12.6	3.4	0.0	0.3	100.0 (349)	
	調整後標準化殘差	0.4	-0.8	1.8	-0.4	0.4	-1.7	1.4		
	其他									
	%	84.3	0.0	0.0	10.0	5.7	0.0	0.0	100.0 (70)	
	調整後標準化殘差	1.0	-1.5	-0.5	-0.8	1.3	-0.6	-0.3		
	總和									
	%	79.8	2.9	0.4	13.2	3.2	0.6	0.1	100.0 (1,078)	

資料來源：劉嘉薇（2017-2018）。

說明一：本題完整題目為「請問您的父親是本省客家人、本省閩南人、大陸各省市人，還是原住民？」（問卷第1-3題）。

說明二：表中百分比為橫列百分比。調整後標準化殘差絕對值大於1.96者以階標示。

說明三：無反應包括不知道。

說明四：客家民眾收入總數（N）與本研究樣本總數（1,078）有落差，係因選項為「拒答」或是「不知道」者，界定為遺漏值。

背景中（區域、性別、客家世代、教育程度、收入及職業），除了性別以外，皆與客家民眾的父親所屬族群有關聯，p皆小於0.05，以下將以調整後殘差解釋個別細格與總和百分比的差異，亦即在每一交叉表的最後一列，皆具有客家民眾對他們的父親所屬族群的表示。例如若分為男性與女性觀察之，若欲瞭解男性與女性對他們的父親所屬族群的表示與整體分布相同或不同，調整後殘差即為解釋個別細格（例如男性或女性）與表中最後一列總和分布的差異。為解釋何種背景的客家民眾對於其父親所屬族群的表示，評估結果中的「本省客家人」代表其父親為本省客家人，「大陸客家人」代表其父親為大陸客家人，「海外／華僑客家人」代表其父親為海外／華僑客家人，「本省閩南人」代表其父親為本省閩南人，「大陸各省市人（外省人）」代表其父親為大陸各省市人（外省人），「原住民」代表其父親為原住民。

　　首先，在區域方面，居住在北北基桃竹苗的客家民眾表示其父親是「本省客家人」的比例為82.4%，顯著高於總和的79.7%，表示其父親是「本省閩南人」的比例為11.4%，顯著低於總和的13.2%；同時，居住在中彰投的客家民眾表示其父親是「本省客家人」的比例為69.8%，顯著低於總和的79.7%，表示其父親是「本省閩南人」的比例為23.0%，顯著高於總和的13.2%；居住在雲嘉南高屏的客家民眾表示其父親是「大陸客家人」的比例為6.6%，顯著高於總和的2.9%，表示其父親是「海外／華僑客家人」的比例為1.5%，顯著高於總和的0.4%，表示其父親是「大陸各省市人（外省人）」的比例為0.5%，顯著低於總和的3.2%；居住在宜花東的客家民眾表示其父親是「原住民」的比例為6.1%，顯著高於總和的0.6%。

　　在客家世代方面，1974年後出生的客家民眾表示其父親是「本省客家人」的比例為75.8%，顯著低於總和的79.8%，表示其父親是「本省閩南人」的比例為16.3%，顯著高於總和的13.2%，表示其父親是「大陸各省市人（外省人）」的比例為4.6%，顯著高於總和的3.2%；同時，1974年（含）前出生的客家民眾表示其父親是「本省客家人」的比例為

82.7%，顯著高於總和的79.8%，表示其父親是「本省閩南人」的比例為10.8%，顯著低於總和的13.2%，表示其父親是「大陸各省市人（外省人）」的比例為2.3%，顯著低於總和的3.2%。

在教育程度方面，小學以下的客家民眾表示其父親是「本省客家人」的比例為94.9%，顯著高於總和的80.0%，表示其父親是「本省閩南人」的比例為3.4%，顯著低於總和的13.1%，表示其父親是「大陸各省市人（外省人）」的比例為0.0%，顯著低於總和的3.2%；國高中的客家民眾表示其父親是「本省客家人」的比例為83.2%，顯著高於總和的80.0%，表示其父親是「本省閩南人」的比例為10.2%，顯著低於總和的13.1%；大專以上的客家民眾表示其父親是「本省客家人」的比例為74.7%，顯著低於總和的80.0%，表示其父親是「本省閩南人」的比例為17.0%，顯著高於總和的13.1%。

在收入方面，家庭月收入28,000元以下的客家民眾表示其父親是「本省客家人」的比例為87.1%，顯著高於總和的78.9%，表示其父親是「本省閩南人」的比例為5.3%，顯著低於總和的14.0%，「無反應」的比例為0.8%，顯著高於總和的0.1%；月收入28,001-52,000元的客家民眾表示其父親是「大陸客家人」的比例為5.4%，顯著高於總和的3.1%，表示其父親是「原住民」的比例為1.7%，顯著高於總和的0.4%；月收入52,001-72,000元的客家民眾表示其父親是「大陸客家人」的比例為0.0%，顯著低於總和的3.1%，表示其父親是「海外／華僑客家人」的比例為1.1%，顯著高於總和的0.3%；月收入97,001-168,000元的客家民眾表示其父親是「本省閩南人」的比例為22.0%，顯著高於總和的14.0%；月收入168,001元以上的客家民眾表示其父親是「本大陸各省市人（外省人）」的比例為9.8%，顯著高於總和的3.1%。

最後，在職業方面，高、中級白領的客家民眾表示其父親是「本省客家人」的比例為74.4%，顯著低於總和的79.8%，表示其父親是「大陸客家人」的比例為4.9%，顯著高於總和的2.9%，表示其父親是「本省閩南人」的比例為16.4%，顯著高於總和的13.2%；中低、低級白領的客

家民眾表示其父親是「本省客家人」的比例為84.0%，顯著高於總和的79.8%，表示其父親是「原住民」的比例為1.3%，顯著高於總和的0.6%。至於其他細格與總和的差異皆不顯著，不予描述。

　　以下表5-4為客家民眾「個人背景與其母親身分表示」交叉表。首先，我們將關注客家民眾個人背景與其母親所屬族群的關聯，六項個人背景中（區域、性別、客家世代、教育程度、收入及職業），除了性別以外，皆與客家民眾的母親所屬族群有關聯，p皆小於0.05，以下將以調整後殘差解釋個別細格與總和百分比的差異，亦即在每一交叉表的最後一列，皆具有客家民眾對他們的母親所屬族群的表示。例如若分為男性與女性觀察之，若欲瞭解男性與女性對他們的母親所屬族群的表示與整體分布相同或不同，調整後殘差即為解釋個別細格（例如男性或女性）與表中最後一列總和分布的差異。為解釋何種背景的客家民眾對於其母親所屬族群的表示，評估結果中的「本省客家人」代表其母親為本省客家人，「大陸客家人」代表其母親為大陸客家人，「海外／華僑客家人」代表其母親為海外／華僑客家人，「本省閩南人」代表其母親為本省閩南人，「大陸各省市人（外省人）」代表其母親為大陸各省市人（外省人），「原住民」代表其母親為原住民，「無反應」則代表不知道母親的身分。

　　首先，在區域方面，居住在北北基桃竹苗的客家民眾表示其母親是「本省客家人」的比例為75.9%，顯著高於總和的73.0%，表示其母親是「本省閩南人」的比例為21.5%，顯著低於總和的23.6%；同時，居住在中彰投的客家民眾表示其母親是「本省客家人」的比例為63.3%，顯著低於總和的73.0%，表示其母親是「本省閩南人」的比例為34.5%，顯著高於總和的23.6%，「無反應」的比例為2.2%，顯著高於總和的0.6%；居住在雲嘉南高屏的客家民眾表示其母親是「大陸客家人」的比例為3.0%，顯著高於總和的1.1%，表示其母親是「海外／華僑客家人」的比例為1.5%，顯著高於總和的0.4%；居住在宜花東的客家民眾表示其母親是「原住民」的比例為3.0%，顯著高於總和的0.3%，表示其母親是「外國人」的比例為3.0%，顯著高於總和的0.3%，「無反應」的比例為3.0%，

表 5-4　「個人背景與母親身分表示」交叉表

		本省客家人	大陸客家人	海外/華僑客家人	本省閩南人	大陸各省市人（外省人）	原住民	外國人	無反應	總和	
區域											
北北基桃竹苗	%	75.9	0.7	0.1	21.5	1.0	0.1	0.1	0.3	100.0 (673)	
	調整後標準化殘差	2.8	-1.5	-1.6	-2.0	1.5	-1.0	-1.0	-1.9		
中彰投	%	63.3	0.0	0.0	34.5	0.0	0.0	0.0	2.2	100.0 (139)	p < .001
	調整後標準化殘差	-2.8	-1.3	-0.8	3.3	-1.1	-0.7	-0.7	2.4		df = 21
雲嘉南高屏	%	69.3	3.0	1.5	25.6	0.5	0.0	0.0	0.0	100.0 (199)	χ² = 85.319
	調整後標準化殘差	-1.3	2.8	2.9	0.8	-0.4	-0.8	-0.8	-1.3		
宜花東	%	74.2	1.5	0.0	15.2	0.0	3.0	3.0	3.0	100.0 (66)	
	調整後標準化殘差	0.2	0.3	-0.5	-1.7	-0.7	4.4	4.4	2.5		
總和	%	73.0	1.1	0.4	23.6	0.7	0.3	0.3	0.6	100.0 (1,077)	
性別											
女性	%	73.2	1.1	0.8	23.8	0.6	0.0	0.2	0.4	100.0 (533)	p > .05
	調整後標準化殘差	0.1	0.0	2.0	0.2	-0.7	-1.7	-0.6	-1.1		df = 7
男性	%	72.9	1.1	0.0	23.3	0.9	0.5	0.4	0.9	100.0 (546)	χ² = 9.045
	調整後標準化殘差	-0.1	0.0	-2.0	-0.2	0.7	1.7	0.6	1.1		
總和	%	73.0	1.1	0.4	23.5	0.7	0.3	0.3	0.6	100.0 (1,079)	
客家世代											
1974年後出生	%	64.1	1.7	0.0	31.5	0.9	0.7	0.0	1.1	100.0 (460)	p < .001
	調整後標準化殘差	-5.7	1.7	-1.7	5.3	0.4	2.0	-1.2	1.5		df = 7
1974年（含）前出生	%	79.8	0.6	0.6	17.6	0.6	0.0	0.3	0.3	100.0 (618)	χ² = 44.266
	調整後標準化殘差	5.7	-1.7	1.7	-5.3	-0.4	-2.0	1.2	-1.5		
總和	%	73.1	1.1	0.4	23.6	0.7	0.3	0.2	0.6	100.0 (1,078)	

表 5-4 「個人背景與母親身分表示」交叉表（續）

教育程度			本省客家人	大陸客家人	海外/華僑客家人	本省閩南人	大陸各省市人(外省人)	原住民	外國人	無反應	總和	
小學以下	%		81.4	3.4	0.0	15.3	0.0	0.0	0.0	0.0	100.0 (118)	
	調整後標準化殘差		2.2	2.3	-0.6	-2.3	-1.0	-0.6	-0.5	-0.9		
國高中	%		76.0	0.8	0.8	20.2	1.0	0.0	0.0	1.3	100.0 (392)	
	調整後標準化殘差		1.7	-1.0	2.3	-2.0	0.8	-1.3	-1.1	1.9		
大專以上	%		69.2	1.1	0.0	27.8	0.7	0.5	0.4	0.4	100.0 (569)	
	調整後標準化殘差		-3.0	-0.5	-1.8	3.4	-0.2	1.6	1.3	-1.3		
總和	%		73.0	1.2	0.3	23.6	0.7	0.3	0.2	0.6	100.0 (1,079)	$p < .01$ df $= 14$ $\chi^2 = 32.710$

收入			本省客家人	大陸客家人	海外/華僑客家人	本省閩南人	大陸各省市人(外省人)	原住民	外國人	無反應	總和	
28,000元以下	%		82.4	1.5	0.8	14.5	0.8	0.0	0.0	0.0	100.0 (131)	
	調整後標準化殘差		2.6	1.3	0.9	-2.8	0.6	-0.7	-0.7	-0.9		
28,001-52,000元	%		72.0	0.8	0.0	25.9	0.0	0.0	0.0	1.3	100.0 (239)	
	調整後標準化殘差		-0.5	0.4	-1.0	0.7	-1.2	-1.0	-1.0	1.7		
52,001-72,000元	%		78.3	0.0	1.1	18.9	0.6	0.0	0.0	1.1	100.0 (180)	
	調整後標準化殘差		1.8	-1.2	2.0	-1.9	0.3	-0.9	-0.9	1.1		
72,001-97,000元	%		68.3	0.8	0.0	29.2	0.0	0.0	1.7	0.0	100.0 (120)	
	調整後標準化殘差		-1.3	0.2	-0.7	1.4	-0.8	-0.7	2.7	-0.9		
97,001-168,000元	%		68.8	0.6	0.0	28.3	1.2	1.2	0.0	0.0	100.0 (173)	
	調整後標準化殘差		-1.4	-0.2	-0.8	1.4	1.6	2.1	-0.8	-1.1		
168,001元以上	%		63.9	0.0	0.0	32.8	0.0	1.6	1.6	0.0	100.0 (61)	
	調整後標準化殘差		-1.7	-0.7	-0.5	1.6	-0.5	1.8	1.8	-0.6		
總和	%		73.1	0.7	0.3	24.2	0.4	0.3	0.3	0.6	100.0 (904)	$p < .05$ df $= 35$ $\chi^2 = 55.735$

表 5-4 「個人背景與母親身分表示」交叉表（續）

職業		本省客家人	大陸客家人	海外/華僑客家人	本省閩南人	大陸各省市人（外省人）	原住民	外國人	無反應	總和
高、中級白領	%	68.0	1.4	0.0	28.2	0.9	0.3	0.6	0.6	100.0 (347)
	調整後標準化殘差	-2.6	0.5	-1.2	2.5	0.6	0.0	2.1	-0.2	
中低、低級白領	%	74.3	1.3	0.0	23.2	0.6	0.6	0.0	0.0	100.0 (311)
	調整後標準化殘差	0.5	0.2	-1.1	-0.2	0.0	1.4	-0.9	-1.7	
藍領	%	81.4	1.1	0.9	15.8	0.0	0.0	0.0	0.9	100.0 (349)
	調整後標準化殘差	4.2	-0.1	2.5	-4.2	-1.8	-1.2	-1.0	0.6	
其他	%	52.9	0.0	0.0	41.4	2.9	0.0	0.0	2.9	100.0 (70)
	調整後標準化殘差	-4.0	-1.0	-0.5	3.6	2.4	-0.5	-0.4	2.4	
總和	%	73.2	1.2	0.3	23.6	0.6	0.3	0.2	0.6	100.0 (1,077)

$p < .001$
df = 21
$\chi^2 = 59.643$

資料來源：劉嘉薇（2017-2018）。

說明一：本題完整題目為「請問您的母親是本省客家人、本省閩南人、大陸各省市人、還是原住民？」（問卷第1-4題）。

說明二：表中百分比為橫列百分比。調整後標準化殘差絕對值大於1.96者以灰階標示。

說明三：無反應包括不知道。

說明四：客家民眾收入總數（N）與本研究樣本總數（1,078）有落差，係因選項為「拒答」或是「不知道」者，界定為遺漏值。

顯著高於總和的0.6%。

　　在客家世代方面，1974年後出生的客家民眾表示其母親是「本省客家人」的比例爲64.1%，顯著低於總和的73.1%，表示其母親是「本省閩南人」的比例爲31.5%，顯著高於總和的23.6%，表示其母親是「原住民」的比例爲0.7%，顯著高於總和的0.3%；同時，1974年（含）前出生的客家民眾表示其母親是「本省客家人」的比例爲79.8%，顯著高於總和的73.1%，表示其母親是「本省閩南人」的比例爲17.6%，顯著低於總和的23.6%，表示其母親是「原住民」的比例爲0.0%，顯著低於總和的0.3%。

　　在教育程度方面，小學以下的客家民眾表示其母親是「本省客家人」的比例爲81.4%，顯著高於總和的73.0%，表示其母親是「大陸客家人」的比例爲3.4%，顯著高於總和的1.2%，表示其母親是「本省閩南人」的比例爲15.3%，顯著低於總和的23.6%；國高中的客家民眾表示其母親是「海外／華僑客家人」的比例爲0.8%，顯著高於總和的0.3%，表示其母親是「本省閩南人」的比例爲20.2%，顯著低於總和的23.6%；大專以上的客家民眾表示其母親是「本省客家人」的比例爲69.2%，顯著低於總和的73.0%，表示其母親是「本省閩南人」的比例爲27.8%，顯著高於總和的23.6%。

　　在收入方面，家庭月收入28,000元以下的客家民眾表示其母親是「本省客家人」的比例爲82.4%，顯著高於總和的73.1%，表示其母親是「本省閩南人」的比例爲14.5%，顯著低於總和的24.2%；月收入52,001-72,000元的客家民眾表示其母親是「海外／華僑客家人」的比例爲1.1%，顯著高於總和的0.3%；月收入72,001-97,000元的客家民眾表示其母親是「外國人」的比例爲1.7%，顯著高於總和的0.3%；月收入97,001-168,000元的客家民眾表示其母親是「原住民」的比例爲1.2%，顯著高於總和的0.3%。

　　最後，在職業方面，高、中級白領的客家民眾表示其母親是「本省客家人」的比例爲68.0%，顯著低於總和的73.2%，表示其母親是「本省

閩南人」的比例為28.2%，顯著高於總和的23.6%，表示其母親是「外國人」的比例為0.6%，顯著高於總和的0.2%；藍領的客家民眾表示其母親是「本省客家人」的比例為81.4%，顯著高於總和的73.2%，表示其母親是「海外／華僑客家人」的比例為0.9%，顯著高於總和的0.3%，表示其母親是「本省閩南人」的比例為15.8%，顯著低於總和的23.6%；其他的客家民眾表示其母親是「本省客家人」的比例為52.9%，顯著低於總和的73.2%，表示其母親是「本省閩南人」的比例為41.4%，顯著高於總和的23.6%，表示其母親是「大陸各省市人（外省人）」的比例為2.9%，顯著高於總和的0.6%，「無反應」的比例為2.9%，顯著高於總和的0.6%。至於其他細格與總和的差異皆不顯著，不予描述。

　　以下表5-5為客家民眾「個人背景與其祖父母有無客家人身分」交叉表，因為複選題無法以殘差呈現細格與期望值的差異，因此以下複選題表格皆以個數和百分比呈現。首先在區域方面，整體而言，不論在哪個地區，祖父與祖母有客家人身分者皆為選擇當中所占比例最高的兩者，而在「中彰投」地區，祖父母有客家人身分者比例為四個區域當中最低者；性別方面，不論性別，祖父與祖母有客家人身分者為選擇比例當中前兩高；在客家世代中，屬於1974年（含）前出生的客家民眾，其祖父母以及外祖父母有客家人的身分明顯高過1974年後出生的客家民眾；教育程度方面，整體以「小學以下」教育程度者，其祖父母以及外祖父母有客家人的身分高於其餘教育程度者，而不論教育程度為何，祖父母有客家人身分者仍占多數；收入方面，整體以「28,000元以下」收入者其祖父母以及外祖父母有客家人的身分高於其餘收入者，而不論收入高低，祖父母有客家人身分者仍占多數；職業方面，整體以「藍領」職業者，其祖父母以及外祖父母有客家人的身分高於其餘職業者，而不論職業為何，祖父母有客家人身分者仍占多數。

表 5-5　「個人背景與其祖父母有無客家人身分」交叉表（複選題）

			祖父	祖母	外祖父	外祖母	總和
區域	北北基桃竹苗	個數	515	527	466	478	628
		%	82.0	83.8	74.2	76.1	
	中彰投	個數	87	81	70	76	121
		%	71.9	67.6	57.9	62.9	
	雲嘉南高屏	個數	164	154	136	142	184
		%	88.9	83.8	73.7	77.1	
	宜花東	個數	50	48	45	44	61
		%	81.6	78.4	73.8	71.8	
	總和	個數	815	810	717	740	994
			祖父	祖母	外祖父	外祖母	總和
性別	女性	個數	397	386	361	371	496
		%	80.2	77.8	72.9	74.8	
	男性	個數	420	426	357	371	500
		%	84.0	85.3	74.1	74.2	
	總和	個數	817	812	719	742	996
			祖父	祖母	外祖父	外祖母	總和
客家世代	1974年後出生	個數	324	327	260	278	433
		%	75.0	75.6	60.1	64.3	
	1974年（含）前出生	個數	493	485	459	464	563
		%	87.5	86.1	81.4	82.3	
	總和	個數	817	812	719	742	996
			祖父	祖母	外祖父	外祖母	總和
教育程度	小學以下	個數	94	103	92	95	108
		%	86.7	95.0	84.9	87.3	
	國高中	個數	416	403	360	361	472
		%	88.0	85.4	76.3	76.5	
	大專以上	個數	308	306	266	286	415
		%	74.0	73.7	64.1	68.9	
	總和	個數	817	812	719	742	996

表 5-5　「個人背景與其祖父母有無客家人身分」交叉表（複選題）（續）

			祖父	祖母	外祖父	外祖母	總和
收入	28,000元以下	個數	116	113	101	101	122
		%	95.0	92.9	83.0	83.0	
	28,001-52,000元	個數	184	187	158	164	221
		%	83.3	84.5	71.6	74.0	
	52,001-72,000元	個數	140	138	133	132	167
		%	84.1	82.6	79.7	79.4	
	72,001-97,000元	個數	79	91	69	76	115
		%	69.1	79.3	59.9	66.2	
	97,001-168,000元	個數	121	113	102	108	153
		%	79.4	73.7	66.8	70.6	
	168,001元以上	個數	44	37	37	38	58
		%	74.7	63.2	64.3	64.9	
	總和	個數	684	678	600	619	835

			祖父	祖母	外祖父	外祖母	總和
職業	高、中級白領	個數	251	245	215	221	317
		%	79.4	77.4	67.9	69.8	
	中低、低級白領	個數	250	243	213	216	295
		%	84.8	82.5	72.3	73.1	
	藍領	個數	265	270	256	269	320
		%	82.9	84.5	80.0	84.3	
	其他	個數	51	54	35	36	65
		%	78.4	82.9	53.6	55.2	
	總和	個數	817	812	719	742	996

資料來源：劉嘉薇（2017-2018）。

說明一：本題完整題目爲「請問您的祖父母、外祖父母中，有沒有人是客家人？請問哪些人是客家人？」（複選題）（問卷第1-5題）。

說明二：客家民眾總數（N）與本研究樣本總數（1,078）有落差，係因依變數選項爲「都沒有」或是「不知道」者，界定爲遺漏值。

　　以下表5-6爲客家民衆「個人背景與其祖先有無客家人身分」交叉表。首先，我們將關注客家民衆個人背景與其祖先有無客家人身分的關聯，六項個人背景中（區域、性別、客家世代、教育程度、收入及職業），僅客家世代和教育程度，與客家民衆祖先有無客家人身分有關聯，p皆小於0.05，以下將以調整後殘差解釋個別細格與總和百分比的差異，亦即在每一交叉表的最後一列，皆具有客家民衆對他們的祖先有無客家人身分的表示。例如若分爲男性與女性觀察之，若欲瞭解男性與女性對他們的祖先有無客家人身分與整體分布相同或不同，調整後殘差即爲解釋個別細格（例如男性或女性）與表中最後一列總和分布的差異。爲解釋何種背景的客家民衆的祖先有客家人身分，何種客家民衆的祖先沒有客家人身分，評估結果中的「有」代表祖先有客家人身分，「沒有」代表祖先沒有客家人身分。

　　首先，在客家世代方面，1974年後出生的客家民衆表示其祖先「有」客家人身分的比例爲98.9%，顯著高於總和的97.9%，「沒有」客家人身分的比例爲1.1%，顯著低於總和的2.1%；1974年（含）前出生的客家民衆表示其祖先「有」客家人身分的比例爲97.1%，顯著低於總和的97.9%，「沒有」客家人身分的比例爲2.9%，顯著高於總和的2.1%。

　　在教育程度方面，國高中的客家民衆表示其祖先「有」客家人身分的比例爲96.2%，顯著低於總和的97.9%，「沒有」客家人身分的比例爲3.8%，顯著高於總和的2.1%；大專以上的客家民衆表示其祖先「有」客家人身分的比例爲99.1%，顯著高於總和的97.9%，「沒有」客家人身分的比例爲0.9%，顯著低於總和的2.1%。

　　最後，在職業方面，其他的客家民衆表示其祖先「有」客家人身分的比例爲94.3%，顯著低於總和的97.9%，「沒有」客家人身分的比例爲5.7%，顯著高於總和的2.1%。至於其他細格與總和的差異皆不顯著，不予描述。

表 5-6　「個人背景與祖先有無客家人身分」交叉表

			有	沒有	總和	
區域	北北基桃竹苗	%	97.3	2.7	100.0	
		調整後標準化殘差	-1.6	1.6	（673）	
	中彰投	%	98.6	1.4	100.0	*p* > .05
		調整後標準化殘差	0.6	-0.6	（139）	df = 3
	雲嘉南高屏	%	98.5	1.5	100.0	χ^2 = 3.061
		調整後標準化殘差	0.7	-0.7	（198）	
	宜花東	%	100.0	0.0	100.0	
		調整後標準化殘差	1.2	-1.2	（66）	
	總和	%	97.9	2.1	100.0 （1,076）	

			有	沒有	總和	
性別	女性	%	97.6	2.4	100.0	*p* > .05
		調整後標準化殘差	-0.7	0.7	（533）	df = 1
	男性	%	98.2	1.8	100.0	χ^2 = 0.471
		調整後標準化殘差	0.7	-0.7	（545）	
	總和	%	97.9	2.1	100.0 （1,078）	

			有	沒有	總和	
客家世代	1974年後出生	%	98.9	1.1	100.0	*p* < .05
		調整後標準化殘差	2.0	-2.0	（459）	df = 1
	1974年（含）前出生	%	97.1	2.9	100.0	χ^2 = 4.175
		調整後標準化殘差	-2.0	2.0	（619）	
	總和	%	97.9	2.1	100.0 （1,078）	

表 5-6 「個人背景與祖先有無客家人身分」交叉表（續）

			有	沒有	總和	
教育程度	小學以下	%	97.4	2.6	100.0	
		調整後標準化殘差	-0.3	0.3	（117）	$p < .01$
	國高中	%	96.2	3.8	100.0	$df = 2$
		調整後標準化殘差	-2.9	2.9	（392）	$\chi^2 = 9.748$
	大專以上	%	99.1	0.9	100	
		調整後標準化殘差	3.0	-3.0	（568）	
	總和	%	97.9	2.1	100.0 （1,077）	
			有	沒有	總和	
收入	28,000元以下	%	98.5	1.5	100.0	
		調整後標準化殘差	0.3	-0.3	（131）	
	28,001-52,000元	%	98.3	1.7	100.0	
		調整後標準化殘差	0.3	-0.3	（240）	
	52,001-72,000元	%	98.3	1.7	100.0	$p > .05$
		調整後標準化殘差	0.2	-0.2	（180）	$df = 5$
	72,001-97,000元	%	99.2	0.8	100.0	$\chi^2 = 2.511$
		調整後標準化殘差	0.9	-0.9	（120）	
	97,001-168,000元	%	97.1	2.9	100.0	
		調整後標準化殘差	-1.1	1.1	（173）	
	168,001元以上	%	96.7	3.3	100.0	
		調整後標準化殘差	-0.8	0.8	（61）	
	總和	%	98.1	1.9	100.0 （905）	

表 5-6　「個人背景與祖先有無客家人身分」交叉表（續）

			有	沒有	總和	
職業	高、中級白領	%	98.3	1.7	100.0	
		調整後標準化殘差	0.6	-0.6	（347）	
	中低、低級白領	%	97.4	2.6	100.0	$p > .05$
		調整後標準化殘差	-0.6	0.6	（312）	df = 3
	藍領	%	98.6	1.4	100.0	$\chi^2 = 5.668$
		調整後標準化殘差	1.1	-1.1	（349）	
	其他	%	94.3	5.7	100.0	
		調整後標準化殘差	-2.1	2.1	（70）	
	總和	%	97.9	2.1	100.0	
					（1,078）	

資料來源：劉嘉薇（2017-2018）。

說明一：本題完整題目爲「就您所知，請問在您的祖先中是否具有客家人的身分？」
　　　　（問卷第1-6題）。

說明二：表中百分比爲橫列百分比。調整後標準化殘差絕對值大於1.96者以灰階標示。

說明三：客家民眾收入總數（N）與本研究樣本總數（1,078）有落差，係因選項爲
　　　　「拒答」或是「不知道」者，界定爲遺漏值。

　　　以下表5-7爲客家民眾「個人背景與客家淵源」交叉表，因爲複選題無法以殘差呈現細格與期望值的差異，因此以下複選題表格皆以個數和百分比呈現。首先在區域方面，除中彰投，不論在哪個地區，客家淵源選擇最多的皆爲「有客家朋友的淵源」，次多的則爲「成長時期主要照顧者是客家人的淵源（如養父母等）」，而其餘個人背景性別、客家世代、教育程度、收入及職業在選擇客家淵源中，與區域方面分布呈現大致相同。

　　　有幾處特別的發現在此補充說明，區域方面，「宜花東」地區，選擇「有客家朋友的淵源」明顯高於其他地區，比例高達93.1%；而在收入方面，收入在「168,001元以上」者選擇「有客家朋友的淵源」也高達90.3%，明顯高於其他收入者。

表 5-7　「個人背景與客家淵源」交叉表

		配偶是客家的淵源	成長時期主要照顧者是客家人的淵源（如養父母等）	住在客家庄會說客家話的淵源	工作關係會說客家話的淵源	育客家朋友的淵源	學習說客家話的淵源	總和
區域	北北基桃竹苗　個數 %	210 32.0	542 82.6	401 61.1	231 35.1	526 80.2	400 61.0	656
	中彰投　個數 %	30 22.5	93 69.6	69 51.6	28 20.8	99 74.4	68 50.8	133
	雲嘉南高屏　個數 %	68 36.0	157 82.8	133 69.9	83 43.6	165 86.9	109 57.5	190
	宜花東　個數 %	22 33.6	54 82.2	42 63.2	32 48.3	61 93.1	46 69.3	66
	總和　個數	331	846	644	373	852	623	1,045
性別	女性　個數 %	180 34.4	425 81.2	329 62.9	177 33.9	421 80.4	317 60.6	523
	男性　個數 %	151 28.7	423 80.8	317 60.6	197 37.7	433 82.6	308 58.7	524
	總和　個數	331	848	646	375	854	625	1,047
客家世代	1974年後出生　個數 %	56 12.9	346 79.3	215 49.2	92 21.1	326 74.7	229 52.5	436
	1974年（含）前出生　個數 %	274 44.9	502 82.8	432 70.7	283 46.3	528 86.4	396 64.7	611
	總和　個數	331	848	646	375	854	625	1,047

表 5-7　「個人背景與客家淵源」交叉表（續）

		配偶是客家的淵源	成長時期主要照顧者是客家人的淵源（如養父母等）	住在客家庄目會說客家話的淵源	工作關係會說客家話的淵源	有客家朋友的淵源	學習說客家話的淵源	總和
教育程度	小學以下　個數	61	88	84	58	98	69	118
	％	52.1	74.7	71.3	49.5	83.4	58.8	
	國高中　個數	210	426	351	221	426	316	513
	％	40.9	83.0	68.4	43.0	83.1	61.5	
	大專以上　個數	60	335	211	96	329	240	416
	％	14.3	80.4	50.8	23.0	79.1	57.6	
	總和　個數	331	848	646	375	854	625	1,047
收入	28,000元以下　個數	54	114	103	64	98	77	130
	％	41.4	87.3	79.2	48.8	75.1	59.3	
	28,001-52,000元　個數	80	187	143	90	199	135	229
	％	34.9	81.4	62.5	39.0	86.7	58.8	
	52,001-72,000元　個數	53	150	119	57	142	118	179
	％	29.7	83.7	66.2	32.0	79.2	65.8	
	72,001-97,000元　個數	26	88	63	30	100	64	119
	％	21.7	74.4	53.1	25.3	84.7	54.2	
	97,001-168,000元　個數	41	132	76	51	126	94	162
	％	25.2	81.7	46.8	31.2	77.9	57.8	
	168,001元以上　個數	14	40	39	16	55	35	61
	％	23.4	66.6	64.3	26.7	90.3	57.5	
	總和　個數	268	712	543	307	720	523	880

表 5-7　「個人背景與客家淵源」交叉表（續）

		配偶是客家人的淵源	成長時期主要照顧者是客家人的淵源（如養父母等）	住在客家庄且會說客家話的淵源	工作關係會說客家話的淵源	有客家朋友的淵源	學習說客家話的淵源	總和
職業	高、中級白領 個數 %	92 27.3	253 75.6	177 52.7	108 32.1	276 82.3	177 52.9	335
	中低、低級白領 個數 %	88 28.8	257 84.4	213 69.8	99 32.4	253 82.8	185 60.5	305
	藍領 個數 %	136 39.6	282 82.0	226 65.7	152 44.4	280 81.6	232 67.4	343
	其他 個數 %	15 23.7	56 88.2	31 49.0	16 25.3	45 71.0	31 49.0	63
	總和 個數	331	848	646	375	854	625	1,047

資料來源：劉嘉薇（2017-2018）。

說明一：本題完整題目為「請問您有沒有下面的客家淵源（客：關係）？」（複選題）（問卷第1-7題）。

說明二：客家民眾總樣本總數（N）與本研究樣本總數（1,078）有落差，係因選項為「都沒有」者，界定為遺漏值。

第二節　社會學因素

　　根據研究架構，社會學因素包括：地形、語言、閩客關係、通婚／宗親／地方派系／對客家社團（活動）的參與以及以客家媒體來聽或看選舉的新聞，個人背景與社會學因素交叉分析如下。

一、地形

　　以下表5-8為客家民眾「個人背景與住所和閩南人接觸難易評估」交叉表。首先，我們將關注客家民眾個人背景與其住的地方和閩南人接觸難易度的關聯，六項個人背景中（區域、性別、客家世代、教育程度、收入及職業），除了收入和職業之外，皆與客家民眾對於他們居住的地方和閩南人接觸的難易度有關聯，p皆小於0.05，以下將以調整後殘差解釋個別細格與總和百分比的差異，亦即在每一交叉表的最後一列，皆具有客家民眾對他們居住的地方和閩南人接觸難易的評估。例如若分為男性與女性觀察之，若欲瞭解男性與女性對他們居住的地方和閩南人接觸難易度與整體分布相同或不同，調整後殘差即為解釋個別細格（例如男性或女性）與表中最後一列總和分布的差異。為解釋何種背景的客家民眾特別認為其住的地方容易和閩南人接觸，何種客家民眾特別認為其住的地方不容易和閩南人接觸，評估結果中的「非常不容易」代表其住所非常不容易和閩南人接觸，「非常容易」代表其住所非常容易和閩南人接觸。

　　首先，在區域方面，居住在北北基桃竹苗的客家民眾認為其住的地方「不太容易」和閩南人接觸的比例為15.6%，顯著高於總和的13.3%，認為其住的地方「非常容易」和閩南人接觸的比例為67.2%，顯著低於總和的69.4%；同時，居住在中彰投的客家民眾認為其住的地方「非常不容易」和閩南人接觸的比例為0.7%，顯著低於總和的3.7%；居住在宜花東的客家民眾認為其住的地方「不太容易」和閩南人接觸的比例為1.5%，顯著低於總和的13.3%，認為其住的地方「有點容易」和閩南人接觸的比

表 5-8　「個人背景與住所和閩南人接觸難易評估」交叉表

		非常不容易	不太容易	有點容易	非常容易	無反應	總和	
區域	北北基桃竹苗 %	4.0	15.6	12.6	67.2	0.6	100.0 (673)	
	調整後標準化殘差	0.7	2.9	-0.6	-2.0	0.2		
	中彰投 %	0.7	10.8	16.5	71.2	0.7	100.0 (139)	$p < .01$
	調整後標準化殘差	-2.0	-0.9	1.3	0.5	0.3		df = 12
	雲嘉南高屏 %	5.5	11.1	15.6	67.8	0.0	100.0 (199)	χ^2 = 32.907
	調整後標準化殘差	1.5	-1.0	1.2	-0.5	-1.2		
	宜花東 %	1.5	1.5	3.0	92.5	1.5	100.0 (67)	
	調整後標準化殘差	-1.0	-2.9	-2.5	4.2	1.1		
	總和 %	3.7	13.3	13.1	69.4	0.6	100.0 (1,078)	
性別	女性 %	3.0	11.1	15.6	70.2	0.2	100.0 (533)	
	調整後標準化殘差	-1.4	-2.1	2.4	0.6	-1.3		$p < .05$
	男性 %	4.6	15.4	10.7	68.6	0.7	100.0 (544)	df = 4
	調整後標準化殘差	1.4	2.1	-2.4	-0.6	1.3		χ^2 = 12.469
	總和 %	3.8	13.3	13.1	69.4	0.5	100.0 (1,077)	
客家世代	1974年後出生 %	2.8	17.2	14.6	64.8	0.4	100.0 (458)	
	調整後標準化殘差	-1.4	3.4	1.3	-2.8	-0.1		$p < .01$
	1974年(含)前出生 %	4.5	10.2	12.0	72.8	0.5	100.0 (618)	df = 4
	調整後標準化殘差	1.4	-3.4	-1.3	2.8	0.1		χ^2 = 15.732
	總和 %	3.8	13.2	13.1	69.4	0.5	100.0 (1,076)	

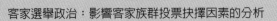

表 5-8 「個人背景與住所和閩南人接觸難易評估」交叉表（續）

教育程度

		非常不容易	不太容易	有點容易	非常容易	無反應	總和	
小學以下	%	9.5	7.8	7.8	74.1	0.9	100.0 (116)	
	調整後標準化殘差	3.4	-1.8	-1.8	1.2	0.5		
國高中	%	2.8	14.2	16.5	65.9	0.5	100.0 (393)	$p < .01$
	調整後標準化殘差	-1.3	0.8	2.5	-1.9	-0.2		df = 8
大專以上	%	3.3	13.6	11.8	70.8	0.5	100.0 (568)	$\chi^2 = 22.429$
	調整後標準化殘差	-0.8	0.4	-1.3	1.1	-0.1		
總和	%	3.8	13.2	13.1	69.4	0.6	100.0 (1,077)	

收入

		非常不容易	不太容易	有點容易	非常容易	無反應	總和	
28,000元以下	%	4.6	14.6	13.8	66.9	0.0	100.0 (130)	
	調整後標準化殘差	1.0	0.5	0.5	-0.9	-0.9		
28,001-52,000元	%	5.0	15.8	10.4	67.9	0.8	100.0 (240)	
	調整後標準化殘差	1.8	1.4	-1.2	-1.0	0.7		
52,001-72,000元	%	2.2	11.6	16.0	70.2	0.0	100.0 (181)	$p > .05$
	調整後標準化殘差	-0.8	-0.7	1.6	-0.1	-1.1		df = 20
72,001-97,000元	%	0.8	11.7	7.5	78.3	1.7	100.0 (120)	$\chi^2 = 22.456$
	調整後標準化殘差	-1.6	-0.6	-1.8	2.0	1.8		
97,001-168,000元	%	2.9	11.6	15.6	69.4	0.6	100.0 (173)	
	調整後標準化殘差	-0.3	-0.7	1.3	-0.3	0.1		
168,001元以上	%	1.6	13.1	9.8	75.4	0.0	100.0 (61)	
	調整後標準化殘差	-0.7	0.0	-0.7	0.9	-0.6		
總和	%	3.2	13.3	12.6	70.4	0.6	100.0 (905)	

表 5-8 「個人背景與住所和閩南人接觸難易評估」交叉表（續）

職業		非常不容易	不太容易	有點容易	非常容易	無反應	總和	
高、中級白領	%	2.6	15.0	10.7	71.1	0.6	100.0 (346)	
	調整後標準化殘差	-1.5	1.2	-1.6	0.9	0.1		
中低、低級白領	%	2.9	9.9	15.3	71.6	0.3	100.0 (313)	$p > .05$
	調整後標準化殘差	-1.1	-2.0	1.4	1.0	-0.7		$df = 12$
藍領	%	6.0	13.2	12.3	67.6	0.9	100.0 (349)	$\chi^2 = 18.850$
	調整後標準化殘差	2.5	0.0	-0.5	-0.8	0.9		
其他	%	4.3	18.6	18.6	58.6	0.0	100.0 (70)	
	調整後標準化殘差	0.2	1.4	1.4	-2.0	-0.6		
總和	%	3.9	13.2	13.1	69.3	0.6	100.0 (1,078)	

資料來源：劉嘉薇（2017-2018）。

說明一：本題完整題目為「請問您住的地方容不容易跟閩南人（客：河洛人）接觸？」（問卷第2-1題）。

說明二：表中百分比為橫列百分比。調整後標準化殘差絕對值大於1.96者以灰階標示。

說明三：無反應包括看情形、不知道。

說明四：客家民眾收入總數（N）與本研究樣本總數（1,078）有落差，係因選項為「拒答」或是「不知道」者，界定為遺漏值。

例為3.0%，顯著低於總和的13.1%，認為其住的地方「非常容易」和閩南人接觸的比例為92.5%，顯著高於總和的69.4%。

　　在性別方面，女性客家民眾認為其住的地方「不太容易」和閩南人接觸的比例為11.1%，顯著低於總和的13.3%，認為其住的地方「有點容易」和閩南人接觸的比例為15.6%，顯著高於總和的13.1%；同時，男性客家民眾認為其住的地方「不太容易」和閩南人接觸的比例為15.4%，顯著高於總和的13.3%，認為其住的地方「有點容易」和閩南人接觸的比例為10.7%，顯著低於總和的13.1%。

　　在客家世代方面，1974年後出生的客家民眾認為其住的地方「不太容易」和閩南人接觸的比例為17.2%，顯著高於總和的13.2%，認為其住的地方「非常容易」和閩南人接觸的比例為64.8%，顯著低於總和的69.4%；1974年（含）前出生的客家民眾認為其住的地方「不太容易」和閩南人接觸的比例為10.2%，顯著低於總和的13.2%，認為其住的地方「非常容易」和閩南人接觸的比例為72.8%，顯著高於總和的69.4%。

　　最後，在教育程度方面，小學以下的客家民眾認為其住的地方「非常不容易」和閩南人接觸的比例為9.5%，顯著高於總和的3.8%；同時，國高中的客家民眾認為其住的地方「有點容易」和閩南人接觸的比例為16.5%，顯著高於總和的13.1%。

　　以下表5-9為客家民眾「個人背景與住所到閩南庄難易評估」交叉表。首先，我們將關注客家民眾個人背景與其住的地方到閩南庄難易度的關聯，六項個人背景中（區域、性別、客家世代、教育程度、收入及職業），除了職業之外，皆與客家民眾對於其住的地方到閩南庄的難易度有關聯，p皆小於0.05，以下將以調整後殘差解釋個別細格與總和百分比的差異，亦即在每一交叉表的最後一列，皆具有客家民眾對他們居住的地方到閩南庄難易的評估。例如若分為男性與女性觀察之，若欲瞭解男性與女性對他們居住的地方到閩南庄難易程度與整體分布相同或不同，調整後殘差即為解釋個別細格（例如男性或女性）與表中最後一列總和分布的差異。為解釋何種背景的客家民眾特別認為其住的地方容易到閩南庄，何種

表 5-9　「個人背景與住所到閩南庄難易評估」交叉表

			非常不容易	不太容易	有點容易	非常容易	無反應	總和	
區域	北北基桃竹苗	%	2.8	18.7	17.5	57.1	3.9	100.0 (674)	
		調整後標準化殘差	-0.6	4.3	3.8	-6.1	0.8		
	中彰投	%	5.8	14.4	12.9	64.0	2.9	100.0 (139)	$p < .001$
		調整後標準化殘差	2.0	-0.2	-0.5	0.0	-0.4		df = 12
	雲嘉南高屏	%	2.5	7.1	7.6	78.8	4.0	100.0 (198)	$\chi^2 = 60.411$
		調整後標準化殘差	-0.5	-3.5	-3.0	4.8	0.4		
	宜花東	%	1.5	3.0	6.1	89.4	0.0	100.0 (66)	
		調整後標準化殘差	-0.8	-2.8	-2.0	4.4	-1.6		
	總和	%	3.1	15.0	14.4	64.0	3.5	100.0 (1,077)	

			非常不容易	不太容易	有點容易	非常容易	無反應	總和	
性別	女性	%	3.4	15.8	16.9	61.7	2.3	100.0 (532)	$p < .05$
		調整後標準化殘差	0.8	0.8	2.1	-1.6	-2.2		df = 4
	男性	%	2.6	14.1	12.3	66.2	4.8	100.0 (545)	$\chi^2 = 10.757$
		調整後標準化殘差	-0.8	-0.8	-2.1	1.6	2.2		
	總和	%	3.0	14.9	14.6	64.0	3.5	100.0 (1,077)	

			非常不容易	不太容易	有點容易	非常容易	無反應	總和	
客家世代	1974年後出生	%	2.8	18.5	18.5	55.1	5.0	100.0 (459)	$p < .001$
		調整後標準化殘差	-0.2	2.8	3.3	-5.2	2.1		df = 4
	1974年（含）前出生	%	3.1	12.4	11.5	70.4	2.6	100.0 (619)	$\chi^2 = 29.541$
		調整後標準化殘差	0.2	-2.8	-3.3	5.2	-2.1		
	總和	%	3.0	15.0	14.5	63.9	3.6	100.0 (1,078)	

			非常不容易	不太容易	有點容易	非常容易	無反應	總和	
教育程度	小學以下	%	5.9	10.2	13.6	67.8	2.5	100.0 (118)	$p < .05$
		調整後標準化殘差	2.0	-1.6	-0.3	0.9	-0.7		df = 8
	國高中	%	2.3	16.1	16.3	63.8	1.5	100.0 (392)	$\chi^2 = 17.391$
		調整後標準化殘差	-1.0	0.7	1.2	0.0	-2.8		
	大專以上	%	2.8	15.3	13.5	63.1	5.3	100.0 (569)	
		調整後標準化殘差	-0.3	0.3	-1.0	-0.6	3.1		
	總和	%	3.0	15.0	14.6	63.9	3.6	100.0 (1,079)	

表 5-9　「個人背景與住所到閩南庄難易評估」交叉表（續）

			非常不容易	不太容易	有點容易	非常容易	無反應	總和	
收入	28,000元以下	%	4.6	15.4	16.9	61.5	1.5	100.0 (130)	
		調整後標準化殘差	1.6	0.3	0.9	-0.9	-1.3		
	28,001-52,000元	%	0.8	14.2	10.8	67.1	7.1	100.0 (240)	
		調整後標準化殘差	-2.0	-0.2	-1.8	0.8	3.5		
	52,001-72,000元	%	2.8	8.3	22.8	62.8	3.3	100.0 (180)	p < .001 df = 20 χ^2 = 63.849
		調整後標準化殘差	0.2	-2.7	3.6	-0.7	-0.2		
	72,001-97,000元	%	0.8	10.0	11.7	74.2	3.3	100.0 (120)	
		調整後標準化殘差	-1.3	-1.5	-0.9	2.3	-0.1		
	97,001-168,000元	%	2.3	22.4	8.6	64.9	1.7	100.0 (174)	
		調整後標準化殘差	-0.2	3.3	-2.4	0.0	-1.4		
	168,001元以上	%	8.2	19.7	19.7	52.5	0.0	100.0 (61)	
		調整後標準化殘差	2.9	1.2	1.2	-2.1	-1.5		
	總和	%	2.5	14.6	14.4	65.0	3.5	100.0 (905)	

			非常不容易	不太容易	有點容易	非常容易	無反應	總和	
職業	高、中級白領	%	3.2	16.7	11.2	64.6	4.3	100.0 (347)	
		調整後標準化殘差	0.3	1.1	-2.1	0.3	1.0		
	中低、低級白領	%	1.6	12.5	17.7	64.0	4.2	100.0 (311)	p > .05 df = 12 χ^2 = 16.697
		調整後標準化殘差	-1.7	-1.4	1.8	0.0	0.7		
	藍領	%	3.2	14.9	14.7	64.9	2.3	100.0 (348)	
		調整後標準化殘差	0.2	0.0	0.0	0.5	-1.5		
	其他	%	7.1	17.1	17.1	55.7	2.9	100.0 (70)	
		調整後標準化殘差	2.1	0.5	0.6	-1.5	-0.3		
	總和	%	3.0	15.0	14.6	63.9	3.5	100.0 (1,076)	

資料來源：劉嘉薇（2017-2018）。

說明一：本題完整題目爲「請問您住的地方容不容易到閩南庄（大多數是閩南人住的地方）？」（問卷第2-2題）。

說明二：表中百分比爲橫列百分比。調整後標準化殘差絕對值大於1.96者以灰階標示。

說明三：無反應包括無意見、不知道。

說明四：客家民眾收入總數（N）與本研究樣本總數（1,078）有落差，係因選項爲「拒答」或是「不知道」者，界定爲遺漏值。

客家民眾特別認為其住的地方不容易到閩南庄，評估結果中的「非常不容易」代表其住所非常不容易到閩南庄，「非常容易」代表其住所非常容易到閩南庄。

首先，在區域方面，居住在北北基桃竹苗的客家民眾認為其住的地方「不太容易」到閩南庄的比例為18.7%，顯著高於總和的15.0%，認為其住的地方「有點容易」到閩南庄的比例為17.5%，顯著高於總和的14.4%，認為其住的地方「非常容易」到閩南庄的比例為57.1%，顯著低於總和的64.0%；同時，居住在中彰投的客家民眾認為其住的地方「非常不容易」到閩南庄的比例為5.8%，顯著高於總和的3.1%；居住在雲嘉南高屏的客家民眾認為其住的地方「不太容易」到閩南庄的比例為7.1%，顯著低於總和的15.0%，認為其住的地方「有點容易」到閩南庄的比例為7.6%，顯著低於總和的14.4%，認為其住的地方「非常容易」到閩南庄的比例為78.8%，顯著高於總和的64.0%；居住在宜花東的客家民眾認為其住的地方「不太容易」到閩南庄的比例為3.0%，顯著低於總和的15.0%，認為其住的地方「有點容易」到閩南庄的比例為6.1%，顯著低於總和的14.4%，認為其住的地方「非常容易」到閩南庄的比例為89.4%，顯著高於總和的64.0%。

在性別方面，女性客家民眾認為其住的地方「有點容易」到閩南庄的比例為16.9%，顯著高於總和的14.6%，「無反應」的比例為2.3%，顯著低於總和的3.5%；同時，男性客家民眾認為其住的地方「有點容易」到閩南庄的比例為12.3%，顯著低於總和的14.6%，「無反應」的比例為4.8%，顯著高於總和的3.5%。

在客家世代方面，1974年後出生的客家民眾認為其住的地方「不太容易」到閩南庄的比例為18.5%，顯著高於總和的15.0%，認為其住的地方「有點容易」到閩南庄的比例為18.5%，顯著高於總和的14.5%，認為其住的地方「非常容易」到閩南庄的比例為55.1%，顯著低於總和的63.9%，「無反應」的比例為5.0%，顯著高於總和的3.6%；1974年（含）前出生的客家民眾認為他們住的地方「不太容易」到閩南庄的比例為

12.4%，顯著低於總和的15.0%，認為其住的地方「有點容易」到閩南庄的比例為11.5%，顯著低於總和的14.5%，認為其住的地方「非常容易」到閩南庄的比例為70.4%，顯著高於總和的63.9%，「無反應」的比例為2.6%，顯著低於總和的3.6%。

在教育程度方面，小學以下的客家民眾認為其住的地方「非常不容易」到閩南庄的比例為5.9%，顯著高於總和的3.0%；國高中的客家民眾對此「無反應」的比例為1.5%，顯著低於總和的3.6%；大專以上的客家民眾對此「無反應」的比例為5.3%，顯著高於總和的3.6%。

最後，在收入方面，家庭月收入28,001-52,000元的客家民眾認為其住的地方「非常不容易」到閩南庄的比例為0.8%，顯著低於總和的2.5%，「無反應」的比例為7.1%，顯著高於總和的3.5%；月收入52,001-72,000元的客家民眾認為其住的地方「不太容易」到閩南庄的比例為8.3%，顯著低於總和的14.6%，認為其住的地方「有點容易」到閩南庄的比例為22.8%，顯著高於總和的14.4%；月收入72,001-97,000元的客家民眾認為其住的地方「非常容易」到閩南庄的比例為74.2%，顯著高於總和的65.0%；月收入97,001-168,000元的客家民眾認為其住的地方「不太容易」到閩南庄的比例為22.4%，顯著高於總和的14.6%，認為其住的地方「有點容易」到閩南庄的比例為8.6%，顯著低於總和的14.4%；月收入168,001元以上的客家民眾認為其住的地方「非常不容易」到閩南庄的比例為8.2%，顯著高於總和的2.5%，認為其住的地方「非常容易」到閩南庄的比例為52.5%，顯著低於總和的65.0%。

二、語言

以下表5-10為客家民眾「個人背景與聽懂客家話程度」交叉表。首先，我們將關注客家民眾個人背景與聽懂客家話程度的關聯，六項個人背景中（區域、性別、客家世代、教育程度、收入及職業），除了性別之外，皆與客家民眾聽懂客家話的程度有關聯，p皆小於0.05，以下將以調

整後殘差解釋個別細格與總和百分比的差異，亦即在每一交叉表的最後一列，皆具有客家民眾對於聽懂客家話程度的評估。例如若分爲男性與女性觀察之，若欲瞭解男性與女性聽懂客家話的程度與整體分布相同或不同，調整後殘差即爲解釋個別細格（例如男性或女性）與表中最後一列總和分布的差異。爲解釋何種背景的客家民眾能夠完全聽懂客家話，何種客家民眾完全聽不懂客家話，評估結果中的「完全不懂」代表其完全聽不懂客家話，「完全懂」代表其完全聽得懂客家話。

首先，在區域方面，居住在北北基桃竹苗的客家民眾表示「完全不懂」客家話的比例爲7.9%，顯著低於總和的9.8%；同時，居住在中彰投的客家民眾表示「完全不懂」客家話的比例爲18.1%，顯著高於總和的9.8%，表示「完全懂」客家話的比例爲26.8%，顯著低於總和的40.2%。

在客家世代方面，1974年後出生的客家民眾表示「完全不懂」客家話的比例爲14.2%，顯著高於總和的9.7%，表示「不太懂」客家話的比例爲26.8%，顯著高於總和的17.0%，表示「大部分懂」客家話的比例爲42.9%，顯著高於總和的32.9%，表示「完全懂」客家話的比例爲16.1%，顯著低於總和的40.3%；1974年（含）前出生的客家民眾表示「完全聽不懂」客家話的比例爲6.5%，顯著低於總和的9.7%，表示「不太懂」客家話的比例爲9.7%，顯著低於總和的17.0%，表示「大部分懂」客家話的比例爲25.5%，顯著低於總和的32.9%，表示「完全懂」客家話的比例爲58.2%，顯著高於總和的40.3%。

在教育程度方面，小學以下的客家民眾表示「不太懂」客家話的比例爲4.3%，顯著低於總和的16.9%，表示「大部分懂」客家話的比例爲17.1%，顯著低於總和的32.9%，表示「完全懂」客家話的比例爲72.6%，顯著高於總和的40.3%；國高中的客家民眾表示「完全不懂」客家話的比例爲6.9%，顯著低於總和的9.8%，表示「不太懂」客家話的比例爲11.2%，顯著低於總和的16.9%，表示「完全懂」客家話的比例爲49.1%，顯著高於總和的40.3%；大專以上的客家民眾表示「完全不懂」客家話的比例爲12.7%，顯著高於總和的9.8%，表示「不太懂」客家話的比例

爲23.4%，顯著高於總和的16.9%，表示「大部分懂」客家話的比例爲36.4%，顯著高於總和的32.9%，表示「完全懂」客家話的比例爲27.5%，顯著低於總和的40.3%。

　　在收入方面，家庭月收入28,000元以下的客家民眾表示「完全不懂」客家話的比例爲3.0%，顯著低於總和的10.6%，表示「不太懂」客家話的比例爲6.8%，顯著低於總和的17.1%，表示「完全懂」客家話的比例爲62.1%，顯著高於總和的37.6%，「無反應」的比例爲0.8%，顯著高於總和的0.1%；月收入28,001-52,000元的客家民眾表示「不太懂」客家話的比例爲13.0%，顯著低於總和的17.1%；月收入52,001-72,000元的客家民眾表示「不太懂」客家話的比例爲9.9%，顯著低於總和的17.1%，表示「大部分懂」客家話的比例爲48.6%，顯著高於總和的34.5%；月收入72,001-97,000元的客家民眾表示「完全懂」客家話的比例爲29.4%，顯著低於總和的37.6%；月收入97,001-168,000元的客家民眾表示「完全不懂」客家話的比例爲16.2%，顯著高於總和的10.6%，表示「不太懂」客家話的比例爲30.1%，顯著高於總和的17.1%，表示「大部分懂」客家話的比例爲26.6%，顯著低於總和的34.5%，表示「完全懂」客家話的比例爲27.2%，顯著低於總和的37.6%；月收入168,001元以上的客家民眾表示「完全不懂」客家話的比例爲1.7%，顯著低於總和的10.6%，表示「不太懂」客家話的比例爲31.7%，顯著高於總和的17.1%，表示「完全懂」客家話的比例爲25.0%，顯著低於總和的37.6%。

　　最後，在職業方面，高、中級白領的客家民眾表示「完全不懂」客家話的比例爲17.9%，顯著高於總和的9.7%，表示「完全懂」客家話的比例爲34.4%，顯著低於總和的40.3%；藍領的客家民眾表示「完全不懂」客家話的比例爲4.9%，顯著低於總和的9.7%，表示「不太懂」客家話的比例爲10.9%，顯著低於總和的17.0%，表示「完全懂」客家話的比例爲47.0%，顯著高於總和的40.3%；其他的客家民眾表示「完全不懂」客家話的比例爲2.8%，顯著低於總和的9.7%，表示「不太懂」客家話的比例爲43.7%，顯著高於總和的17.0%。至於其他細格與總和的差異皆不顯

著，不予描述。

表 5-10 「個人背景與聽懂客家話程度」交叉表

			完全不懂	不太懂	大部分懂	完全懂	無反應	總和	
區域	北北基桃竹苗	%	7.9	17.2	33.2	41.5	0.1	100.0 (674)	
		調整後標準化殘差	-2.7	0.3	0.2	1.1	0.8		
	中彰投	%	18.1	17.4	37.7	26.8	0.0	100.0 (138)	$p < .05$
		調整後標準化殘差	3.5	0.1	1.3	-3.4	-0.4		df = 12
	雲嘉南高屏	%	11.7	14.7	27.9	45.7	0.0	100.0 (197)	$\chi^2 = 26.067$
		調整後標準化殘差	1.0	-0.9	-1.7	1.7	-0.5		
	宜花東	%	6.2	20.0	35.4	38.5	0.0	100.0 (65)	
		調整後標準化殘差	-1.0	0.7	0.4	-0.3	-0.3		
	總和	%	9.8	16.9	33.0	40.2	0.1	100.0 (1,074)	

			完全不懂	不太懂	大部分懂	完全懂	無反應	總和	
性別	女性	%	10.5	15.8	35.3	38.3	0.2	100.0 (533)	$p > .05$
		調整後標準化殘差	0.8	-1.0	1.6	-1.3	1.0		df = 4
	男性	%	9.0	18.0	30.7	42.3	0.0	100.0 (544)	$\chi^2 = 5.232$
		調整後標準化殘差	-0.8	1.0	-1.6	1.3	-1.0		
	總和	%	9.7	16.9	33.0	40.3	0.1	100.0 (1,077)	

			完全不懂	不太懂	大部分懂	完全懂	無反應	總和	
客家世代	1974年後出生	%	14.2	26.8	42.9	16.1	0.0	100.0 (459)	$p < .001$
		調整後標準化殘差	4.2	7.4	6.0	-13.9	-0.9		df = 4
	1974年(含)前出生	%	6.5	9.7	25.5	58.2	0.2	100.0 (619)	$\chi^2 = 202.100$
		調整後標準化殘差	-4.2	-7.4	-6.0	13.9	0.9		
	總和	%	9.7	17.0	32.9	40.3	0.1	100.0 (1,078)	

			完全不懂	不太懂	大部分懂	完全懂	無反應	總和	
教育程度	小學以下	%	6.0	4.3	17.1	72.6	0.0	100.0 (117)	
		調整後標準化殘差	-1.5	-3.9	-3.9	7.6	-0.3		$p < .001$
	國高中	%	6.9	11.2	32.6	49.1	0.3	100.0 (393)	df = 8
		調整後標準化殘差	-2.5	-3.8	-0.2	4.5	1.3		$\chi^2 = 116.873$
	大專以上	%	12.7	23.4	36.4	27.5	0.0	100.0 (568)	
		調整後標準化殘差	3.3	6.0	2.6	-9.0	-1.1		
	總和	%	9.8	16.9	32.9	40.3	0.1	100.0 (1,078)	

表 5-10　「個人背景與聽懂客家話程度」交叉表（續）

		完全不懂	不太懂	大部分懂	完全懂	無反應	總和	
收入	28,000元以下							
	%	3.0	6.8	27.3	62.1	0.8	100.0	
	調整後標準化殘差	-3.1	-3.4	-1.9	6.3	2.4	（132）	
	28,001-52,000元							
	%	13.8	13.0	31.0	42.3	0.0	100.0	
	調整後標準化殘差	1.9	-2.0	-1.3	1.7	-0.6	（239）	
	52,001-72,000元							
	%	8.3	9.9	48.6	33.1	0.0	100.0	p < .001
	調整後標準化殘差	-1.1	-2.9	4.5	-1.4	-0.5	（181）	df = 20
	72,001-97,000元							χ²= 118.625
	%	12.6	21.8	36.1	29.4	0.0	100.0	
	調整後標準化殘差	0.8	1.5	0.4	-2.0	-0.4	（119）	
	97,001-168,000元							
	%	16.2	30.1	26.6	27.2	0.0	100.0	
	調整後標準化殘差	2.6	5.0	-2.4	-3.2	-0.5	（173）	
	168,001元以上							
	%	1.7	31.7	41.7	25.0	0.0	100.0	
	調整後標準化殘差	-2.3	3.1	1.2	-2.1	-0.3	（60）	
	總和 %	10.6	17.1	34.5	37.6	0.1	100.0（904）	

		完全不懂	不太懂	大部分懂	完全懂	無反應	總和	
職業	高、中級白領							
	%	17.9	15.6	32.1	34.4	0.0	100.0	
	調整後標準化殘差	6.2	-0.8	-0.4	-2.7	-0.7	（346）	
	中低、低級白領							p < .001
	%	7.7	19.2	31.4	41.7	0.0	100.0	df = 12
	調整後標準化殘差	-1.4	1.3	-0.7	0.6	-0.6	（312）	χ² = 90.715
	藍領							
	%	4.9	10.9	37.0	47.0	0.3	100.0	
	調整後標準化殘差	-3.7	-3.7	1.9	3.1	1.4	（349）	
	其他							
	%	2.8	43.7	23.9	29.6	0.0	100.0	
	調整後標準化殘差	-2.0	6.2	-1.7	-1.9	-0.3	（71）	
	總和 %	9.7	17.0	32.9	40.3	0.1	100.0（1,078）	

資料來源：劉嘉薇（2017-2018）。

說明一：本題完整題目為「請問您認為自己能聽懂多少客家話？是完全不懂、不太懂、大部分懂還是完全懂？」（問卷第2-3題）。

說明二：表中百分比為橫列百分比。調整後標準化殘差絕對值大於1.96者以灰階標示。

說明三：無反應包括看情形。

說明四：客家民眾收入總數（N）與本研究樣本總數（1,078）有落差，係因選項為「拒答」或是「不知道」者，界定為遺漏值。

　　以下表5-11為客家民眾「個人背景與客家話流利程度」交叉表。首先，我們將關注客家民眾個人背景與客家話流利程度的關聯，六項個人背景中（區域、性別、客家世代、教育程度、收入及職業），皆與客家民眾的客家話流利程度有關聯，p皆小於0.05，以下將以調整後殘差解釋個別細格與總和百分比的差異，亦即在每一交叉表的最後一列，皆具有客家民眾對於其客家話流利程度的評估。例如若分為男性與女性觀察之，若欲瞭解男性與女性客家話流利程度與整體分布相同或不同，調整後殘差即為解釋個別細格（例如男性或女性）與表中最後一列總和分布的差異。為解釋何種背景的客家民眾可以非常流利地說客家話，何種客家民眾不會說客家話，評估結果中的「不會說」代表其不會說客家話，「非常流利」代表其可非常流利地說客家話。

　　首先，在區域方面，居住在北北基桃竹苗的客家民眾表示其客家話「不太流利」的比例為20.8%，顯著低於總和的22.7%；同時，居住在中彰投的客家民眾表示「不會說」客家話的比例為28.1%，顯著高於總和的20.2%，表示其客家話「不太流利」的比例為30.9%，顯著高於總和的22.7%，表示其客家話「非常流利」的比例為22.3%，顯著低於總和的33.8%；居住在雲嘉南高屏的客家民眾表示其客家話「非常流利」的比例為41.7%，顯著高於總和的33.8%；居住在宜花東的客家民眾表示其客家話「不太流利」的比例為36.4%，顯著高於總和的22.7%。

　　在性別方面，女性客家民眾表示其客家話「還算流利」的比例為26.1%，顯著高於總和的23.2%，表示其客家話「非常流利」的比例為30.2%，顯著低於總和的33.8%；同時，男性客家民眾表示其客家話「還算流利」的比例為20.3%，顯著低於總和的23.2%，表示其客家話「非常流利」的比例為37.4%，顯著高於總和的33.8%。

　　在客家世代方面，1974年後出生的客家民眾表示「不會說」客家話的比例為28.8%，顯著高於總和的20.2%，表示其客家話「不太流利」的比例為37.0%，顯著高於總和的22.8%，表示其客家話「非常流利」的比例為10.7%，顯著低於總和的33.9%；1974年（含）前出生的客家民眾表

示「不會說」客家話的比例為13.9%，顯著低於總和的20.2%，表示其客家話「不太流利」的比例為12.3%，顯著低於總和的22.8%，表示其客家話「非常流利」的比例為51.1%，顯著高於總和的33.9%。

在教育程度方面，小學以下的客家民眾表示「不會說」客家話的比例為7.7%，顯著低於總和的20.2%，表示其客家話「不太流利」的比例為6.0%，顯著低於總和的22.8%，表示其客家話「非常流利」的比例為65.0%，顯著高於總和的33.9%；國高中的客家民眾表示「不會說」客家話的比例為15.3%，顯著低於總和的20.2%，表示其客家話「不太流利」的比例為15.6%，顯著低於總和的22.8%，表示其客家話「還算流利」的比例為26.5%，顯著高於總和的23.1%，表示其客家話「非常流利」的比例為42.6%，顯著高於總和的33.9%；大專以上的客家民眾表示「不會說」客家話的比例為26.2%，顯著高於總和的20.2%，表示其客家話「不太流利」的比例為31.3%，顯著高於總和的22.8%，表示其客家話「非常流利」的比例為21.4%，顯著低於總和的33.9%。

在收入方面，家庭月收入28,000元以下的客家民眾表示「不會說」客家話的比例為6.1%，顯著低於總和的21.3%，表示其客家話「不太流利」的比例為12.2%，顯著低於總和的22.8%，表示其客家話「非常流利」的比例為59.5%，顯著高於總和的31.7%；月收入52,001-72,000元的客家民眾表示「不會說」客家話的比例為14.4%，顯著低於總和的21.3%，表示其客家話「還算流利」的比例為37.2%，顯著高於總和的24.1%，表示其客家話「非常流利」的比例為23.9%，顯著低於總和的31.7%；月收入72,001-97,000元的客家民眾表示其客家話「不太流利」的比例為31.7%，顯著高於總和的22.8%，表示其客家話「非常流利」的比例為23.3%，顯著低於總和的31.7%；月收入97,001-168,000元的客家民眾表示「不會說」客家話的比例為35.3%，顯著高於總和的21.3%，表示其客家話「還算流利」的比例為16.2%，顯著低於總和的24.1%，表示其客家話「非常流利」的比例為25.4%，顯著低於總和的31.7%；月收入168,001元以上的客家民眾表示「不會說」客家話的比例為40.0%，顯著高於總和的21.3%，

表 5-11　「個人背景與客家話流利程度」交叉表

			不會說	不太流利	還算流利	非常流利	總和	
區域	北北基桃竹苗	% 調整後標準化殘差	19.9 -0.3	20.8 -2.0	24.7 1.5	34.6 0.7	100.0 (673)	p < .001 df = 9 χ² = 30.627
	中彰投	% 調整後標準化殘差	28.1 2.5	30.9 2.5	18.7 -1.3	22.3 -3.1	100.0 (139)	
	雲嘉南高屏	% 調整後標準化殘差	18.1 -0.8	19.1 -1.4	21.1 -0.8	41.7 2.6	100.0 (199)	
	宜花東	% 調整後標準化殘差	13.6 -1.4	36.4 2.7	24.2 0.2	25.8 -1.4	100.0 (66)	
	總和	%	20.2	22.7	23.2	33.8	100.0 (1,077)	

			不會說	不太流利	還算流利	非常流利	總和	
性別	女性	% 調整後標準化殘差	22.1 1.6	21.6 -0.9	26.1 2.2	30.2 -2.5	100.0 (533)	p < .05 df = 3 χ² = 10.574
	男性	% 調整後標準化殘差	18.3 -1.6	24.0 0.9	20.3 -2.2	37.4 2.5	100.0 (546)	
	總和	%	20.2	22.8	23.2	33.8	100.0 (1,079)	

			不會說	不太流利	還算流利	非常流利	總和	
客家世代	1974年後出生	% 調整後標準化殘差	28.8 6.0	37.0 9.6	23.5 0.3	10.7 -13.9	100.0 (459)	p < .001 df = 3 χ² = 226.554
	1974年（含）前出生	% 調整後標準化殘差	13.9 -6.0	12.3 -9.6	22.8 -0.3	51.1 13.9	100.0 (619)	
	總和	%	20.2	22.8	23.1	33.9	100.0 (1,078)	

			不會說	不太流利	還算流利	非常流利	總和	
教育程度	小學以下	% 調整後標準化殘差	7.7 -3.6	6.0 -4.6	21.4 -0.5	65.0 7.5	100.0 (117)	p < .001 df = 6 χ² = 136.547
	國高中	% 調整後標準化殘差	15.3 -3.0	15.6 -4.3	26.5 2.0	42.6 4.6	100.0 (392)	
	大專以上	% 調整後標準化殘差	26.2 5.2	31.3 7.0	21.1 -1.7	21.4 -9.1	100.0 (569)	
	總和	%	20.2	22.8	23.1	33.9	100.0 (1,078)	

表 5-11　「個人背景與客家話流利程度」交叉表（續）

		不會說	不太流利	還算流利	非常流利	總和	
收入	28,000元以下 % 調整後標準化殘差	6.1 -4.6	12.2 -3.1	22.1 -0.6	59.5 7.4	100.0 （131）	
	28,001-52,000元 % 調整後標準化殘差	19.6 -0.8	22.5 -0.1	22.9 -0.5	35.0 1.3	100.0 （240）	
	52,001-72,000元 % 調整後標準化殘差	14.4 -2.5	24.4 0.6	37.2 4.6	23.9 -2.5	100.0 （180）	$p < .001$ df = 15 $\chi^2 = 118.544$
	72,001-97,000元 % 調整後標準化殘差	22.5 0.3	31.7 2.5	22.5 -0.4	23.3 -2.1	100.0 （120）	
	97,001-168,000元 % 調整後標準化殘差	35.3 5.0	23.1 0.1	16.2 -2.7	25.4 -2.0	100.0 （173）	
	168,001元以上 % 調整後標準化殘差	40.0 3.6	23.3 0.1	20.2 -0.8	16.7 -2.6	100.0 （60）	
	總和 %	21.3	22.8	24.1	31.7	100.0 （904）	

		不會說	不太流利	還算流利	非常流利	總和	
職業	高、中級白領 % 調整後標準化殘差	30.5 5.8	19.0 -2.0	20.5 -1.4	30.0 -1.9	100.0 （347）	
	中低、低級白領 % 調整後標準化殘差	22.4 1.2	18.3 -2.3	27.2 2.1	32.1 -0.8	100.0 （312）	$p < .001$ df = 9 $\chi^2 = 87.776$
	藍領 % 調整後標準化殘差	9.2 -6.3	25.2 1.3	24.9 1.0	40.7 3.3	100.0 （349）	
	其他 % 調整後標準化殘差	14.3 -1.3	50.0 5.6	8.6 -3.0	27.1 -1.2	100.0 （70）	
	總和 %	20.2	22.8	23.1	33.9	100.0 （1,078）	

資料來源：劉嘉薇（2017-2018）。

說明一：本題完整題目爲「請問您會不會講客家話？是不會説、不太流利、還算流利還是非常流利？」（問卷第2-4題）。

說明二：表中百分比爲橫列百分比。調整後標準化殘差絕對值大於1.96者以灰階標示。

說明三：客家民眾收入總數（N）與本研究樣本總數（1,078）有落差，係因選項爲「拒答」或是「不知道」者，界定爲遺漏值。

表示其客家話「非常流利」的比例為16.7%，顯著低於總和的31.7%。

　　最後，在職業方面，高、中級白領的客家民眾表示「不會說」客家話的比例為30.5%，顯著高於總和的20.2%，表示其客家話「不太流利」的比例為19.0%，顯著低於總和的22.8%；中低、低級白領的客家民眾表示其客家話「不太流利」的比例為18.3%，顯著低於總和的22.8%，表示其客家話「還算流利」的比例為27.2%，顯著高於總和的23.1%；藍領的客家民眾表示「不會說」客家話的比例為9.2%，顯著低於總和的20.2%，表示其客家話「非常流利」的比例為40.7%，顯著高於總和的33.9%；其他的客家民眾表示其客家話「不太流利」的比例為50.0%，顯著高於總和的22.8%，表示其客家話「還算流利」的比例為8.6%，顯著低於總和的23.1%。至於其他細格與總和的差異皆不顯著，不予描述。

三、閩客關係

　　表5-12是「個人背景與本省客家人好不好相處」變異數分析。首先，在區域與本省客家人好不好相處的分析中，亦即比較四個區域在本省客家人好不好相處的差異。從資料得知，整體而言，區域對本省客家人好不好相處有顯著影響。進一步而言，本研究配合雪菲（scheffe）檢定，觀察各區域之間的差異，可知居住在「北北基桃竹苗」的客家民眾評估本省客家人好不好相處（7.57）顯著高於居住在「中彰投」的客家民眾（7.05），以及居住在「雲嘉南高屏」的客家民眾評估本省客家人好不好相處（7.91）顯著高於居住在「中彰投」的客家民眾（7.05）。而其他各區域間因顯著性皆大於0.05，因此皆未達顯著差異。

　　在教育程度與本省客家人好不好相處的分析中，亦即比較三種教育程度在本省客家人好不好相處的差異。從資料得知，整體而言，教育程度不會影響客家民眾對本省客家人好不好相處的評價，教育程度對本省客家人好不好相處並無顯著影響。

　　在收入與本省客家人好不好相處的分析中，亦即比較各種家庭月收入在本省客家人好不好相處的差異。從資料得知，整體而言，家庭月收入對

本省客家人好不好相處未有顯著影響。

　　最後，在職業與本省客家人好不好相處的分析中，亦即比較各職業在本省客家人好不好相處的差異。從資料得知，整體而言，職業對本省客家人好不好相處未有顯著影響。

表 5-12　「個人背景與本省客家人好不好相處」變異數分析

表5-12-1「區域與本省客家人好不好相處」變異數分析

	個數	平均數	標準差	
1. 北北基桃竹苗	642	7.57	1.93	$p < .05$
2. 中彰投	136	7.05	1.78	F = 5.307
3. 雲嘉南高屏	176	7.91	2.12	1 > 2
4. 宜花東	65	7.34	1.95	3 > 2
總和	1,018	7.55	1.96	

表5-12-2「教育程度與本省客家人好不好相處」變異數分析

	個數	平均數	標準差	
小學以下	109	7.64	2.31	
國高中	379	7.57	2.17	$p > .05$
大專以上	532	7.52	1.71	F = 0.176
總和	1,020	7.55	1.96	

表5-12-3「收入與本省客家人好不好相處」變異數分析

	個數	平均數	標準差	
28,000元以下	126	7.80	2.11	
28,001-52,000元	228	7.34	1.96	
52,001-72,000元	170	7.53	1.84	
72,001-97,000元	120	7.75	1.58	$p > .05$
97,001-168,000元	166	7.20	2.04	F = 2.218
168,001元以上	46	7.63	1.96	
總和	856	7.49	1.93	

表 5-12　「個人背景與本省客家人好不好相處」變異數分析（續）

表5-12-4「職業與本省客家人好不好相處」變異數分析			
	個數	平均數	標準差
高、中級白領	330	7.42	2.10
中低、低級白領	291	7.48	1.76
藍領	332	7.73	2.02
其他	68	7.62	1.72
總和	1,020	7.55	1.96

（右側合併儲存格：$p > .05$　F = 1.542）

資料來源：劉嘉薇（2017-2018）。

說明一：本題完整題目為「如果我們用0到10來表示下面族群的人好不好相處：0表示非常不好相處，10表示非常好相處，5表示中間，請您從0到10裡面選出您認為最接近的位置。（以下四題隨機出現）」（問卷第2-5-1題）。

說明二：教育程度、收入與職業分析表當中細格間無顯著差異。

說明三：客家民眾總數（N）皆與本研究樣本總數（1,078）有落差，係因已將自變數或依變數回應為「拒答」、「看情形」、「不知道」和「無意見」者排除於分析之外。

　　表5-13是「個人背景與本省客家人好不好相處」T檢定，內容說明如下。首先，在性別與本省客家人好不好相處的分析中，亦即比較男女在和本省客家人好不好相處上有無差異。從資料得知，整體而言，性別對本省客家人好不好相處無顯著影響。

　　最後，在客家世代與本省客家人好不好相處的分析中，亦即比較1974年前後出生的客家民眾在對本省客家人好不好相處的評估。從資料得知，客家世代對本省客家人好不好相處具有顯著影響，1974年後出生的客家民眾對在本省客家人好不好相處的值為7.12，1974年（含）前出生的客家民眾在本省客家人好不好相處的值為7.87，高於1974年後出生的客家民眾。

表 5-13　「個人背景與本省客家人好不好相處」T 檢定

表5-13-1「性別與本省客家人好不好相處」T 檢定				
	個數	平均數	標準差	
女性	507	7.52	1.95	*p* > .05
男性	514	7.59	1.97	t = -0.553
表5-13-2「客家世代與本省客家人好不好相處」T 檢定				
	個數	平均數	標準差	
1974年後出生	434	7.12	1.71	*p* <. 05
1974年（含）前出生	587	7.87	2.07	t = -6.384

資料來源：劉嘉薇（2017-2018）。

說明：本題完整題目爲「如果我們用0到10來表示下面族群的人好不好相處；0表示非
　　　常不好相處，10表示非常好相處，5表示中間，請您從0到10裡面選出您認爲最
　　　接近的位置。（以下四題隨機出現）」（問卷第2-5-1題）。

　　表5-14是「個人背景與本省閩南人好不好相處」變異數分析。首先，在區域與本省閩南人好不好相處的分析中，亦即比較四個區域在本省閩南人好不好相處的差異。從資料得知，整體而言，區域對本省閩南人好不好相處有顯著影響。進一步而言，本研究配合雪菲檢定，觀察各區域之間的差異，可知居住在「雲嘉南高屏」的客家民眾評估本省閩南人好不好相處（7.70）顯著高於居住在「北北基桃竹苗」的客家民眾（7.19）。而其他各區域間因顯著性皆大於0.05，因此皆未達顯著差異。

　　在教育程度與本省閩南人好不好相處的分析中，亦即比較三種教育程度在本省閩南人好不好相處的評估上有無差異。從資料得知，整體而言，教育程度對本省閩南人好不好相處並無顯著影響。

　　在收入與評估本省閩南人好不好相處的分析中，亦即比較各種家庭月收入在本省閩南人好不好相處的差異。從資料得知，整體而言，收入對本省閩南人好不好相處並無顯著影響。

最後，在職業與評估本省閩南人好不好相處的分析中，亦即比較四種職業在和本省閩南人好不好相處的差異。從資料得知，整體而言，職業對本省閩南人好不好相處有顯著影響。進一步而言，本研究配合雪菲檢

表 5-14　「個人背景與本省閩南人好不好相處」變異數分析

表5-14-1「區域與本省閩南人好不好相處」變異數分析			
	個數	平均數	標準差
1. 北北基桃竹苗	642	7.19	1.97	
2. 中彰投	134	7.30	1.66	$p < .05$
3. 雲嘉南高屏	180	7.70	1.86	F = 3.442
4. 宜花東	62	7.50	2.01	3 > 1
總和	1,018	7.32	1.92	

表5-14-2「教育程度與本省閩南人好不好相處」變異數分析			
	個數	平均數	標準差
小學以下	103	7.33	2.20	
國高中	376	7.26	2.14	$p > .05$
大專以上	541	7.36	1.70	F = 0.287
總和	1,020	7.32	1.93	

表5-14-3「收入與本省閩南人好不好相處」變異數分析			
	個數	平均數	標準差
28,000元以下	122	7.11	2.14	
28,001-52,000元	231	7.07	2.02	
52,001-72,000元	170	7.17	1.95	$p > .05$
72,001-97,000元	120	7.55	1.62	F = 1.565
97,001-168,000元	166	7.43	1.85	
168,001元以上	52	7.45	1.71	
總和	861	7.26	1.93	

表 5-14　「個人背景與本省閩南人好不好相處」變異數分析（續）

表5-14-4「職業與本省閩南人好不好相處」變異數分析			
	個數	平均數	標準差
1. 高、中級白領	331	7.32	1.89
2. 中低、低級白領	298	7.04	1.91
3. 藍領	325	7.48	2.05
4. 其他	67	7.81	1.31
總和	1,020	7.32	1.93

（右側合併欄）$p < .05$　$F = 4.366$　$3 > 2$　$4 > 2$

資料來源：劉嘉薇（2017-2018）。

說明一：本題完整題目為「如果我們用0到10來表示下面族群的人好不好相處；0表示非常不好相處，10表示非常好相處，5表示中間，請您從0到10裡面選出您認為最接近的位置。（以下四題隨機出現）」（問卷第2-5-2題）。

說明二：教育程度與收入分析表當中細格間無顯著差異。

說明三：客家民眾總數（N）皆與本研究樣本總數（1,078）有落差，係因已將自變數或依變數回應為「拒答」、「看情形」、「不知道」和「無意見」者排除於分析之外。

定，觀察各區域之間的差異，可知「藍領」的客家民眾評估本省閩南人好不好相處（7.48）顯著高於「中級、低級白領」的客家民眾（7.04），以及「其他」的客家民眾評估本省閩南人好不好相處（7.81）亦顯著高於「中低、低級白領」的客家民眾（7.04）。而其他職業間因顯著性皆大於0.05，因此皆未達顯著差異。

　　表5-15是「個人背景與本省閩南人好不好相處」T 檢定。首先，在性別與本省閩南人好不好相處的分析中，亦即比較男女在本省閩南人好不好相處的差異。從資料得知，整體而言，性別對本省閩南人好不好相處無顯著影響。

　　最後，在客家世代與本省閩南人好不好相處的分析中，亦即比較1974年前後出生的客家民眾在本省閩南人好不好相處的差異。從資料得

知，客家世代對本省閩南人好不好相處具有顯著影響，1974年後出生的客家民眾在本省閩南人好不好相處的值為7.16，1974年（含）前出生的客家民眾在本省閩南人好不好相處的值為7.44，高於1974年後出生的客家民眾。

表 5-15 「個人背景與本省閩南人好不好相處」T 檢定

表5-15-1「性別與本省閩南人好不好相處」T 檢定				
	個數	平均數	標準差	
女性	504	7.32	1.90	$p > .05$
男性	516	7.32	1.96	$t = -0.061$
表5-15-2「客家世代與本省閩南人好不好相處」T 檢定				
	個數	平均數	標準差	
1974年後出生	439	7.16	1.71	$p < .05$
1974年（含）前出生	581	7.44	2.07	$t = -2.360$

資料來源：劉嘉薇（2017-2018）。

說明：本題完整題目為「如果我們用0到10來表示下面族群的人好不好相處；0表示非常不好相處，10表示非常好相處，5表示中間，請您從0到10裡面選出您認為最接近的位置。（以下四題隨機出現）」（問卷第2-5-2題）。

表5-16是「個人背景與大陸各省市人好不好相處」變異數分析。首先，在區域與大陸各省市人好不好相處的分析中，亦即比較四個區域在大陸各省市人好不好相處的差異。從資料得知，整體而言，區域對大陸各省市人好不好相處有顯著影響。進一步而言，本研究配合雪菲檢定，觀察各區域之間的差異，可知居住在「北北基桃竹苗」的客家民眾評估大陸各省市人好不好相處（6.29）顯著高於居住在「中彰投」的客家民眾（5.59）；居住在「雲嘉南高屏」的客家民眾評估大陸各省市人好不好相處（6.52）顯著高於居住在「中彰投」的客家民眾（5.59）；居住在「宜花東」的客家民眾評估大陸各省市人好不好相處（6.92）顯著高於居住在

「中彰投」的客家民眾（5.59）。而其他各區域間因顯著性皆大於0.05，因此皆未達顯著差異。

在教育程度與大陸各省市人好不好相處的分析中，亦即比較三種教育程度在大陸各省市人好不好相處的差異。從資料得知，整體而言，教育程度對大陸各省市人好不好相處有顯著影響。進一步而言，本研究配合雪菲檢定，觀察各教育程度之間的差異，可知教育程度為「小學以下」的客家民眾評估大陸各省市人好不好相處（6.79）顯著高於教育程度為「國高中」的客家民眾（6.03）。而其他各教育程度間因顯著性皆大於0.05，因此皆未達顯著差異。

在收入與大陸各省市人好不好相處的分析中，亦即比較各種家庭月收入在大陸各省市人好不好相處的差異。從資料得知，整體而言，收入對大陸各省市人好不好相處並無顯著影響。

最後，在職業與大陸各省市人好不好相處的分析中，亦即比較四種職業在大陸各省市人好不好相處的差異。從資料得知，整體而言，職業對大陸各省市人好不好相處並無顯著影響。

表 5-16　「個人背景與大陸各省市人好不好相處」變異數分析

表5-16-1「區域與大陸各省市人好不好相處」變異數分析			
	個數	平均數	標準差	
1. 北北基桃竹苗	560	6.29	2.25	$p < .05$
2. 中彰投	118	5.59	2.05	F = 5.821
3. 雲嘉南高屏	152	6.52	2.35	1 > 2 3 > 2
4. 宜花東	55	6.92	2.07	4 > 2
總和	884	6.28	2.25	

表 5-16　「個人背景與大陸各省市人好不好相處」變異數分析（續）

表5-16-2「教育程度與大陸各省市人好不好相處」變異數分析			
	個數	平均數	標準差
1. 小學以下	80	6.79	2.58	$p < .05$
2. 國高中	319	6.03	2.59	F = 4.281
3. 大專以上	488	6.36	1.92	1 > 2
總和	886	6.28	2.25	

表5-16-3「收入與大陸各省市人好不好相處」變異數分析			
	個數	平均數	標準差
28,000元以下	108	6.01	2.62	
28,001-52,000元	204	6.09	2.33	
52,001-72,000元	140	6.15	2.55	$p > .05$
72,001-97,000元	115	6.70	1.78	F = 1.486
97,001-168,000元	153	6.28	1.79	
168,001元以上	41	6.38	2.12	
總和	761	6.23	2.24	

表5-16-4「職業與大陸各省市人好不好相處」變異數分析			
	個數	平均數	標準差
高、中級白領	296	6.36	2.16	
中低、低級白領	252	6.06	2.23	$p > .05$
藍領	279	6.45	2.41	F = 1.715
其他	59	6.00	1.96	
總和	886	6.28	2.25	

資料來源：劉嘉薇（2017-2018）。

說明一：本題完整題目為「如果我們用0到10來表示下面族群的人好不好相處；0表示非常不好相處，10表示非常好相處，5表示中間，請您從0到10裡面選出您認為最接近的位置。（以下四題隨機出現）」（問卷第2-5-3題）。

說明二：收入與職業分析表當中細格間無顯著差異。

說明三：客家民眾總數（N）皆與本研究樣本總數（1,078）有落差，係因自變數或依變數已將回應為「拒答」、「看情形」、「不知道」和「無意見」者排除於分析之外。

　　表5-17是「個人背景與大陸各省市人好不好相處」T 檢定。首先，在性別與大陸各省市人好不好相處的分析中，亦即比較男女在大陸各省市人好不好相處的差異。從資料得知，性別對大陸各省市人好不好相處具有顯著影響，女性客家民眾在大陸各省市人好不好相處的值為6.17，男性客家民眾在大陸各省市人好不好相處的值為6.38，高於女性。

　　最後，在客家世代與大陸各省市人好不好相處的分析中，亦即比較1974年前後出生的客家民眾在大陸各省市人好不好相處的差異。從資料得知，客家世代對大陸各省市人好不好相處具有顯著影響，1974年後出生的客家民眾在大陸各省市人好不好相處的值為5.76，為中間值，而1974年（含）前出生的客家民眾在大陸各省市人好不好相處的值為6.69，高於1974年後出生的客家民眾。

表 5-17　「個人背景與大陸各省市人好不好相處」T 檢定

表5-17-1「性別與大陸各省市人好不好相處」T 檢定				
	個數	平均數	標準差	
女性	427	6.17	2.38	$p < .05$
男性	459	6.38	2.12	$t = -1.357$
表5-17-2「客家世代與大陸各省市人好不好相處」T 檢定				
	個數	平均數	標準差	
1974年後出生	392	5.76	1.99	$p < .05$
1974年（含）前出生	495	6.69	2.36	$t = -6.379$

資料來源：劉嘉薇（2017-2018）。

說明：本題完整題目為「如果我們用0到10來表示下面族群的人好不好相處；0表示非常不好相處，10表示非常好相處，5表示中間，請您從0到10裡面選出您認為最接近的位置。（以下四題隨機出現）」（問卷第2-5-3題）。

　　表5-18是「個人背景與原住民好不好相處」變異數分析。首先，在區域與原住民好不好相處的分析中，亦即比較四個區域客家民眾在原住民好

不相處的差異。從資料得知，整體而言，區域對原住民好不好相處並無顯著影響。

表 5-18　「個人背景與原住民好不好相處」變異數分析

表5-18-1「區域與原住民好不好相處」變異數分析			
	個數	平均數	標準差	
北北基桃竹苗	572	6.94	2.24	
中彰投	126	6.58	2.15	$p > .05$
雲嘉南高屏	153	7.22	2.28	F = 1.899
宜花東	61	6.90	2.38	
總和	912	6.94	2.25	
表5-18-2「教育程度與原住民好不好相處」變異數分析			
	個數	平均數	標準差	
1. 小學以下	72	6.60	2.60	$p < .05$
2. 國高中	337	6.54	2.51	F = 11.334
3. 大專以上	505	7.26	1.95	3 > 2
總和	914	6.94	2.25	
表5-18-3「收入與原住民好不好相處」變異數分析			
	個數	平均數	標準差	
1. 28,000元以下	105	6.32	2.47	$p < .05$
2. 28,001-52,000元	213	6.55	2.40	F = 6.555
3. 52,001-72,000元	154	6.80	2.20	4 > 1
4. 72,001-97,000元	110	7.54	1.70	4 > 2
5. 97,001-168,000元	153	7.30	2.02	5 > 1
6. 168,001元以上	49	7.57	1.72	
總和	783	6.92	2.21	

表 5-18　「個人背景與原住民好不好相處」變異數分析（續）

表5-18-4「職業與原住民好不好相處」變異數分析				
	個數	平均數	標準差	
高、中級白領	302	7.02	2.14	
中低、低級白領	259	6.83	2.02	$p > .05$
藍領	293	6.97	2.53	F = 0.360
其他	59	6.87	2.29	
總和	914	6.94	2.25	

資料來源：劉嘉薇（2017-2018）。

說明一：本題完整題目為「如果我們用0到10來表示下面族群的人好不好相處；0表示
　　　　非常不好相處，10表示非常好相處，5表示中間，請您從0到10裡面選出您認
　　　　為最接近的位置。（以下四題隨機出現）」（問卷第2-5-4題）。

說明二：區域與職業分析表當中細格間無顯著差異。

說明三：客家民眾總數（N）皆與本研究樣本總數（1,078）有落差，係因自變數或依
　　　　變數已將回應為「拒答」、「看情形」、「不知道」和「無意見」者排除於
　　　　分析之外。

　　　　在教育程度與原住民好不好相處的分析中，亦即比較三種教育程度在
原住民好不好相處的差異。從資料得知，整體而言，教育程度對原住民好
不好相處有顯著影響。進一步而言，本研究配合雪菲檢定，觀察各教育程
度之間的差異，可知教育程度為「大專以上」的客家民眾評估原住民好不
好相處（7.26）顯著高於教育程度為「國高中」的客家民眾（6.54）。而
其他各教育程度間因顯著性皆大於0.05，因此皆未達顯著差異。

　　　　在收入與原住民好不好相處的分析中，亦即比較各種家庭月收入的
客家民眾在原住民好不好相處評估上的差異。從資料得知，整體而言，收
入對原住民好不好相處有顯著影響。進一步而言，本研究配合雪菲檢定，
觀察各教育程度之間的差異，可知家庭月收入為72,001-97,000元的客家
民眾評估原住民好不好相處（7.54）顯著高於家庭月收入為28,000元以下

的客家民眾（6.32）；家庭月收入為72,001-97,000元的客家民眾評估原住民好不好相處（7.54）顯著高於家庭月收入為28,001-52,000元的客家民眾（6.55）；家庭月收入為97,001-168,000元的客家民眾評估原住民好不好相處（7.30）顯著高於家庭月收入為28,000元以下的客家民眾（6.32）。而其他各收入間因顯著性皆大於0.05，因此皆未達顯著差異。

最後，在職業與原住民好不好相處的分析中，亦即比較四種職業在原住民好不好相處評估的差異。從資料得知，整體而言，職業對原住民好不好相處並無顯著影響。

表5-19是「個人背景與原住民好不好相處」T檢定。首先，在性別與原住民好不好相處的分析中，亦即比較男女在原住民相處的差異。從資料得知，整體而言，性別對原住民好不好相處無顯著影響。

表 5-19　「個人背景與原住民好不好相處」T檢定

表5-19-1「性別與原住民好不好相處」T檢定			
	個數	平均數	標準差	
女性	434	6.98	2.16	$p > .05$
男性	479	6.91	2.33	$t = 0.484$
表5-19-2「客家世代與原住民好不好相處」T檢定			
	個數	平均數	標準差	
1974年後出生	428	6.85	2.14	$p < .05$
1974年（含）前出生	486	7.02	2.34	$t = -1.170$

資料來源：劉嘉薇（2017-2018）。

說明：本題完整題目為「如果我們用0到10來表示下面族群的人好不好相處；0表示非常不好相處，10表示非常好相處，5表示中間，請您從0到10裡面選出您認為最接近的位置。（以下四題隨機出現）」（問卷第2-5-4題）。

最後，在客家世代與原住民好不好相處的分析中，亦即比較1974年前後出生的客家民眾在原住民好不好相處的差異。從資料得知，客家世代

對原住民好不好相處具有顯著影響，1974年後出生的客家民眾在原住民好不好相處的值為6.85，而1974年（含）前出生的客家民眾在原住民好不好相處的值為7.02，高於1974年後出生的客家民眾。

以下表5-20為客家民眾「個人背景與承認自己是客家人」交叉表。首先，我們將關注客家民眾個人背景與其在閩南人面前承認自己是客家人的關聯性，六項個人背景中（區域、性別、客家世代、教育程度、收入及職業），除了性別以外，皆與客家民眾承認自己是客家人有關聯，p皆小於0.05，以下將以調整後殘差解釋個別細格與總和百分比的差異，亦即在每一交叉表的最後一列，皆具有客家民眾對於其承認自己是客家人的評估。例如若分為男性與女性觀察之，若欲瞭解男性與女性承認自己是客家人與整體分布相同或不同，調整後殘差即為解釋個別細格（例如男性或女性）與表中最後一列總和分布的差異。為解釋何種背景的客家民眾在閩南人面前經常會承認自己是客家人，何種客家民眾在閩南人面前幾乎不會承認自己是客家人，評估結果中的「幾乎不會」代表其在閩南人面前幾乎不會承認自己是客家人，「經常會」代表其在閩南人面前經常會承認自己是客家人。

首先，在區域方面，居住在北北基桃竹苗的客家民眾表示其在閩南人面前「幾乎不會」承認自己是客家人的比例為6.8%，顯著低於總和的8.7%，表示其在閩南人面前「有時會」承認自己是客家人的比例為17.0%，顯著高於總和的15.1%；同時，居住在中彰投的客家民眾表示其在閩南人面前「幾乎不會」承認自己是客家人的比例為13.7%，顯著高於總和的8.7%；居住在雲嘉南高屏的客家民眾表示其在閩南人面前「不太會」承認自己是客家人的比例為10.1%，顯著高於總和的6.9%。

在客家世代方面，1974年後出生的客家民眾表示其在閩南人面前「不太會」承認自己是客家人的比例為9.2%，顯著高於總和的6.9%，表示其在閩南人面前「有時會」承認自己是客家人的比例為17.7%，顯著高於總和的15.0%，表示其在閩南人面前「經常會」承認自己是客家人的比例為62.0%，顯著低於總和的66.8%；1974年（含）前出生的客家民眾表

表 5-20　「個人背景與承認自己是客家人」交叉表

			幾乎不會	不太會	有時會	經常會	無反應	總和	
區域	北北基桃竹苗	% 調整後標準化殘差	6.8 -2.8	5.8 -1.8	17.0 2.3	68.2 1.3	2.2 -1.0	100.0 (672)	
	中彰投	% 調整後標準化殘差	13.7 2.2	10.1 1.6	11.5 -1.3	60.4 -1.7	4.3 1.4	100.0 (139)	p < .01 df = 12 χ² = 28.840
	雲嘉南高屏	% 調整後標準化殘差	10.6 1.0	10.1 2.0	13.1 -0.9	62.8 -1.3	3.5 0.9	100.0 (199)	
	宜花東	% 調整後標準化殘差	12.1 1.0	1.5 -1.8	9.1 -1.4	77.3 1.9	0.0 -1.4	100.0 (66)	
	總和	%	8.7	6.9	15.1	66.7	2.6	100.0 (1,076)	

			幾乎不會	不太會	有時會	經常會	無反應	總和	
性別	女性	% 調整後標準化殘差	10.3 1.8	6.4 -0.7	13.5 -1.4	68.2 1.0	1.7 -2.0	100.0 (534)	p > .05 df = 4 χ² = 9.506
	男性	% 調整後標準化殘差	7.1 -1.8	7.5 0.7	16.5 1.4	65.2 -1.0	3.7 2.0	100.0 (546)	
	總和	%	8.7	6.9	15.0	66.7	2.7	100.0 (1,080)	

			幾乎不會	不太會	有時會	經常會	無反應	總和	
客家世代	1974年後出生	% 調整後標準化殘差	7.9 -0.9	9.2 2.6	17.7 2.1	62.0 -2.8	3.3 1.2	100.0 (458)	p < .01 df = 4 χ² = 14.614
	1974年（含）前出生	% 調整後標準化殘差	9.4 0.9	5.2 -2.6	13.1 -2.1	70.3 2.8	2.1 -1.2	100.0 (619)	
	總和	%	8.7	6.9	15.0	66.8	2.6	100.0 (1,077)	

			幾乎不會	不太會	有時會	經常會	無反應	總和	
教育程度	小學以下	% 調整後標準化殘差	14.3 2.3	4.2 -1.2	5.9 -3.0	74.8 2.0	0.8 -1.3	100.0 (119)	p < .01 df = 8 χ² = 21.614
	國高中	% 調整後標準化殘差	7.7 -0.9	5.6 -1.2	16.6 1.1	68.1 0.7	2.0 -1.0	100.0 (392)	
	大專以上	% 調整後標準化殘差	8.3 -0.5	8.3 1.9	15.8 0.8	64.1 -1.9	3.5 1.8	100.0 (568)	
	總和	%	8.7	6.9	15.0	66.7	2.7	100.0 (1,079)	

表 5-20　「個人背景與承認自己是客家人」交叉表（續）

			幾乎不會	不太會	有時會	經常會	無反應	總和	
收入	28,000元以下	%	7.6	5.3	12.2	73.3	1.5	100.0 (131)	
		調整後標準化殘差	0.0	-0.7	-1.5	1.8	-0.8		
	28,001-52,000元	%	6.3	7.9	18.8	64.6	2.5	100.0 (240)	
		調整後標準化殘差	-0.9	0.8	1.1	-0.7	0.0		
	52,001-72,000元	%	4.4	7.2	15.6	71.7	1.1	100.0 (180)	$p < .05$ df = 20 $\chi^2 = 32.235$
		調整後標準化殘差	-1.8	0.3	-0.4	1.6	-1.4		
	72,001-97,000元	%	12.5	6.7	10.8	66.7	3.3	100.0 (120)	
		調整後標準化殘差	2.2	0.0	-1.8	0.0	0.6		
	97,001-168,000元	%	10.9	8.0	18.4	59.2	3.4	100.0 (174)	
		調整後標準化殘差	1.8	0.8	0.7	-2.3	0.8		
	168,001元以上	%	3.3	0.0	26.7	65.0	5.0	100.0 (60)	
		調整後標準化殘差	-1.3	-2.2	2.2	-0.3	1.3		
	總和	%	7.6	6.7	16.6	66.5	2.5	100.0 (905)	

			幾乎不會	不太會	有時會	經常會	無反應	總和	
職業	高、中級白領	%	12.6	8.3	13.5	62.4	3.2	100.0 (348)	
		調整後標準化殘差	3.2	1.3	-1.0	-2.1	0.7		
	中低、低級白領	%	3.8	2.2	22.4	69.2	2.2	100.0 (312)	$p < .001$ df = 12 $\chi^2 = 62.676$
		調整後標準化殘差	-3.6	-3.8	4.4	1.1	-0.6		
	藍領	%	7.4	8.9	11.7	70.2	1.7	100.0 (349)	
		調整後標準化殘差	-1.0	1.8	-2.1	1.7	-1.4		
	其他	%	17.1	10.0	5.7	60.0	7.1	100.0 (70)	
		調整後標準化殘差	2.6	1.1	-2.3	-1.2	2.4		
	總和	%	8.7	6.9	15.0	66.7	2.7	100.0 (1,079)	

資料來源：劉嘉薇（2017-2018）。

說明一：本題完整題目爲「在閩南人面前，請問您會不會承認自己是客家人？」（問卷第2-6題）。

說明二：表中百分比爲橫列百分比。調整後標準化殘差絕對值大於1.96者以灰階標示。

說明三：無反應包括看情形、無意見、不知道。

說明四：客家民眾收入總數（N）與本研究樣本總數（1,078）有落差，係因選項爲「拒答」或是「不知道」者，界定爲遺漏值。

示其在閩南人面前「不太會」承認自己是客家人的比例為5.2%，顯著低於總和的6.9%，表示其在閩南人面前「有時會」承認自己是客家人的比例為13.1%，顯著低於總和的15.0%，表示其在閩南人面前「經常會」承認自己是客家人的比例為70.3%，顯著高於總和的66.8%。

在教育程度方面，小學以下的客家民眾表示其在閩南人面前「幾乎不會」承認自己是客家人的比例為14.3%，顯著高於總和的8.7%，表示其在閩南人面前「有時會」承認自己是客家人的比例為5.9%，顯著低於總和的15.0%，表示其在閩南人面前「經常會」承認自己是客家人的比例為74.8%，顯著高於總和的66.7%。

在收入方面，月收入72,001-97,000元的客家民眾表示其在閩南人面前「幾乎不會」承認自己是客家人的比例為12.5%，顯著高於總和的7.6%；月收入97,001-168,000元的客家民眾表示其在閩南人面前「經常會」承認自己是客家人的比例為59.2%，顯著低於總和的66.5%；月收入168,001元以上的客家民眾表示其在閩南人面前「不太會」承認自己是客家人的比例為0.0%，顯著低於總和的6.7%，表示其在閩南人面前「有時會」承認自己是客家人的比例為26.7%，顯著高於總和的16.6%。

最後，在職業方面，高、中級白領的客家民眾表示其在閩南人面前「幾乎不會」承認自己是客家人的比例為12.6%，顯著高於總和的8.7%，表示其在閩南人面前「經常會」承認自己是客家人的比例為62.4%，顯著低於總和的66.7%；中低、低級白領的客家民眾表示其在閩南人面前「幾乎不會」承認自己是客家人的比例為3.8%，顯著低於總和的8.7%，表示其在閩南人面前「不太會」承認自己是客家人的比例為2.2%，顯著低於總和的6.9%，表示其在閩南人面前「有時會」承認自己是客家人的比例為22.4%，顯著高於總和的15.0%；藍領的客家民眾表示其在閩南人面前「有時會」承認自己是客家人的比例為11.7%，顯著低於總和的15.0%；其他的客家民眾表示其在閩南人面前「幾乎不會」承認自己是客家人的比例為17.1%，顯著高於總和的8.7%，表示其在閩南人面前「有時會」承認自己是客家人的比例為5.7%，顯著低於總和的15.0%，表示其在閩南人面

前是否承認自己是客家人無反應的比例為7.1%，顯著高於總和的2.7%。至於其他細格與總和的差異皆不顯著，不予描述。

以下表5-21為客家民眾「個人背景與客家人在政治上弱勢程度」交叉表。首先，我們將關注客家民眾個人背景與客家人在政治上弱勢程度的關聯性，六項個人背景中（區域、性別、客家世代、教育程度、收入及職業），除了客家世代以外，皆與客家民眾認為客家人在政治上弱勢程度有關聯，p皆小於0.05，以下將以調整後殘差解釋個別細格與總和百分比的差異，亦即在每一交叉表的最後一列，皆具有客家民眾對於客家人在政治上弱勢程度的評估。例如若分為男性與女性觀察之，若欲瞭解男性與女性對於客家人在政治上弱勢程度與整體分布相同或不同，調整後殘差即為解釋個別細格（例如男性或女性）與表中最後一列總和分布的差異。為解釋何種背景的客家民眾認為客家人在政治上非常弱勢，何種客家民眾認為客家人在政治上非常不弱勢，評估結果中的「非常不弱勢」代表認為客家人在政治上非常不弱勢，「非常弱勢」代表認為客家人在政治上非常弱勢。

首先，在區域方面，居住在北北基桃竹苗的客家民眾認為客家人在政治上「不太弱勢」的比例為23.6%，顯著低於總和的27.4%，認為客家人在政治上「有時弱勢」的比例為30.8%，顯著高於總和的26.6%；同時，居住在中彰投的客家民眾認為客家人在政治上「不太弱勢」的比例為44.2%，顯著高於總和的27.4%，認為客家人在政治上「有時弱勢」的比例為18.8%，顯著低於總和的26.6%，「無反應」的比例為5.8%，顯著低於總和的12.8%；居住在雲嘉南高屏的客家民眾認為客家人在政治上「有時弱勢」的比例為19.5%，顯著低於總和的26.6%，「無反應」的比例為18.0%，顯著高於總和的12.8%。

在性別方面，女性客家民眾認為客家人在政治上「不太弱勢」的比例為32.5%，顯著高於總和的27.6%，認為客家人在政治上「非常弱勢」的比例為12.8%，顯著低於總和的17.1%；同時，男性客家民眾認為客家人在政治上「不太弱勢」的比例為22.9%，顯著低於總和的27.6%，認為客家人在政治上「非常弱勢」的比例為21.3%，顯著高於總和的17.1%。

表 5-21　「個人背景與客家人在政治上弱勢程度」交叉表

			非常不弱勢	不太弱勢	有時弱勢	非常弱勢	無反應	總和	
區域	北北基桃竹苗	%	16.3	23.6	30.8	16.8	12.5	100.0 (673)	
		調整後標準化殘差	0.3	-3.6	4.0	-0.3	-0.4		
	中彰投	%	13.8	44.2	18.8	17.4	5.8	100.0 (138)	p < .001 df = 12 χ² = 40.591
		調整後標準化殘差	-0.8	4.7	-2.2	0.1	-2.6		
	雲嘉南高屏	%	16.0	29.0	19.5	17.5	18.0	100.0 (200)	
		調整後標準化殘差	0.0	0.6	-2.5	0.2	2.4		
	宜花東	%	18.5	26.2	21.5	18.5	15.4	100.0 (65)	
		調整後標準化殘差	0.5	-0.2	-0.9	0.3	0.6		
	總和	%	16.1	27.4	26.6	17.1	12.8	100.0 (1,076)	

			非常不弱勢	不太弱勢	有時弱勢	非常弱勢	無反應	總和	
性別	女性	%	15.9	32.5	25.9	12.8	12.9	100.0 (533)	p < .001 df = 4 χ² = 20.458
		調整後標準化殘差	-0.1	3.5	-0.4	-3.7	0.1		
	男性	%	16.1	22.9	27.0	21.3	12.7	100.0 (545)	
		調整後標準化殘差	0.1	-3.5	0.4	3.7	-0.1		
	總和	%	16.0	27.6	26.4	17.1	12.8	100.0 (1,078)	

			非常不弱勢	不太弱勢	有時弱勢	非常弱勢	無反應	總和	
客家世代	1974年後出生	%	16.6	30.7	24.6	15.9	12.2	100.0 (459)	p > .05 df = 4 χ² = 4.859
		調整後標準化殘差	0.3	2.0	-1.2	-0.9	-0.5		
	1974年（含）前出生	%	15.8	25.2	27.8	17.9	13.2	100.0 (619)	
		調整後標準化殘差	-0.3	-2.0	1.2	0.9	0.5		
	總和	%	16.1	27.6	26.4	17.1	12.8	100.0 (1,078)	

			非常不弱勢	不太弱勢	有時弱勢	非常弱勢	無反應	總和	
教育程度	小學以下	%	19.5	17.8	26.3	13.6	22.9	100.0 (118)	p < .001 df = 8 χ² = 31.629
		調整後標準化殘差	1.1	-2.5	0.0	-1.1	3.4		
	國高中	%	16.3	29.3	29.8	12.0	12.5	100.0 (392)	
		調整後標準化殘差	0.2	1.0	1.9	-3.3	-0.3		
	大專以上	%	15.2	28.4	24.2	21.2	11.1	100.0 (567)	
		調整後標準化殘差	-0.8	0.6	-1.8	3.8	-1.9		
	總和	%	16.1	27.6	26.5	17.0	12.9	100.0 (1,077)	

表 5-21　「個人背景與客家人在政治上弱勢程度」交叉表（續）

		非常不弱勢	不太弱勢	有時弱勢	非常弱勢	無反應	總和	
收入	28,000元以下							
	%	21.4	23.7	27.5	16.0	11.5	100.0	
	調整後標準化殘差	1.4	-1.2	0.2	-0.4	0.1	(131)	
	28,001-52,000元							
	%	15.5	28.0	24.3	16.3	15.9	100.0	
	調整後標準化殘差	-0.7	0.1	-1.0	-0.4	2.6	(239)	
	52,001-72,000元							
	%	10.0	27.8	35.0	16.1	11.1	100.0	p < .05
	調整後標準化殘差	-2.8	0.0	2.8	-0.4	-0.1	(180)	df = 20
	72,001-97,000元							χ^2 = 34.085
	%	25.0	24.2	21.7	17.5	11.7	100.0	
	調整後標準化殘差	2.5	-1.0	-1.3	0.1	0.1	(120)	
	97,001-168,000元							
	%	18.5	32.9	23.1	17.9	7.5	100.0	
	調整後標準化殘差	0.6	1.7	-1.2	0.3	-1.7	(173)	
	168,001元以上							
	%	14.8	29.5	29.5	23.0	3.3	100.0	
	調整後標準化殘差	-0.5	0.3	0.5	1.2	-2.0	(61)	
	總和							
	%	17.0	27.9	26.7	17.1	11.3	100.0 (904)	

		非常不弱勢	不太弱勢	有時弱勢	非常弱勢	無反應	總和	
職業	高、中級白領							
	%	15.9	24.5	24.8	24.5	10.4	100.0	
	調整後標準化殘差	-0.2	-1.6	-0.9	4.5	-1.7	(347)	
	中低、低級白領							
	%	17.0	31.5	25.7	14.8	10.9	100.0	p < .001
	調整後標準化殘差	0.5	1.8	-0.4	-1.2	-1.2	(311)	df = 12
	藍領							χ^2 = 47.396
	%	17.0	23.3	29.0	12.6	18.1	100.0	
	調整後標準化殘差	0.5	-2.2	1.3	-2.6	3.6	(348)	
	其他							
	%	9.9	46.5	25.4	11.3	7.0	100.0	
	調整後標準化殘差	-1.5	3.7	-0.2	-1.3	-1.5	(71)	
	總和							
	%	16.2	27.6	26.5	17.0	12.8	100.0 (1,077)	

資料來源：劉嘉薇（2017-2018）。

說明一：本題完整題目爲「相對於閩南人，請問您認爲客家人在政治上是不是弱勢的族群？」（問卷第2-7題）。

說明二：表中百分比爲橫列百分比。調整後標準化殘差絕對值大於1.96者以灰階標示。

說明三：無反應包括拒答、看情形、無意見、不知道。

說明四：客家民眾收入總數（N）與本研究樣本總數（1,078）有落差，係因選項爲「拒答」或是「不知道」者，界定爲遺漏值。

　　在教育程度方面，小學以下的客家民眾認爲客家人在政治上「不太弱勢」的比例爲17.8%，顯著低於總和的27.6%，「無反應」的比例爲22.9%，顯著高於總和的12.9%；國高中的客家民眾認爲客家人在政治上「非常弱勢」的比例爲12.0%，顯著低於總和的17.0%；大專以上的客家民眾認爲客家人在政治上「非常弱勢」的比例爲21.2%，顯著高於總和的17.0%。

　　在收入方面，家庭月收入28,001-52,000元的客家民眾爲「無反應」的比例爲15.9%，顯著高於總和的11.3%；月收入52,001-72,000元的客家民眾認爲客家人在政治上「非常不弱勢」的比例爲10.0%，顯著低於總和的17.0%，認爲客家人在政治上「有時弱勢」的比例爲35.0%，顯著高於總和的26.7%；月收入72,001-97,000元的客家民眾認爲客家人在政治上「非常不弱勢」的比例爲25.0%，顯著高於總和的17.0%；月收入168,001元以上的客家民眾認爲客家人弱勢程度「無反應」的比例爲3.3%，顯著低於總和的11.3%。

　　最後，在職業方面，高、中級白領的客家民眾認爲客家人在政治上「非常弱勢」的比例爲24.5%，顯著高於總和的17.0%；藍領的客家民眾認爲客家人在政治上「不太弱勢」的比例爲23.3%，顯著低於總和的27.6%，「非常弱勢」的比例爲12.6%，顯著低於總和的17.0%，「無反應」的比例爲18.1%，顯著高於總和的12.8%；其他的客家民眾認爲客家人在政治上「不太弱勢」的比例爲46.5%，顯著高於總和的27.6%。至於其他細格與總和的差異皆不顯著，不予描述。

四、通婚／宗親／地方派系／社團（活動）

　　以下表5-22爲客家民眾「個人背景與婚姻狀況」交叉表。首先，我們將關注客家民眾個人背景與婚姻狀況的關聯性，六項個人背景中（區域、性別、客家世代、教育程度、收入及職業），除了區域以外，皆與客家民眾的婚姻狀況有關聯，p皆小於0.05，以下將以調整後殘差解釋個別細格

表 5-22　「個人背景與婚姻狀況」交叉表

			已婚	未婚	離婚	喪偶	總和	
區域	北北基桃竹苗	%	70.0	26.9	1.5	1.6	100.0 (673)	
		調整後標準化殘差	0.3	-0.1	-0.6	-0.1		
	中彰投	%	60.9	34.8	2.2	2.2	100.0 (138)	$p > .05$ df = 9 $\chi^2 = 16.662$
		調整後標準化殘差	-2.4	2.2	0.5	0.5		
	雲嘉南高屏	%	73.4	24.6	0.5	1.5	100.0 (199)	
		調整後標準化殘差	1.3	-0.9	-1.4	-0.2		
	宜花東	%	72.7	19.7	6.1	1.5	100.0 (66)	
		調整後標準化殘差	0.6	-1.4	2.9	-0.1		
	總和	%	69.6	27.0	1.7	1.7	100.0 (1,076)	

			已婚	未婚	離婚	喪偶	總和	
性別	女性	%	72.0	24.2	0.6	3.2	100.0 (533)	$p < .001$ df = 3 $\chi^2 = 22.956$
		調整後標準化殘差	1.7	-2.0	-2.6	3.5		
	男性	%	67.3	29.7	2.6	0.4	100.0 (545)	
		調整後標準化殘差	-1.7	2.0	2.6	-3.5		
	總和	%	69.7	27.0	1.6	1.8	100.0 (1,078)	

			已婚	未婚	離婚	喪偶	總和	
客家世代	1974年後出生	%	44.4	54.5	0.7	0.4	100.0 (459)	$p < .001$ df = 3 $\chi^2 = 308.777$
		調整後標準化殘差	-15.5	17.5	-2.1	-2.9		
	1974年（含）前出生	%	88.4	6.6	2.3	2.7	100.0 (619)	
		調整後標準化殘差	15.5	-17.5	2.1	2.9		
	總和	%	69.7	27.0	1.6	1.8	100.0 (1,078)	

			已婚	未婚	離婚	喪偶	總和	
教育程度	小學以下	%	86.3	2.6	0.9	10.3	100.0 (117)	$p < .001$ df = 6 $\chi^2 = 197.679$
		調整後標準化殘差	4.2	-6.3	-0.7	7.4		
	國高中	%	84.4	12.0	2.3	1.3	100.0 (392)	
		調整後標準化殘差	8.0	-8.4	1.4	-0.9		
	大專以上	%	56.0	42.4	1.2	0.4	100.0 (568)	
		調整後標準化殘差	-10.3	12.0	-1.0	-3.7		
	總和	%	69.6	27.0	1.6	1.8	100.0 (1,077)	

表 5-22　「個人背景與婚姻狀況」交叉表（續）

			已婚	未婚	離婚	喪偶	總和	
收入	28,000元以下	%	74.2	17.4	3.8	4.5	100.0 (132)	
		調整後標準化殘差	0.9	-2.4	2.3	3.0		
	28,001-52,000元	%	72.4	24.3	0.4	2.9	100.0 (239)	
		調整後標準化殘差	0.5	-0.6	-1.6	2.0		
	52,001-72,000元	%	83.4	13.8	2.2	0.6	100.0 (181)	$p < .001$ $df = 15$ $\chi^2 = 63.678$
		調整後標準化殘差	4.1	-4.1	0.8	-1.2		
	72,001-97,000元	%	60.8	37.5	1.7	0.0	100.0 (120)	
		調整後標準化殘差	-2.7	3.1	0.1	-1.5		
	97,001-168,000元	%	65.9	32.9	1.2	0.0	100.0 (173)	
		調整後標準化殘差	-1.7	2.4	-0.5	-1.8		
	168,001元以上	%	57.4	42.6	0.0	0.0	100.0 (61)	
		調整後標準化殘差	-2.4	3.1	-1.0	-1.0		
	總和	%	71.1	25.8	1.5	1.5	100.0 (906)	

			已婚	未婚	離婚	喪偶	總和	
職業	高、中級白領	%	76.9	22.2	0.9	0.0	100.0 (347)	
		調整後標準化殘差	3.6	-2.4	-1.3	-3.0		
	中低、低級白領	%	67.6	28.8	2.2	1.3	100.0 (312)	$p < .001$ $df = 9$ $\chi^2 = 109.752$
		調整後標準化殘差	-1.0	0.9	1.1	-0.8		
	藍領	%	73.0	23.6	1.7	1.7	100.0 (348)	
		調整後標準化殘差	1.6	-1.7	0.3	-0.1		
	其他	%	27.1	58.6	1.4	12.9	100.0 (70)	
		調整後標準化殘差	-8.0	6.2	-0.1	7.3		
	總和	%	69.7	26.9	1.6	1.8	100.0 (1,077)	

資料來源：劉嘉薇（2017-2018）。

說明一：本題完整題目為「請問您的婚姻狀況？（客：敢有結婚？）」（問卷第2-8題）。

說明二：表中百分比為橫列百分比。調整後標準化殘差絕對值大於1.96者以灰階標示。

說明三：客家民眾收入總數（N）與本研究樣本總數（1,078）有落差，係因選項為「拒答」或是「不知道」者，界定為遺漏值。

與總和百分比的差異，亦即在每一交叉表的最後一列，皆具有客家民眾對於其婚姻狀況的表示。例如若分為男性與女性觀察之，若欲瞭解男性與女性婚姻狀況與整體分布相同或不同，調整後殘差即為解釋個別細格（例如男性或女性）與表中最後一列總和分布的差異，為解釋何種背景的客家民眾對於其婚姻狀況的表示，評估結果中的「已婚」代表其已經結婚，「未婚」代表其尚未結婚，「離婚」代表其已解除婚姻關係，「喪偶」代表其配偶已逝世。

首先，在性別方面，女性客家民眾「未婚」的比例為24.2%，顯著低於總和的27.0%，「離婚」的比例為0.6%，顯著低於總和的1.6%，「喪偶」的比例為3.2%，顯著高於總和的1.8%；同時，男性客家民眾「未婚」的比例為29.7%，顯著高於總和的27.0%，「離婚」的比例為2.6%，顯著高於總和的1.6%，「喪偶」的比例為0.4%，顯著低於總和的1.8%。

在客家世代方面，1974年後出生的客家民眾「已婚」的比例為44.4%，顯著低於總和的69.7%，「未婚」的比例為54.5%，顯著高於總和的27.0%，「離婚」的比例為0.7%，顯著低於總和的1.6%，「喪偶」的比例為0.4%，顯著低於總和的1.8%；1974年（含）前出生的客家民眾「已婚」的比例為88.4%，顯著高於總和的69.7%，「未婚」的比例為6.6%，顯著低於總和的27.0%，「離婚」的比例為2.3%，顯著高於總和的1.6%，「喪偶」的比例為2.7%，顯著高於總和的1.8%。

在教育程度方面，小學以下的客家民眾「已婚」的比例為86.3%，顯著高於總和的69.6%，「未婚」的比例為2.6%，顯著低於總和的27.0%，「喪偶」的比例為10.3%，顯著高於總和的1.8%；國高中的客家民眾「已婚」的比例為84.4%，顯著高於總和的69.6%，「未婚」的比例為12.0%，顯著高於總和的27.0%；大專以上的客家民眾「已婚」的比例為56.0%，顯著低於總和的69.6%，「未婚」的比例為42.4%，顯著高於總和的27.0%，「喪偶」的比例為0.4%，顯著低於總和的1.8%。

在收入方面，家庭月收入28,000元以下的客家民眾「未婚」的比例為17.4%，顯著低於總和的25.8%，「離婚」的比例為3.8%，顯著高於總和

的1.5%，「喪偶」的比例為4.5%，顯著高於總和的1.5%；月收入28,001-52,000元的客家民眾「喪偶」的比例為2.9%，顯著高於總和的1.5%，月收入52,001-72,000元的客家民眾「已婚」的比例為83.4%，顯著高於總和的71.1%，「未婚」的比例為13.8%，顯著低於總和的25.8%；月收入72,001-97,000元的客家民眾「已婚」的比例為60.8%，顯著低於總和的71.1%，「未婚」的比例為37.5%，顯著高於總和的25.8%；月收入97,001-168,000元的客家民眾「未婚」的比例為32.9%，顯著高於總和的25.8%；月收入168,001元以上的客家民眾「已婚」的比例為57.4%，顯著低於總和的71.1%，「未婚」的比例為42.6%，顯著高於總和的25.8%。

　　最後，在職業方面，高、中級白領的客家民眾「已婚」的比例為76.9%，顯著高於總和的69.7%，「未婚」的比例為22.2%，顯著低於總和的26.9%，「喪偶」的比例為0.0%，顯著低於總和的1.8%；其他的客家民眾「已婚」的比例為27.1%，顯著低於總和的69.7%，「未婚」的比例為58.6%，顯著高於總和的26.9%，「喪偶」的比例為12.9%，顯著高於總和的1.8%。至於其他細格與總和的差異皆不顯著，不予描述。

　　以下表5-23為客家民眾「個人背景與配偶族群身分」交叉表。首先，我們將關注客家民眾個人背景與其配偶所屬族群的關聯，六項個人背景中（區域、性別、客家世代、教育程度、收入及職業），皆與客家民眾的配偶所屬族群有關聯，p皆小於0.05，以下將以調整後殘差解釋個別細格與總和百分比的差異，亦即在每一交叉表的最後一列，皆具有客家民眾對其配偶所屬族群的表示。例如若分為男性與女性觀察之，若欲瞭解男性與女性對其配偶所屬族群的表示與整體分布相同或不同，調整後殘差即為解釋個別細格（例如男性或女性）與表中最後一列總和分布的差異。為解釋何種背景的客家民眾對於其配偶所屬族群的表示，評估結果中的「本省客家人」代表其配偶為本省客家人，「大陸客家人」代表其配偶為大陸客家人，「海外／華僑客家人」代表其配偶為海外／華僑客家人，「本省閩南人」代表其配偶為本省閩南人，「大陸各省市人（外省人）」代表其配偶為大陸各省市人（外省人），「原住民」代表其配偶為原住民，「外國

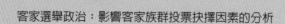

表 5-23　「個人背景與配偶族群身分」交叉表

			本省客家人	大陸客家人	海外/華僑客家人	本省閩南人	大陸各省市人（外省人）	原住民	外國人	總和	
區域	北北基桃竹苗	%	47.7	4.0	0.4	31.5	8.7	6.6	1.1	100.0 (470)	
		調整後標準化殘差	0.1	-1.7	-1.5	0.0	1.5	-0.1	1.0		
	中彰投	%	36.5	3.5	2.4	47.1	2.4	7.1	1.2	100.0 (85)	$p < .05$
		調整後標準化殘差	-2.2	-0.7	1.7	3.3	-1.9	0.2	0.4		df = 18
	雲嘉南高屏	%	54.1	8.2	0.7	23.3	6.8	6.8	0.0	100.0 (146)	$\chi^2 = 29.064$
		調整後標準化殘差	1.8	1.9	-0.2	-2.4	-0.4	0.1	-1.2		
	宜花東	%	45.8	8.3	2.1	29.2	8.3	6.3	0.0	100.0 (48)	
		調整後標準化殘差	-0.2	1.1	1.0	-0.4	0.2	-0.1	-0.6		
	總和	%	47.5	5.1	0.8	31.5	7.6	6.7	0.8	100.0 (749)	
性別	女性	%	50.1	4.4	0.8	27.0	11.4	6.0	0.3	100.0 (385)	
		調整後標準化殘差	1.5	-0.8	-0.1	-2.7	4.1	-0.6	-2.2		$p < .001$
	男性	%	44.7	5.7	0.8	36.2	3.5	7.1	1.9	100.0 (367)	df = 6
		調整後標準化殘差	-1.5	0.8	0.1	2.7	-4.1	0.6	2.2		$\chi^2 = 27.454$
	總和	%	47.5	5.1	0.8	31.5	7.6	6.5	1.1	100.0 (752)	
客家世代	1974年後出生	%	32.2	5.9	0.0	42.0	5.4	14.1	0.5	100.0 (205)	
		調整後標準化殘差	-5.1	0.6	-1.5	3.8	-1.5	5.1	-0.9		$p < .001$
	1974年（含）前出生	%	52.9	4.7	1.1	27.6	8.6	3.8	1.3	100.0 (548)	df = 6
		調整後標準化殘差	5.1	-0.6	1.5	-3.8	1.5	-5.1	0.9		$\chi^2 = 52.760$
	總和	%	47.3	5.0	0.8	31.5	7.7	6.6	1.1	100.0 (753)	

表 5-23 「個人背景與配偶族群身分」交叉表（續）

		本省客家人	大陸客家人	海外/華僑客家人	本省閩南人	大陸各省市人（外省人）	原住民	外國人	總和	
教育程度	小學以下									
	%	65.3	4.0	2.0	18.8	8.9	1.0	0.0	100.0 (101)	
	調整後標準化殘差	3.9	-0.5	1.4	-3.0	0.5	-2.5	-1.1		
	國高中									
	%	53.5	4.8	0.6	27.5	6.3	6.3	0.9	100.0 (331)	
	調整後標準化殘差	2.9	-0.1	-0.5	-2.1	-1.1	-0.3	-0.4		
	大專以上									
	%	35.6	5.3	0.6	39.7	8.4	8.8	1.6	100.0 (320)	
	調整後標準化殘差	5.6	0.4	-0.5	4.2	0.8	2.0	1.1		
	總和									
	%	47.5	4.9	0.8	31.5	7.6	6.6	1.1	100.0 (752)	$p < .001$ df = 12 $\chi^2 = 44.909$
收入	28,000元以下									
	%	59.8	4.1	1.0	15.5	13.4	4.1	2.1	100.0 (97)	
	調整後標準化殘差	3.1	-0.6	0.9	-3.9	2.0	-1.3	0.8		
	28,001-52,000元									
	%	48.3	4.6	1.1	30.5	6.9	7.5	1.1	100.0 (174)	
	調整後標準化殘差	0.9	-0.5	1.5	-0.6	-0.8	0.2	-0.1		
	52,001-72,000元									
	%	39.7	4.6	0.0	39.1	6.6	9.9	0.0	100.0 (151)	
	調整後標準化殘差	-1.6	-0.4	-1.0	2.0	-0.8	1.5	-1.6		
	72,001-97,000元									
	%	35.6	1.4	0.0	47.9	5.5	8.2	1.4	100.0 (73)	
	調整後標準化殘差	-1.8	-1.6	-0.6	3.0	-0.9	0.4	0.1		
	97,001-168,000元									
	%	42.5	7.1	0.0	33.6	9.7	4.4	2.7	100.0 (113)	
	調整後標準化殘差	-0.7	0.9	-0.8	0.3	0.6	-1.2	1.5		
	168,001元以上									
	%	42.9	17.1	0.0	22.9	8.6	8.6	0.0	100.0 (35)	
	調整後標準化殘差	-0.3	3.2	-0.4	-1.2	0.1	0.3	-0.7		
	總和									
	%	45.3	5.3	0.5	32.3	8.2	7.2	1.2	100.0 (643)	$p < .01$ df = 30 $\chi^2 = 55.716$

表 5-23 「個人背景與配偶族群身分」交叉表（續）

職業		本省客家人	大陸客家人	海外/華僑客家人	本省閩南人	大陸各省市人（外省人）	原住民	外國人	總和	
高、中級白領	%	41.6	4.1	0.4	40.1	6.7	5.6	1.5	100.0 (267)	$p < .01$ df = 18 $\chi^2 = 41.927$
	調整後標準化殘差	-2.4	-0.8	-0.7	3.7	-0.8	-0.8	0.9		
中低、低級白領	%	41.0	5.2	1.0	31.0	12.4	9.5	0.0	100.0 (210)	
	調整後標準化殘差	-2.2	0.2	0.6	-0.2	3.0	2.1	-1.8		
藍領	%	57.5	5.9	0.8	23.6	5.1	5.5	1.6	100.0 (254)	
	調整後標準化殘差	3.9	0.9	0.3	-3.4	-1.9	-0.8	1.0		
其他	%	68.4	0.0	0.0	26.3	5.3	0.0	0.0	100.0 (19)	
	調整後標準化殘差	1.9	-1.0	-0.4	-0.5	-0.4	-1.2	-0.5		
總和	%	47.5	4.9	0.7	31.6	7.7	6.5	1.1	100.0 (750)	

資料來源：劉嘉薇（2017-2018）。

說明一：本題完整題目為「請問您的先生或太太是本省客家人、本省閩南人、大陸各省市人、還是原住民？」（問卷第2-8-1題）。

說明二：表中百分比為橫列百分比。調整後標準化殘差絕對值大於1.96者以灰階標示。

說明三：客家民眾樣本總數（N）與本研究樣本總數（1,078）有落差，係因該受訪者於上一題（第2-8題）的回應為「未婚」、「離婚」或「喪偶」，因此不需回答此題。

人」代表其配偶為原住民。

　　首先，在區域方面，居住在中彰投的客家民眾表示其配偶是「本省客家人」的比例為36.5%，顯著低於總和的47.5%，表示其配偶是「本省閩南人」的比例為47.1%，顯著高於總和的31.5%；居住在雲嘉南高屏的客家民眾表示其配偶是「本省閩南人」的比例為23.3%，顯著低於總和的31.5%。

　　在性別方面，女性客家民眾表示其配偶是「本省閩南人」的比例為27.0%，顯著低於總和的31.5%，表示其配偶是「大陸各省市人（外省人）」的比例為11.4%，顯著高於總和的7.6%，表示其配偶是「外國人」的比例為0.3%，顯著低於總和的1.1%；男性客家民眾表示其配偶是「本省閩南人」的比例為36.2%，顯著高於總和的31.5%，表示其配偶是「大陸各省市人（外省人）」的比例為3.5%，顯著低於總和的7.6%，示其配偶是「外國人」的比例為1.9%，顯著高於總和的1.1%。

　　在客家世代方面，1974年後出生的客家民眾表示其配偶是「本省客家人」的比例為32.2%，顯著低於總和的47.3%，表示其配偶是「本省閩南人」的比例為42.0%，顯著高於總和的31.5%，表示其配偶是「原住民」的比例為14.1%，顯著高於總和的6.6%；同時，1974年（含）前出生的客家民眾表示其配偶是「本省客家人」的比例為52.9%，顯著高於總和的47.3%，表示其配偶是「本省閩南人」的比例為27.6%，顯著低於總和的31.5%，表示其配偶是「原住民」的比例為3.8%，顯著低於總和的6.6%。

　　在教育程度方面，小學以下的客家民眾表示其配偶是「本省客家人」的比例為65.3%，顯著高於總和的47.5%，表示其配偶是「本省閩南人」的比例為18.8%，顯著低於總和的31.5%，表示其配偶是「原住民」的比例為1.0%，顯著低於總和的6.6%；國高中的客家民眾表示其配偶是「本省客家人」的比例為53.5%，顯著高於總和的47.5%，表示其配偶是「本省閩南人」的比例為27.5%，顯著低於總和的31.5%；大專以上的客家民眾表示其配偶是「本省客家人」的比例為35.6%，顯著低於總和的

47.5%，表示其配偶是「本省閩南人」的比例為39.7%，顯著高於總和的31.5%，表示其配偶是「原住民」的比例為8.8%，顯著高於總和的6.6%。

在收入方面，家庭月收入28,000元以下的客家民眾表示其配偶是「本省客家人」的比例為59.8%，顯著高於總和的45.3%，表示其配偶是「本省閩南人」的比例為15.5%，顯著低於總和的32.3%，表示其配偶是「大陸各省市人（外省人）」的比例為13.4%，顯著高於總和的8.2%；月收入52,001-72,000元的客家民眾表示其配偶是「本省閩南人」的比例為39.1%，顯著高於總和的32.3%；月收入72,001-97,000元的客家民眾表示其配偶是「本省閩南人」的比例為47.9%，顯著高於總和的32.3%；月收入168,001元以上的客家民眾表示其配偶是「大陸客家人」的比例為17.1%，顯著高於總和的5.3%。

最後，在職業方面，高、中級白領的客家民眾表示其配偶是「本省客家人」的比例為41.6%，顯著低於總和的47.5%，表示其配偶是「本省閩南人」的比例為40.1%，顯著高於總和的31.6%；中低、低級白領的客家民眾表示其配偶是「本省客家人」的比例為41.0%，顯著低於總和的47.5%，表示其配偶是「大陸各省市人（外省人）」的比例為12.4%，顯著高於總和的7.7%，表示其配偶是「原住民」的比例為9.5%，顯著高於總和的6.5%；藍領的客家民眾表示其配偶是「本省客家人」的比例為57.5%，顯著高於總和的47.5%，表示其配偶是「本省閩南人」的比例為23.6%，顯著低於總和的31.6%。至於其他細格與總和的差異皆不顯著，不予描述。

以下表5-24為客家民眾「個人背景與客家宗親會選舉拉票」交叉表。首先，我們將關注客家民眾個人背景與選舉時客家宗親會是否會拉票的關聯性，六項個人背景中（區域、性別、客家世代、教育程度、收入及職業），皆與客家民眾在選舉時是否被客家宗親會拉票有關聯，p皆小於0.05，以下將以調整後殘差解釋個別細格與總和百分比的差異，亦即在每一交叉表的最後一列，皆具有客家民眾在選舉時是否被客家宗親會拉票的表示。例如若分為男性與女性觀察之，若欲瞭解男性與女性在選舉時是否

表 5-24 「個人背景與客家宗親會選舉拉票」交叉表

			會	不會	無反應	總和	
區域	北北基桃竹苗	% 調整後標準化殘差	31.2 1.8	66.2 -1.5	2.7 -0.5	100.0 （674）	
	中彰投	% 調整後標準化殘差	12.9 -4.5	84.9 4.6	2.2 -0.5	100.0 （139）	p < .001 df = 6 $\chi^2 = 32.577$
	雲嘉南高屏	% 調整後標準化殘差	37.4 2.8	58.1 -3.3	4.5 1.5	100.0 （198）	
	宜花東	% 調整後標準化殘差	20.0 -1.7	78.5 1.9	1.5 -0.7	100.0 （65）	
	總和	%	29.3	67.8	2.9	100.0 （1,076）	
			會	不會	無反應	總和	
性別	女性	% 調整後標準化殘差	25.0 -3.2	72.8 3.5	2.3 -1.2	100.0 （533）	p < .01 df = 2 $\chi^2 = 12.552$
	男性	% 調整後標準化殘差	33.8 3.2	62.8 -3.5	3.5 1.2	100.0 （545）	
	總和	%	29.4	67.7	2.9	100.0 （1,078）	
			會	不會	無反應	總和	
客家世代	1974年後出生	% 調整後標準化殘差	14.4 -9.3	82.8 9.1	2.8 -0.1	100.0 （459）	p < .001 df = 2 $\chi^2 = 88.200$
	1974年（含）前出生	% 調整後標準化殘差	40.5 9.3	56.5 -9.1	2.9 0.1	100.0 （619）	
	總和	%	29.4	67.7	2.9	100.0 （1,078）	
			會	不會	無反應	總和	
教育程度	小學以下	% 調整後標準化殘差	40.2 2.7	54.7 -3.2	5.1 1.5	100.0 （117）	p < .001 df = 4 $\chi^2 = 58.440$
	國高中	% 調整後標準化殘差	38.9 5.2	56.7 -5.8	4.3 2.0	100.0 （393）	
	大專以上	% 調整後標準化殘差	20.6 -6.7	77.9 7.6	1.6 -2.8	100.0 （569）	
	總和	%	29.4	67.7	3.0	100.0 （1,079）	

表 5-24 「個人背景與客家宗親會選舉拉票」交叉表（續）

			會	不會	無反應	總和	
收入	28,000元以下	% 調整後標準化殘差	44.7 4.1	50.0 -4.9	5.3 2.9	100.0 (132)	
	28,001-52,000元	% 調整後標準化殘差	29.3 -0.1	67.4 -0.4	3.3 1.7	100.0 (239)	
	52,001-72,000元	% 調整後標準化殘差	31.1 0.5	68.3 0.0	0.6 -1.5	100.0 (180)	$p < .001$ df = 10 $\chi^2 = 48.202$
	72,001-97,000元	% 調整後標準化殘差	16.7 -3.3	81.7 3.4	1.7 -0.3	100.0 (120)	
	97,001-168,000元	% 調整後標準化殘差	30.6 0.3	69.4 0.3	0.0 -2.1	100.0 (173)	
	168,001元以上	% 調整後標準化殘差	16.7 -2.3	83.3 2.6	0.0 -1.1	100.0 (60)	
	總和	%	29.6	68.4	2.0	100.0 (904)	

			會	不會	無反應	總和	
職業	高、中級白領	% 調整後標準化殘差	24.5 -2.4	74.1 3.1	1.4 -2.0	100.0 (347)	
	中低、低級白領	% 調整後標準化殘差	30.0 0.3	66.5 -0.5	3.5 0.7	100.0 (313)	$p < .001$ df = 6 $\chi^2 = 26.564$
	藍領	% 調整後標準化殘差	36.7 3.6	59.9 -3.8	3.4 0.6	100.0 (349)	
	其他	% 調整後標準化殘差	14.3 -2.9	80.0 2.3	5.7 1.4	100.0 (70)	
	總和	%	29.4	67.7	3.0	100.0 (1,079)	

資料來源：劉嘉薇（2017-2018）。

說明一：本題完整題目爲「請問有選舉的時候，客家宗親會會向您拉票嗎？」（問卷第2-9題）。

說明二：表中百分比爲橫列百分比。調整後標準化殘差絕對值大於1.96者以灰階標示。

說明三：無反應包括拒答、不知道。

說明四：客家民眾收入總數（N）與本研究樣本總數（1,078）有落差，係因選項爲「拒答」或是「不知道」者，界定爲遺漏值。

被客家宗親會拉票的表示與整體分布相同或不同，調整後殘差即為解釋個別細格（例如男性或女性）與表中最後一列總和分布的差異。為解釋何種背景的客家民眾在選舉時是否被客家宗親會拉票，評估結果中的「會」代表在選舉時客家宗親會會向他拉票，「不會」代表在選舉時客家宗親會不會向他拉票。

首先，在區域方面，居住在中彰投的客家民眾表示在選舉時客家宗親會「會」向他拉票的比例為12.9%，顯著低於總和的29.3%，「不會」向他拉票的比例為84.9%，顯著高於總和的67.8%；居住在雲嘉南高屏的客家民眾表示在選舉時客家宗親會「會」向他拉票的比例為37.4%，顯著高於總和的29.3%，「不會」向他拉票的比例為58.1%，顯著低於總和的67.8%。

在性別方面，女性客家民眾表示在選舉時客家宗親會「會」向他拉票的比例為25.0%，顯著低於總和的29.4%，「不會」向他拉票的比例為72.8%，顯著高於總和的67.7%；男性客家民眾表示在選舉時客家宗親會「會」向他拉票的比例為33.8%，顯著高於總和的29.4%，「不會」向他拉票的比例為62.8%，顯著低於總和的67.7%。

在客家世代方面，1974年後出生的客家民眾表示在選舉時客家宗親會「會」向他拉票的比例為14.4%，顯著低於總和的29.4%，「不會」向他拉票的比例為82.8%，顯著高於總和的67.7%；同時，1974年（含）前出生的客家民眾表示在選舉時客家宗親會「會」向他拉票的比例為40.5%，顯著高於總和的29.4%，「不會」向他拉票的比例為56.5%，顯著低於總和的67.7%。

在教育程度方面，小學以下的客家民眾表示在選舉時客家宗親會「會」向他拉票的比例為40.2%，顯著高於總和的29.4%，「不會」向他拉票的比例為54.7%，顯著低於總和的67.7%；國高中的客家民眾表示在選舉時客家宗親會「會」向他拉票的比例為38.9%，顯著高於總和的29.4%，「不會」向他拉票的比例為56.7%，顯著低於總和的67.7%，「無反應」的比例為4.3%，顯著高於總和的3.0%；大專以上的客家民眾表示

在選舉時客家宗親會「會」向他拉票的比例為20.6%，顯著低於總和的29.4%，「不會」向他拉票的比例為77.9%，顯著高於總和的67.7%，「無反應」的比例為1.6%，顯著低於總和的3.0%。

在收入方面，家庭月收入28,000元以下的客家民眾表示在選舉時客家宗親會「會」向他拉票的比例為44.7%，顯著高於總和的29.6%，「不會」向他拉票的比例為50.0%，顯著低於總和的68.4%，「無反應」的比例為5.3%，顯著高於總和的2.0%；月收入72,001-97,000元的客家民眾表示在選舉時客家宗親會「會」向他拉票的比例為16.7%，顯著低於總和的29.6%，「不會」向他拉票的比例為81.7%，顯著高於總和的68.4%；月收入97,001-168,000元的客家民眾「無反應」的比例為0.0%，顯著低於總和的2.0%；月收入168,001元以上的客家民眾表示在選舉時客家宗親會「會」向他拉票的比例為16.7%，顯著低於總和的29.6%，「不會」向他拉票的比例為83.3%，顯著高於總和的68.4%。

最後，在職業方面，高、中級白領的客家民眾表示在選舉時客家宗親會「會」向他拉票的比例為24.5%，顯著低於總和的29.4%，「不會」向他拉票的比例為74.1%，顯著高於總和的67.7%，「無反應」的比例為1.4%，顯著低於總和的3.0%；藍領的客家民眾表示在選舉時客家宗親會「會」向他拉票的比例為36.7%，顯著高於總和的29.4%，「不會」向他拉票的比例為59.9%，顯著低於總和的67.7%；其他的客家民眾表示在選舉時客家宗親會「會」向他拉票的比例為14.3%，顯著低於總和的29.4%，「不會」向他拉票的比例為80.0%，顯著高於總和的67.7%。至於其他細格與總和的差異皆不顯著，不予描述。

以下表5-25為客家民眾「個人背景與客家宗親會幫政黨拉票」交叉表。首先，我們將關注客家民眾個人背景與客家宗親會大部分幫哪個政黨拉票的關聯性，六項個人背景中（區域、性別、客家世代、教育程度、收入及職業），僅客家世代和職業，與客家宗親會大部分幫哪個政黨拉票有關聯，p皆小於0.05，以下將以調整後殘差解釋個別細格與總和百分比的差異，亦即在每一交叉表的最後一列，皆具有客家民眾對於客家宗親會

表 5-25　「個人背景與客家宗親會幫政黨拉票」交叉表

			國民黨	民進黨	看情形	無反應	總和	
區域	北北基桃竹苗	% 調整後標準化殘差	25.2 2.7	12.4 -2.4	49.0 -0.6	13.3 0.3	100.0 （210）	
	中彰投	% 調整後標準化殘差	22.2 0.1	16.7 0.1	38.9 -1.0	22.2 1.2	100.0 （18）	p > .05 df = 12 χ^2 = 17.051
	雲嘉南高屏	% 調整後標準化殘差	8.1 -3.1	24.3 2.3	55.4 1.0	12.2 -0.2	100.0 （74）	
	宜花東	% 調整後標準化殘差	21.4 0.1	21.4 0.6	57.1 0.5	0.0 -1.5	100.0 （14）	
	總和	%	20.9	15.8	50.3	13.0	100.0 （316）	

			國民黨	民進黨	看情形	無反應	總和	
性別	女性	% 調整後標準化殘差	20.9 0.0	15.7 0.0	47.0 -1.1	16.4 1.6	100.0 （134）	p > .05 df = 4 χ^2 = 2.731
	男性	% 調整後標準化殘差	20.8 0.0	15.8 0.0	53.0 1.1	10.4 -1.6	100.0 （183）	
	總和	%	20.8	15.8	50.5	12.9	100.0 （317）	

			國民黨	民進黨	看情形	無反應	總和	
客家世代	1974年後出生	% 調整後標準化殘差	22.7 0.4	19.7 1.0	30.3 -3.7	27.3 3.9	100.0 （66）	p < .001 df = 4 χ^2 = 20.929
	1974年（含）前出生	% 調整後標準化殘差	20.3 -0.4	14.7 -1.0	55.8 3.7	9.2 -3.9	100.0 （251）	
	總和	%	20.8	15.8	50.5	12.9	100.0 （317）	

			國民黨	民進黨	看情形	無反應	總和	
教育程度	小學以下	% 調整後標準化殘差	14.9 -1.1	10.6 -1.0	68.1 2.6	6.4 -1.5	100.0 （47）	p > .05 df = 8 χ^2 = 14.440
	國高中	% 調整後標準化殘差	18.3 -1.1	19.6 1.8	51.0 0.2	11.1 -0.9	100.0 （153）	
	大專以上	% 調整後標準化殘差	26.5 1.9	12.8 -1.1	42.7 -2.1	17.9 2.0	100.0 （117）	
	總和	%	20.8	15.8	50.5	12.9	100.0 （317）	

表 5-25　「個人背景與客家宗親會幫政黨拉票」交叉表（續）

		國民黨	民進黨	看情形	無反應	總和	
收入	28,000元以下　% 調整後標準化殘差	22.0 -0.2	15.3 -0.1	54.2 0.8	8.5 -0.9	100.0 （59）	
	28,001-52,000元　% 調整後標準化殘差	17.1 -1.3	22.9 1.9	47.1 -0.5	12.9 0.3	100.0 （70）	
	52,001-72,000元　% 調整後標準化殘差	26.8 0.8	16.1 0.1	48.2 -0.2	8.9 -0.8	100.0 （56）	$p > .05$ $df = 20$ $\chi^2 = 12.702$
	72,001-97,000元　% 調整後標準化殘差	25.0 0.2	5.0 -1.4	55.0 0.5	15.0 0.4	100.0 （20）	
	97,001-168,000元　% 調整後標準化殘差	24.5 0.3	7.5 -1.8	50.9 0.2	17.0 1.3	100.0 （53）	
	168,001元以上　% 調整後標準化殘差	30.0 0.6	30.0 1.3	30.0 -1.3	10.0 -0.2	100.0 （10）	
	總和　%	22.8	15.7	49.6	11.9	100.0 （268）	

		國民黨	民進黨	看情形	無反應	總和	
職業	高、中級白領　% 調整後標準化殘差	20.0 -0.2	15.3 0.0	56.5 1.3	8.2 -1.6	100.0 （85）	
	中低、低級白領　% 調整後標準化殘差	20.2 -0.2	9.6 -1.9	44.7 -1.3	25.5 4.2	100.0 （94）	$p < .05$ $df = 12$ $\chi^2 = 23.404$
	藍領　% 調整後標準化殘差	21.1 0.1	21.1 2.3	50.0 -0.1	7.8 -2.3	100.0 （128）	
	其他　% 調整後標準化殘差	30.0 0.7	0.0 -1.4	60.0 0.6	10.0 -0.3	100.0 （10）	
	總和　%	20.8	15.5	50.5	13.2	100.0 （317）	

資料來源：劉嘉薇（2017-2018）。

說明一：本題完整題目爲「請問他們大部分是幫哪一個政黨拉票？」（問卷第2-9-1題）。

說明二：表中百分比爲橫列百分比。調整後標準化殘差絕對值大於1.96者以灰階標示。

說明三：無反應包括拒答、無意見、不知道。

說明四：客家民眾總數（N）皆與本研究樣本總數（1,078）有落差，係因該受訪者於表5-24回應爲「不會」或「無反應」，因此不需回答此題。

大部分幫哪個政黨拉票的表示。例如若分為男性與女性觀察之，若欲瞭解男性與女性對於客家宗親會大部分幫哪個政黨拉票的表示與整體分布相同或不同，調整後殘差即為解釋個別細格（例如男性或女性）與表中最後一列總和分布的差異。為解釋何種背景的客家民眾對於客家宗親會大部分幫政黨拉票的表示，評估結果中的「國民黨」代表認為客家宗親會大部分是幫國民黨拉票，「民進黨」代表認為客家宗親會大部分是幫民進黨拉票，「看情形」代表客家宗親會大部分是看情況幫政黨拉票。

　　在客家世代方面，1974年後出生的客家民眾表示客家宗親會大部分是「看情形」幫政黨拉票的比例為30.3%，顯著低於總和的50.5%，「無反應」的比例為27.3%，顯著高於總和的12.9%；同時，1974年（含）前出生的客家民眾表示客家宗親會大部分是「看情形」幫政黨拉票的比例為55.8%，顯著高於總和的50.5%，「無反應」的比例為9.2%，顯著低於總和的12.9%。

　　在職業方面，中低、低級白領的客家民眾是「無反應」的比例為25.5%，顯著高於總和的13.2%；藍領的客家民眾表示大部分是幫「民進黨」拉票的比例為21.1%，顯著高於總和的15.5%，「無反應」的比例為7.8%，顯著低於總和的13.2%。至於其他細格與總和的差異皆不顯著，不予描述。

　　以下表5-26為客家民眾「個人背景與地方派系選舉拉票」交叉表。首先，我們將關注客家民眾個人背景與選舉時地方派系是否會拉票的關聯性，六項個人背景中（區域、性別、客家世代、教育程度、收入及職業），僅客家世代、教育程度以及收入，與客家民眾在選舉時是否被地方派系拉票有關聯，p皆小於0.05，以下將以調整後殘差解釋個別細格與總和百分比的差異，亦即在每一交叉表的最後一列，皆具有客家民眾在選舉時是否被地方派系拉票的表示。例如若分為男性與女性觀察之，若欲瞭解男性與女性在選舉時是否被地方派系拉票的表示與整體分布相同或不同，調整後殘差即為解釋個別細格（例如男性或女性）與表中最後一列總和分布的差異。為解釋何種背景的客家民眾在選舉時是否被地方派系拉票，評

表 5-26　「個人背景與地方派系選舉拉票」交叉表

			會	不會	無反應	總和	
區域	北北基桃竹苗	% 調整後標準化殘差	41.2 0.1	56.0 -0.1	2.8 0.1	100.0 (673)	$p > .05$ df = 6 $\chi^2 = 4.576$
	中彰投	% 調整後標準化殘差	34.1 -1.8	63.0 1.7	2.9 0.1	100.0 (138)	
	雲嘉南高屏	% 調整後標準化殘差	43.4 0.8	54.0 -0.7	2.5 -0.3	100.0 (198)	
	宜花東	% 調整後標準化殘差	47.7 1.1	49.2 -1.2	3.1 0.1	100.0 (65)	
	總和	%	41.1	56.1	2.8	100.0 (1,074)	

			會	不會	無反應	總和	
性別	女性	% 調整後標準化殘差	39.8 -1.0	58.0 1.3	2.3 -1.0	100.0 (533)	$p > .05$ df = 2 $\chi^2 = 2.431$
	男性	% 調整後標準化殘差	42.8 1.0	53.9 -1.3	3.3 1.0	100.0 (545)	
	總和	%	41.3	55.9	2.8	100.0 (1,078)	

			會	不會	無反應	總和	
客家世代	1974年後出生	% 調整後標準化殘差	26.8 -8.3	71.0 8.6	2.2 -1.0	100.0 (459)	$p < .001$ df = 2 $\chi^2 = 73.758$
	1974年（含）前出生	% 調整後標準化殘差	51.9 8.3	44.8 -8.6	3.2 1.0	100.0 (620)	
	總和	%	41.2	56.0	2.8	100.0 (1,079)	

			會	不會	無反應	總和	
教育程度	小學以下	% 調整後標準化殘差	42.7 0.3	49.6 -1.5	7.7 3.5	100.0 (117)	$p < .001$ df = 4 $\chi^2 = 51.421$
	國高中	% 調整後標準化殘差	52.3 5.6	44.9 -5.6	2.8 0.2	100.0 (392)	
	大專以上	% 調整後標準化殘差	33.4 -5.6	65.0 6.3	1.6 -2.4	100.0 (569)	
	總和	%	41.3	56.0	2.7	100.0 (1,078)	

表 5-26　「個人背景與地方派系選舉拉票」交叉表（續）

			會	不會	無反應	總和	
收入	28,000元以下	% 調整後標準化殘差	56.5 3.7	38.9 -4.4	4.6 2.3	100.0 （131）	
	28,001-52,000元	% 調整後標準化殘差	43.8 0.8	53.8 -1.0	2.5 0.7	100.0 （240）	
	52,001-72,000元	% 調整後標準化殘差	35.8 -1.8	64.2 2.4	0.0 -2.1	100.0 （179）	$p < .001$ df = 10 $\chi^2 = 38.870$
	72,001-97,000元	% 調整後標準化殘差	29.4 -2.9	69.7 3.2	0.8 -1.0	100.0 （119）	
	97,001-168,000元	% 調整後標準化殘差	41.0 -0.2	57.8 0.4	1.2 -0.9	100.0 （173）	
	168,001元以上	% 調整後標準化殘差	44.3 0.4	50.8 -0.9	4.9 1.7	100.0 （61）	
	總和	%	41.6	56.4	2.0	100.0 （903）	

			會	不會	無反應	總和	
職業	高、中級白領	% 調整後標準化殘差	38.7 -1.1	60.1 1.9	1.2 -2.2	100.0 （346）	
	中低、低級白領	% 調整後標準化殘差	39.3 -0.8	57.5 0.6	3.2 0.5	100.0 （313）	$p > .05$ df = 6 $\chi^2 = 11.502$
	藍領	% 調整後標準化殘差	45.8 2.1	50.1 -2.7	4.0 1.7	100.0 （349）	
	其他	% 調整後標準化殘差	38.6 -0.5	58.6 0.4	2.9 0.0	100.0 （70）	
	總和	%	41.2	56.0	2.8	100.0 （1,078）	

資料來源：劉嘉薇（2017-2018）。

說明一：本題完整題目爲「請問有選舉的時候，地方派系會向您拉票嗎？」（問卷第2-10題）。

說明二：表中百分比爲橫列百分比。調整後標準化殘差絕對值大於1.96者以灰階標示。

說明三：無反應包括拒答、不知道。

說明三：客家民眾收入總數（N）與本研究樣本總數（1,078）有落差，係因選項爲「拒答」或是「不知道」者，界定爲遺漏值。

估結果中的「會」代表在選舉時地方派系會向他拉票，「不會」代表在選舉時地方派系不會向他拉票。

首先，在客家世代方面，1974年後出生的客家民眾表示在選舉時地方派系「會」向他拉票的比例為26.8%，顯著低於總和的41.2%，「不會」向他拉票的比例為71.0%，顯著高於總和的56.0%；同時，1974年（含）前出生的客家民眾表示在選舉時地方派系「會」向他拉票的比例為51.9%，顯著高於總和的41.2%，「不會」向他拉票的比例為44.8%，顯著低於總和的56.0%。

在教育程度方面，小學以下的客家民「無反應」的比例為7.7%，顯著高於總和的2.7%；國高中的客家民眾表示在選舉時地方派系「會」向他拉票的比例為52.3%，顯著高於總和的41.3%，「不會」向他拉票的比例為44.9%，顯著低於總和的56.0%；大專以上的客家民眾表示在選舉時地方派系「會」向他拉票的比例為33.4%，顯著低於總和的41.3%，「不會」向他拉票的比例為65.0%，顯著高於總和的56.0%，「無反應」的比例為1.6%，顯著低於總和的2.7%。

最後，在收入方面，家庭月收入28,000元以下的客家民眾表示在選舉時地方派系「會」向他拉票的比例為56.5%，顯著高於總和的41.6%，「不會」向他拉票的比例為38.9%，顯著低於總和的56.4%，「無反應」的比例為4.6%，顯著高於總和的2.0%；月收入52,001-72,000元的客家民眾表示在選舉時地方派系「不會」向他拉票的比例為64.2%，顯著高於總和的56.4%，「無反應」的比例為0.0%，顯著低於總和的2.0%；月收入72,001-97,000元的客家民眾表示在選舉時地方派系「會」向他拉票的比例為29.4%，顯著低於總和的41.6%，「不會」向他拉票的比例為69.7%，顯著高於總和的56.4%。

以下表5-27為客家民眾「個人背景與地方派系幫政黨拉票」交叉表。首先，我們將關注客家民眾個人背景與地方派系大部分幫哪個政黨拉票的關聯性，六項個人背景中（區域、性別、客家世代、教育程度、收入及職業），區域、職業與地方派系大部分幫哪個政黨拉票有關聯，*p*皆小於

表 5-27　「個人背景與地方派系幫政黨拉票」交叉表

區域			國民黨	無黨團結聯盟	民進黨	時代力量	看情形	無反應	總和	
	北北基桃竹苗	%	23.7	0.7	12.2	0.4	57.2	5.8	100.0 (278)	
		調整後標準化殘差	2.0	1.1	-3.0	0.8	0.4	-0.1		
	中彰投	%	19.1	0.0	17.0	0.0	61.7	2.1	100.0 (47)	p < .05
		調整後標準化殘差	-0.3	-0.5	0.2	-0.3	0.8	-1.2		df = 15
	雲嘉南高屏	%	7.0	0.0	27.9	0.0	55.8	9.3	100.0 (86)	χ² = 28.289
		調整後標準化殘差	-3.5	-0.7	3.3	-0.5	-0.1	1.5		
	宜花東	%	34.4	0.0	18.8	0.0	43.8	3.1	100.0 (32)	
		調整後標準化殘差	2.0	-0.4	0.4	-0.3	-1.5	-0.7		
	總和	%	20.8	0.5	16.3	0.2	56.4	5.9	100.0 (443)	

性別			國民黨	無黨團結聯盟	民進黨	時代力量	看情形	無反應	總和	
	女性	%	19.2	0.0	19.7	0.5	54.9	5.6	100.0 (213)	p > .05
		調整後標準化殘差	-0.6	-1.4	2.0	1.0	-0.7	-0.4		df = 5
	男性	%	21.5	0.9	12.9	0.0	58.4	6.4	100.0 (233)	χ² = 6.767
		調整後標準化殘差	0.6	1.4	-2.0	-1.0	0.7	0.4		
	總和	%	20.4	0.4	16.1	0.2	56.7	6.1	100.0 (446)	

客家世代			國民黨	無黨團結聯盟	民進黨	時代力量	看情形	無反應	總和	
	1974年後出生	%	16.9	1.6	20.2	0.0	54.0	7.3	100.0 (124)	p > .05
		調整後標準化殘差	-1.1	2.3	1.4	-0.6	-0.7	0.7		df = 5
	1974年(含)前出生	%	21.7	0.0	14.6	0.3	57.8	5.6	100.0 (322)	χ² = 8.940
		調整後標準化殘差	1.1	-2.3	-1.4	0.6	0.7	-0.7		
	總和	%	20.4	0.4	16.1	0.2	56.7	6.1	100.0 (446)	

教育程度			國民黨	無黨團結聯盟	民進黨	時代力量	看情形	無反應	總和	
	小學以下	%	17.6	0.0	13.7	0.0	60.8	7.8	100.0 (51)	
		調整後標準化殘差	-0.5	-0.5	-0.5	-0.4	0.6	0.6		
	國高中	%	20.6	0.0	15.2	0.5	58.8	4.9	100.0 (204)	p > .05
		調整後標準化殘差	0.1	-1.3	-0.5	1.1	0.8	-0.9		df = 10
	大專以上	%	20.9	1.0	17.8	0.0	53.4	6.8	100.0 (191)	χ² = 6.274
		調整後標準化殘差	0.2	1.6	0.8	-0.9	-1.2	0.6		
	總和	%	20.4	0.4	16.1	0.2	56.7	6.1	100.0 (446)	

表 5-27 　「個人背景與地方派系幫政黨拉票」交叉表（續）

		國民黨	無黨團結聯盟	民進黨	時代力量	看情形	無反應	總和	
收入	28,000元以下 %	21.6	0.0	13.5	1.4	55.4	8.1	100.0 (74)	
	調整後標準化殘差	-0.1	-0.7	-0.5	2.0	-0.2	1.2		
	28,001-52,000元 %	21.0	0.0	19.0	0.0	52.4	7.6	100,0 (105)	
	調整後標準化殘差	-0.4	-0.9	1.2	-0.6	-1.0	1.3		
	52,001-72,000元 %	23.4	0.0	18.8	0.0	54.7	3.1	100.0 (64)	p > .05 df = 25 χ² = 33.749
	調整後標準化殘差	0.3	-0.6	0.8	-0.5	-0.3	-0.8		
	72,001-97,000元 %	27.8	5.6	5.6	0.0	58.3	2.8	100.0 (36)	
	調整後標準化殘差	0.8	4.4	-1.7	-0.3	0.3	-0.7		
	97,001-168,000元 %	20.8	0.0	15.3	0.0	59.7	4.2	100.0 (72)	
	調整後標準化殘差	-0.3	-0.7	0.0	-0.5	0.6	-0.5		
	168,001元以上 %	22.2	0.0	11.1	0.0	66.7	0.0	100.0 (27)	
	調整後標準化殘差	0.0	-0.4	-0.6	-0.3	1.1	-1.3		
	總和 %	22.2	0.5	15.3	0.3	56.3	5.3	100.0 (378)	

		國民黨	無黨團結聯盟	民進黨	時代力量	看情形	無反應	總和	
職業	高、中級白領 %	16.3	0.0	25.9	0.0	54.8	3.0	100.0 (135)	
	調整後標準化殘差	-1.4	-0.9	3.8	-0.7	-0.6	-1.8		
	中低、低級白領 %	26.2	0.0	2.5	0.0	62.3	9.0	100.0 (122)	p < .001 df = 15 χ² = 64.454
	調整後標準化殘差	1.9	-0.9	-4.8	-0.6	1.4	1.6		
	藍領 %	20.5	0.0	16.1	0.6	55.9	6.8	100.0 (161)	
	調整後標準化殘差	0.0	-1.1	0.1	1.3	-0.3	0.5		
	其他 %	14.3	7.1	25.0	0.0	50.0	3.6	100,0 (28)	
	調整後標準化殘差	-0.8	5.5	1.4	-0.3	-0.8	-0.6		
	總和 %	20.4	0.4	15.9	0.2	57.0	6.1	100.0 (446)	

資料來源：劉嘉薇（2017-2018）。

說明一：本題完整題目爲「請問他們大部分是幫哪一個政黨拉票？」（問卷第2-10-1題）。

說明二：表中百分比爲橫列百分比。調整後標準化殘差絕對值大於1.96者以灰階標示。

說明三：無反應包括拒答、無意見、不知道。

說明四：客家民眾總數（N）皆與本研究樣本總數（1,078）有落差，係因該受訪者於表5-26回應爲「不會」或「無反應」，因此不需回答此題。

0.05，以下將以調整後殘差解釋個別細格與總和百分比的差異，亦即在每一交叉表的最後一列，皆具有客家民眾對於地方派系大部分幫哪個政黨拉票的表示。例如若分為男性與女性觀察之，若欲瞭解男性與女性對於地方派系大部分幫哪個政黨拉票的表示與整體分布相同或不同，調整後殘差即為解釋個別細格（例如男性或女性）與表中最後一列總和分布的差異。為解釋何種背景的客家民眾對於地方派系大部分幫政黨拉票的表示，評估結果中的「國民黨」代表認為地方派系大部分是幫國民黨拉票，「無黨團結聯盟」代表認為地方派系大部分是幫無黨團結聯盟拉票，「民進黨」代表認為地方派系大部分是幫民進黨拉票，「時代力量」代表認為地方派系大部分是幫時代力量拉票，「看情形」代表地方派系大部分是看情況幫政黨拉票。

　　在區域方面，居住在北北基桃竹苗的客家民眾表示地方派系大部分是幫「國民黨」拉票的比例為23.7%，顯著高於總和的20.8%，大部分是幫「民進黨」拉票的比例為12.2%，顯著低於總和的16.3%；居住在雲嘉南高屏的客家民眾表示地方派系大部分是幫「國民黨」拉票的比例為7.0%，顯著低於總和的20.8%，大部分是幫「民進黨」拉票的比例為27.9%，顯著高於總和的16.3%；居住在宜花東的客家民眾表示地方派系大部分是幫「國民黨」拉票的比例為34.4%，顯著高於總和的20.8%。

　　在職業方面，高、中級白領的客家民眾表示地方派系大部分是幫「民進黨」拉票的比例為25.9%，顯著高於總和的15.9%；中低、低級白領的客家民眾表示地方派系大部分是幫「民進黨」拉票的比例為2.5%，顯著低於總和的15.9%；其他的客家民眾表示地方派系大部分是幫「無黨團結聯盟」拉票的比例為7.1%，顯著高於總和的0.4%。至於其他細格與總和的差異皆不顯著，不予描述。

　　以下表5-28為客家民眾「個人背景與參加客家文化相關活動」交叉表。首先，我們將關注客家民眾個人背景與參加客家文化相關活動頻率的關聯性，六項個人背景中（區域、性別、客家世代、教育程度、收入及職業），除了區域和性別以外，皆與參加客家文化相關活動有關聯，p皆小

表 5-28　「個人背景與參加客家文化相關活動」交叉表

			從不	很少	有時	經常	無反應	總和	
區域	北北基桃竹苗	%	36.9	39.1	17.1	6.7	0.1	100.0 (672)	
		調整後標準化殘差	-1.5	0.5	1.6	-0.5	0.8		
	中彰投	%	39.9	34.8	17.4	8.0	0.0	100.0 (138)	$p > .05$ df = 12 $\chi^2 = 10.846$
		調整後標準化殘差	0.3	-1.0	0.6	0.5	-0.4		
	雲嘉南高屏	%	43.2	37.7	13.1	6.0	0.0	100.0 (199)	
		調整後標準化殘差	1.5	-0.3	-1.1	-0.6	-0.5		
	宜花東	%	40.0	43.1	6.2	10.8	0.0	100.0 (65)	
		調整後標準化殘差	0.2	0.8	-2.2	1.2	-0.3		
	總和	%	38.6	38.5	15.7	7.0	0.1	100.0 (1,074)	

			從不	很少	有時	經常	無反應	總和	
性別	女性	%	39.2	39.2	14.1	7.3	0.2	100.0 (533)	$p > .05$ df = 4 $\chi^2 = 3.046$
		調整後標準化殘差	0.5	0.5	-1.4	0.1	1.0		
	男性	%	37.8	37.8	17.2	7.2	0.0	100.0 (545)	
		調整後標準化殘差	-0.5	-0.5	1.4	-0.1	-1.0		
	總和	%	38.5	38.5	15.7	7.2	0.1	100.0 (1,078)	

			從不	很少	有時	經常	無反應	總和	
客家世代	1974年後出生	%	39.9	41.6	14.2	4.4	0.0	100.0 (459)	$p < .05$ df = 4 $\chi^2 = 12.951$
		調整後標準化殘差	0.7	1.8	-1.2	-3.1	-0.9		
	1974年（含）前出生	%	37.6	36.2	16.8	9.2	0.2	100.0 (619)	
		調整後標準化殘差	-0.7	-1.8	1.2	3.1	0.9		
	總和	%	38.6	38.5	15.7	7.1	0.1	100.0 (1,078)	

			從不	很少	有時	經常	無反應	總和	
教育程度	小學以下	%	40.7	28.8	18.6	11.0	0.8	100.0 (118)	$p < .05$ df = 8 $\chi^2 = 15.966$
		調整後標準化殘差	0.5	-2.3	0.9	1.7	1.8		
	國高中	%	42.2	37.7	13.5	6.4	0.3	100.0 (393)	
		調整後標準化殘差	1.9	-0.4	-1.5	-0.7	0.4		
	大專以上	%	35.4	41.0	16.7	6.9	0.0	100.0 (568)	
		調整後標準化殘差	-2.2	1.8	0.9	-0.4	-1.5		
	總和	%	38.5	38.5	15.8	7.1	0.2	100.0 (1,079)	

表 5-28　「個人背景與參加客家文化相關活動」交叉表（續）

			從不	很少	有時	經常	無反應	總和	
收入	28,000元以下	%	32.6	33.3	22.7	10.6	0.8	100.0 (132)	
		調整後標準化殘差	-1.4	-1.6	2.5	2.0	1.4		
	28,001-52,000元	%	43.5	39.7	10.5	5.9	0.4	100.0 (239)	
		調整後標準化殘差	2.1	0.0	-2.5	-0.6	0.8		
	52,001-72,000元	%	38.9	40.6	17.8	2.8	0.0	100.0 (180)	p < .01 df = 20 χ² = 43.260
		調整後標準化殘差	0.3	0.2	0.9	-2.3	-0.7		
	72,001-97,000元	%	40.3	40.3	16.0	3.4	0.0	100.0 (119)	
		調整後標準化殘差	0.6	0.1	0.1	-1.5	-0.6		
	97,001-168,000元	%	35.3	42.8	10.4	11.6	0.0	100.0 (173)	
		調整後標準化殘差	-0.8	0.9	-2.1	2.9	-0.7		
	168,001元以上	%	26.7	41.7	26.7	5.0	0.0	100.0 (60)	
		調整後標準化殘差	-1.9	0.3	2.5	-0.5	-0.4		
	總和	%	37.9	39.8	15.5	6.6	0.2	100.0 (903)	

			從不	很少	有時	經常	無反應	總和	
職業	高、中級白領	%	40.6	33.4	18.4	7.5	0.0	100.0 (347)	
		調整後標準化殘差	1.0	-2.3	1.7	0.3	-1.0		
	中低、低級白領	%	33.5	40.9	19.5	5.8	0.3	100.0 (313)	p < .05 df = 12 χ² = 24.288
		調整後標準化殘差	-2.2	1.1	2.2	-1.1	0.7		
	藍領	%	38.7	41.8	11.5	7.7	0.3	100.0 (349)	
		調整後標準化殘差	0.1	1.6	-2.6	0.5	0.5		
	其他	%	50.0	35.7	5.7	8.6	0.0	100.0 (70)	
		調整後標準化殘差	2.0	-0.5	-2.4	0.5	-0.4		
	總和	%	38.6	38.5	15.7	7.1	0.2	100.0 (1,079)	

資料來源：劉嘉薇（2017-2018）。

說明一：本題完整題目為「請問您常不常參加客家文化相關活動？（例如：義民祭、桐花季、山歌班等）」（問卷第2-11題）。

說明二：表中百分比為橫列百分比。調整後標準化殘差絕對值大於1.96者以灰階標示。

說明三：無反應包括看情形。

說明四：客家民眾收入總數（N）與本研究樣本總數（1,078）有落差，係因選項為「拒答」或是「不知道」者，界定為遺漏值。

於0.05，以下將以調整後殘差解釋個別細格與總和百分比的差異，亦即在每一交叉表的最後一列，皆具有客家民眾參加客家文化相關活動。例如若分為男性與女性觀察之，若欲瞭解男性與女性參加客家文化相關活動與整體分布相同或不同，調整後殘差即為解釋個別細格（例如男性或女性）與表中最後一列總和分布的差異。為解釋何種背景的客家民眾參加客家文化相關活動，評估結果中的「從不」代表從不參加客家文化相關活動，「很少」代表很少參加客家文化相關活動，「有時」代表有時參加客家文化相關活動，「經常」代表經常參加客家文化相關活動。

首先，在客家世代方面，1974年後出生的客家民眾表示「經常」參加客家文化相關活動的比例為4.4%，顯著低於總和的7.1%；同時，1974年（含）前出生的客家民眾表示「經常」參加客家文化相關活動的比例為9.2%，顯著高於總和的7.1%。

在教育程度方面，小學以下的客家民眾表示「很少」參加客家文化相關活動的比例為28.8%，顯著低於總和的38.5%；大專以上的客家民眾表示「從不」參加客家文化相關活動的比例為35.4%，顯著低於總和的38.5%

在收入方面，家庭月收入28,000元以下的客家民眾表示「有時」參加客家文化相關活動的比例為22.7%，顯著高於總和的15.5%，表示「經常」參加客家文化相關活動的比例為10.6%，顯著高於總和的6.6%；月收入28,001-52,000元的客家民眾表示「從不」參加客家文化相關活動的比例為43.5%，顯著高於總和的37.9%，表示「有時」參加客家文化相關活動的比例為10.5%，顯著低於總和的15.5%；月收入52,001-72,000元的客家民眾表示「經常」參加客家文化相關活動的比例為2.8%，顯著低於總和的6.6%；月收入97,001-168,000元的客家民眾表示「有時」參加客家文化相關活動的比例為10.4%，顯著低於總和的15.5%，表示「經常」參加客家文化相關活動的比例為11.6%，顯著高於總和的6.6%；月收入168,001元以上的客家民眾表示「有時」參加客家文化相關活動的比例為26.7%，顯著高於總和的15.5%。

　　最後，在職業方面，高、中級白領的客家民眾表示「很少」參加客家文化相關活動的比例為33.4%，顯著低於總和的38.5%；中低、低級白領的客家民眾表示「從不」參加客家文化相關活動的比例為33.5%，顯著低於總和的38.6%，表示「有時」參加客家文化相關活動的比例為19.5%，顯著高於總和的15.7%；藍領的客家民眾表示「有時」參加客家文化相關活動的比例為11.5%，顯著低於總和的15.7%；其他的客家民眾表示「從不」參加客家文化相關活動的比例為50.0%，顯著高於總和的38.6%，表示「有時」參加客家文化相關活動的比例為5.7%，顯著低於總和的15.7%。至於其他細格與總和的差異皆不顯著，不予描述。

　　以下表5-29為客家民眾「個人背景與其有無參與客家相關社團」交叉表。首先，我們將關注客家民眾個人背景與其有無參與客家相關社團的關聯，六項個人背景中（區域、性別、客家世代、教育程度、收入及職業），僅客家世代、教育程度和收入，與客家民眾有無參與客家相關社團有關聯，p皆小於0.05，以下將以調整後殘差解釋個別細格與總和百分比的差異，亦即在每一交叉表的最後一列，皆具有客家民眾對他們有無參與客家相關社團的表示。例如若分為男性與女性觀察之，若欲瞭解男性與女性對他們有無參與客家相關社團與整體分布相同或不同，調整後殘差即為解釋個別細格（例如男性或女性）與表中最後一列總和分布的差異。為解釋何種背景的客家民眾有參與客家相關社團，何種客家民眾沒有參與客家相關社團，評估結果中的「有」代表有參與客家相關社團，「沒有」代表沒有參與客家相關社團。

　　首先，在客家世代方面，1974年後出生的客家民眾表示「有」參與客家相關社團的比例為3.5%，顯著低於總和的11.4%，「沒有」參與客家相關社團的比例為96.5%，顯著高於總和的88.5%；1974年（含）前出生的客家民眾表示「有」參與客家相關社團的比例為17.3%，顯著高於總和的11.4%，「沒有」參與客家相關社團的比例為82.6%，顯著低於總和的88.5%。

　　在教育程度方面，小學以下的客家民眾表示「有」參與客家相關社團

表 5-29 「個人背景與有無參與客家相關社團」交叉表

			有	沒有	無反應	總和	
區域	北北基桃竹苗	% 調整後標準化殘差	11.3 -0.3	88.6 0.2	0.1 0.8	100.0 （673）	
	中彰投	% 調整後標準化殘差	6.5 -2.0	93.5 2.0	0.0 -0.4	100.0 （139）	$p > .05$ df = 6 $\chi^2 = 7.798$
	雲嘉南高屏	% 調整後標準化殘差	13.6 1.0	86.4 -1.0	0.0 -0.5	100.0 （199）	
	宜花東	% 調整後標準化殘差	18.2 1.8	81.8 -1.7	0.0 -0.3	100.0 （66）	
	總和	%	11.5	88.4	0.1	100.0 （1,077）	
			有	沒有	無反應	總和	
性別	女性	% 調整後標準化殘差	10.9 -0.4	89.1 0.5	0.0 -1.0	100.0 （532）	$p > .05$ df = 2 $\chi^2 = 1.176$
	男性	% 調整後標準化殘差	11.7 0.4	88.1 -0.5	0.2 1.0	100.0 （545）	
	總和	%	11.3	88.6	0.1	100.0 （1,077）	
			有	沒有	無反應	總和	
客家世代	1974年後出生	% 調整後標準化殘差	3.5 -7.0	96.5 7.1	0.0 -0.9	100.0 （459）	$p < .001$ df = 2 $\chi^2 = 50.538$
	1974年（含）前出生	% 調整後標準化殘差	17.3 7.0	82.6 -7.1	0.2 0.9	100.0 （619）	
	總和	%	11.4	88.5	0.1	100.0 （1,078）	
			有	沒有	無反應	總和	
教育程度	小學以下	% 調整後標準化殘差	26.3 5.4	73.7 -5.3	0.0 -0.4	100.0 （118）	$p < .001$ df = 4 $\chi^2 = 40.024$
	國高中	% 調整後標準化殘差	13.5 1.7	86.5 -1.6	0.0 -0.8	100.0 （392）	
	大專以上	% 調整後標準化殘差	6.9 -5.0	93.0 4.9	0.2 0.9	100.0 （569）	
	總和	%	11.4	88.5	0.1	100.0 （1,079）	

表 5-29　「個人背景與有無參與客家相關社團」交叉表（續）

			有	沒有	無反應	總和	
收入	28,000元以下	% 調整後標準化殘差	27.5 6.9	72.5 -6.8	0.0 -0.4	100.0 （131）	
	28,001-52,000元	% 調整後標準化殘差	7.5 -1.7	92.5 1.8	0.0 -0.6	100.0 （239）	
	52,001-72,000元	% 調整後標準化殘差	6.1 -2.1	93.9 2.2	0.0 -0.5	100.0 （180）	*p* < .001 df = 10 χ² = 57.161
	72,001-97,000元	% 調整後標準化殘差	5.0 -2.1	94.2 1.8	0.8 2.6	100.0 （120）	
	97,001-168,000元	% 調整後標準化殘差	9.2 -0.6	90.8 0.6	0.0 -0.5	100.0 （173）	
	168,001元以上	% 調整後標準化殘差	11.7 0.3	88.3 -0.3	0.0 -0.3	100.0 （60）	
	總和	%	10.4	89.5	0.1	100.0 （903）	

			有	沒有	無反應	總和	
職業	高、中級白領	% 調整後標準化殘差	12.9 1.1	86.8 -1.3	0.3 1.4	100.0 （348）	
	中低、低級白領	% 調整後標準化殘差	11.3 0.0	88.7 0.1	0.0 -0.6	100.0 （311）	*p* > .05 df = 6 χ² = 6.487
	藍領	% 調整後標準化殘差	11.2 -0.1	88.8 0.2	0.0 -0.7	100.0 （348）	
	其他	% 調整後標準化殘差	4.3 -1.9	95.7 1.9	0.0 -0.3	100.0 （70）	
	總和	%	11.3	88.6	0.1	100.0 （1,077）	

資料來源：劉嘉薇（2017-2018）。

說明一：本題完整題目爲「請問您有沒有參加過客家相關社團？」（問卷第2-12題）。

說明二：表中百分比爲橫列百分比。調整後標準化殘差絕對值大於1.96者以灰階標示。

說明三：無反應包括不知道。

說明四：客家民眾收入總數（N）與本研究樣本總數（1,078）有落差，係因選項爲「拒答」或是「不知道」者，界定爲遺漏值。

的比例為26.3%，顯著高於總和的11.4%，「沒有」參與客家相關社團的比例為73.7%，顯著低於總和的88.5%；大專以上的客家民眾表示「有」參與客家相關社團的比例為6.9%，顯著低於總和的11.4%，「沒有」參與客家相關社團的比例為93.0%，顯著高於總和的88.5%。

最後，在收入方面，家庭月收入28,000元以下的客家民眾表示「有」參與客家相關社團的比例為27.5%，顯著高於總和的10.4%，「沒有」參與客家相關社團的比例為72.5%，顯著低於總和的89.5%；月收入52,001-72,000元的客家民眾表示「有」參與客家相關社團的比例為6.1%，顯著低於總和的10.4%，「沒有」參與客家相關社團的比例為93.9%，顯著高於總和的89.5%；月收入72,001-97,000元的客家民眾表示「有」參與客家相關社團的比例為5.0%，顯著低於總和的10.4%，「無反應」的比例為0.8%，顯著高於總和的0.1%。至於其他細格與總和的差異皆不顯著，不予描述。

五、對客家媒體的使用

以下表5-30為客家民眾「個人背景與使用客家媒體來聽或看選舉新聞」交叉表。首先，我們將關注客家民眾個人背景與使用客家媒體來聽或看選舉新聞頻率的關聯性，六項個人背景中（區域、性別、客家世代、教育程度、收入及職業），除了性別和職業以外，皆與使用客家媒體來聽或看選舉新聞有關聯，p皆小於0.05，以下將以調整後殘差解釋個別細格與總和百分比的差異，亦即在每一交叉表的最後一列，皆具有客家民眾使用客家媒體來聽或看選舉新聞。例如若分為男性與女性觀察之，若欲瞭解男性與女性使用客家媒體來聽或看選舉新聞與整體分布相同或不同，調整後殘差即為解釋個別細格（例如男性或女性）與表中最後一列總和分布的差異。為解釋何種背景的客家民眾使用客家媒體來聽或看選舉新聞，評估結果中的「從不」代表從不使用客家媒體來聽或看選舉新聞，「很少」代表很少使用客家媒體來聽或看選舉新聞，「有時」代表有時使用客家媒體來

表 5-30　「個人背景與使用客家媒體來聽或看選舉新聞」交叉表

			從不	很少	有時	經常	無反應	總和	
區域	北北基桃竹苗	%	56.0	26.2	11.9	5.4	0.6	100.0 (672)	
		調整後標準化殘差	0.8	0.5	0.7	-2.8	-1.1		
	中彰投	%	65.0	21.4	5.7	7.9	0.0	100.0 (140)	*p* < .01 df = 12 χ^2 = 30.581
		調整後標準化殘差	2.5	-1.2	-2.3	0.4	-1.2		
	雲嘉南高屏	%	46.5	25.8	13.1	12.1	2.5	100.0 (198)	
		調整後標準化殘差	-2.7	0.0	0.9	3.1	2.9		
	宜花東	%	50.8	29.2	12.3	7.7	0.0	100.0 (65)	
		調整後標準化殘差	-0.7	0.7	0.3	0.2	-0.8		
	總和	%	55.1	25.7	11.3	7.1	0.8	100.0 (1,075)	

			從不	很少	有時	經常	無反應	總和	
性別	女性	%	57.6	23.8	10.5	7.5	0.6	100.0 (533)	*p* > .05 df = 4 χ^2 = 4.473
		調整後標準化殘差	1.8	-1.3	-0.9	0.3	-1.0		
	男性	%	52.3	27.3	12.3	7.0	1.1	100.0 (545)	
		調整後標準化殘差	-1.8	1.3	0.9	-0.3	1.0		
	總和	%	54.9	25.6	11.4	7.2	0.8	100.0 (1,078)	

			從不	很少	有時	經常	無反應	總和	
客家世代	1974年後出生	%	68.9	23.7	5.7	1.7	0.0	100.0 (460)	*p* < .001 df = 4 χ^2 = 93.411
		調整後標準化殘差	8.0	-1.3	-5.1	-6.0	-2.6		
	1974年（含）前出生	%	44.4	27.1	15.7	11.3	1.5	100.0 (619)	
		調整後標準化殘差	-8.0	1.3	5.1	6.0	2.6		
	總和	%	54.9	25.7	11.4	7.2	0.8	100.0 (1,079)	

			從不	很少	有時	經常	無反應	總和	
教育程度	小學以下	%	28.8	26.3	25.4	17.8	1.7	100.0 (118)	*p* < .001 df = 8 χ^2 = 87.569
		調整後標準化殘差	-6.0	0.2	5.1	4.6	1.1		
	國高中	%	49.7	28.3	10.7	9.9	1.3	100.0 (392)	
		調整後標準化殘差	-2.6	1.6	-0.5	2.5	1.2		
	大專以上	%	63.8	23.6	9.0	3.3	0.4	100.0 (569)	
		調整後標準化殘差	6.2	-1.6	-2.7	-5.3	-1.8		
	總和	%	54.9	25.6	11.4	7.3	0.8	100.0 (1,079)	

表 5-30　「個人背景與使用客家媒體來聽或看選舉新聞」交叉表（續）

			從不	很少	有時	經常	無反應	總和	
收入	28,000元以下	%	30.8	26.2	28.5	13.1	1.5	100.0 (130)	
		調整後標準化殘差	-6.3	0.2	6.7	2.9	2.6		
	28,001-52,000元	%	56.5	28.0	8.4	7.1	0.0	100.0 (239)	
		調整後標準化殘差	0.2	1.0	-1.6	0.1	-1.0		
	52,001-72,000元	%	60.6	25.6	9.4	4.4	0.0	100.0 (180)	p < .001 df = 20 χ^2 = 81.273
		調整後標準化殘差	1.4	0.0	-0.8	-1.5	-0.9		
	72,001-97,000元	%	68.1	21.0	5.9	5.0	0.0	100.0 (119)	
		調整後標準化殘差	2.8	-1.2	-2.0	-0.9	-0.7		
	97,001-168,000元	%	60.1	23.1	8.7	7.5	0.6	100.0 (173)	
		調整後標準化殘差	1.2	-0.8	-1.2	0.3	0.6		
	168,001元以上	%	59.0	29.5	8.2	3.3	0.0	100.0 (61)	
		調整後標準化殘差	0.5	0.7	-0.8	-1.2	-0.5		
	總和	%	56.0	25.5	11.2	7.0	0.3	100.0 (902)	

			從不	很少	有時	經常	無反應	總和	
職業	高、中級白領	%	58.6	23.3	9.2	8.6	0.3	100.0 (348)	
		調整後標準化殘差	1.7	-1.3	-1.5	1.2	-1.4		
	中低、低級白領	%	54.2	28.5	10.9	5.4	1.0	100.0 (312)	p > .05 df = 12 χ^2 = 14.538
		調整後標準化殘差	-0.3	1.4	-0.3	-1.4	0.3		
	藍領	%	51.4	25.0	14.1	8.0	1.4	100.0 (348)	
		調整後標準化殘差	-1.6	-0.4	2.0	0.7	1.5		
	其他	%	57.1	28.6	10.0	4.3	0.0	100.0 (70)	
		調整後標準化殘差	0.4	0.6	-0.4	-1.0	-0.8		
	總和	%	54.9	25.7	11.3	7.2	0.8	100.0 (1,078)	

資料來源：劉嘉薇（2017-2018）。

說明一：本題完整題目爲「在選舉期間，請問您多常使用客家媒體來聽或看選舉的新聞（如：客家電視、客家廣播、客家雜誌和「客家小吵」等）？」（問卷第2-13題）。

說明二：表中百分比爲橫列百分比。調整後標準化殘差絕對值大於1.96者以灰階標示。

說明三：無反應包括看情形、無意見、不知道。

說明四：客家民眾收入總數（N）與本研究樣本總數（1,078）有落差，係因選項爲「拒答」或是「不知道」者，界定爲遺漏值。

聽或看選舉新聞，「經常」代表經常使用客家媒體來聽或看選舉新聞。

　　首先，在區域方面，居住在北北基桃竹苗的客家民眾表示「經常」使用客家媒體來聽或看選舉新聞的比例為5.4%，顯著低於總和的7.1%；居住在中彰投的客家民眾表示「從不」使用客家媒體來聽或看選舉新聞的比例為65.0%，顯著高於總和的55.1%，「有時」使用客家媒體來聽或看選舉新聞的比例為5.7%，顯著低於總和的11.3%；居住在雲嘉南高屏的客家民眾表示「從不」使用客家媒體來聽或看選舉新聞的比例為46.5%，顯著低於總和的55.1%，表示「經常」使用客家媒體來聽或看選舉新聞的比例為12.1%，顯著高於總和的7.1%，「無反應」的比例為2.5%，顯著高於總和的0.8%。

　　在客家世代方面，1974年後出生的客家民眾表示「從不」使用客家媒體來聽或看選舉新聞的比例為68.9%，顯著高於總和的54.9%，表示「有時」使用客家媒體來聽或看選舉新聞的比例為5.7%，顯著低於總和的11.4%，表示「經常」使用客家媒體來聽或看選舉新聞的比例為1.7%，顯著低於總和的7.2%，「無反應」的比例為0.0%，顯著低於總和的0.8%；同時，1974年（含）前出生的客家民眾表示「從不」使用客家媒體來聽或看選舉新聞的比例為44.4%，顯著低於總和的54.9%，表示「有時」使用客家媒體來聽或看選舉新聞的比例為15.7%，顯著高於總和的11.4%，表示「經常」使用客家媒體來聽或看選舉新聞的比例為11.3%，顯著高於總和的7.2%，「無反應」的比例為1.5%，顯著高於總和的0.8%。

　　在教育程度方面，小學以下的客家民眾表示「從不」使用客家媒體來聽或看選舉新聞的比例為28.8%，顯著低於總和的54.9%，表示「有時」使用客家媒體來聽或看選舉新聞的比例為25.4%，顯著高於總和的11.4%，表示「經常」使用客家媒體來聽或看選舉新聞的比例為17.8%，顯著高於總和的7.3%；國高中的客家民眾表示「從不」使用客家媒體來聽或看選舉新聞的比例為49.7%，顯著低於總和的54.9%，表示「經常」使用客家媒體來聽或看選舉新聞的比例為9.9%，顯著高於總和的7.3%；

大專以上的客家民眾表示「從不」使用客家媒體來聽或看選舉新聞的比例為63.8%，顯著高於總和的54.9%，表示「有時」使用客家媒體來聽或看選舉新聞的比例為9.0%，顯著低於總和的11.4%，表示「經常」使用客家媒體來聽或看選舉新聞的比例為3.3%，顯著低於總和的7.3%。

最後，在收入方面，家庭月收入28,000元以下的客家民眾表示「從不」使用客家媒體來聽或看選舉新聞的比例為30.8%，顯著低於總和的56.0%，表示「有時」使用客家媒體來聽或看選舉新聞的比例為28.5%，顯著高於總和的11.2%，表示「經常」使用客家媒體來聽或看選舉新聞的比例為13.1%，顯著高於總和的7.0%，「無反應」的比例為1.5%，顯著高於總和的0.3%；月收入72,001-97,000元的客家民眾表示「從不」使用客家媒體來聽或看選舉新聞的比例為68.1%，顯著高於總和的56.0%，表示「有時」使用客家媒體來聽或看選舉新聞的比例為5.9%，顯著低於總和的11.2%。

第三節　理性抉擇因素

根據研究架構圖，理性抉擇因素包括政府重北輕南和客家民眾關切議題，個人背景理性抉擇因素交叉分析如下。

一、政府重北輕南

以下表5-31為客家民眾「個人背景與國民黨政府較重視哪個區域客家庄發展」交叉表。首先，我們將關注客家民眾個人背景與國民黨政府較重視哪個區域客家庄發展的關聯性，六項個人背景中（區域、性別、客家世代、教育程度、收入及職業），皆與國民黨政府較重視哪個區域客家庄的發展有關聯，p皆小於0.05，以下將以調整後殘差解釋個別細格與總和百分比的差異，亦即在每一交叉表的最後一列，皆具有客家民眾認為國民黨政府較重視哪個區域客家庄發展的表示。例如若分為男性與女性觀察之，

表 5-31　「個人背景與國民黨政府較重視哪個區域客家庄發展」交叉表

		北部	中部	南部	東部	不知道	無反應	總和	
區域	北北基桃竹苗								
	％	39.7	6.7	1.8	1.5	34.5	15.9	100.0 (673)	
	調整後標準化殘差	-0.7	-2.1	-2.6	-1.9	2.2	1.7		
	中彰投								
	％	29.5	16.5	3.6	4.3	34.5	11.5	100.0 (139)	$p < .001$
	調整後標準化殘差	-2.8	4.0	0.6	1.9	0.7	-1.1		df = 15
	雲嘉南高屏								$\chi^2 = 83.253$
	％	55.6	6.1	2.5	1.0	24.2	10.6	100.0 (198)	
	調整後標準化殘差	4.8	-1.1	-0.3	-1.2	-2.6	-1.7		
	宜花東								
	％	26.2	9.2	12.3	7.7	26.2	18.5	100.0 (65)	
	調整後標準化殘差	-2.4	0.4	4.8	3.2	-1.1	0.9		
	總和 ％	40.5	8.0	2.8	2.1	32.1	14.5	100.0 (1,075)	

		北部	中部	南部	東部	不知道	無反應	總和	
性別	女性								
	％	38.5	6.8	3.4	1.3	38.3	11.8	100.0 (533)	$p < .001$
	調整後標準化殘差	-1.3	-1.6	1.4	-1.8	4.2	-2.4		df = 5
	男性								$\chi^2 = 25.710$
	％	42.4	9.4	2.0	2.9	26.2	17.1	100.0 (545)	
	調整後標準化殘差	1.3	1.6	-1.4	1.8	-4.2	2.4		
	總和 ％	40.4	8.1	2.7	2.1	32.2	14.5	100.0 (1,078)	

		北部	中部	南部	東部	不知道	無反應	總和	
客家世代	1974年後出生								
	％	47.1	10.5	3.5	1.7	27.2	10.0	100.0 (459)	$p < .001$
	調整後標準化殘差	3.8	2.6	1.4	-0.9	-3.0	-3.6		df = 5
	1974年（含）前出生								$\chi^2 = 34.562$
	％	35.5	6.1	2.1	2.6	35.9	17.8	100.0 (619)	
	調整後標準化殘差	-3.8	-2.6	-1.4	0.9	3.0	3.6		
	總和 ％	40.4	8.0	2.7	2.2	32.2	14.5	100.0 (1,078)	

		北部	中部	南部	東部	不知道	無反應	總和	
教育程度	小學以下								
	％	16.9	6.8	3.4	0.8	54.2	17.8	100.0 (118)	
	調整後標準化殘差	-5.5	-0.5	0.4	-1.1	5.4	1.1		$p < .001$
	國高中								df = 10
	％	36.0	8.4	3.1	2.6	33.4	16.6	100.0 (392)	$\chi^2 = 56.114$
	調整後標準化殘差	-2.2	0.3	0.4	0.6	0.7	1.5		
	大專以上								
	％	48.2	8.1	2.5	2.3	26.7	12.3	100.0 (570)	
	調整後標準化殘差	5.6	0.0	-0.7	0.1	-4.1	-2.1		
	總和 ％	40.4	8.1	2.8	2.2	32.1	14.4	100.0 (1,080)	

表 5-31　　「個人背景與國民黨政府較重視哪個區域客家庄發展」交叉表（續）

		北部	中部	南部	東部	不知道	無反應	總和	
收入	28,000元以下 %	27.3	16.7	4.5	1.5	35.6	14.4	100.0	
	調整後標準化殘差	-4.1	3.5	1.0	-0.8	2.2	0.0	(132)	
	28,001-52,000元 %	38.8	6.3	5.8	3.8	30.0	15.4	100.0	
	調整後標準化殘差	-1.7	-1.6	2.9	1.4	0.9	0.5	(240)	
	52,001-72,000元 %	47.0	7.7	1.7	2.8	27.6	13.3	100.0	$p < .001$
	調整後標準化殘差	1.1	-0.5	-1.2	0.2	-0.1	-0.5	(181)	df = 25
	72,001-97,000元 %	40.3	10.1	2.5	3.4	25.2	18.5	100.0	$\chi^2 = 58.486$
	調整後標準化殘差	-0.7	0.6	-0.4	0.6	-0.7	1.4	(119)	
	97,001-168,000元 %	53.2	7.5	1.2	1.7	23.1	13.3	100.0	
	調整後標準化殘差	2.9	-0.6	-1.6	-0.8	-1.5	-0.4	(173)	
	168,001元以上 %	65.0	5.0	0.0	0.0	21.7	8.3	100.0	
	調整後標準化殘差	3.5	-1.1	-1.4	-1.3	-1.1	-1.4	(60)	
	總和 %	43.4	8.7	3.1	2.5	27.8	14.4	100.0 (905)	

		北部	中部	南部	東部	不知道	無反應	總和	
職業	高、中級白領 %	48.3	5.5	2.3	3.8	28.6	11.6	100.0	
	調整後標準化殘差	3.6	-2.1	-0.5	2.3	-1.7	-1.9	(346)	
	中低、低級白領 %	41.2	9.9	3.8	0.3	30.4	14.4	100.0	$p < .01$
	調整後標準化殘差	0.3	1.4	1.5	-2.7	-0.8	0.0	(313)	df = 15
	藍領 %	33.4	9.1	2.0	2.6	35.1	17.7	100.0	$\chi^2 = 36.595$
	調整後標準化殘差	-3.2	0.9	-1.0	0.5	1.5	2.1	(350)	
	其他 %	32.9	7.1	2.9	1.4	42.9	12.9	100.0	
	調整後標準化殘差	-1.3	-0.3	0.1	-0.5	2.0	-0.4	(70)	
	總和 %	40.4	8.1	2.7	2.2	32.2	14.5	100.0 (1,079)	

資料來源：劉嘉薇（2017-2018）。

說明一：本題完整題目爲「請問您認爲國民黨政府比較重視哪個區域客家庄的發展？是北部、中部、南部還是東部？」（問卷第3-1題）。

說明二：表中百分比爲橫列百分比。調整後標準化殘差絕對值大於1.96者以灰階標示。

說明三：無反應包括拒答、看情形、無意見。

說明四：客家民眾收入總數（N）與本研究樣本總數（1,078）有落差，係因選項爲「拒答」或是「不知道」者，界定爲遺漏值。

若欲瞭解男性與女性對於國民黨政府較重視哪個區域客家庄發展的表示與整體分布相同或不同，調整後殘差即為解釋個別細格（例如男性或女性）與表中最後一列總和分布的差異。為解釋何種背景的客家民眾認為國民黨政府較重視哪個區域客家庄發展，評估結果中的「北部」代表認為國民黨政府較重視北部客家庄的發展，「中部」代表認為國民黨政府較重視中部客家庄的發展，「南部」代表認為國民黨政府較重視南部客家庄的發展，「東部」代表認為國民黨政府較重視東部客家庄的發展，「不知道」代表不知道國民黨政府較重視哪個客家庄的發展。

首先，在區域方面，居住在北北基桃竹苗的客家民眾表示國民黨政府較重視「中部」客家庄發展的比例為6.7%，顯著低於總和的8.0%，國民黨政府較重視「南部」客家庄發展的比例為1.8%，顯著低於總和的2.8%，「不知道」國民黨政府較重視哪個客家庄發展的比例為34.5%，顯著高於總和的32.1%；居住在中彰投的客家民眾表示國民黨政府較重視「北部」客家庄發展的比例為29.5%，顯著低於總和的40.5%，國民黨政府較重視「中部」客家庄發展的比例為16.5%，顯著高於總和的8.0%；居住在雲嘉南高屏的客家民眾表示國民黨政府較重視「北部」客家庄發展的比例為55.6%，顯著高於總和的40.5%，「不知道」國民黨政府較重視哪個客家庄發展的比例為24.2%，顯著低於總和的32.1%；居住在宜花東的客家民眾表示國民黨政府較重視「北部」客家庄發展的比例為26.2%，顯著低於總和的40.5%，國民黨政府較重視「南部」客家庄發展的比例為12.3%，顯著高於總和的2.8%，國民黨政府較重視「東部」客家庄發展的比例為7.7%，顯著高於總和的2.1%。

在性別方面，女性客家民眾表示「不知道」國民黨政府較重視哪個客家庄發展的比例為38.3%，顯著高於總和的32.2%，「無反應」的比例為11.8%，顯著低於總和的14.5%；男性客家民眾表示「不知道」國民黨政府較重視哪個客家庄發展的比例為26.2%，顯著低於總和的32.2%，「無反應」的比例為17.1%，顯著高於總和的14.5%。

在客家世代方面，1974年後出生的客家民眾表示國民黨政府較重視

「北部」客家庄發展的比例爲47.1%，顯著高於總和的40.4%，國民黨政府較重視「中部」客家庄發展的比例爲10.5%，顯著高於總和的8.0%，「不知道」國民黨政府較重視哪個客家庄發展的比例爲27.2%，顯著低於總和的32.2%，「無反應」的比例爲10.0%，顯著低於總和的14.5%；同時，1974年（含）前出生的客家民眾表示國民黨政府較重視「北部」客家庄發展的比例爲35.5%，顯著低於總和的40.4%，國民黨政府較重視「中部」客家庄發展的比例爲6.1%，顯著低於總和的8.0%，「不知道」國民黨政府較重視哪個客家庄發展的比例爲35.9%，顯著高於總和的32.2%，「無反應」的比例爲17.8%，顯著高於總和的14.5%。

　　在教育程度方面，小學以下的客家民眾表示國民黨政府較重視「北部」客家庄發展的比例爲16.9%，顯著低於總和的40.4%，「不知道」國民黨政府較重視哪個客家庄發展的比例爲54.2%，顯著高於總和的32.1%；國高中的客家民眾表示國民黨政府較重視「北部」客家庄發展的比例爲36.0%，顯著低於總和的40.4%；大專以上的客家民眾表示國民黨政府較重視「北部」客家庄發展的比例爲48.2%，顯著高於總和的40.4%，「不知道」國民黨政府較重視哪個客家庄發展的比例爲26.7%，顯著低於總和的32.1%，「無反應」的比例爲12.3%，顯著低於總和的14.4%。

　　在收入方面，家庭月收入28,000元以下的客家民眾表示國民黨政府較重視「北部」客家庄發展的比例爲27.3%，顯著低於總和的43.4%，國民黨政府較重視「中部」客家庄發展的比例爲16.7%，顯著高於總和的8.7%，「不知道」國民黨政府較重視哪個客家庄發展的比例爲35.6%，顯著高於總和的27.8%；月收入28,001-52,000元的客家民眾表示國民黨政府較重視「南部」客家庄發展的比例爲5.8%，顯著高於總和的3.1%；月收入97,001-168,000元的客家民眾表示國民黨政府較重視「北部」客家庄發展的比例爲53.2%，顯著高於總和的43.4%；月收入168,001元以上的客家民眾表示國民黨政府較重視「北部」客家庄發展的比例爲65.0%，顯著高於總和的43.4%。

　　最後，在職業方面，高、中級白領的客家民眾表示國民黨政府較重視「北部」客家庄發展的比例爲48.3%，顯著高於總和的40.4%，國民黨政府較重視「中部」客家庄發展的比例爲5.5%，顯著低於總和的8.1%，國民黨政府較重視「東部」客家庄發展的比例爲3.8%，顯著高於總和的2.2%；中低、低級白領的客家民眾表示國民黨政府較重視「東部」客家庄發展的比例爲0.3%，顯著低於總和的2.2%；藍領的客家民眾表示國民黨政府較重視「北部」客家庄發展的比例爲33.4%，顯著低於總和的40.4%，「無反應」的比例爲17.7%，顯著高於總和的14.5%；其他的客家民眾「不知道」國民黨政府較重視哪個客家庄發展的比例爲42.9%，顯著高於總和的32.2%。至於其他細格與總和的差異皆不顯著，不予描述。

　　以下表5-32爲客家民眾「個人背景與民進黨政府較重視哪個區域客家庄發展」交叉表。首先，我們將關注客家民眾個人背景與民進黨政府較重視哪個區域客家庄發展的關聯性，六項個人背景中（區域、性別、客家世代、教育程度、收入及職業），皆與民進黨政府較重視哪個區域客家庄的發展有關聯，p皆小於0.05，以下將以調整後殘差解釋個別細格與總和百分比的差異，亦即在每一交叉表的最後一列，皆具有客家民眾認爲民進黨政府較重視哪個區域客家庄發展的表示。例如若分爲男性與女性觀察之，若欲瞭解男性與女性對於民進黨政府較重視哪個區域客家庄發展的表示與整體分布相同或不同，調整後殘差即爲解釋個別細格（例如男性或女性）與表中最後一列總和分布的差異。爲解釋何種背景的客家民眾認爲民進黨政府較重視哪個區域客家庄發展，評估結果中的「北部」代表認爲民進黨政府較重視北部客家庄的發展，「中部」代表認爲民進黨政府較重視中部客家庄的發展，「南部」代表認爲民進黨政府較重視南部客家庄的發展，「東部」代表認爲民進黨政府較重視東部客家庄的發展，「不知道」代表不知道民進黨政府較重視哪個客家庄的發展。

　　首先，在區域方面，居住在北北基桃竹苗的客家民眾表示民進黨政府較重視「東部」客家庄發展的比例爲0.3%，顯著低於總和的0.7%；居住在中彰投的客家民眾「無反應」的比例爲8.7%，顯著低於總和的15.0%；

居住在雲嘉南高屏的客家民眾表示民進黨政府較重視「南部」客家庄發展的比例為38.2%，顯著高於總和的31.4%，「不知道」民進黨政府較重視哪個客家庄發展的比例為27.6%，顯著低於總和的34.1%；居住在宜花東的客家民眾表示民進黨政府較重視「東部」客家庄發展的比例為6.0%，顯著高於總和的0.7%。

在性別方面，女性客家民眾表示民進黨政府較重視「北部」客家庄發展的比例為10.9%，顯著低於總和的13.6%，民進黨政府較重視「東部」客家庄發展的比例為0.2%，顯著低於總和的0.7%，「不知道」民進黨政府較重視哪個客家庄發展的比例為39.7%，顯著高於總和的34.3%，「無反應」的比例為11.8%，顯著低於總和的15.0%；男性客家民眾表示民進黨政府較重視「北部」客家庄發展的比例為16.3%，顯著高於總和的13.6%，民進黨政府較重視「東部」客家庄發展的比例為1.3%，顯著高於總和的0.7%，「不知道」民進黨政府較重視哪個客家庄發展的比例為29.0%，顯著低於總和的34.3%，「無反應」的比例為18.2%，顯著高於總和的15.0%。

在客家世代方面，1974年後出生的客家民眾表示民進黨政府較重視「北部」客家庄發展的比例為17.0%，顯著高於總和的13.7%，民進黨政府較重視「中部」客家庄發展的比例為6.5%，顯著高於總和的4.9%，民進黨政府較重視「南部」客家庄發展的比例為37.3%，顯著高於總和的31.3%，「不知道」民進黨政府較重視哪個客家庄發展的比例為27.5%，顯著低於總和的34.3%，「無反應」的比例為10.9%，顯著低於總和的15.0%；同時，1974年（含）前出生的客家民眾表示民進黨政府較重視「北部」客家庄發展的比例為11.3%，顯著低於總和的13.7%，民進黨政府較重視「中部」客家庄發展的比例為3.7%，顯著低於總和的4.9%，民進黨政府較重視「南部」客家庄發展的比例為26.8%，顯著低於總和的31.3%，「不知道」民進黨政府較重視哪個客家庄發展的比例為39.4%，顯著高於總和的34.3%，「無反應」的比例為18.1%，顯著高於總和的15.0%。

　　在教育程度方面，小學以下的客家民眾表示民進黨政府較重視「北部」客家庄發展的比例為6.0%，顯著低於總和的13.6%，民進黨政府較重視「南部」客家庄發展的比例為14.5%，顯著低於總和的31.4%，「不知道」民進黨政府較重視哪個客家庄發展的比例為61.5%，顯著高於總和的34.2%；國高中的客家民眾表示民進黨政府較重視「北部」客家庄發展的比例為10.7%，顯著低於總和的13.6%；大專以上的客家民眾表示民進黨政府較重視「北部」客家庄發展的比例為17.2%，顯著高於總和的13.6%，民進黨政府較重視「南部」客家庄發展的比例為35.0%，顯著高於總和的31.4%，「不知道」民進黨政府較重視哪個客家庄發展的比例為27.2%，顯著低於總和的34.2%。

　　在收入方面，家庭月收入28,000元以下的客家民眾表示「不知道」民進黨政府較重視哪個客家庄發展的比例為41.2%，顯著高於總和的30.8%；月收入52,001-72,000元的客家民眾表示民進黨政府較重視「中部」客家庄發展的比例為1.1%，顯著低於總和的5.1%；月收入72,001-97,000元的客家民眾表示民進黨政府較重視「中部」客家庄發展的比例為10.0%，顯著高於總和的5.1%；月收入168,001元以上的客家民眾表示民進黨政府較重視「北部」客家庄發展的比例為29.0%，顯著高於總和的14.7%，民進黨政府較重視「中部」客家庄發展的比例為12.9%，顯著高於總和的5.1%，「不知道」民進黨政府較重視哪個客家庄發展的比例為19.4%，顯著低於總和的30.8%。

　　最後，在職業方面，高、中級白領的客家民眾表示民進黨政府較重視「中部」客家庄發展的比例為2.9%，顯著低於總和的5.0%，民進黨政府較重視「南部」客家庄發展的比例為35.7%，顯著高於總和的31.3%；藍領的客家民眾表示民進黨政府較重視「南部」客家庄發展的比例為23.9%，顯著低於總和的31.3%，「不知道」民進黨政府較重視哪個客家庄發展的比例為39.5%，顯著高於總和的34.3%。至於其他細格與總和的差異皆不顯著，不予描述。

表 5-32　「個人背景與民進黨政府較重視哪個區域客家庄發展」交叉表

			北部	中部	南部	東部	不知道	無反應	總和	
區域	北北基桃竹苗	%	13.2	4.8	30.3	0.3	35.4	16.0	100.0	
		調整後標準化殘差	-0.6	-0.5	-1.0	-2.2	1.2	1.2	(673)	
	中彰投	%	18.1	6.5	29.7	0.0	37.0	8.7	100.0	$p < .001$
		調整後標準化殘差	1.6	0.9	-0.5	-1.1	0.8	-2.2	(138)	df = 15
	雲嘉南高屏	%	11.6	5.0	38.2	1.0	27.6	16.6	100.0	$\chi^2 = 43.243$
		調整後標準化殘差	-1.0	0.0	2.3	0.5	-2.1	0.7	(199)	
	宜花東	%	16.4	4.5	25.4	6.0	34.3	13.4	100.0	
		調整後標準化殘差	0.7	-0.2	-1.1	5.1	0.0	-0.4	(67)	
	總和	%	13.7	5.0	31.4	0.7	34.1	15.0	100.0 (1,077)	

			北部	中部	南部	東部	不知道	無反應	總和	
性別	女性	%	10.9	5.5	32.0	0.2	39.7	11.8	100.0	$p < .001$
		調整後標準化殘差	-2.6	0.6	0.5	-2.1	3.7	-2.9	(532)	df = 5
	男性	%	16.3	4.6	30.6	1.3	29.0	18.2	100.0	$\chi^2 = 26.820$
		調整後標準化殘差	2.6	-0.6	-0.5	2.1	-3.7	2.9	(545)	
	總和	%	13.6	5.0	31.3	0.7	34.3	15.0	100.0 (1,077)	

			北部	中部	南部	東部	不知道	無反應	總和	
客家世代	1974年後出生	%	17.0	6.5	37.3	0.9	27.5	10.9	100.0	$p < .001$
		調整後標準化殘差	2.7	2.1	3.7	0.4	-4.1	-3.3	(459)	df = 5
	1974年（含）前出生	%	11.3	3.7	26.8	0.6	39.4	18.1	100.0	$\chi^2 = 39.924$
		調整後標準化殘差	-2.7	-2.1	-3.7	-0.4	4.1	3.3	(619)	
	總和	%	13.7	4.9	31.3	0.7	34.3	15.0	100.0 (1,078)	

			北部	中部	南部	東部	不知道	無反應	總和	
教育程度	小學以下	%	6.0	2.6	14.5	0.0	61.5	15.4	100.0	
		調整後標準化殘差	-2.6	-1.3	-4.2	-1.0	6.6	0.1	(117)	$p < .001$
	國高中	%	10.7	4.3	31.1	1.3	36.2	16.3	100.0	df = 10
		調整後標準化殘差	-2.1	-0.8	-0.1	1.5	1.0	0.9	(392)	$\chi^2 = 66.201$
	大專以上	%	17.2	6.0	35.0	0.5	27.2	14.1	100.0	
		調整後標準化殘差	3.6	1.5	2.7	-0.9	-5.1	-0.9	(569)	
	總和	%	13.6	5.0	31.4	0.7	34.2	15.0	100.0 (1,078)	

表 5-32　「個人背景與民進黨政府較重視哪個區域客家庄發展」交叉表（續）

			北部	中部	南部	東部	不知道	無反應	總和	
收入	28,000元以下	%	9.9	3.8	28.2	1.5	41.2	15.3	100.0 (131)	
		調整後標準化殘差	-1.7	-0.7	-1.2	1.3	2.8	-0.3		
	28,001-52,000元	%	14.6	5.9	31.4	0.4	32.2	15.5	100.0 (239)	
		調整後標準化殘差	0.0	0.6	-0.5	-0.5	0.6	-0.3		
	52,001-72,000元	%	16.8	1.1	35.8	1.1	30.2	15.1	100.0 (179)	p < .01 df = 25 χ² = 51.413
		調整後標準化殘差	0.9	-2.7	1.0	0.8	-0.2	-0.4		
	72,001-97,000元	%	10.8	10.0	32.5	0.0	30.0	16.7	100.0 (120)	
		調整後標準化殘差	-1.3	2.6	0.0	-1.0	-0.2	0.2		
	97,001-168,000元	%	13.9	2.9	36.4	0.6	26.0	20.2	100.0 (173)	
		調整後標準化殘差	-0.3	-1.5	1.2	-0.2	-1.5	1.6		
	168,001元以上	%	29.0	12.9	27.4	0.0	19.4	11.3	100.0 (62)	
		調整後標準化殘差	3.3	2.9	-0.9	-0.7	-2.0	-1.1		
	總和	%	14.7	5.1	32.6	0.7	30.8	16.2	100.0 (904)	

			北部	中部	南部	東部	不知道	無反應	總和	
職業	高、中級白領	%	13.3	2.9	35.7	0.9	33.7	13.5	100.0 (347)	
		調整後標準化殘差	-0.3	-2.2	2.2	0.6	-0.3	-1.0		
	中低、低級白領	%	16.0	6.7	32.7	0.0	30.4	14.1	100.0 (312)	p < .05 df = 15 χ² = 28.734
		調整後標準化殘差	1.5	1.6	0.6	-1.7	-1.7	-0.6		
	藍領	%	12.4	5.2	23.9	0.6	39.5	18.2	100.0 (347)	
		調整後標準化殘差	-0.8	0.2	-3.6	0.6	2.5	1.9		
	其他	%	11.3	7.0	39.4	1.4	28.2	12.7	100.0 (71)	
		調整後標準化殘差	-0.6	0.8	1.5	0.8	-1.1	-0.6		
	總和	%	13.6	5.0	31.3	0.6	34.3	15.1	100.0 (1,077)	

資料來源：劉嘉薇（2017-2018）。

說明一：本題完整題目爲「請問您認爲民進黨政府比較重視哪個區域客家庄的發展？是北部、中部、南部還是東部？」（問卷第3-2題）。

說明二：表中百分比爲橫列百分比。調整後標準化殘差絕對值大於1.96者以灰階標示。

說明三：無反應包括拒答、看情形、無意見。

說明四：客家民眾收入總數（N）與本研究樣本總數（1,078）有落差，係因選項爲「拒答」或是「不知道」者，界定爲遺漏值。

二、關切議題

　　以下表5-33為客家民眾「個人背景與瞭解《客家基本法》的程度」交叉表。首先，我們將關注客家民眾個人背景與瞭解《客家基本法》程度的關聯性，六項個人背景中（區域、性別、客家世代、教育程度、收入及職業），皆與瞭解《客家基本法》的程度有關聯，p皆小於0.05，以下將以調整後殘差解釋個別細格與總和百分比的差異，亦即在每一交叉表的最後一列，皆具有客家民眾瞭解《客家基本法》的程度。例如若分為男性與女性觀察之，若欲瞭解男性與女性瞭解《客家基本法》的程度與整體分布相同或不同，調整後殘差即為解釋個別細格（例如男性或女性）與表中最後一列總和分布的差異。為解釋何種背景的客家民眾瞭解《客家基本法》的程度，評估結果中的「非常不瞭解」代表非常不瞭解《客家基本法》，「不太瞭解」代表不太瞭解《客家基本法》，「還算瞭解」代表還算瞭解《客家基本法》，「非常瞭解」代表非常瞭解《客家基本法》，「沒聽過」代表沒聽過《客家基本法》，「不知道」代表不知道《客家基本法》。

　　首先，在表5-33「個人背景與瞭解《客家基本法》的程度」交叉表中，在區域方面，居住在北北基桃竹苗的客家民眾表示「非常不瞭解」《客家基本法》的比例為40.9%，顯著高於總和的38.3%，「非常瞭解」《客家基本法》的比例為2.1%，顯著高於總和的1.5%；居住在中彰投的客家民眾「無反應」的比例為0.7%，顯著高於總和的0.1%；居住在雲嘉南高屏的客家民眾表示「非常不瞭解」《客家基本法》的比例為29.1%，顯著低於總和的38.3%，「沒聽過」《客家基本法》的比例為30.7%，顯著高於總和的23.6%；居住在宜花東的客家民眾表示「不太瞭解」《客家基本法》的比例為7.7%，顯著低於總和的18.6%，「不知道」《客家基本法》的比例為26.2%，顯著高於總和的14.6%。

　　在性別方面，女性客家民眾表示「不知道」《客家基本法》的比例為17.2%，顯著高於總和的14.6%；男性客家民眾表示「不知道」《客家基

表 5-33　「個人背景與瞭解《客家基本法》的程度」交叉表

			非常不瞭解	不太瞭解	還算瞭解	非常瞭解	沒聽過	不知道	無反應	總和	
區域	北北基桃竹苗	%	40.9	18.0	2.8	2.1	22.3	14.0	0.0	100.0 (673)	
		調整後標準化殘差	2.3	-0.6	-1.4	2.1	-1.3	-0.7	-1.3		p < .01 df = 18 χ² = 42.583
	中彰投	%	41.4	22.1	5.0	0.7	18.6	11.4	0.7	100.0 (140)	
		調整後標準化殘差	0.8	1.2	1.1	-0.8	-1.5	-1.1	2.6		
	雲嘉南高屏	%	29.1	21.6	3.0	0.5	30.7	15.1	0.0	100.0 (199)	
		調整後標準化殘差	-2.9	1.2	-0.4	-1.3	2.6	0.2	-0.5		
	宜花東	%	32.3	7.7	7.7	0.0	26.2	26.2	0.0	100.0 (65)	
		調整後標準化殘差	-1.0	-2.3	1.9	-1.0	0.5	2.7	-0.3		
	總和	%	38.3	18.6	3.4	1.5	23.6	14.6	0.1	100.0 (1,077)	

			非常不瞭解	不太瞭解	還算瞭解	非常瞭解	沒聽過	不知道	無反應	總和	
性別	女性	%	37.1	18.9	2.4	1.9	22.5	17.2	0.0	100.0 (534)	
		調整後標準化殘差	-0.9	0.5	-1.9	1.3	-0.9	2.5	-1.0		p < .05 df = 6 χ² = 12.822
	男性	%	39.8	17.8	4.6	0.9	24.8	11.9	0.2	100.0 (545)	
		調整後標準化殘差	0.9	-0.5	1.9	-1.3	0.9	-2.5	1.0		
	總和	%	38.5	18.4	3.5	1.4	23.6	14.6	0.1	100.0 (1,079)	

			非常不瞭解	不太瞭解	還算瞭解	非常瞭解	沒聽過	不知道	無反應	總和	
客家世代	1974年後出生	%	47.1	16.1	3.1	0.4	22.4	10.9	0.0	100.0 (459)	
		調整後標準化殘差	5.0	-1.7	-0.6	-2.3	-0.7	-3.0	-0.9		p < .001 df = 6 χ² = 32.438
	1974年(含)前出生	%	32.0	20.2	3.7	2.1	24.4	17.4	0.2	100.0 (619)	
		調整後標準化殘差	-5.0	1.7	0.6	2.3	0.7	3.0	0.9		
	總和	%	38.4	18.5	3.4	1.4	23.6	14.7	0.1	100.0 (1,078)	

			非常不瞭解	不太瞭解	還算瞭解	非常瞭解	沒聽過	不知道	無反應	總和	
教育程度	小學以下	%	23.9	21.4	6.0	6.8	18.8	23.1	0.0	100.0 (117)	
		調整後標準化殘差	-3.4	0.9	1.5	5.6	-1.3	2.7	-0.3		p < .001 df = 12 χ² = 62.205
	國高中	%	34.9	21.7	3.1	1.3	24.0	14.8	0.3	100.0 (392)	
		調整後標準化殘差	-1.7	2.1	-0.6	-0.1	0.2	0.1	1.3		
	大專以上	%	43.7	15.7	3.3	0.2	24.3	12.9	0.0	100.0 (568)	
		調整後標準化殘差	3.8	-2.5	-0.3	-3.4	0.6	-1.8	-1.1		
	總和	%	38.3	18.5	3.5	1.3	23.6	14.7	0.1	100.0 (1,077)	

表 5-33　「個人背景與瞭解《客家基本法》的程度」交叉表（續）

		非常不瞭解	不太瞭解	還算瞭解	非常瞭解	沒聽過	不知道	無反應	總和	
收入	28,000元以下 %	31.1	15.9	8.3	6.1	23.5	14.4	0.8	100.0 (132)	
	調整後標準化殘差	-2.3	-0.4	3.2	4.8	-0.3	0.5	2.4		
	28,001-52,000元 %	41.2	18.5	1.3	0.8	27.3	10.9	0.0	100.0 (238)	
	調整後標準化殘差	0.4	0.6	-2.2	-0.9	1.2	-1.1	-0.6		
	52,001-72,000元 %	35.6	23.9	5.0	0.6	23.3	11.7	0.0	100.0 (180)	$p < .001$
	調整後標準化殘差	-1.4	2.6	1.2	-1.1	-0.4	-0.6	-0.5		df = 30
	72,001-97,000元 %	50.8	12.5	0.8	1.7	23.3	10.8	0.0	100.0 (120)	$\chi^2 = 76.653$
	調整後標準化殘差	2.6	-1.5	-1.7	0.2	-0.3	-0.8	-0.4		
	97,001-168,000元 %	42.8	15.0	3.5	0.0	26.0	12.7	0.0	100.0 (173)	
	調整後標準化殘差	0.8	-0.9	-0.1	-1.8	0.5	-0.2	-0.5		
	168,001元以上 %	40.0	11.7	3.3	0.0	16.7	28.3	0.0	100.0 (60)	
	調整後標準化殘差	0.0	-1.2	-0.1	-1.0	-1.5	3.6	-0.3		
	總和 %	40.1	17.3	3.5	1.4	24.5	13.1	0.1	100.0 (903)	

		非常不瞭解	不太瞭解	還算瞭解	非常瞭解	沒聽過	不知道	無反應	總和	
職業	高、中級白領 %	40.2	17.2	4.9	0.6	21.8	14.9	0.3	100.0 (348)	
	調整後標準化殘差	0.9	-0.7	1.8	-1.6	-1.0	0.2	1.4		
	中低、低級白領 %	39.0	22.9	2.9	2.6	20.3	12.3	0.0	100.0 (310)	$p < .05$
	調整後標準化殘差	0.3	2.4	-0.6	2.1	-1.6	-1.4	-0.6		df = 18
	藍領 %	34.4	17.2	3.2	0.9	28.1	16.3	0.0	100.0 (349)	$\chi^2 = 30.209$
	調整後標準化殘差	-1.9	-0.7	-0.3	-1.0	2.4	1.1	-0.7		
	其他 %	46.5	9.9	0.0	2.8	25.4	15.5	0.0	100.0 (71)	
	調整後標準化殘差	1.4	-1.9	-1.6	1.1	0.3	0.2	-0.3		
	總和 %	38.4	18.4	3.4	1.4	23.7	14.7	0.1	100.0 (1,078)	

資料來源：劉嘉薇（2017-2018）。

說明一：本題完整題目為「請問您瞭不瞭解《客家基本法》？」（問卷第3-3題）。

說明二：表中百分比為橫列百分比。調整後標準化殘差絕對值大於1.96者以灰階標示。

說明三：無反應包括拒答、看情形、無意見。

說明四：客家民眾收入總數（N）與本研究樣本總數（1,078）有落差，係因選項為「拒答」或是「不知道」者，界定為遺漏值。

本法》的比例為11.9%，顯著低於總和的14.6%。

　　在客家世代方面，1974年後出生的客家民眾表示「非常不瞭解」《客家基本法》的比例為47.1%，顯著高於總和的38.4%，「非常瞭解」《客家基本法》的比例為0.4%，顯著低於總和的1.4%，「不知道」《客家基本法》的比例為10.9%，顯著低於總和的14.7%；同時，1974年（含）前出生的客家民眾表示「非常不瞭解」《客家基本法》的比例為32.0%，顯著低於總和的38.4%，「非常瞭解」《客家基本法》的比例為2.1%，顯著高於總和的1.4%，「不知道」《客家基本法》的比例為17.4%，顯著高於總和的14.7%。

　　在教育程度方面，小學以下的客家民眾表示「非常不瞭解」《客家基本法》的比例為23.9%，顯著低於總和的38.3%，「非常瞭解」《客家基本法》的比例為6.8%，顯著高於總和的1.3%，「不知道」《客家基本法》的比例為23.1%，顯著高於總和的14.7%；國高中的客家民眾表示「不太瞭解」《客家基本法》的比例為21.7%，顯著高於總和的18.5%；大專以上的客家民眾表示「非常不瞭解」《客家基本法》的比例為43.7%，顯著高於總和的38.3%，「不太瞭解」《客家基本法》的比例為15.7%，顯著低於總和的18.5%，「非常瞭解」《客家基本法》的比例為0.2%，顯著低於總和的1.3%。

　　在收入方面，家庭月收入28,000元以下的客家民眾表示「非常不瞭解」《客家基本法》的比例為31.1%，顯著低於總和的40.1%，「還算瞭解」《客家基本法》的比例為8.3%，顯著高於總和的3.5%，「非常瞭解」《客家基本法》的比例為6.1%，顯著高於總和的1.4%，「無反應」的比例為0.8%，顯著高於總和的0.1%；月收入28,001-52,000元的客家民眾表示「還算瞭解」《客家基本法》的比例為1.3%，顯著低於總和的3.5%；月收入52,001-72,000元的客家民眾表示「不太瞭解」《客家基本法》的比例為23.9%，顯著高於總和的17.3%；月收入72,001-97,000元的客家民眾表示「非常不瞭解」《客家基本法》的比例為50.8%，顯著高於總和的40.1%；月收入168,001元以上的客家民眾表示「不知道」《客家基

本法》的比例爲28.3%，顯著高於總和的13.1%。

　　最後，在職業方面，中低、低級白領的客家民衆表示「不太瞭解」《客家基本法》的比例爲22.9%，顯著高於總和的18.4%，「非常瞭解」《客家基本法》的比例爲2.6%，顯著高於總和的1.4%；藍領的客家民衆表示「沒聽過」《客家基本法》的比例爲28.1 %，顯著高於總和的23.7%。至於其他細格與總和的差異皆不顯著，不予描述。

　　以下表5-34爲客家民衆「個人背景與對客家人而言最重要的客家議題」交叉表。首先，我們將關注客家民衆個人背景與對客家人而言最重要的客家議題的關聯性，六項個人背景中（區域、性別、客家世代、教育程度、收入及職業），除收入和職業以外，皆與對客家人而言最重要的客家議題有關聯，p皆小於0.05，以下將以調整後殘差解釋個別細格與總和百分比的差異，亦即在每一交叉表的最後一列，皆具有客家民衆認爲對客家人而言最重要的客家議題。例如若分爲男性與女性觀察之，若欲瞭解男性與女性認爲對客家人而言最重要的客家議題與整體分布相同或不同，調整後殘差即爲解釋個別細格（例如男性或女性）與表中最後一列總和分布的差異。爲解釋何種背景的客家民衆認爲對客家人而言最重要的客家議題，評估結果中的「語言的傳承（客家話）」代表認爲對客家人而言最重要的客家議題是語言的傳承（客家話），「保存客家傳統文化」代表認爲對客家人而言最重要的客家議題是保存客家傳統文化，「客家人不團結」代表認爲對客家人而言最重要的客家議題是客家人不團結，「經濟」代表認爲對客家人而言最重要的客家議題是經濟，「其他」代表認爲對客家人而言最重要的客家議題是上述所列以外，包括：「不要分族群，大家都是臺灣人」、「不要有族群差別」、「生存」、「老人福利與地方建設」、「客家人好相處」、「政府對客家人的重視程度」、「族群融合，不要分客家、閩南」、「親切感」。

　　首先，在區域方面，居住在北北基桃竹苗的客家民衆認爲對客家人而言最重要的客家議題是「語言的傳承（客家話）」的比例爲32.8%，顯著高於總和的30.3%；居住在中彰投的客家民衆認爲對客家人而言最重要的

表 5-34 「個人背景跟對客家人而言最重要的客家議題」交叉表

區域		語言的傳承（客家話）	保存客家傳統文化	客家人不團結	經濟	其他	無反應	總和	
北北基桃竹苗	%	32.8	37.8	4.5	10.8	0.7	13.4	100.0 (674)	
	調整後標準化殘差	2.3	-0.3	-1.1	-0.2	-0.4	-1.6		
中彰投	%	17.9	46.4	3.6	18.6	0.0	13.6	100.0 (140)	$p < .001$
	調整後標準化殘差	-3.4	2.1	-0.8	3.1	-1.2	-0.4		$df = 15$
雲嘉南高屏	%	28.6	36.2	9.0	8.0	1.5	16.6	100.0 (199)	$\chi^2 = 42.187$
	調整後標準化殘差	-0.6	-0.7	2.9	-1.5	1.2	0.9		
宜花東	%	36.9	30.8	1.5	4.6	1.5	24.6	100.0 (65)	
	調整後標準化殘差	1.2	-1.3	-1.3	-1.7	0.6	2.3		
總和	%	30.3	38.2	5.0	10.9	0.8	14.7	100.0 (1,078)	

性別		語言的傳承（客家話）	保存客家傳統文化	客家人不團結	經濟	其他	無反應	總和	
女性	%	27.2	43.8	3.7	9.4	0.6	15.4	100.0 (534)	$p < .01$
	調整後標準化殘差	-2.2	3.8	-1.9	-1.6	-1.2	0.6		$df = 5$
男性	%	33.4	32.5	6.2	12.5	1.3	14.1	100.0 (545)	$\chi^2 = 20.114$
	調整後標準化殘差	2.2	-3.8	1.9	1.6	1.2	-0.6		
總和	%	30.3	38.1	5.0	10.9	0.9	14.7	100.0 (1,079)	

客家世代		語言的傳承（客家話）	保存客家傳統文化	客家人不團結	經濟	其他	無反應	總和	
1974年後出生	%	35.0	42.4	2.4	11.1	0.4	8.7	100.0 (460)	$p < .001$
	調整後標準化殘差	3.0	2.5	-3.5	0.1	-1.2	-4.8		$df = 5$
1974年（含）前出生	%	26.7	35.1	7.1	10.8	1.1	19.2	100.0 (619)	$\chi^2 = 42.720$
	調整後標準化殘差	-3.0	-2.5	3.5	-0.1	1.2	4.8		
總和	%	30.2	38.2	5.1	10.9	0.8	14.7	100.0 (1,079)	

表 5-34 「個人背景與對客家人而言最重要的客家議題」交叉表（續）

		語言的傳承（客家話）	保存客家傳統文化	客家人不團結	經濟	其他	無反應	總和
教育程度	小學以下							
	%	15.5	33.6	9.5	13.8	1.7	25.9	100.0 (116)
	調整後標準化殘差	-3.7	-1.1	2.3	1.0	1.1	3.6	
	國高中							
	%	24.5	38.3	7.9	11.0	1.0	17.3	100.0 (392)
	調整後標準化殘差	-3.1	0.0	3.3	0.0	0.5	1.9	
	大專以上							
	%	37.3	39.1	2.1	10.4	0.5	10.6	100.0 (568)
	調整後標準化殘差	5.3	0.6	-4.6	-0.6	-1.2	-4.0	
	總和							
	%	30.3	38.2	5.0	11.0	0.8	14.7	100.0 (1,076)

$p < .001$
$df = 10$
$\chi^2 = 64.670$

		語言的傳承（客家話）	保存客家傳統文化	客家人不團結	經濟	其他	無反應	總和
收入	28,000元以下							
	%	22.3	38.5	7.7	13.8	1.5	16.2	100.0 (130)
	調整後標準化殘差	-2.4	-0.2	1.7	1.2	0.7	1.3	
	28,001-52,000元							
	%	37.7	35.1	5.0	10.9	0.8	10.5	100.0 (239)
	調整後標準化殘差	2.5	-1.6	0.2	0.0	-0.3	-1.2	
	52,001-72,000元							
	%	31.7	42.2	4.4	6.7	0.6	14.4	100.0 (180)
	調整後標準化殘差	0.1	0.9	-0.2	-2.0	-0.7	0.8	
	72,001-97,000元							
	%	35.0	38.3	5.8	8.3	0.8	11.7	100.0 (120)
	調整後標準化殘差	0.9	-0.3	0.6	-1.0	-0.2	-0.3	
	97,001-168,000元							
	%	28.2	44.3	2.3	13.2	1.7	10.3	100.0 (174)
	調整後標準化殘差	-1.0	1.5	-1.7	1.1	1.1	-1.0	
	168,001元以上							
	%	26.7	38.3	3.3	15.0	0.0	16.7	100.0 (60)
	調整後標準化殘差	-0.8	-0.2	-0.5	1.1	-0.8	1.0	
	總和							
	%	31.3	39.4	4.8	10.9	1.0	12.6	100.0 (903)

$p > .05$
$df = 25$
$\chi^2 = 28.787$

表 5-34　「個人背景與對客家人而言最重要的客家議題」交叉表（續）

		語言的傳承（客家話）	保存客家傳統文化	客家人不團結	經濟	其他	無反應	總和	
職業	高、中級白領	%	31.4	36.3	5.5	12.4	0.6	13.8	100.0 (347)	
		調整後標準化殘差	0.5	-0.9	0.6	1.0	-0.6	-0.5		
	中低、低級白領	%	29.6	46.0	4.2	9.0	0.6	10.6	100.0 (311)	
		調整後標準化殘差	-0.3	3.3	-0.7	-1.3	-0.4	-2.4		
	藍領	%	29.0	33.3	5.2	11.8	1.4	19.3	100.0 (348)	
		調整後標準化殘差	-0.6	-2.3	0.3	0.6	1.5	2.9		
	其他	%	34.3	38.6	4.3	8.6	0.0	14.3	100.0 (70)	
		調整後標準化殘差	0.8	0.1	-0.3	-0.7	-0.8	-0.1		
	總和	%	30.3	38.3	4.9	11.0	0.8	14.7	100.0 (1,076)	$p > .05$ df = 15 $\chi^2 = 22.265$

資料來源：劉嘉薇（2017-2018）。

說明一：本題完整題目為「請問您認為對客家人來說，最（客：慶）重要的議題是什麼？」（問卷第3-4題）。

說明二：表中百分比為橫列百分比。調整後標準化殘差絕對值大於1.96者以灰階標示。

說明三：無反應包括拒答、看情形、無意見、不知道。

說明四：客家民眾收入總數（N）與本研究樣本總數（1,078）有落差，係因選項為「拒答」或是「不知道」者，界定為遺漏值。

客家議題是「語言的傳承（客家話）」的比例為17.9%，顯著低於總和的30.3%，認為對客家人而言最重要的客家議題是「保存客家傳統文化」的比例為46.4%，顯著高於總和的38.2%，認為對客家人而言最重要的客家議題是「經濟」的比例為18.6%，顯著高於總和的10.9%；居住在雲嘉南高屏的客家民眾認為對客家人而言最重要的客家議題是「客家人不團結」的比例為9.0%，顯著高於總和的5.0%；居住在宜花東的客家民眾「無反應」的比例為24.6%，顯著高於總和的14.7%。

在性別方面，女性客家民眾認為對客家人而言最重要的客家議題是「語言的傳承（客家話）」的比例為27.2%，顯著低於總和的30.3%，認為對客家人而言最重要的客家議題是「保存客家傳統文化」的比例為43.8%，顯著高於總和的38.1%；同時，男性客家民眾認為對客家人而言最重要的客家議題是「語言的傳承（客家話）」的比例為33.4%，顯著高於總和的30.3%，認為對客家人而言最重要的客家議題是「保存客家傳統文化」的比例為32.5%，顯著低於總和的38.1%。

在客家世代方面，1974年後出生的客家民眾認為對客家人而言最重要的客家議題是「語言的傳承（客家話）」的比例為35.0%，顯著高於總和的30.2%，認為對客家人而言最重要的客家議題是「保存客家傳統文化」的比例為42.4%，顯著高於總和的38.2%，認為對客家人而言最重要的客家議題是「客家人不團結」的比例為2.4%，顯著低於總和的5.1%，「無反應」的比例為8.7%，顯著低於總和的14.7%；同時，1974年（含）前出生的客家民眾認為對客家人而言最重要的客家議題是「語言的傳承（客家話）」的比例為26.7%，顯著低於總和的30.2%，認為對客家人而言最重要的客家議題是「保存客家傳統文化」的比例為35.1%，顯著低於總和的38.2%，認為對客家人而言最重要的客家議題是「客家人不團結」的比例為7.1%，顯著高於總和的5.1%，「無反應」的比例為19.2%，顯著高於總和的14.7%。

最後，在教育程度方面，小學以下的客家民眾認為對客家人而言最重要的客家議題是「語言的傳承（客家話）」的比例為15.5%，顯著低於

總和的30.3%，認爲對客家人而言最重要的客家議題是「客家人不團結」的比例爲9.5%，顯著高於總和的5.0%，「無反應」的比例爲25.9%，顯著高於總和的14.7%；國高中的客家民眾認爲對客家人而言最重要的客家議題是「語言的傳承（客家話）」的比例爲24.5%，顯著低於總和的30.3%，認爲對客家人而言最重要的客家議題是「客家人不團結」的比例爲7.9%，顯著高於總和的5.0%；大專以上的客家民眾認爲對客家人而言最重要的客家議題是「語言的傳承（客家話）」的比例爲37.3%，顯著高於總和的30.3%，認爲對客家人而言最重要的客家議題是「客家人不團結」的比例爲2.1%，顯著低於總和的5.0%，「無反應」的比例爲10.6%，顯著低於總和的14.7%。

　　以下表5-35爲客家民眾「個人背景與國民黨和民進黨在該議題做法的差別程度」交叉表。首先，我們將關注客家民眾個人背景與認爲國民黨和民進黨在該議題做法上差別的關聯性，六項個人背景中（區域、性別、客家世代、教育程度、收入及職業），除了區域外，皆與國民黨和民進黨在該議題做法的差別程度有關聯，p皆小於0.05，以下將以調整後殘差解釋個別細格與總和百分比的差異，亦即在每一交叉表的最後一列，皆具有客家民眾對於國民黨和民進黨在該議題做法的差別程度。例如若分爲男性與女性觀察之，若欲瞭解男性與女性對於國民黨和民進黨在該議題做法的差別程度與整體分布相同或不同，調整後殘差即爲解釋個別細格（例如男性或女性）與表中最後一列總和分布的差異。爲解釋何種背景的客家民眾對於國民黨和民進黨在該議題做法的差別程度，評估結果中的「差很多」代表認爲國民黨和民進黨在該議題的做法差很多，「有點差別」代表認爲國民黨和民進黨在該議題的做法有點差別，「不太有差別」代表認爲國民黨和民進黨在該議題的做法不太有差別，「幾乎沒有差別」代表認爲國民黨和民進黨在該議題的做法幾乎沒有差別，「不知道」代表不知道國民黨和民進黨在該議題的做法有無差別。

　　首先，在性別方面，女性客家民眾認爲國民黨和民進黨在該議題的做法「幾乎沒有差別」的比例爲18.9%，顯著低於總和的25.5%，表示「不

表 5-35　「個人背景與國民黨和民進黨在該議題做法的差別程度」交叉表

			差很多	有點差別	不太有差別	幾乎沒有差別	不知道	無反應	總和	
區域	北北基桃竹苗	%	18.2	15.1	11.3	26.0	20.7	8.7	100.0（584）	
		調整後標準化殘差	1.8	0.1	-1.3	0.4	-2.2	1.9		
	中彰投	%	12.4	14.9	14.0	24.0	31.4	3.3	100.0（121）	$p > .05$
		調整後標準化殘差	-1.3	0.0	0.6	-0.4	2.3	-1.9		df = 15
	雲嘉南高屏	%	12.7	17.0	13.3	24.8	24.2	7.9	100.0（165）	$\chi^2 = 19.877$
		調整後標準化殘差	-1.4	0.8	0.4	-0.2	0.4	0.2		
	宜花東	%	20.0	8.0	18.0	26.0	26.0	2.0	100.0（50）	
		調整後標準化殘差	0.7	-1.4	1.2	0.1	0.5	-1.5		
	總和	%	16.5	15.0	12.4	25.5	23.0	7.5	100.0（920）	

			差很多	有點差別	不太有差別	幾乎沒有差別	不知道	無反應	總和	
性別	女性	%	15.1	14.7	12.0	18.9	31.3	8.0	100.0（450）	$p < .001$
		調整後標準化殘差	-1.2	-0.2	-0.4	-4.5	5.8	0.5		df = 5
	男性	%	17.9	15.2	12.8	31.8	15.2	7.1	100.0（468）	$\chi^2 = 42.594$
		調整後標準化殘差	1.2	0.2	0.4	4.5	-5.8	-0.5		
	總和	%	16.6	14.9	12.4	25.5	23.1	7.5	100.0（918）	

			差很多	有點差別	不太有差別	幾乎沒有差別	不知道	無反應	總和	
客家世代	1974年後出生	%	9.3	13.4	13.8	29.6	28.6	5.3	100.0（419）	$p < .001$
		調整後標準化殘差	-5.4	-1.2	1.1	2.6	3.7	-2.4		df = 5
	1974年（含）前出生	%	22.6	16.2	11.4	22.0	18.4	9.4	100.0（500）	$\chi^2 = 47.420$
		調整後標準化殘差	5.4	1.2	-1.1	-2.6	-3.7	2.4		
	總和	%	16.5	14.9	12.5	25.5	23.1	7.5	100.0（919）	

			差很多	有點差別	不太有差別	幾乎沒有差別	不知道	無反應	總和	
教育程度	小學以下	%	30.7	8.0	5.7	14.8	28.4	12.5	100.0（88）	$p < .001$
		調整後標準化殘差	3.8	-1.9	-2.0	-2.4	1.2	1.9		df = 10
	國高中	%	20.7	17.3	9.6	25.4	18.9	8.0	100.0（323）	$\chi^2 = 48.184$
		調整後標準化殘差	2.5	1.5	-1.9	0.0	-2.3	0.5		
	大專以上	%	11.4	14.6	15.4	27.4	25.0	6.3	100.0（508）	
		調整後標準化殘差	-4.6	-0.3	3.0	1.5	1.5	-1.5		
	總和	%	16.5	14.9	12.4	25.5	23.2	7.5	100.0（919）	

表 5-35　「個人背景與國民黨和民進黨在該議題做法的差別程度」交叉表（續）

		差很多	有點差別	不太有差別	幾乎沒有差別	不知道	無反應	總和	
收入	28,000元以下	%	27.9	12.6	9.9	22.5	20.7	6.3	100.0（111）	
		調整後標準化殘差	3.7	-0.9	-1.2	-1.3	0.3	-0.6		
	28,001-52,000元	%	17.2	11.6	13.0	26.5	20.5	11.2	100.0（215）	
		調整後標準化殘差	0.6	-1.9	-0.3	-0.4	0.3	2.2		
	52,001-72,000元	%	13.6	14.9	18.2	29.2	19.5	4.5	100.0（154）	p < .001
		調整後標準化殘差	-0.9	-0.2	1.8	0.5	-0.1	-1.6		df = 25
	72,001-97,000元	%	10.4	16.0	12.3	23.6	30.2	7.5	100.0（106）	χ^2 = 57.001
		調整後標準化殘差	-1.7	0.2	-0.4	-1.0	2.9	-0.1		
	97,001-168,000元	%	12.9	23.2	13.5	34.2	12.3	3.9	100.0（155）	
		調整後標準化殘差	-1.1	2.9	0.0	2.1	-2.6	-2.0		
	168,001元以上	%	11.8	15.7	13.7	25.5	15.7	17.6	100.0（51）	
		調整後標準化殘差	-0.8	0.0	0.0	-0.3	-0.7	2.8		
	總和	%	15.9	15.5	13.6	27.5	19.7	7.7	100.0（792）	

		差很多	有點差別	不太有差別	幾乎沒有差別	不知道	無反應	總和	
職業	高、中級白領	%	20.0	13.3	15.0	32.0	17.0	2.7	100.0（300）	
		調整後標準化殘差	2.0	-1.0	1.6	3.2	-3.0	-3.9		
	中低、低級白領	%	17.6	15.1	9.0	19.7	26.2	12.5	100.0（279）	p < .001
		調整後標準化殘差	0.6	0.0	-2.1	-2.6	1.5	3.8		df = 15
	藍領	%	13.9	15.7	12.8	27.8	22.1	7.8	100.0（281）	χ^2 = 65.199
		調整後標準化殘差	-1.4	0.4	0.2	1.1	-0.5	0.3		
	其他	%	6.7	20.0	15.0	8.3	43.3	6.7	100.0（60）	
		調整後標準化殘差	-2.1	1.1	0.6	-3.1	3.9	-0.3		
	總和	%	16.5	15.0	12.5	25.4	23.0	7.5	100.0（920）	

資料來源：劉嘉薇（2017-2018）。

說明一：本題完整題目爲「有關上面的議題，請問您認爲國民黨政府和民進黨政府的做法有沒有差別？」（問卷第3-4-1題）。

說明二：表中百分比爲橫列百分比。調整後標準化殘差絕對值大於1.96者以灰階標示。

說明三：無反應包括拒答、看情形、無意見。

說明四：客家民眾總數（N）與本研究樣本總數（1,078）有落差，係因該受訪者於上一題（表5-34）的回應爲「無反應」的情形，因此不需回答此題。

知道」國民黨和民進黨在該議題的做法有無差別的比例爲31.3%，顯著高於總和的23.1%；男性客家民眾認爲國民黨和民進黨在該議題的做法「幾乎沒有差別」的比例爲31.8%，顯著高於總和的25.5%，表示「不知道」國民黨和民進黨在該議題的做法有無差別的比例爲15.2%，顯著低於總和的23.1%。

在客家世代方面，1974年後出生的客家民眾認爲國民黨和民進黨在該議題的做法「差很多」的比例爲9.3%，顯著低於總和的16.5%，認爲國民黨和民進黨在該議題的做法「幾乎沒有差別」的比例爲29.6%，顯著高於總和的25.5%，表示「不知道」國民黨和民進黨在該議題的做法有無差別的比例爲28.6%，顯著高於總和的23.1%，「無反應」的比例爲5.3%，顯著低於總和的7.5%；同時，1974年（含）前出生的客家民眾認爲國民黨和民進黨在該議題的做法「差很多」的比例爲22.6%，顯著高於總和的16.5%，認爲國民黨和民進黨在該議題的做法「幾乎沒有差別」的比例爲22.0%，顯著低於總和的25.5%，表示「不知道」國民黨和民進黨在該議題的做法有無差別的比例爲18.4%，顯著低於總和的23.1%，「無反應」的比例爲9.4%，顯著高於總和的7.5%。

在教育程度方面，小學以下的客家民眾認爲國民黨和民進黨在該議題的做法「差很多」的比例爲30.7%，顯著高於總和的16.5%，認爲國民黨和民進黨在該議題的做法「不太有差別」的比例爲5.7%，顯著低於總和的12.4%，認爲國民黨和民進黨在該議題的做法「幾乎沒有差別」的比例爲14.8%，顯著低於總和的25.5%；國高中的客家民眾認爲國民黨和民進黨在該議題的做法「差很多」的比例20.7%，顯著高於總和的16.5%，表示「不知道」國民黨和民進黨在該議題的做法有無差別的比例爲18.9%，顯著低於總和的23.2%；大專以上的客家民眾認爲國民黨和民進黨在該議題的做法「差很多」的比例爲11.4%，顯著低於總和的16.5%，認爲國民黨和民進黨在該議題的做法「不太有差別」的比例爲15.4%，顯著高於總和的12.4%。

在收入方面，家庭月收入28,000元以下的客家民眾認爲國民黨和民進

黨在該議題的做法「差很多」的比例爲27.9%，顯著高於總和的15.9%；
月收入28,001-52,000元的客家民眾「無反應」的比例爲11.2%，顯著高
於總和的7.7%；月收入72,001-97,000元的客家民眾表示「不知道」國民
黨和民進黨在該議題的做法有無差別的比例爲30.2%，顯著高於總和的
19.7%；月收入97,001-168,000元的客家民眾認爲國民黨和民進黨在該議題
的做法「有點差別」的比例爲23.2%，顯著高於總和的15.5%，認爲國民
黨和民進黨在該議題的做法「幾乎沒有差別」的比例爲34.2%，顯著高於
總和的27.5%，表示「不知道」國民黨和民進黨在該議題的做法有無差別
的比例爲12.3%，顯著低於總和的19.7%，「無反應」的比例爲3.9%，顯
著低於總和的7.7%；月收入168,001元以上的客家民眾「無反應」的比例
爲17.6%，顯著高於總和的7.7%。

　　最後，在職業方面，高、中級白領的客家民眾認爲國民黨和民進黨
在該議題的做法「差很多」的比例爲20.0%，顯著高於總和的16.5%，認
爲國民黨和民進黨在該議題的做法「幾乎沒有差別」的比例爲32.0%，
顯著高於總和的25.4%，表示「不知道」國民黨和民進黨在該議題的做法
有無差別的比例爲17.0%，顯著低於總和的23.0%，「無反應」的比例爲
2.7%，顯著低於總和的7.5%；中低、低級白領的客家民眾認爲國民黨和
民進黨在該議題的做法「不太有差別」的比例爲9.0%，顯著低於總和的
12.5%，認爲國民黨和民進黨在該議題的做法「幾乎沒有差別」的比例爲
19.7%，顯著低於總和的25.4%，「無反應」的比例爲12.5%，顯著高於總
和的7.5%；其他的客家民眾認爲國民黨和民進黨在該議題的做法「差很
多」的比例爲6.7%，顯著低於總和的16.5%，認爲國民黨和民進黨在該議
題的做法「幾乎沒有差別」的比例爲8.3%，顯著低於總和的25.4%，表示
「不知道」國民黨和民進黨在該議題的做法有無差別的比例爲43.3%，顯
著高於總和的23.0%。至於其他細格與總和的差異皆不顯著，不予描述。

　　以下表5-36爲客家民眾「個人背景與國民黨或民進黨政府在議題表
現」交叉表。首先，我們將關注客家民眾個人背景與其對國民黨或民進黨
於議題表現的關聯，六項個人背景中（區域、性別、客家世代、教育程

表 5-36　「個人背景與國民黨或民進黨政府在議題表現」交叉表

			國民黨政府	民進黨政府	都不好	都好	無反應	總和	
區域	北北基桃竹苗	%	32.8	21.6	15.8	3.9	25.9	100.0 (259)	
		調整後標準化殘差	0.6	-1.1	-1.4	1.4	1.1		
	中彰投	%	36.0	12.0	18.0	4.0	30.0	100.0 (50)	$p < .01$ df = 12 $\chi^2 = 26.551$
		調整後標準化殘差	0.7	-2.0	0.0	0.5	1.0		
	雲嘉南高屏	%	23.6	34.7	29.2	0.0	12.5	100.0 (72)	
		調整後標準化殘差	-1.6	2.5	2.8	-1.6	-2.5		
	宜花東	%	36.4	31.8	4.5	0.0	27.3	100.0 (22)	
		調整後標準化殘差	0.5	1.0	-1.7	-0.8	0.4		
	總和	%	31.8	23.3	17.9	3.0	24.1	100.0 (403)	

			國民黨政府	民進黨政府	都不好	都好	無反應	總和	
性別	女性	%	31.7	15.3	19.0	2.1	31.7	100.0 (189)	$p < .001$ df = 4 $\chi^2 = 17.869$
		調整後標準化殘差	0.0	-3.4	0.5	-1.0	3.3		
	男性	%	31.8	29.4	17.3	3.7	17.8	100.0 (214)	
		調整後標準化殘差	0.0	3.4	-0.5	1.0	-3.3		
	總和	%	31.8	22.8	18.1	3.0	24.3	100.0 (403)	

			國民黨政府	民進黨政府	都不好	都好	無反應	總和	
客家世代	1974年後出生	%	26.8	15.7	28.1	2.0	27.5	100.0 (153)	$p < .001$ df = 4 $\chi^2 = 23.214$
		調整後標準化殘差	-1.6	-2.7	4.1	-0.9	1.2		
	1974年（含）前出生	%	34.7	27.5	12.0	3.6	22.3	100.0 (251)	
		調整後標準化殘差	1.6	2.7	-4.1	0.9	-1.2		
	總和	%	31.7	23.0	18.1	3.0	24.3	100.0 (404)	

			國民黨政府	民進黨政府	都不好	都好	無反應	總和	
教育程度	小學以下	%	33.3	20.5	10.3	2.6	33.3	100.0 (39)	$p > .05$ df = 8 $\chi^2 = 8.180$
		調整後標準化殘差	0.2	-0.4	-1.3	-0.2	1.4		
	國高中	%	35.9	21.6	14.4	3.3	24.8	100.0 (153)	
		調整後標準化殘差	1.4	-0.6	-1.4	0.3	0.3		
	大專以上	%	28.6	24.8	21.9	2.9	21.9	100.0 (210)	
		調整後標準化殘差	-1.5	0.8	2.2	-0.2	-1.1		
	總和	%	31.8	23.1	17.9	3.0	24.1	100.0 (402)	

表 5-36　「個人背景與國民黨或民進黨政府在議題表現」交叉表（續）

		國民黨政府	民進黨政府	都不好	都好	無反應	總和	
收入	28,000元以下 % 調整後標準化殘差	35.7 0.6	21.4 -0.4	12.5 -1.1	3.6 0.2	26.8 0.6	100.0 （56）	
	28,001-52,000元 % 調整後標準化殘差	38.9 1.5	17.8 -1.5	10.0 -2.1	4.4 0.9	28.9 1.4	100.0 （90）	
	52,001-72,000元 % 調整後標準化殘差	26.4 -1.2	22.2 -0.3	20.8 0.9	1.4 -0.9	29.2 1.2	100.0 （72）	p > .05 df = 20 χ² = 27.458
	72,001-97,000元 % 調整後標準化殘差	38.5 0.9	17.9 -0.9	25.6 1.4	5.1 0.8	12.8 -1.7	100.0 （39）	
	97,001-168,000元 % 調整後標準化殘差	25.6 -1.4	32.1 2.0	24.4 1.8	2.6 -0.3	15.4 -1.9	100.0 （78）	
	168,001元以上 % 調整後標準化殘差	28.6 -0.4	38.1 1.6	9.5 -1.0	0.0 -0.8	23.8 0.0	100.0 （21）	
	總和 %	32.3	23.6	17.4	3.1	23.6	100.0 （356）	

		國民黨政府	民進黨政府	都不好	都好	無反應	總和	
職業	高、中級白領 % 調整後標準化殘差	38.2 2.0	18.8 -1.5	16.7 -0.5	2.1 -0.8	24.3 0.0	100.0 （144）	
	中低、低級白領 % 調整後標準化殘差	33.9 0.6	22.6 -0.1	18.3 0.1	2.6 -0.3	22.6 -0.5	100.0 （115）	p < .01 df = 12 χ² = 29.323
	藍領 % 調整後標準化殘差	27.7 -1.1	29.4 2.0	12.6 -1.8	4.2 0.9	26.1 0.5	100.0 （119）	
	其他 % 調整後標準化殘差	4.2 -3.0	16.7 -0.7	50.0 4.2	4.2 0.4	25.0 0.1	100.0 （24）	
	總和 %	31.8	22.9	17.9	3.0	24.4	100.0 （402）	

資料來源：劉嘉薇（2017-2018）。

說明一：本題完整題目爲「有關上面的議題，請問您認爲國民黨政府做得比較好？還是民進黨政府做得比較好？」（問卷第3-4-2題）。

說明二：表中百分比爲橫列百分比。調整後標準化殘差絕對值大於1.96者以灰階標示。

說明三：無反應包括拒答、看情形、無意見、不知道。

說明四：客家民眾總數（N）皆與本研究樣本總數（1,078）有落差，係因該受訪者於上一題（表5-35）爲不需回答者（即「跳題」），或者其回應爲「幾乎沒有差別」、「不知道」、「無反應」，因此不需回答此題。

度、收入及職業），除了教育程度與收入以外，皆與客家民眾對於國民黨或民進黨政府於議題表現的評估有關聯，p小於.05，以下將以調整後殘差解釋個別細格與總和百分比的差異，亦即在每一交叉表的最後一列，皆具有客家民眾對國民黨或民進黨政府於議題表現好壞程度的評估。例如若分爲男性與女性觀察之，若欲瞭解男性與女性對國民黨或民進黨政府對於議題表現好壞程度的評估與整體分布相同或不同，調整後殘差即爲解釋個別細格（例如男性或女性）與表中最後一列總和分布的差異。爲解釋何種背景的客家民眾特別認爲國民黨或民進黨政府對於議題表現好，何種民眾特別認爲國民黨或民進黨政府對於議題表現不好，評估結果中的「國民黨政府」代表評估國民黨政府於議題表現較好，「民進黨政府」代表評估民進黨政府於議題表現較好，「都不好」代表國民黨政府與民進黨政府對於議題表現皆不好，「都好」則代表國民黨政府與民進黨政府對於議題表現都好。

首先，在區域方面，居住在中彰投的客家民眾認爲「民進黨政府」於議題表現較好的比例爲12.0%，顯著低於總和的23.3%；居住在雲嘉南高屏的客家民眾認爲「民進黨政府」於議題表現較好的比例爲34.7%，顯著高於總和的23.3%，認爲國民黨與民進黨政府於議題表現「都不好」的比例爲29.2%，顯著高於總和的17.9%，「無反應」的比例爲12.5%，顯著低於總和的24.1%。

在性別方面，女性客家民眾認爲「民進黨政府」於議題表現較好的比例爲15.3%，顯著低於總和的22.8%，「無反應」的比例爲31.7%，顯著高於總和的24.3%；同時，男性客家民眾認爲「民進黨政府」於議題表現較好的比例爲29.4%，顯著高於總和的22.8%，「無反應」的比例爲17.8%，顯著低於總和的24.3%。

在客家世代方面，1974年後出生的客家民眾認爲「民進黨政府」於議題表現較好的比例爲15.7%，顯著低於總和的23.0%，其認爲「都不好」的比例爲28.1%，顯著高於總和的18.1%；同時，1974年（含）前出生的客家民眾認爲「民進黨政府」於議題表現較好的比例爲27.5%，顯著

高於總和的23.0%，其認爲「都不好」的比例爲12.0%，顯著低於總和的18.1%。

最後，在職業方面，高、中級白領的客家民眾認爲「國民黨政府」於議題表現較好的比例爲38.2%，顯著高於總和的31.8%；藍領的客家民眾認爲「民進黨政府」於議題表現較好的比例爲29.4%，顯著高於總和的22.9%；其他職業的客家民眾認爲「國民黨政府」於議題表現較好的比例爲4.2%，顯著低於總和的31.8%，其認爲都不好的比例爲50.0%，顯著高於總和的17.9%。至於其他細格與總和的差異皆不顯著，不予描述。

以下表5-37爲客家民眾「個人背景與是否聽過蔡英文所提出『國家級臺三線客庄浪漫大道』政策」交叉表。首先，我們將關注客家民眾個人背景與其是否聽過蔡英文所提出「國家級臺三線客庄浪漫大道」政策的關聯，六項個人背景中（區域、性別、客家世代、教育程度、收入及職業），除了收入與職業以外，皆與客家民眾是否聽過蔡英文所提出「國家級臺三線客庄浪漫大道」政策有關聯，p小於.05，以下將以調整後殘差解釋個別細格與總和百分比的差異，亦即在每一交叉表的最後一列，皆具有客家民眾是否聽過蔡英文所提出「國家級臺三線客庄浪漫大道」政策。例如若分爲男性與女性觀察之，若欲瞭解男性與女性對是否聽過蔡英文所提出「國家級臺三線客庄浪漫大道」政策與整體分布相同或不同，調整後殘差即爲解釋個別細格（例如男性或女性）與表中最後一列總和分布的差異。爲解釋何種背景的客家民眾特別聽過蔡英文所提出「國家級臺三線客庄浪漫大道」政策，何種民眾特別沒聽過蔡英文所提出「國家級臺三線客庄浪漫大道」政策，評估結果中的「沒有聽過」代表沒有聽過蔡英文所提出「國家級臺三線客庄浪漫大道」政策；「聽過」代表聽過蔡英文所提出「國家級臺三線客庄浪漫大道」政策。

首先，在區域方面，居住在北北基桃竹苗的客家民眾「沒有聽過」蔡英文所提出「國家級臺三線客庄浪漫大道」政策的比例爲57.7%，顯著低於總和的61.0%，但「聽過」的比例爲39.8%，顯著高於總和的36.1%。

在性別方面，女性客家民眾「沒有聽過」蔡英文所提出「國家級臺

表 5-37　「個人背景與是否聽過蔡英文所提出『國家級臺三線客庄浪漫大道』政策」交叉表

			沒有聽過	聽過	無反應	總和	
區域	北北基桃竹苗	% 調整後標準化殘差	57.7 -2.9	39.8 3.3	2.5 -0.9	100.0 （673）	
	中彰投	% 調整後標準化殘差	68.1 1.8	30.4 -1.5	1.4 -1.1	100.0 （138）	$p < .05$ df = 6 $\chi^2 = 15.044$
	雲嘉南高屏	% 調整後標準化殘差	65.8 1.5	30.2 -1.9	4.0 1.1	100.0 （199）	
	宜花東	% 調整後標準化殘差	66.2 0.9	27.7 -1.5	6.2 1.6	100.0 （65）	
	總和	%	61.0	36.1	2.9	100.0 （1,075）	
			沒有聽過	聽過	無反應	總和	
性別	女性	% 調整後標準化殘差	66.6 3.6	28.9 -4.8	4.5 3.2	100.0 （553）	$p < .001$ df = 2 $\chi^2 = 29.634$
	男性	% 調整後標準化殘差	55.8 -3.6	42.9 4.8	1.3 -3.2	100.0 （545）	
	總和	%	61.1	36.0	2.9	100.0 （1,078）	
			沒有聽過	聽過	無反應	總和	
客家世代	1974年後出生	% 調整後標準化殘差	65.6 2.6	33.1 -1.7	1.3 -2.7	100.0 （459）	$p < .01$ df = 2 $\chi^2 = 11.261$
	1974年（含）前出生	% 調整後標準化殘差	57.8 -2.6	38.1 1.7	4.0 2.7	100.0 （619）	
	總和	%	61.1	36.0	2.9	100.0 （1,078）	
			沒有聽過	聽過	無反應	總和	
教育程度	小學以下	% 調整後標準化殘差	69.2 1.9	22.2 -3.3	8.5 3.9	100.0 （117）	$p < .001$ df = 4 $\chi^2 = 29.373$
	國高中	% 調整後標準化殘差	58.8 -1.2	37.4 0.7	3.8 1.4	100.0 （393）	
	大專以上	% 調整後標準化殘差	61.1 0.0	37.9 1.3	1.1 -3.8	100.0 （568）	
	總和	%	61.1	36.0	2.9	100.0 （1,078）	

表 5-37　「個人背景與是否聽過蔡英文所提出『國家級臺三線客庄浪漫大道』政策」交叉表（續）

			沒有聽過	聽過	無反應	總和	
收入	28,000元以下	% 調整後標準化殘差	67.2 1.5	29.8 -1.9	3.1 1.2	100.0 （131）	
	28,001-52,000元	% 調整後標準化殘差	62.8 0.6	34.7 -0.9	2.5 1.0	100.0 （239）	
	52,001-72,000元	% 調整後標準化殘差	56.1 -1.6	42.8 1.8	1.1 -0.7	100.0 （180）	$p > .05$ $df = 10$ $\chi^2 = 15.983$
	72,001-97,000元	% 調整後標準化殘差	69.2 1.9	29.2 -1.9	1.7 -0.1	100.0 （120）	
	97,001-168,000元	% 調整後標準化殘差	55.5 -1.7	43.4 1.9	1.2 -0.7	100.0 （173）	
	168,001元以上	% 調整後標準化殘差	57.4 -0.6	42.6 0.9	0.0 -1.1	100.0 （61）	
	總和	%	61.2	37.1	1.8	100.0 （904）	

			沒有聽過	聽過	無反應	總和	
職業	高、中級白領	% 調整後標準化殘差	59.8 -0.6	38.5 1.2	1.7 -1.7	100.0 （348）	
	中低、低級白領	% 調整後標準化殘差	61.9 0.4	35.3 -0.3	2.9 -0.1	100.0 （312）	$p > .05$ $df = 6$ $\chi^2 = 5.877$
	藍領	% 調整後標準化殘差	60.2 -0.4	35.5 -0.2	4.3 1.8	100.0 （349）	
	其他	% 調整後標準化殘差	67.1 1.1	30.0 -1.1	2.9 -0.1	100.0 （70）	
	總和	%	61.0	36.1	3.0	100.0 （1,079）	

資料來源：劉嘉薇（2017-2018）。

說明一：本題完整題目為「請問您有沒有聽過蔡英文所提出的『國家級臺三線客庄浪漫大道』政策？」（問卷第3-5題）。

說明二：表中百分比為橫列百分比。調整後標準化殘差絕對值大於1.96者以灰階標示。

說明三：無反應包括拒答、看情形、無意見、不知道。

說明四：客家民眾收入總數（N）與本研究樣本總數（1,078）有落差，係因選項為「拒答」或是「不知道」者，界定為遺漏值。

三線客庄浪漫大道」政策的比例爲66.6%，顯著高於總和的61.1%，但「聽過」的比例爲28.9%，顯著低於總和的36.0%，「無反應」的比例爲4.5%，顯著高於總和的2.9%；同時，男性客家民眾「沒有聽過」蔡英文所提出「國家級臺三線客庄浪漫大道」政策的比例爲55.8%，顯著低於總和的61.1%，但「聽過」的比例爲42.9%，顯著高於總和的36.0%，「無反應」的比例爲1.3%，顯著低於總和的2.9%。

在客家世代方面，1974年後出生的客家民眾「沒有聽過」蔡英文所提出「國家級臺三線客庄浪漫大道」政策的比例爲65.6%，顯著高於總和的61.1%，「無反應」的比例爲1.3%，顯著低於總和的2.9%；同時，1974年（含）前出生的客家民眾「沒有聽過」蔡英文所提出「國家級臺三線客庄浪漫大道」政策的比例爲57.8%，顯著低於總和的61.1%，「無反應」的比例爲4.0%，顯著高於總和的2.9%。

最後，在教育程度方面，小學以下的客家民眾「聽過」蔡英文所提出「國家級臺三線客庄浪漫大道」政策的比例爲22.2%，顯著低於總和的36.0%，「無反應」的比例爲8.5%，顯著高於總和的2.9%；大專以上的客家民眾「無反應」的比例爲1.1%，顯著低於總和的2.9%。至於其他細格與總和的差異皆不顯著，不予描述。

以下表5-38爲客家民眾「個人背景與滿不滿意此項政策」交叉表。首先，我們將關注客家民眾個人背景與其自我身分認同的關聯，六項個人背景中（區域、性別、客家世代、教育程度、收入及職業），除了性別、教育程度與收入以外，皆與客家民眾滿不滿意此項政策有關聯，p小於.05，以下將以調整後殘差解釋個別細格與總和百分比的差異，亦即在每一交叉表的最後一列，皆具有客家民眾對滿意此項政策的評估。例如若分爲男性與女性觀察之，若欲瞭解男性與女性與滿不滿意此項政策的評估與整體分布相同或不同，調整後殘差即爲解釋個別細格（例如男性或女性）與表中最後一列總和分布的差異。爲解釋何種背景的客家民眾特別滿意此項政策，何種民眾特別不滿意此項政策，評估結果中的「非常不滿意」代表非常不滿意此項政策，「非常滿意」則代表非常滿意此政策。

表 5-38　「個人背景與滿不滿意此項政策」交叉表

			非常不滿意	不太滿意	有點滿意	非常滿意	無反應	總和	
區域	北北基桃竹苗	%	13.4	14.1	26.0	7.1	39.4	100.0 (269)	
		調整後標準化殘差	1.9	-1.1	0.9	-0.2	-1.1		
	中彰投	%	7.1	31.0	11.9	2.4	47.6	100.0 (42)	$p < .05$ df = 12 $\chi^2 = 21.923$
		調整後標準化殘差	-0.9	2.9	-2.0	-1.3	0.9		
	雲嘉南高屏	%	5.0	8.3	31.7	10.0	45.0	100.0 (60)	
		調整後標準化殘差	-1.7	-1.7	1.4	0.9	0.6		
	宜花東	%	11.8	23.5	11.8	11.8	41.2	100.0 (17)	
		調整後標準化殘差	0.1	0.9	-1.3	0.7	0.0		
	總和	%	11.3	15.5	24.7	7.2	41.2	100.0 (388)	

			非常不滿意	不太滿意	有點滿意	非常滿意	無反應	總和	
性別	女性	%	9.7	18.2	24.0	3.2	44.8	100.0 (154)	$p > .05$ df = 4 $\chi^2 = 8.105$
		調整後標準化殘差	-0.8	1.2	-0.2	-2.4	1.1		
	男性	%	12.3	13.6	25.1	9.8	39.1	100.0 (235)	
		調整後標準化殘差	0.8	-1.2	0.2	2.4	-1.1		
	總和	%	11.3	15.4	24.7	7.2	41.4	100.0 (389)	

			非常不滿意	不太滿意	有點滿意	非常滿意	無反應	總和	
客家世代	1974年後出生	%	9.3	17.2	31.8	2.6	39.1	100.0 (151)	$p < .01$ df = 4 $\chi^2 = 13.485$
		調整後標準化殘差	-1.0	0.9	2.5	-2.7	-0.8		
	1974年（含）前出生	%	12.7	14.0	20.3	9.7	43.2	100.0 (236)	
		調整後標準化殘差	1.0	-0.9	-2.5	2.7	0.8		
	總和	%	11.4	15.2	24.8	7.0	41.6	100.0 (387)	

			非常不滿意	不太滿意	有點滿意	非常滿意	無反應	總和	
教育程度	小學以下	%	3.8	23.1	23.1	15.4	34.6	100.0 (26)	$p > .05$ df = 8 $\chi^2 = 10.841$
		調整後標準化殘差	-1.2	1.2	-0.2	1.7	-0.8		
	國高中	%	13.6	10.9	21.8	8.2	45.6	100.0 (147)	
		調整後標準化殘差	1.1	-1.8	-1.0	0.5	1.2		
	大專以上	%	10.6	17.1	26.9	5.6	39.8	100.0 (216)	
		調整後標準化殘差	-0.5	1.2	1.1	-1.4	-0.8		
	總和	%	11.3	15.2	24.7	7.2	41.6	100.0 (389)	

表 5-38 　「個人背景與滿不滿意此項政策」交叉表（續）

		非常不滿意	不太滿意	有點滿意	非常滿意	無反應	總和	
收入	28,000元以下 % 調整後標準化殘差	10.0 -0.4	12.5 -0.3	25.0 -0.2	12.5 1.3	40.0 -0.1	100.0 （40）	
	28,001-52,000元 % 調整後標準化殘差	9.8 -0.6	19.5 1.6	18.3 -1.8	4.9 -1.0	47.6 1.5	100.0 （82）	
	52,001-72,000元 % 調整後標準化殘差	13.0 0.4	13.0 -0.3	24.7 -0.3	7.8 0.1	41.6 0.2	100.0 （77）	$p > .05$ $df = 20$ $\chi^2 = 16.261$
	72,001-97,000元 % 調整後標準化殘差	5.9 -1.1	14.7 0.1	32.4 0.9	5.9 -0.4	41.2 0.1	100.0 （34）	
	97,001-168,000元 % 調整後標準化殘差	17.3 1.7	8.0 -1.7	30.7 1.0	8.0 0.2	36.0 -0.9	100.0 （75）	
	168,001元以上 % 調整後標準化殘差	7.7 -0.7	19.2 0.8	34.6 1.0	7.7 0.0	30.8 -1.1	100.0 （26）	
	總和 %	11.7	14.1	26.0	7.5	40.7	100.0 （334）	

		非常不滿意	不太滿意	有點滿意	非常滿意	無反應	總和	
職業	高、中級白領 % 調整後標準化殘差	17.3 2.7	18.0 1.1	18.8 -2.0	8.3 0.7	37.6 -1.2	100.0 （133）	
	中低、低級白領 % 調整後標準化殘差	10.9 -0.2	14.5 -0.2	30.0 1.5	5.5 -0.7	39.1 -0.6	100.0 （110）	$p < .001$ $df = 12$ $\chi^2 = 44.235$
	藍領 % 調整後標準化殘差	7.3 -1.7	15.3 0.0	18.5 -2.0	8.1 0.6	50.8 2.5	100.0 （124）	
	其他 % 調整後標準化殘差	0.0 -1.6	0.0 -1.9	75.0 5.3	0.0 -1.3	25.0 -1.5	100.0 （20）	
	總和 %	11.4	15.2	24.8	7.0	41.6	100.0 （387）	

資料來源：劉嘉薇（2017-2018）。

說明一：本題完整題目爲「請問您滿不滿意這項政策？」（問卷第3-5-1題）。

說明二：表中百分比爲橫列百分比。調整後標準化殘差絕對值大於1.96者以灰階標示。

說明三：無反應包括拒答、看情形、無意見、不知道。

說明四：客家民眾總數（N）皆與本研究樣本總數（1,078）有落差，係因該受訪者於上一題（表5-37）的回應爲「沒有聽過」、「不知道」，因此不需回答此題。

　　首先，在區域方面，居住在中彰投的客家民眾「不太滿意」此項政策的比例為31.0%，顯著高於總和的15.5%，「有點滿意」此項政策的比例為11.9%，顯著低於總和的24.7%。

　　在客家世代方面，1974年後出生的客家民眾「有點滿意」此項政策的比例為31.8%，顯著高於總和的24.8%，「非常滿意」此項政策的比例為2.6%，顯著低於總和的7.0%；同時，1974年（含）前的客家民眾「有點滿意」此項政策的比例為20.3%，顯著低於總和的24.8%，「非常滿意」此項政策的比例為9.7%，顯著高於總和的7.0%。

　　最後，在職業方面，高、中級白領的客家民眾「非常不滿意」此項政策的比例為17.3%，顯著高於總和的11.4%，「有點滿意」此項政策的比例為18.8%，顯著低於總和的24.8%；藍領的客家民眾「有點滿意」此項政策的比例為18.5%，顯著低於總和的24.8%，「無反應」的比例為50.8%，顯著高於總和的41.6%；其他職業的客家民眾「有點滿意」此項政策的比例為75.0%，顯著高於總和的24.8%。至於其他細格與總和的差異皆不顯著，不予描述。

第四節　社會心理學因素

　　根據研究架構圖，社會心理因素學包括：候選人／政治人物因素、客家意識／客家認同、政黨偏好／統獨立場，個人背景與社會心理學因素交叉分析如下。

一、政治人物因素

　　表5-39是「個人背景與對許信良喜歡程度」變異數分析。首先，在區域與對許信良喜歡程度的分析中，我們討論區域對許信良喜歡程度的影響。從資料得知，整體而言，區域對許信良喜歡程度未有顯著影響，因此區域對於許信良喜歡程度並無顯著影響。

表 5-39　「個人背景與對許信良喜歡程度」變異數分析

Q5-39-1「區域與對許信良喜歡程度」變異數分析			
	個數	平均數	標準差
北北基桃竹苗	534	4.98	2.37	
中彰投	101	4.64	2.13	$p > .05$
雲嘉南高屏	158	5.31	2.35	F = 1.979
宜花東	51	4.71	2.33	
總和	843	4.99	2.34	
Q5-39-2「教育程度與對許信良喜歡程度」變異數分析			
	個數	平均數	標準差
1. 小學以下	73	4.32	2.69	$p < .05$
2. 國高中	313	4.94	2.49	F = 3.891
3. 大專以上	460	5.13	2.15	3 > 1
總和	845	4.99	2.34	
Q5-39-3「收入與對許信良喜歡程度」變異數分析			
	個數	平均數	標準差
28,000元以下	96	4.31	2.80	
28,001-52,000元	194	5.04	2.19	
52,001-72,000元	151	5.21	2.19	$p < .05$
72,001-97,000元	100	5.29	1.99	F = 3.182
97,001-168,000元	157	5.26	2.21	
168,001元以上	46	5.58	2.32	
總和	744	5.09	2.28	

表 5-39 「個人背景與對許信良喜歡程度」變異數分析（續）

Q5-39-4「職業與對許信良喜歡程度」變異數分析				
	個數	平均數	標準差	
高、中級白領	297	4.99	2.273	
中低、低級白領	242	5.10	2.278	$p > .05$
藍領	264	4.99	2.437	F = 1.476
其他	41	4.27	2.413	
總和	845	4.99	2.336	

資料來源：劉嘉薇（2017-2018）。

說明一：本題完整題目為「接著，我們想要請您用0到10來表示您對客籍政治人物的看法，0表示您『非常不喜歡』這個政治人物，10表示您『非常喜歡』這個政治人物。（以下三題隨機出現）」（問卷第4-1-1題）。

說明二：區域、收入與職業分析表當中細格間無顯著差異。

說明三：客家民眾總數（N）皆與本研究樣本總數（1,078）有落差，係因已將回應為「沒聽過這個人」、「拒答」、「看情形」、「無意見」和「不知道」者排除於分析之外。

　　在教育程度與對許信良喜歡程度分析中，我們討論教育程度對許信良喜歡程度的影響。從資料得知，整體而言，區域對許信良喜歡程度有顯著影響，進一步而言，本研究配合雪菲檢定，觀察各教育程度之間的差異，可知教育程度為「大專以上」的客家民眾對許信良喜歡程度（5.13）顯著高於教育程度為「小學以下」的客家民眾（4.32）。而其他各教育程度間因顯著性皆大於.05，因此皆未達顯著差異。

　　在收入與對許信良喜歡程度分析中，我們討論家庭月收入對許信良喜歡程度的影響。從資料得知，整體而言，收入對許信良喜歡程度有顯著影響，進一步而言，本研究配合雪菲檢定，觀察各收入之間的差異，發現收入間的差異顯著性皆大於.05，因此皆未達顯著差異。

　　最後，在職業與對許信良喜歡程度分析中，我們討論職業對許信良喜

歡程度的影響。從資料得知，整體而言，職業對許信良喜歡程度未有顯著
影響，因此職業對許信良喜歡程度並無顯著影響。

　　表5-40是「個人背景與對許信良喜歡程度」T檢定。首先，在性別與
許信良喜歡程度的分析中，我們比較男女對許信良喜歡程度的差異。從資
料得知，整體而言，性別與對許信良喜歡程度無顯著影響。

　　最後，在客家世代與對許信良喜歡程度的分析中，我們比較1974年
前後出生的客家民眾在許信良喜歡程度差異。從資料得知，整體而言，客
家世代對許信良喜歡程度沒有顯著影響。

表 5-40　「個人背景與對許信良喜歡程度」T檢定

Q5-40-1「性別與對許信良喜歡程度」T檢定				
	個數	平均數	標準差	
女性	374	4.80	2.29	$p > .05$
男性	471	5.13	2.37	$t = -2.021$
Q5-40-2「客家世代與對許信良喜歡程度」T檢定				
	個數	平均數	標準差	
1974年後出生	342	4.81	2.19	$p > .05$
1974年（含）前出生	503	5.10	2.42	$t = -1.781$

資料來源：劉嘉薇（2017-2018）。

說明：本題完整題目為「接著，我們想要請您用0到10來表示您對客籍政治人物的看
　　　法，0表示您『非常不喜歡』這個政治人物，10表示您『非常喜歡』這個政治
　　　人物。（以下三題隨機出現）」（問卷第4-1-1題）。

　　表5-41是「個人背景與對葉菊蘭喜歡程度」變異數分析。首先，在區
域與對葉菊蘭喜歡程度的分析中，亦即比較四個區域在葉菊蘭喜歡程度的
差異。從資料得知，整體而言，區域對葉菊蘭喜歡程度有顯著影響，進一
步而言，本研究配合雪菲檢定，觀察各區域之間的差異，可知居住在「雲

嘉南高屏」的客家民眾對葉菊蘭喜歡程度（5.85）顯著高於居住在「北北基桃竹苗」的客家民眾（5.15），而其他各區域間因顯著性皆大於.05，因此皆未達顯著差異。

表 5-41　「個人背景與對葉菊蘭喜歡程度」變異數分析

Q5-41-1「區域與對葉菊蘭喜歡程度」變異數分析			
	個數	平均數	標準差
1. 北北基桃竹苗	483	5.15	2.69
2. 中彰投	99	5.58	2.40
3. 雲嘉南高屏	148	5.85	2.58
4. 宜花東	51	5.26	2.66
總和	781	5.34	2.64

p < .05 F = 2.961 3 > 1

Q5-41-2「教育程度與對葉菊蘭喜歡程度」變異數分析			
	個數	平均數	標準差
小學以下	75	4.86	3.19
國高中	287	5.66	2.79
大專以上	421	5.21	2.40
總和	783	5.34	2.64

p < .05 F = 3.822

Q5-41-3「收入與對葉菊蘭喜歡程度」變異數分析			
	個數	平均數	標準差
28,000元以下	93	4.72	3.13
28,001-52,000元	176	5.60	2.44
52,001-72,000元	134	5.37	2.61
72,001-97,000元	99	5.64	2.04
97,001-168,000元	151	5.33	2.57
168,001元以上	38	5.70	2.62
總和	692	5.39	2.57

p > .05 F = 1.822

表 5-41　「個人背景與對葉菊蘭喜歡程度」變異數分析（續）

Q5-41-4「職業與對葉菊蘭喜歡程度」變異數分析			
	個數	平均數	標準差
高、中級白領	277	5.17	2.60
中低、低級白領	227	5.37	2.66
藍領	241	5.45	2.76
其他	38	5.71	1.93
總和	783	5.34	2.64

（ p > .05　F = 0.771 ）

資料來源：劉嘉薇（2017-2018）。

說明一：本題完整題目為「接著，我們想要請您用0到10來表示您對客籍政治人物的看法，0表示您『非常不喜歡』這個政治人物，10表示您『非常喜歡』這個政治人物。（以下三題隨機出現）」（問卷第4-1-2題）。

說明二：教育程度、收入與職業分析表當中，細格間無顯著差異。

說明三：客家民眾總數（N）皆與本研究樣本總數（1,078）有落差，係因已將回應為「沒聽過這個人」、「拒答」、「看情形」、「無意見」和「不知道」者排除於分析之外。

　　在教育程度與對葉菊蘭喜歡程度的分析中，亦即比較三種教育程度在對葉菊蘭喜歡程度的差異。從資料得知，整體而言，教育程度對葉菊蘭喜歡程度有顯著影響，進一步而言，本研究配合雪菲檢定，觀察各教育程度之間的差異，發現教育程度對葉菊蘭喜歡程度沒有顯著影響。

　　在收入與對葉菊蘭喜歡程度的分析中，亦即比較各家庭月收入在葉菊蘭喜歡程度的差異。從資料得知，整體而言，收入對葉菊蘭喜歡程度未有顯著影響。

　　最後，在職業與對葉菊蘭喜歡程度的分析中，亦即比較各職業在對葉菊蘭喜歡程度的差異。從資料得知，整體而言，職業對葉菊蘭喜歡程度未有顯著影響。

　　表5-42是「個人背景與對葉菊蘭喜歡程度」T檢定。首先，在性別與葉菊蘭喜歡程度的分析中，亦即比較男女對葉菊蘭喜歡程度。從資料得知，整體而言，顯示性別與對葉菊蘭喜歡程度無顯著影響。

　　最後，在客家世代與對葉菊蘭喜歡程度的分析中，亦即比較1974年前後出生的客家民眾對葉菊蘭喜歡程度的差異。從資料得知，整體而言，客家世代對葉菊蘭喜歡程度有顯著影響，1974年後出生的客家民眾在葉菊蘭喜歡程度的值為4.96，1974年（含）前出生的客家民眾在葉菊蘭喜歡程度的值為5.57，高於1974年後出生的客家民眾。

表 5-42　「個人背景與對葉菊蘭喜歡程度」T檢定

Q5-42-1「性別與對葉菊蘭喜歡程度」T檢定				
	個數	平均數	標準差	
女性	331	5.53	2.58	$p > .05$
男性	452	5.20	2.67	$t = 1.731$
Q5-42-2「客家世代與對葉菊蘭喜歡程度」T檢定				
	個數	平均數	標準差	
1974年後出生	295	4.96	2.38	$p < .05$
1974年（含）前出生	488	5.57	2.76	$t = -3.274$

資料來源：劉嘉薇（2017-2018）。

說明：本題完整題目為「接著，我們想要請您用0到10來表示您對客籍政治人物的看法，0表示您『非常不喜歡』這個政治人物，10表示您『非常喜歡』這個政治人物。（以下三題隨機出現）」（問卷第4-1-2題）。

　　表5-43是「個人背景與對吳伯雄喜歡程度」變異數分析。首先，在區域與對吳伯雄喜歡程度的分析中，亦即比較四個區域的客家民眾在對吳伯雄喜歡程度的差異。從資料得知，整體而言，區域對吳伯雄喜歡程度並無顯著影響。

　　在教育程度與對吳伯雄喜歡程度分析中，亦即比較三種教育程度的客家民眾對吳伯雄喜歡程度的差異。從資料得知，整體而言，教育程度對吳伯雄喜歡程度並無顯著影響。

表 5-43　「個人背景與對吳伯雄喜歡程度」變異數分析

Q5-43-1「區域與對吳伯雄喜歡程度」變異數分析			
	個數	平均數	標準差
北北基桃竹苗	560	5.57	2.39	
中彰投	120	5.30	2.60	$p > .05$
雲嘉南高屏	168	5.03	2.68	F = 2.451
宜花東	59	5.68	2.19	
總和	906	5.44	2.47	
Q5-43-2「教育程度與對吳伯雄喜歡程度」變異數分析			
	個數	平均數	標準差
小學以下	81	5.90	2.54	
國高中	349	5.31	2.72	$p > .05$
大專以上	478	5.45	2.24	F = 1.861
總和	908	5.44	2.47	
Q5-43-3「收入與對吳伯雄喜歡程度」變異數分析			
	個數	平均數	標準差
28,000元以下	107	5.30	2.64	
28,001-52,000元	214	5.48	2.37	
52,001-72,000元	163	5.48	2.38	$p > .05$
72,001-97,000元	103	5.79	2.00	F = 0.817
97,001-168,000元	160	5.29	2.47	
168,001元以上	43	5.10	2.80	
總和	791	5.44	2.41	

表 5-43　「個人背景與對吳伯雄喜歡程度」變異數分析（續）

Q5-43-4「職業與對吳伯雄喜歡程度」變異數分析			
	個數	平均數	標準差
高、中級白領	326	5.46	2.48	
中低、低級白領	262	5.50	2.37	$p > .05$
藍領	274	5.41	2.58	F = 0.422
其他	46	5.07	2.29	
總和	908	5.44	2.47	

資料來源：劉嘉薇（2017-2018）。

說明一：本題完整題目爲「接著，我們想要請您用0到10來表示您對客籍政治人物的看法，0表示您『非常不喜歡』這個政治人物，10表示您『非常喜歡』這個政治人物。（以下三題隨機出現）」（問卷第4-1-3題）。

說明二：區域、教育程度、收入與職業分析表當中，細格間皆無顯著差異。

說明三：客家民眾總數（N）皆與本研究樣本總數（1,078）有落差，係因已將回應爲「沒聽過這個人」、「拒答」、「看情形」、「無意見」和「不知道」者排除於分析之外。

在收入與對吳伯雄喜歡程度的分析中，亦即比較各種家庭月收入在吳伯雄喜歡程度的差異。從資料得知，整體而言，家庭月收入對吳伯雄喜歡程度並無顯著影響。

最後，在職業與對吳伯雄喜歡程度的分析中，亦即比較各職業在吳伯雄喜歡程度的差異。從資料得知，整體而言，職業對吳伯雄喜歡程度並無影響。

表5-44是「個人背景與對吳伯雄喜歡程度」T 檢定。首先，在性別對吳伯雄喜歡程度的分析中，亦即比較男女在吳伯雄喜歡程度的差異。從資料得知，整體而言，顯示性別與對吳伯雄喜歡程度無顯著影響。

最後，在客家世代與對吳伯雄喜歡程度的分析中，亦即比較1974年前後出生的客家民眾對吳伯雄喜歡程度的差異。從資料得知，整體而言，

客家民眾對吳伯雄喜歡程度具有顯著影響，1974年後出生的客家民眾在吳伯雄喜歡程度的值為5.20，1974年（含）前出生的客家民眾在吳伯雄喜歡程度的值為5.60，高於1974年後出生的客家民眾。

表 5-44 「個人背景與對吳伯雄喜歡程度」T 檢定

Q5-44-1「性別與對吳伯雄喜歡程度」T 檢定				
	個數	平均數	標準差	
女性	425	5.63	2.34	$p > .05$
男性	483	5.27	2.56	$t = 2.212$
Q5-44-2「客家世代與對吳伯雄喜歡程度」T 檢定				
	個數	平均數	標準差	
1974年後出生	372	5.20	2.24	$p < .05$
1974年（含）前出生	536	5.60	2.60	$t = -2.470$

資料來源：劉嘉薇（2017-2018）。

說明：本題完整題目為「接著，我們想要請您用0到10來表示您對客籍政治人物的看法，0表示您『非常不喜歡』這個政治人物，10表示您『非常喜歡』這個政治人物。（以下三題隨機出現）」（問卷第4-1-3題）。

　　表5-45是「個人背景與對林光華喜歡程度」變異數分析（只詢問臺北市、新北市、基隆市、桃園市、新竹縣、新竹市、苗栗縣民眾）。首先，在教育程度與對林光華喜歡程度的分析中，亦即比較三種教育程度在對林光華喜歡程度的差異。從資料得知，整體而言，教育程度對林光華喜歡程度有顯著影響，進一步而言，本研究配合雪菲檢定，觀察各教育程度之間的差異，可知教育程度為「小學以下」的客家民眾對林光華喜歡程度（5.92）顯著高於教育程度為「大專以上」的客家民眾（4.47），而其他各教育程度間因顯著性皆大於.05，因此皆未達顯著差異。

　　在收入與對林光華喜歡程度的分析中，亦即比較各種家庭月收入在林光華喜歡程度的差異。從資料得知，整體而言，家庭月收入對林光華喜歡程度並無顯著影響。

　　最後，在職業與對林光華喜歡程度的分析中，亦即比較各職業在對林光華喜歡程度的差異。從資料得知，整體而言，職業對林光華喜歡程度並無顯著影響。

表 5-45　「個人背景與對林光華喜歡程度」變異數分析

Q5-45-1「教育程度與對林光華喜歡程度」變異數分析			
	個數	平均數	標準差
1. 小學以下	21	5.92	1.99
2. 國高中	119	5.06	2.63
3. 大專以上	190	4.47	2.25
總和	330	4.78	2.40

$p < .05$
$F = 4.889$
$1 > 3$

Q5-45-2「收入與對林光華喜歡程度」變異數分析			
	個數	平均數	標準差
28,000元以下	31	5.41	2.67
28,001-52,000元	64	5.06	1.97
52,001-72,000元	68	4.80	2.30
72,001-97,000元	46	5.43	1.99
97,001-168,000元	66	4.47	2.49
168,001元以上	11	4.73	2.93
總和	285	4.95	2.31

$p > .05$
$F = 1.327$

表 5-45　「個人背景與對林光華喜歡程度」變異數分析（續）

Q5-45-3「職業與對林光華喜歡程度」變異數分析			
	個數	平均數	標準差
高、中級白領	108	4.55	2.38	
中低、低級白領	108	4.87	2.36	$p > .05$
藍領	104	4.92	2.55	F = 0.507
其他	9	4.70	1.61	
總和	330	4.78	2.40	

資料來源：劉嘉薇（2017-2018）。

說明一：本題完整題目為「接著，我們想要請您用0到10來表示您對客籍政治人物的看法，0表示您『非常不喜歡』這個政治人物，10表示您『非常喜歡』這個政治人物。（以下三題隨機出現）」（問卷第4-2-1題）。

說明二：收入與職業分析表當中，細格間無顯著差異。

說明三：客家民眾總數（N）皆與本研究樣本總數（1,078）有落差，係因已將回應為「沒聽過這個人」、「拒答」、「看情形」、「無意見」和「不知道」者排除於分析之外，以及由於本題只詢問臺北市、新北市、基隆市、桃園市、新竹縣、新竹市、苗栗縣民眾，因此其他地區民眾無需作答。

　　表5-46是「個人背景與對林光華喜歡程度」T 檢定。首先，在性別與林光華喜歡程度的分析中，亦即比較男女在林光華喜歡程度的差異。從資料得知，整體而言，性別與對林光華喜歡程度無顯著影響。

　　最後，在客家世代與對林光華喜歡程度的分析中，亦即比較1974年前後出生的客家民眾對林光華喜歡程度的差異。從資料得知，整體而言，顯示客家世代與對林光華喜歡程度無顯著影響。

表 5-46　「個人背景與對林光華喜歡程度」T 檢定

Q5-46-1「性別與對林光華喜歡程度」T 檢定				
	個數	平均數	標準差	
女性	127	4.83	2.54	*p* > .05
男性	203	4.74	2.32	t = 0.334
Q5-46-2「客家世代與對林光華喜歡程度」T 檢定				
	個數	平均數	標準差	
1974年後出生	131	4.22	2.31	*p* > .05
1974年（含）前出生	199	5.14	2.40	t = -3.439

資料來源：劉嘉薇（2017-2018）。

說明一：本題完整題目爲「接著，我們想要請您用0到10來表示您對客籍政治人物的看法，0表示您『非常不喜歡』這個政治人物，10表示您『非常喜歡』這個政治人物。（以下三題隨機出現）」（問卷第4-2-1題）。

說明二：由於本題只詢問臺北市、新北市、基隆市、桃園市、新竹縣、新竹市、苗栗縣民眾，因此其他地區民眾無需作答。

　　表5-47是「個人背景與對彭紹瑾喜歡程度」變異數分析（只詢問臺北市、新北市、基隆市、桃園市、新竹縣、新竹市、苗栗縣民眾）。首先，在教育程度與對彭紹瑾喜歡程度的分析中，亦即比較三種教育程度在對彭紹瑾喜歡程度的差異。從資料得知，整體而言，教育程度對彭紹瑾喜歡程度有顯著影響，進一步而言，本研究配合雪菲檢定，觀察各教育程度之間的差異，可知教育程度爲「小學以下」的客家民眾對彭紹瑾喜歡程度（6.49）顯著高於教育程度爲「大專以上」的客家民眾（4.65），而其他各教育程度間因顯著性皆大於.05，因此皆未達顯著差異。

　　在收入與對彭紹瑾喜歡程度的分析中，亦即比較各種家庭月收入在對彭紹瑾喜歡程度的差異。從資料得知，整體而言，收入對彭紹瑾喜歡程度有顯著影響，進一步而言，本研究配合雪菲檢定，觀察各收入之間的差異，發現收入間因顯著性皆大於.05，因此皆未達顯著差異。

表 5-47　「個人背景與對彭紹瑾喜歡程度」變異數分析

Q5-47-1「教育程度與對彭紹瑾喜歡程度」變異數分析				
	個數	平均數	標準差	
1. 小學以下	27	6.49	2.17	$p < .05$
2. 國高中	148	5.50	2.65	F = 10.395
3. 大專以上	202	4.65	2.18	1 > 3
總和	377	5.11	2.44	
Q5-47-2「收入與對彭紹瑾喜歡程度」變異數分析				
	個數	平均數	標準差	
28,000元以下	31	5.34	2.65	
28,001-52,000元	72	5.59	2.15	
52,001-72,000元	76	4.98	2.25	$p < .05$
72,001-97,000元	57	5.96	1.80	F = 3.523
97,001-168,000元	71	4.58	2.32	
168,001元以上	19	6.11	2.56	
總和	326	5.30	2.28	
Q5-47-3「職業與對彭紹瑾喜歡程度」變異數分析				
	個數	平均數	標準差	
高、中級白領	128	5.04	2.38	
中低、低級白領	118	5.19	2.42	$p > .05$
藍領	117	5.17	2.58	F = 0.242
其他	15	4.70	2.03	
總和	377	5.11	2.44	

資料來源：劉嘉薇（2017-2018）。

說明一：本題完整題目為「接著，我們想要請您用0到10來表示您對客籍政治人物的看法，0表示您『非常不喜歡』這個政治人物，10表示您『非常喜歡』這個政治人物。（以下三題隨機出現）」（問卷第4-2-2題）。

說明二：收入與職業分析表當中，細格間無顯著差異。

說明三：客家民眾總數（N）皆與本研究樣本總數（1,078）有落差，係因已將回應為「沒聽過這個人」、「拒答」、「看情形」、「無意見」和「不知道」者排除於分析之外，以及由於本題只詢問臺北市、新北市、基隆市、桃園市、新竹縣、新竹市、苗栗縣民眾，因此其他地區民眾無需作答。

最後，在職業與對彭紹瑾喜歡程度的分析中，亦即比較各職業在對彭紹瑾喜歡程度的差異。從資料得知，整體而言，職業對彭紹瑾喜歡程度並無顯著影響。

表5-48是「個人背景與對彭紹瑾喜歡程度」T檢定。首先，在性別對彭紹瑾喜歡程度的分析中，亦即比較男女在對彭紹瑾喜歡程度的差異。從資料得知，整體而言，性別與對彭紹瑾喜歡程度無顯著影響。

最後，在客家世代與對彭紹瑾喜歡程度的分析中，亦即比較1974年前後出生的客家民眾對彭紹瑾喜歡程度的差異。從資料得知，整體而言，客家世代與對彭紹瑾喜歡程度無顯著影響。

表 5-48　「個人背景與對彭紹瑾喜歡程度」T檢定

Q5-48-1「性別與對彭紹瑾喜歡程度」T檢定			
	個數	平均數	標準差
女性	153	5.08	2.48	*p* > .05
男性	224	5.14	2.41	t = -0.226
Q5-48-2「客家世代與對彭紹瑾喜歡程度」T檢定			
	個數	平均數	標準差
1974年後出生	146	4.52	2.36	*p* > .05
1974年（含）前出生	231	5.49	2.42	t = -3.826

資料來源：劉嘉薇（2017-2018）。

說明一：本題完整題目爲「接著，我們想要請您用0到10來表示您對客籍政治人物的看法，0表示您『非常不喜歡』這個政治人物，10表示您『非常喜歡』這個政治人物。（以下三題隨機出現）」（問卷第4-2-2題）。

說明二：由於本題只詢問臺北市、新北市、基隆市、桃園市、新竹縣、新竹市、苗栗縣民眾，因此其他地區民眾無需作答。

　　表5-49是「個人背景與對徐耀昌喜歡程度」變異數分析（只詢問臺北市、新北市、基隆市、桃園市、新竹縣、新竹市、苗栗縣民眾）。首先，在教育程度與對徐耀昌喜歡程度的分析中，亦即比較三種教育程度在徐耀昌喜歡程度的差異。從資料得知，教育程度對徐耀昌喜歡程度並無顯著影響。

　　在收入與對徐耀昌喜歡程度的分析中，亦即比較各種家庭月收入在對徐耀昌喜歡程度的差異。從資料得知，整體而言，收入對徐耀昌喜歡程度並無顯著影響。

　　在職業與對徐耀昌喜歡程度的分析中，亦即比較各職業在徐耀昌喜歡程度的差異。從資料得知，職業對徐耀昌喜歡程度並無顯著影響。

表 5-49　　「個人背景與對徐耀昌喜歡程度」變異數分析

Q5-49-1「教育程度與對徐耀昌喜歡程度」變異數分析				
	個數	平均數	標準差	
小學以下	22	5.67	2.42	$p > .05$ F = 2.608
國高中	116	5.33	2.79	
大專以上	208	4.77	2.39	
總和	346	5.01	2.54	
Q5-49-2「收入與對徐耀昌喜歡程度」變異數分析				
	個數	平均數	標準差	
28,000元以下	37	5.07	2.73	
28,001-52,000元	55	5.57	2.39	
52,001-72,000元	64	4.99	2.41	$p > .05$ F = 2.021
72,001-97,000元	42	5.15	1.63	
97,001-168,000元	74	4.67	2.55	
168,001元以上	27	6.18	2.33	
總和	299	5.16	2.40	

表 5-49　「個人背景與對徐耀昌喜歡程度」變異數分析（續）

Q5-49-3「職業與對徐耀昌喜歡程度」變異數分析			
	個數	平均數	標準差
高、中級白領	112	4.90	2.58
中低、低級白領	120	5.29	2.19
藍領	104	4.79	2.87
其他	9	5.24	2.46
總和	346	5.01	2.54

右側合併儲存格：$p > .05$　F = 0.840

資料來源：劉嘉薇（2017-2018）。

說明一：本題完整題目爲「接著，我們想要請您用0到10來表示您對客籍政治人物的看法，0表示您『非常不喜歡』這個政治人物，10表示您『非常喜歡』這個政治人物。（以下三題隨機出現）」（問卷第4-2-3題）。

說明二：教育程度、收入與職業分析表當中，細格間皆無顯著差異。

說明三：客家民眾總數（N）皆與本研究樣本總數（1,078）有落差，係因已將回應爲「沒聽過這個人」、「拒答」、「看情形」、「無意見」和「不知道」者排除於分析之外，以及由於本題只詢問臺北市、新北市、基隆市、桃園市、新竹縣、新竹市、苗栗縣民眾，因此其他地區民眾無需作答。

　　表5-50是「個人背景與對徐耀昌喜歡程度」T 檢定。首先，在性別對徐耀昌喜歡程度的分析中，亦即比較男女在對徐耀昌喜歡程度的差異。從資料得知，性別與對徐耀昌喜歡程度無顯著影響。

　　在客家世代與對徐耀昌喜歡程度的分析中，亦即比較1974年前後出生的客家民眾在對徐耀昌喜歡程度的差異。從資料得知，整體而言，客家世代對對徐耀昌喜歡程度無顯著影響。

表 5-50　「個人背景與對徐耀昌喜歡程度」T 檢定

Q5-50-1「性別與對徐耀昌喜歡程度」T 檢定				
	個數	平均數	標準差	
女性	139	4.75	2.60	p > .05
男性	206	5.19	2.49	t = -1.556
Q5-50-2「客家世代與對徐耀昌喜歡程度」T 檢定				
	個數	平均數	標準差	
1974年後出生	161	4.68	2.52	p > .05
1974年（含）前出生	185	5.30	2.54	t = -2.250

資料來源：劉嘉薇（2017-2018）。

說明一：本題完整題目為「接著，我們想要請您用0到10來表示您對客籍政治人物的看法，0表示您『非常不喜歡』這個政治人物，10表示您『非常喜歡』這個政治人物。（以下三題隨機出現）」（問卷第4-2-3題）。

說明二：由於本題只詢問臺北市、新北市、基隆市、桃園市、新竹縣、新竹市、苗栗縣民眾，因此其他地區民眾無需作答。

　　表5-51是「個人背景與對陳庚金喜歡程度」變異數分析（只詢問臺中市、彰化縣、南投縣民眾）。首先，教育程度與對陳庚金喜歡程度的分析中，亦即比較三種教育程度在對陳庚金喜歡程度的差異。從資料得知，整體而言，教育程度對陳庚金喜歡程度並無顯著影響。

表 5-51　「個人背景與對陳庚金喜歡程度」變異數分析

Q5-51-1「教育程度與對陳庚金喜歡程度」變異數分析				
	個數	平均數	標準差	
小學以下	11	5.02	2.19	p > .05
國高中	22	4.47	2.45	F = 0.620
大專以上	46	4.18	2.18	
總和	78	4.37	2.25	

表 5-51　「個人背景與對陳庚金喜歡程度」變異數分析（續）

Q5-51-2「收入與對陳庚金喜歡程度」變異數分析				
	個數	平均數	標準差	
28,000元以下	9	5.69	1.45	
28,001-52,000元	28	4.05	2.46	
52,001-72,000元	4	4.38	2.26	$p < .05$
72,001-97,000元	11	5.25	1.45	$F = 2.547$
97,001-168,000元	9	2.72	3.14	
168,001元以上	2	1.69	2.76	
總和	64	4.25	2.44	
Q5-51-3「職業與對陳庚金喜歡程度」變異數分析				
	個數	平均數	標準差	
高、中級白領	29	4.96	1.81	
中低、低級白領	13	5.27	0.97	$p < .05$
藍領	35	3.67	2.66	$F = 3.351$
其他	2	2.00	0.00	
總和	78	4.37	2.25	

資料來源：劉嘉薇（2017-2018）。

說明一：本題完整題目為「接著，我們想要請您用0到10來表示您對客籍政治人物的看法，0表示您『非常不喜歡』這個政治人物，10表示您『非常喜歡』這個政治人物。（以下三題隨機出現）」（問卷第4-3-1題）。

說明二：教育程度、收入與職業分析表當中，細格間皆無顯著差異。

說明三：客家民眾總數（N）皆與本研究樣本總數（1,078）有落差，係因已將回應為「沒聽過這個人」、「拒答」、「看情形」、「無意見」和「不知道」者排除於分析之外，以及由於本題只詢問臺中市、彰化縣、南投縣民眾，因此其他地區民眾無需作答。

說明四：語法輸出警告：針對Q4-3-1你會給陳庚金多少？0表示「非常不喜歡」，10表示「非常喜歡」。***中部（只詢問臺中市、彰化縣、南投縣民眾）不執行事後測試，因為至少一個群組的觀察值數不到二個。

在收入與對陳庚金喜歡程度的分析中，亦即比較各種家庭月收入在陳庚金喜歡程度的差異。從資料得知，整體而言，收入對陳庚金喜歡程度有顯著影響，進一步而言，本研究配合雪菲檢定，觀察各收入之間的差異，發現各收入間因顯著性皆大於.05，因此皆未達顯著差異。

最後，在職業與對陳庚金喜歡程度的分析中，亦即比較各職業在對陳庚金喜歡程度的差異。從資料得知，整體而言，職業對陳庚金喜歡程度有顯著影響，進一步而言，本研究配合雪菲檢定，觀察各職業之間的差異，發現各職業間因顯著性皆大於.05，因此皆未達顯著差異。

表5-52是「個人背景與對陳庚金喜歡程度」T檢定。首先，在性別對陳庚金喜歡程度的分析中，亦即比較男女在對陳庚金喜歡程度的差異。從資料得知，整體而言，性別對陳庚金喜歡程度沒顯著影響。

表 5-52 「個人背景與對陳庚金喜歡程度」T 檢定

Q5-52-1「性別與對陳庚金喜歡程度」T 檢定			
	個數	平均數	標準差
女性	35	4.44	1.92	$p > .05$
男性	43	4.32	2.50	$t = 0.252$
Q5-52-2「客家世代與對陳庚金喜歡程度」T 檢定			
	個數	平均數	標準差
1974年後出生	37	3.65	2.07	$p > .05$
1974年（含）前出生	41	5.02	2.22	$t = -2.823$

資料來源：劉嘉薇（2017-2018）。

說明一：本題完整題目為「接著，我們想要請您用0到10來表示您對客籍政治人物的看法，0表示您『非常不喜歡』這個政治人物，10表示您『非常喜歡』這個政治人物。（以下三題隨機出現）」（問卷第4-3-1題）。

說明二：由於本題只詢問臺中市、彰化縣、南投縣民眾，因此其他地區民眾無需作答。

最後，在客家世代與對陳庚金喜歡程度的分析中，亦即比較1974年前後出生的客家民眾在陳庚金喜歡程度的差異。從資料得知，整體而言，客家世代對陳庚金喜歡程度無顯著影響。

表5-53是「個人背景與對徐中雄喜歡程度」變異數分析（只詢問臺中市、彰化縣、南投縣民眾）。首先，在教育程度與對徐中雄喜歡程度的分析中，亦即比較三種教育程度在對徐中雄喜歡程度的差異。從資料得知，整體而言，教育程度對徐中雄喜歡程度並無顯著影響。

在收入與對徐中雄喜歡程度的分析中，亦即比較各種家庭月收入在對徐中雄喜歡程度的差異。從資料得知，整體而言，收入對徐中雄喜歡程度並無顯著影響。

表 5-53　「個人背景與對徐中雄喜歡程度」變異數分析

Q5-53-1「教育程度與對徐中雄喜歡程度」變異數分析			
	個數	平均數	標準差
小學以下	10	5.50	3.43	$p > .05$
國高中	34	5.72	1.90	F = 0.057
大專以上	57	5.61	1.95	
總和	101	5.64	2.08	
Q5-53-2「收入與對徐中雄喜歡程度」變異數分析			
	個數	平均數	標準差	
28,000元以下	11	6.08	2.72	
28,001-52,000元	32	5.55	2.45	
52,001-72,000元	7	5.33	0.66	$p > .05$
72,001-97,000元	11	6.02	1.30	F = 0.400
97,001-168,000元	15	5.03	2.77	
168,001元以上	7	5.34	0.94	
總和	83	5.56	2.22	

表 5-53　「個人背景與對徐中雄喜歡程度」變異數分析（續）

Q5-53-3「職業與對徐中雄喜歡程度」變異數分析				
	個數	平均數	標準差	
高、中級白領	34	5.72	1.90	
中低、低級白領	22	6.16	1.81	$p > .05$
藍領	42	5.36	2.36	$F = 0.951$
其他	2	4.52	1.17	
總和	101	5.64	2.08	

資料來源：劉嘉薇（2017-2018）。

說明一：本題完整題目為「接著，我們想要請您用0到10來表示您對客籍政治人物的看法，0表示您『非常不喜歡』這個政治人物，10表示您『非常喜歡』這個政治人物。（以下三題隨機出現）」（問卷第4-3-2題）。

說明二：教育程度、收入與職業分析表當中，細格間皆無顯著差異。

說明三：客家民眾總數（N）皆與本研究樣本總數（1,078）有落差，係因已將回應為「沒聽過這個人」、「拒答」、「看情形」、「無意見」和「不知道」者排除於分析之外，以及由於本題只詢問臺中市、彰化縣、南投縣民眾，因此其他地區民眾無需作答。

　　最後，在職業與對徐中雄喜歡程度的分析中，亦即比較各職業在對徐中雄喜歡程度的差異。從資料得知，整體而言，職業對徐中雄喜歡程度並無顯著影響。

　　表5-54是「個人背景與對徐中雄喜歡程度」T檢定。首先，在性別對徐中雄喜歡程度的分析中，亦即比較男女在對徐中雄喜歡程度的差異。從資料得知，整體而言，性別對徐中雄喜歡程度無顯著影響。

　　最後，在客家世代與對徐中雄喜歡程度的分析中，亦即比較1974年前後出生的客家民眾在徐中雄喜歡程度的差異。從資料得知，整體而言，客家世代對徐中雄喜歡程度無顯著影響。

表 5-54　「個人背景與對徐中雄喜歡程度」T 檢定

Q5-54-1「性別與對徐中雄喜歡程度」T 檢定				
	個數	平均數	標準差	
女性	47	5.53	2.15	p > .05
男性	54	5.72	2.04	t = -0.457
Q5-54-2「客家世代與對徐中雄喜歡程度」T 檢定				
	個數	平均數	標準差	
1974年後出生	54	5.44	2.15	p > .05
1974年（含）前出生	47	5.86	2.00	t = -1.026

資料來源：劉嘉薇（2017-2018）。

說明一：本題完整題目爲「接著，我們想要請您用0到10來表示您對客籍政治人物的看法，0表示您『非常不喜歡』這個政治人物，10表示您『非常喜歡』這個政治人物。（以下三題隨機出現）」（問卷第4-3-2題）。

說明二：由於本題只詢問臺中市、彰化縣、南投縣民眾，因此其他地區民眾無需作答。

　　表5-55是「個人背景與對林豐喜喜歡程度」變異數分析（只詢問臺中市、彰化縣、南投縣民眾）。首先，在教育程度與對林豐喜喜歡程度的分析中，亦即比較三種教育程度在對林豐喜喜歡程度的差異。從資料得知，整體而言，教育程度對林豐喜喜歡程度並無顯著影響。

表 5-55　「個人背景與對林豐喜喜歡程度」變異數分析

Q5-55-1「教育程度與對林豐喜喜歡程度」變異數分析				
	個數	平均數	標準差	
小學以下	10	5.00	3.00	p > .05
國高中	24	4.56	2.20	F = 0.177
大專以上	49	4.80	1.84	
總和	82	4.75	2.08	

表 5-55　「個人背景與對林豐喜喜歡程度」變異數分析（續）

Q5-55-2「收入與對林豐喜喜歡程度」變異數分析			
	個數	平均數	標準差
28,000元以下	10	3.49	2.45
28,001-52,000元	21	5.18	2.44
52,001-72,000元	6	4.07	1.85
72,001-97,000元	11	4.71	1.03
97,001-168,000元	10	3.75	2.32
168,001元以上	5	4.84	1.04
總和	64	4.48	2.12

$p > .05$　$F = 1.236$

Q5-55-3「職業與對林豐喜喜歡程度」變異數分析			
	個數	平均數	標準差
1. 高、中級白領	32	5.69	1.81
2. 中低、低級白領	16	4.46	1.37
3. 藍領	33	4.17	2.10
4. 其他	2	2.07	4.69
總和	82	4.75	2.08

$p < .05$　$F = 4.987$　$1 > 3$

資料來源：劉嘉薇（2017-2018）。

說明一：本題完整題目為「接著，我們想要請您用0到10來表示您對客籍政治人物的看法，0表示您『非常不喜歡』這個政治人物，10表示您『非常喜歡』這個政治人物。（以下三題隨機出現）」（問卷第4-3-3題）。

說明二：教育程度與收入分析表當中，細格間無顯著差異。

說明三：客家民眾總數（N）皆與本研究樣本總數（1,078）有落差，係因已將回應為「沒聽過這個人」、「拒答」、「看情形」、「無意見」和「不知道」者排除於分析之外，以及由於本題只詢問臺中市、彰化縣、南投縣民眾，因此其他地區民眾無需作答。

在收入與對林豐喜喜歡程度的分析中，亦即比較各種家庭月收入在對林豐喜喜歡程度的差異。從資料得知，整體而言，收入對林豐喜喜歡程度並無顯著影響。

最後，在職業與對林豐喜喜歡程度的分析中，亦即比較各職業在對林豐喜喜歡程度的差異。從資料得知，整體而言，職業對林豐喜喜歡程度有顯著影響，進一步而言，本研究配合雪菲檢定，觀察各職業之間的差異，可知職業爲「高、中級白領」的客家民眾對林豐喜喜歡程度（5.69）顯著高於職業爲「藍領」的客家民眾（4.17），而其他各職業間因顯著性皆大於.05，因此皆未達顯著差異。

表5-56是「個人背景與對林豐喜喜歡程度」T 檢定。首先，性別對林豐喜喜歡程度的分析中，亦即比較男女在對林豐喜喜歡程度的差異。從資料得知，整體而言，性別對林豐喜喜歡程度無顯著影響。

表 5-56　「個人背景與對林豐喜喜歡程度」T 檢定

Q5-56-1「性別與對林豐喜喜歡程度」T 檢定			
	個數	平均數	標準差
女性	36	4.83	2.19	$p > .05$
男性	46	4.69	2.01	$t = 0.305$
Q5-56-2「客家世代與對林豐喜喜歡程度」T 檢定			
	個數	平均數	標準差
1974年後出生	46	5.04	1.71	$p < .05$
1974年（含）前出生	37	4.40	2.44	$t = 1.339$

資料來源：劉嘉薇（2017-2018）。

說明一：本題完整題目爲「接著，我們想要請您用0到10來表示您對客籍政治人物的看法，0表示您『非常不喜歡』這個政治人物，10表示您『非常喜歡』這個政治人物。（以下三題隨機出現）」（問卷第4-3-3題）。

說明二：由於本題只詢問臺中市、彰化縣、南投縣民眾，因此其他地區民眾無需作答。

　　最後，在客家世代與對林豐喜喜歡程度的分析，亦即比較1974年前後出生的客家民眾對林豐喜喜歡程度的差異。從資料得知，整體而言，客家世代對林豐喜喜歡程度有顯著影響，1974年後出生在林豐喜喜歡程度的值為5.04，1974年（含）前出生的客家民眾在林豐喜喜歡程度的值為4.40，低於1974年後出生的客家民眾。

　　表5-57是「個人背景與對邱連輝喜歡程度」變異數分析（只詢問雲林縣、嘉義縣、嘉義市、臺南市、高雄市、屏東縣、離島民眾）。首先，在教育程度與對邱連輝喜歡程度的分析中，亦即比較三種教育程度在對邱連輝喜歡程度的差異。從資料得知，整體而言，教育程度對邱連輝喜歡程度並無顯著影響。

表 5-57　「個人背景與對邱連輝喜歡程度」變異數分析

Q5-57-1「教育程度與對邱連輝喜歡程度」變異數分析			
	個數	平均數	標準差
小學以下	14	4.90	3.59
國高中	38	6.31	2.77
大專以上	61	5.79	2.58
總和	113	5.86	2.78

（右側）$p > .05$　F = 1.333

Q5-57-2「收入與對邱連輝喜歡程度」變異數分析			
	個數	平均數	標準差
28,000元以下	20	6.02	2.68
28,001-52,000元	19	6.50	2.54
52,001-72,000元	18	5.54	2.47
72,001-97,000元	8	4.75	3.96
97,001-168,000元	27	5.98	1.56
168,001元以上	4	4.87	4.27
總和	97	5.85	2.55

（右側）$p > .05$　F = 0.752

表 5-57 「個人背景與對邱連輝喜歡程度」變異數分析(續)

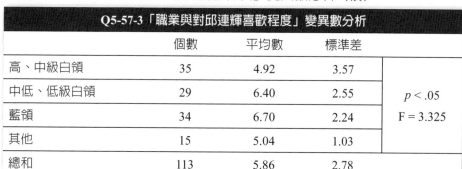

Q5-57-3「職業與對邱連輝喜歡程度」變異數分析			
	個數	平均數	標準差
高、中級白領	35	4.92	3.57
中低、低級白領	29	6.40	2.55
藍領	34	6.70	2.24
其他	15	5.04	1.03
總和	113	5.86	2.78

$p < .05$
 F = 3.325 (套用於高、中級白領至其他四列)

資料來源:劉嘉薇(2017-2018)。

說明一:本題完整題目爲「接著,我們想要請您用0到10來表示您對客籍政治人物的看法,0表示您『非常不喜歡』這個政治人物,10表示您『非常喜歡』這個政治人物。(以下三題隨機出現)」(問卷第4-4-1題)。

說明二:教育程度與收入分析表當中,細格間無顯著差異。

說明三:客家民眾總數(N)皆與本研究樣本總數(1,078)有落差,係因已將回應爲「沒聽過這個人」、「拒答」、「看情形」、「無意見」和「不知道」者排除於分析之外,以及由於本題只詢問雲林縣、嘉義縣、嘉義市、臺南市、高雄市、屏東縣、離島民眾,因此其他地區民眾無需作答。

在收入與對邱連輝喜歡程度的分析中,亦即比較各種家庭月收入在對邱連輝喜歡程度的差異。從資料得知,整體而言,收入對邱連輝喜歡程度並無顯著影響。

最後,在職業與對邱連輝喜歡程度的分析中,亦即比較各職業在對邱連輝喜歡程度的差異。從資料得知,整體而言,職業對邱連輝喜歡程度有顯著影響,進一步而言,本研究配合雪菲檢定,觀察各職業之間的差異,發現各職業間因顯著性皆大於.05,因此皆未達顯著差異。

表5-58是「個人背景與對邱連輝喜歡程度」T檢定。首先,在性別對邱連輝喜歡程度的分析中,亦即比較男女對邱連輝喜歡程度的差異。從資料得知,整體而言,性別對邱連輝喜歡程度沒有顯著影響。

　　最後，在客家世代與對邱連輝喜歡程度的分析中，亦即比較1974年前後的出生客家民眾對邱連輝喜歡程度的差異。從資料得知，整體而言，客家世代對邱連輝喜歡程度無顯著影響。

表 5-58　「個人背景與對邱連輝喜歡程度」T 檢定

Q5-58-1「性別與對邱連輝喜歡程度」T 檢定				
	個數	平均數	標準差	
女性	42	5.84	2.28	$p > .05$
男性	71	5.87	3.06	$t = -0.070$
Q5-58-2「客家世代與對邱連輝喜歡程度」T 檢定				
	個數	平均數	標準差	
1974年後出生	45	5.18	2.627	$p > .05$
1974年（含）前出生	68	6.31	2.811	$t = -2.134$

資料來源：劉嘉薇（2017-2018）。

說明一：本題完整題目為「接著，我們想要請您用0到10來表示您對客籍政治人物的看法，0表示您『非常不喜歡』這個政治人物，10表示您『非常喜歡』這個政治人物。（以下三題隨機出現）」（問卷第4-4-1題）。

說明二：由於本題只詢問雲林縣、嘉義縣、嘉義市、臺南市、高雄市、屏東縣、離島民眾，因此其他地區民眾無需作答。

　　表5-59是「個人背景與對邱議瑩喜歡程度」變異數分析（只詢問雲林縣、嘉義縣、嘉義市、臺南市、高雄市、屏東縣、離島民眾）。首先，在教育程度與對邱議瑩喜歡程度的分析中，亦即比較三種教育程度對邱議瑩喜歡程度的差異。從資料得知，整體而言，教育程度對邱議瑩喜歡程度並無顯著影響。

　　在收入與對邱議瑩喜歡程度的分析中，亦即比較各種家庭月收入在邱議瑩喜歡程度的差異。從資料得知，整體而言，收入對邱議瑩喜歡程度並無顯著影響。

表 5-59　「個人背景與對邱議瑩喜歡程度」變異數分析

Q5-59-1「教育程度與對邱議瑩喜歡程度」變異數分析				
	個數	平均數	標準差	
小學以下	18	5.61	3.96	$p > .05$ F = 0.912
國高中	68	5.65	2.36	
大專以上	86	5.11	2.41	
總和	171	5.37	2.58	
Q5-59-2「收入與對邱議瑩喜歡程度」變異數分析				
	個數	平均數	標準差	
28,000元以下	24	6.33	2.94	
28,001-52,000元	34	4.61	2.57	
52,001-72,000元	27	5.20	2.34	$p > .05$ F = 1.963
72,001-97,000元	14	5.39	3.54	
97,001-168,000元	43	5.62	1.45	
168,001元以上	7	6.84	2.38	
總和	148	5.46	2.47	
Q5-59-3「職業與對邱議瑩喜歡程度」變異數分析				
	個數	平均數	標準差	
高、中級白領	58	4.67	2.49	
中低、低級白領	44	5.69	2.41	$p > .05$ F = 2.354
藍領	53	5.86	3.01	
其他	16	5.43	0.85	
總和	171	5.37	2.58	

資料來源：劉嘉薇（2017-2018）。

說明一：本題完整題目為「接著，我們想要請您用0到10來表示您對客籍政治人物的看法，0表示您『非常不喜歡』這個政治人物，10表示您『非常喜歡』這個政治人物。（以下三題隨機出現）」（問卷第4-4-2題）。

說明二：教育程度與收入分析表當中，細格間無顯著差異。

說明三：客家民眾總數（N）皆與本研究樣本總數（1,078）有落差，係因已將回應為「沒聽過這個人」、「拒答」、「看情形」、「無意見」和「不知道」者排除於分析之外，以及由於本題只詢問雲林縣、嘉義縣、嘉義市、臺南市、高雄市、屏東縣、離島民眾，因此其他地區民眾無需作答。

　　最後，在職業與對邱議瑩喜歡程度的分析中，亦即比較各職業在對邱議瑩喜歡程度的差異。從資料得知，整體而言，職業對邱議瑩喜歡程度並無顯著影響。

　　表5-60是「個人背景與對邱議瑩喜歡程度」T檢定。首先，在性別對邱議瑩喜歡程度的分析中，亦即比較男女在對邱議瑩喜歡程度的差異。從資料得知，整體而言，性別對邱議瑩喜歡程度無顯著影響。

　　最後，在客家世代與對邱議瑩喜歡程度的分析中，亦即比較1974年前後出生的客家民眾對邱議瑩喜歡程度的差異。從資料得知，整體而言，客家世代對邱議瑩喜歡程度無顯著影響。

表 5-60　「個人背景與對邱議瑩喜歡程度」T檢定

Q5-60-1「性別與對邱議瑩喜歡程度」T檢定				
	個數	平均數	標準差	
女性	74	5.58	2.31	$p > .05$
男性	97	5.21	2.78	$t = 0.920$
Q5-60-2「客家世代與對邱議瑩喜歡程度」T檢定				
	個數	平均數	標準差	
1974年後出生	60	5.02	2.51	$p > .05$
1974年（含）前出生	111	5.56	2.62	$t = -1.314$

資料來源：劉嘉薇（2017-2018）。

說明一：本題完整題目為「接著，我們想要請您用0到10來表示您對客籍政治人物的看法，0表示您『非常不喜歡』這個政治人物，10表示您『非常喜歡』這個政治人物。（以下三題隨機出現）」（問卷第4-4-2題）。

說明三：由於本題只詢問雲林縣、嘉義縣、嘉義市、臺南市、高雄市、屏東縣、離島民眾，因此其他地區民眾無需作答。

　　表5-61是「個人背景與對鍾紹和喜歡程度」變異數分析（只詢問雲林縣、嘉義縣、嘉義市、臺南市、高雄市、屏東縣、離島民眾）。首先，在

表 5-61　「個人背景與對鍾紹和喜歡程度」變異數分析

Q5-61-1「教育程度與對鍾紹和喜歡程度」變異數分析			
	個數	平均數	標準差
小學以下	16	5.82	3.08
國高中	44	5.45	2.97
大專以上	70	4.96	2.24
總和	130	5.23	2.61

p > .05
F = 0.941

Q5-61-2「收入與對鍾紹和喜歡程度」變異數分析			
	個數	平均數	標準差
28,000元以下	21	4.84	3.19
28,001-52,000元	23	5.26	3.01
52,001-72,000元	20	6.07	1.40
72,001-97,000元	13	5.02	3.10
97,001-168,000元	30	5.16	1.73
168,001元以上	7	3.94	3.44
總和	113	5.19	2.56

p > .05
F = 0.870

Q5-61-3「職業與對鍾紹和喜歡程度」變異數分析			
	個數	平均數	標準差
高、中級白領	44	5.25	2.28
中低、低級白領	32	5.33	2.96
藍領	38	5.05	3.16
其他	16	5.38	0.91
總和	130	5.23	2.61

p > .05
F = 0.088

資料來源：劉嘉薇（2017-2018）。

說明一：本題完整題目為「接著，我們想要請您用0到10來表示您對客籍政治人物的看法，0表示您『非常不喜歡』這個政治人物，10表示您『非常喜歡』這個政治人物。（以下三題隨機出現）」（問卷第4-4-3題）。

說明二：教育程度、收入與職業分析表當中，細格間皆無顯著差異。

說明三：客家民眾總數（N）皆與本研究樣本總數（1,078）有落差，係因已將回應為「沒聽過這個人」、「拒答」、「看情形」、「無意見」和「不知道」者排除於分析之外，以及由於本題只詢問雲林縣、嘉義縣、嘉義市、臺南市、高雄市、屏東縣、離島民眾，因此其他地區民眾無需作答。

教育程度與對鍾紹和喜歡程度的分析中，亦即比較三種教育程度在對鍾紹和喜歡程度的差異。從資料得知，整體而言，教育程度對鍾紹和喜歡程度並無顯著影響。

在收入與對鍾紹和喜歡程度的分析中，亦即比較各種家庭月收入在對鍾紹和喜歡程度的差異。從資料得知，整體而言，收入對鍾紹和喜歡程度並無顯著影響。

最後，在職業與對鍾紹和喜歡程度的分析中，亦即比較各職業在對鍾紹和喜歡程度的差異。從資料得知，整體而言，職業對鍾紹和喜歡程度並無顯著影響。

表5-62是「個人背景與對鍾紹和喜歡程度」T檢定。首先，在性別對鍾紹和喜歡程度的分析中，亦即比較男女對鍾紹和喜歡程度的差異。從資料得知，整體而言，性別對鍾紹和喜歡程度無顯著影響。

表 5-62　「個人背景與對鍾紹和喜歡程度」T 檢定

Q5-62-1「性別與對鍾紹和喜歡程度」T 檢定				
	個數	平均數	標準差	
女性	49	6.12	2.10	$p > .05$
男性	81	4.69	2.75	$t = 3.148$
Q5-62-2「客家世代與對鍾紹和喜歡程度」T 檢定				
	個數	平均數	標準差	
1974年後出生	50	5.26	2.61	$p > .05$
1974年（含）前出生	80	5.21	2.63	$t = 0.098$

資料來源：劉嘉薇（2017-2018）。

說明一：本題完整題目為「接著，我們想要請您用0到10來表示您對客籍政治人物的看法，0表示您『非常不喜歡』這個政治人物，10表示您『非常喜歡』這個政治人物。（以下三題隨機出現）」（問卷第4-4-3題）。

說明二：由於本題只詢問雲林縣、嘉義縣、嘉義市、臺南市、高雄市、屏東縣、離島民眾，因此其他地區民眾無需作答。

最後，在客家世代與對鍾紹和喜歡程度的分析中，亦即比較1974年前後出生的客家民眾對鍾紹和喜歡程度的差異。從資料得知，整體而言，客家世代對鍾紹和喜歡程度無顯著影響。

表5-63是「個人背景與對鍾榮吉喜歡程度」變異數分析（只詢問雲林縣、嘉義縣、嘉義市、臺南市、高雄市、屏東縣、離島民眾）。首先，在教育程度與對鍾榮吉喜歡程度的分析中，亦即比較三種教育程度在對鍾榮吉喜歡程度的差異。從資料得知，整體而言，教育程度對鍾榮吉喜歡程度並無顯著影響。

在收入與對鍾榮吉喜歡程度的分析中，亦即比較各種家庭月收入在鍾榮吉喜歡程度的差異。從資料得知，收入對鍾榮吉喜歡程度並無顯著影響。

表 5-63　「個人背景與對鍾榮吉喜歡程度」變異數分析

Q5-63-1「教育程度與對鍾榮吉喜歡程度」變異數分析			
	個數	平均數	標準差
小學以下	16	5.02	2.81
國高中	47	3.78	3.14
大專以上	57	4.69	1.89
總和	120	4.38	2.60

$p > .05$　$F = 2.173$

Q5-63-2「收入與對鍾榮吉喜歡程度」變異數分析			
	個數	平均數	標準差
28,000元以下	20	4.23	2.43
28,001-52,000元	20	4.23	2.56
52,001-72,000元	21	3.91	2.80
72,001-97,000元	9	4.18	3.36
97,001-168,000元	27	5.05	1.53
168,001元以上	4	1.91	2.83
總和	102	4.28	2.48

$p > .05$　$F = 1.452$

表 5-63　「個人背景與對鍾榮吉喜歡程度」變異數分析（續）

Q5-63-3「職業與對鍾榮吉喜歡程度」變異數分析			
	個數	平均數	標準差	
高、中級白領	35	4.97	2.42	
中低、低級白領	29	4.40	2.49	*p* > .05 F = 1.822
藍領	40	3.66	3.13	
其他	15	4.83	0.57	
總和	120	4.38	2.60	

資料來源：劉嘉薇（2017-2018）。

說明一：本題完整題目爲「接著，我們想要請您用0到10來表示您對客籍政治人物的看法，0表示您『非常不喜歡』這個政治人物，10表示您『非常喜歡』這個政治人物。（以下三題隨機出現）」（問卷第4-4-4題）。

說明二：教育程度、收入與職業分析表當中，細格間皆無顯著差異。

說明三：客家民眾總數（N）皆與本研究樣本總數（1,078）有落差，係因已將回應爲「沒聽過這個人」、「拒答」、「看情形」、「無意見」和「不知道」者排除於分析之外，以及由於本題只詢問雲林縣、嘉義縣、嘉義市、臺南市、高雄市、屏東縣、離島民眾，因此其他地區民眾無需作答。

　　最後，在職業與對鍾榮吉喜歡程度的分析中，亦即比較各職業在對鍾榮吉喜歡程度的差異。從資料得知，整體而言，職業對鍾榮吉喜歡程度並無顯著影響。

　　表5-64是「個人背景與對鍾榮吉喜歡程度」T 檢定。首先，在性別對鍾榮吉喜歡程度的分析中，亦即比較男女對鍾榮吉喜歡程度的差異。從資料得知，整體而言，性別對鍾榮吉喜歡程度具有顯著影響，女性對鍾榮吉喜歡程度的值爲5.35，男性對鍾榮吉喜歡程度的值爲3.87，性別中女性對鍾榮吉較爲喜歡，而男性對鍾榮吉則爲不喜歡。

　　最後，在客家世代與對鍾榮吉喜歡程度的分析中，亦即比較1974年前後出生的客家民眾對鍾榮吉喜歡程度的差異。從資料得知，整體而言，

表 5-64　「個人背景與對鍾榮吉喜歡程度」T 檢定

Q5-64-1「性別與對鍾榮吉喜歡程度」T 檢定				
	個數	平均數	標準差	
女性	41	5.35	2.02	p < .05
男性	79	3.87	2.72	t = 3.374
Q5-64-2「客家世代與對鍾榮吉喜歡程度」T 檢定				
	個數	平均數	標準差	
1974年後出生	36	4.60	2.33	p > .05
1974年（含）前出生	83	4.28	2.71	t = 0.634

資料來源：劉嘉薇（2017-2018）。

說明一：本題完整題目為「接著，我們想要請您用0到10來表示您對客籍政治人物的看法，0表示您『非常不喜歡』這個政治人物，10表示您『非常喜歡』這個政治人物。（以下三題隨機出現）」（問卷第4-4-4題）。

說明二：由於本題只詢問雲林縣、嘉義縣、嘉義市、臺南市、高雄市、屏東縣、離島民眾，因此其他地區民眾無需作答。

客家世代對鍾榮吉喜歡程度無顯著影響。

表5-65是「個人背景與對傅崐萁喜歡程度」變異數分析（只詢問宜蘭縣、花蓮縣、臺東縣民眾）。首先，在教育程度與對傅崐萁喜歡程度的分析中，亦即比較三種教育程度對傅崐萁喜歡程度的差異。從資料得知，整體而言，教育程度對傅崐萁喜歡程度並無顯著影響。

在收入與對傅崐萁喜歡程度的分析中，亦即比較各種家庭月收入在對傅崐萁喜歡程度的差異。從資料得知，整體而言，收入對傅崐萁喜歡程度並無顯著影響。

最後，在職業與對傅崐萁喜歡程度的分析中，亦即比較各職業在對傅崐萁喜歡程度的差異。從資料得知，整體而言，職業對傅崐萁喜歡程度有顯著影響，進一步而言，本研究配合雪菲檢定，觀察各職業之間的差異，

發現各職業間因顯著性皆大於.05，因此皆未達顯著差異。

表 5-65　「個人背景與對傅崐萁喜歡程度」變異數分析

Q5-65-1「教育程度與對傅崐萁喜歡程度」變異數分析			
	個數	平均數	標準差
小學以下	5	9.05	1.91
國高中	23	4.98	3.65
大專以上	24	5.79	3.10
總和	51	5.74	3.43

$p > .05$
$F = 3.089$

Q5-65-2「收入與對傅崐萁喜歡程度」變異數分析			
	個數	平均數	標準差
28,000元以下	10	6.41	3.47
28,001-52,000元	17	6.12	3.65
52,001-72,000元	10	6.25	2.94
72,001-97,000元	6	3.87	3.23
97,001-168,000元	5	7.13	3.19
168,001元以上	1	4.00	
總和	49	6.00	3.34

$p > .05$
$F = 0.672$

Q5-65-3「職業與對傅崐萁喜歡程度」變異數分析			
	個數	平均數	標準差
高、中級白領	16	4.20	3.23
中低、低級白領	12	5.88	3.36
藍領	19	7.32	2.97
其他	5	4.38	3.97
總和	51	5.74	3.43

$p < .05$
$F = 2.957$

資料來源：劉嘉薇（2017-2018）。

說明一：本題完整題目爲「接著，我們想要請您用0到10來表示您對客籍政治人物的看法，0表示您『非常不喜歡』這個政治人物，10表示您『非常喜歡』這個政治人物。（以下三題隨機出現）」（問卷第4-5-1題）。

說明二：教育程度、收入與職業分析表當中，細格間皆無顯著差異。

說明三：客家民眾總數（N）皆與本研究樣本總數（1,078）有落差，係因已將回應爲「沒聽過這個人」、「拒答」、「看情形」、「無意見」和「不知道」者排除於分析之外，以及由於本題只詢問宜蘭縣、花蓮縣、臺東縣民眾，因此其他地區民眾無需作答。

說明四：語法輸出警告：針對Q4-5-1.你會給傅崐萁多少？0表示「非常不喜歡」，10表示「非常喜歡」。***東部（只詢問宜蘭縣、花蓮縣、臺東縣民眾）不執行事後測試，因爲至少一個群組的觀察值數不到兩個。

說明五：168,001元以上個數只有一個，無法計算標準差。

　　表5-66是「個人背景與對傅崐萁喜歡程度」T檢定。首先，在性別對傅崐萁喜歡程度的分析中，亦即比較男女對傅崐萁喜歡程度的差異。從資料得知，整體而言，性別對傅崐萁喜歡程度無顯著影響。

　　最後，在客家世代與對傅崐萁喜歡程度的分析中，亦即比較1974年前後出生的客家民眾對傅崐萁喜歡程度的差異。從資料得知，整體而言，客家世代對傅崐萁喜歡程度具有顯著影響，1974年後出生的客家民眾對傅崐萁喜歡程度的值爲5.90，1974年（含）前出生的客家民眾對傅崐萁喜歡程度的值爲5.68，對傅崐萁喜歡程度均偏向喜歡。

表 5-66　「個人背景與對傅崐萁喜歡程度」T檢定

Q5-66-1「性別與對傅崐萁喜歡程度」T檢定			
	個數	平均數	標準差	
女性	25	6.62	3.19	$p > .05$
男性	26	4.90	3.49	$t = 1.846$

表 5-66　「個人背景與對傅崐萁喜歡程度」T 檢定（續）

Q5-66-2「客家世代與對傅崐萁喜歡程度」T 檢定				
	個數	平均數	標準差	
1974年後出生	15	5.90	4.07	$p < .05$
1974年（含）前出生	36	5.68	3.18	$t = 0.188$

資料來源：劉嘉薇（2017-2018）。

說明一：本題完整題目爲「接著，我們想要請您用0到10來表示您對客籍政治人物的看法，0表示您『非常不喜歡』這個政治人物，10表示您『非常喜歡』這個政治人物。（以下三題隨機出現）」（問卷第4-5-1題）。

說明二：由於本題只詢問宜蘭縣、花蓮縣、臺東縣民眾，因此其他地區民眾無需作答。

　　表5-67是「個人背景與對吳水雲喜歡程度」變異數分析（只詢問宜蘭縣、花蓮縣、臺東縣民眾）。首先，在教育程度與對吳水雲喜歡程度的分析中，亦即比較三種教育程度在對吳水雲喜歡程度的差異。從資料得知，整體而言，教育程度對吳水雲喜歡程度具有顯著影響，進一步而言，本研究配合雪菲檢定，觀察各教育程度之間的差異，發現各教育程度間因顯著性皆大於.05，因此皆未達顯著差異。

　　在收入與對吳水雲喜歡程度的分析中，亦即比較各種家庭月收入在吳

表 5-67　「個人背景與對吳水雲喜歡程度」變異數分析

Q5-67-1「教育程度與對吳水雲喜歡程度」變異數分析				
	個數	平均數	標準差	
小學以下	4	6.84	2.82	$p < .05$
國高中	13	4.43	1.92	$F = 4.521$
大專以上	13	6.69	1.92	
總和	30	5.73	2.27	

表 5-67　「個人背景與對吳水雲喜歡程度」變異數分析（續）

Q5-67-2「收入與對吳水雲喜歡程度」變異數分析			
	個數	平均數	標準差
28,000元以下	5	6.72	2.42	
28,001-52,000元	10	5.91	1.61	
52,001-72,000元	4	5.89	2.06	$p > .05$
72,001-97,000元	5	6.46	1.58	$F = 0.774$
97,001-168,000元	2	4.27	1.92	
168,001元以上	1	9.00		
總和	27	6.15	1.89	

Q5-67-3「職業與對吳水雲喜歡程度」變異數分析			
	個數	平均數	標準差
高、中級白領	9	4.42	2.64	
中低、低級白領	7	5.61	1.73	$p > .05$
藍領	10	6.60	1.82	$F = 1.700$
其他	4	6.52	2.61	
總和	30	5.73	2.27	

資料來源：劉嘉薇（2017-2018）。

說明一：本題完整題目為「接著，我們想要請您用0到10來表示您對客籍政治人物的看法，0表示您『非常不喜歡』這個政治人物，10表示您『非常喜歡』這個政治人物。（以下三題隨機出現）」（問卷第4-5-2題）。

說明二：教育程度、收入與職業分析表當中，細格間皆無顯著差異。

說明三：客家民眾總數（N）皆與本研究樣本總數（1,078）有落差，係因已將回應為「沒聽過這個人」、「拒答」、「看情形」、「無意見」和「不知道」者排除於分析之外，以及由於本題只詢問宜蘭縣、花蓮縣、臺東縣民眾，因此其他地區民眾無需作答。

說明四：語法輸出警告：針對Q4-5-2.你會給吳水雲多少？0表示「非常不喜歡」，10表示「非常喜歡」。***東部（只詢問宜蘭縣、花蓮縣、臺東縣民眾）不執行事後測試，因為至少一個群組的觀察值數不到兩個。

說明五：168,001元以上個數只有一個，無法計算標準差。

水雲喜歡程度的差異。從資料得知，整體而言，收入對吳水雲喜歡程度並無顯著影響。

　　最後，在職業與對吳水雲喜歡程度的分析中，亦即比較各職業在吳水雲喜歡程度的差異。從資料得知，整體而言，職業對吳水雲喜歡程度並無顯著影響。

　　表5-68是「個人背景與對吳水雲喜歡程度」T檢定。首先，在性別對吳水雲喜歡程度的分析中，亦即比較男女對吳水雲喜歡程度的差異。從資料得知，整體而言，性別對吳水雲喜歡程度無顯著影響。

　　最後，在客家世代與對吳水雲喜歡程度的分析中，亦即比較1974年前後出生的客家民眾在吳水雲喜歡程度的差異。從資料得知，整體而言，客家世代與對吳水雲喜歡程度無顯著影響。

表 5-68　　「個人背景與對吳水雲喜歡程度」T檢定

Q5-68-1「性別與對吳水雲喜歡程度」T檢定			
	個數	平均數	標準差
女性	16	6.54	2.12	$p > .05$
男性	14	4.76	2.13	$t = 2.284$
Q5-68-2「客家世代與對吳水雲喜歡程度」T檢定			
	個數	平均數	標準差
1974年後出生	10	6.35	1.43	$p > .05$
1974年（含）前出生	20	5.43	2.56	$t = 1.030$

資料來源：劉嘉薇（2017-2018）。

說明一：本題完整題目為「接著，我們想要請您用0到10來表示您對客籍政治人物的看法，0表示您『非常不喜歡』這個政治人物，10表示您『非常喜歡』這個政治人物。（以下三題隨機出現）」（問卷第4-5-2題）。

說明二：由於本題只詢問宜蘭縣、花蓮縣、臺東縣民眾，因此其他地區民眾無需作答。

　　表5-69是「個人背景與對饒穎奇喜歡程度」變異數分析（只詢問宜蘭縣、花蓮縣、臺東縣民眾）。首先，在教育程度與對饒穎奇喜歡程度的分析中，亦即比較三種教育程度在對饒穎奇喜歡程度的差異。從資料得知，整體而言，教育程度對饒穎奇喜歡程度有顯著影響，進一步而言，本研究配合雪菲檢定，觀察各教育程度之間的差異，發現各教育程度間因顯著性皆大於.05，因此皆未達顯著差異。

　　在收入與對饒穎奇喜歡程度的分析中，亦即比較各種家庭月收入在饒穎奇喜歡程度的差異。從資料得知，整體而言，收入對饒穎奇喜歡程度並無顯著影響。

　　最後，在職業與對饒穎奇喜歡程度的分析中，亦即比較各職業在饒穎奇喜歡程度的差異。從資料得知，整體而言，職業對饒穎奇喜歡程度並無顯著影響。

表 5-69　「個人背景與對饒穎奇喜歡程度」變異數分析

Q5-69-1「教育程度與對饒穎奇喜歡程度」變異數分析			
	個數	平均數	標準差	
小學以下	5	7.26	2.11	$p < .05$ $F = 3.402$
國高中	15	4.09	3.00	
大專以上	16	4.03	2.11	
總和	36	4.50	2.70	
Q5-69-2「收入與對饒穎奇喜歡程度」變異數分析			
	個數	平均數	標準差	
28,000元以下	6	6.00	1.22	
28,001-52,000元	13	3.36	3.04	
52,001-72,000元	4	6.89	2.09	$t > .05$ $F = 1.569$
72,001-97,000元	6	3.99	3.45	
97,001-168,000元	4	3.60	1.28	
168,001元以上	1	5.00		
總和	34	4.41	2.76	

表 5-69　「個人背景與對饒穎奇喜歡程度」變異數分析（續）

Q5-69-3「職業與對饒穎奇喜歡程度」變異數分析				
	個數	平均數	標準差	
高、中級白領	8	6.17	2.43	$p > .05$ F = 2.579
中低、低級白領	7	3.24	2.80	
藍領	17	3.85	2.61	
其他	4	6.06	1.66	
總和	36	4.50	2.70	

資料來源：劉嘉薇（2017-2018）。

說明一：本題完整題目爲「接著，我們想要請您用0到10來表示您對客籍政治人物的看法，0表示您『非常不喜歡』這個政治人物，10表示您『非常喜歡』這個政治人物。（以下三題隨機出現）」（問卷第4-5-3題）。

說明二：教育程度、收入與職業分析表當中，細格間皆無顯著差異。

說明三：客家民眾總數（N）皆與本研究樣本總數（1,078）有落差，係因已將回應爲「沒聽過這個人」、「拒答」、「看情形」、「無意見」和「不知道」者排除於分析之外，以及由於本題只詢問宜蘭縣、花蓮縣、臺東縣民眾，因此其他地區民眾無需作答。

說明四：針對Q4-5-3你會給饒穎奇多少？0表示「非常不喜歡」，10表示「非常喜歡」。***東部（只詢問宜蘭縣、花蓮縣、臺東縣民眾）不執行事後測試，因爲至少一個群組的觀察值數不到兩個。

說明五：168,001元以上個數只有一個，無法計算標準差。

表5-70是「個人背景與對饒穎奇喜歡程度」T 檢定。首先，在性別對饒穎奇喜歡程度的分析中，亦即比較男女對饒穎奇喜歡程度的差異。從資料得知，整體而言，性別對饒穎奇喜歡程度無顯著影響。

最後，在客家世代與對饒穎奇喜歡程度的分析中，亦即比較1974年前後出生的客家民眾對饒穎奇喜歡程度的差異。從資料得知，整體而言，客家世代對饒穎奇喜歡程度無顯著影響。

表 5-70　「個人背景與對饒穎奇喜歡程度」T 檢定

Q5-70-1「性別與對饒穎奇喜歡程度」T 檢定			
	個數	平均數	標準差
女性	16	4.82	3.10	*p* > .05
男性	20	4.24	2.39	t = 0.638
Q5-70-2「客家世代與對饒穎奇喜歡程度」T 檢定			
	個數	平均數	標準差
1974年後出生	10	2.49	2.14	*p* > .05
1974年（含）前出生	26	5.31	2.50	t = -3.198

資料來源：劉嘉薇（2017-2018）。

說明一：本題完整題目為「接著，我們想要請您用0到10來表示您對客籍政治人物的看法，0表示您『非常不喜歡』這個政治人物，10表示您『非常喜歡』這個政治人物。（以下三題隨機出現）」（問卷第4-5-3題）。

說明二：由於本題只詢問宜蘭縣、花蓮縣、臺東縣民眾，因此其他地區民眾無需作答。

二、客家意識／客家認同

　　以下表5-71為客家民眾「個人背景與在新認識的朋友面前，您介紹自己的時候，會不會表明自己是『客家人』的身分」交叉表。首先，我們將關注客家民眾個人背景與在新認識的朋友面前，您介紹自己的時候，會不會表明自己是「客家人」身分的關聯，六項個人背景中（區域、性別、客家世代、教育程度、收入及職業），除了性別以外，皆與客家民眾在新認識的朋友面前，您介紹自己的時候，會不會表明自己是「客家人」的身分有關聯，*p*小於.05，以下將以調整後殘差解釋個別細格與總和百分比的差異，亦即在每一交叉表的最後一列，皆具有客家民眾在新認識的朋友面前，您介紹自己的時候，會不會表明自己是「客家人」身分。例如若分為

表 5-71　「個人背景與在新認識的朋友面前，您介紹自己的時候，會不會表明自己是『客家人』的身分」交叉表

		幾乎不會	不太會	有時會	經常會	無反應	總和	
區域	北北基桃竹苗	%						100.0	
		12.5	12.1	20.8	49.4	5.2	(672)	
		調整後標準化殘差 -3.9	0.6	0.8	1.9	-0.2		
	中彰投	% 26.1	21.0	23.2	27.5	2.2	100.0 (138)	p < .001
		調整後標準化殘差 3.5	3.7	1.0	-4.9	-1.8		df = 12
	雲嘉南高屏	% 21.1	6.0	16.1	48.7	8.0	100.0 (199)	χ² = 58.835
		調整後標準化殘差 2.2	-2.7	-1.6	0.5	1.9		
	宜花東	% 13.4	4.5	17.9	59.7	4.6	100.0 (67)	
		調整後標準化殘差 -0.6	-1.9	-0.5	2.1	-0.3		
	總和	% 15.9	11.6	20.1	47.1	5.3	100.0 (1,076)	

		幾乎不會	不太會	有時會	經常會	無反應	總和	
性別	女性	% 17.8	10.1	18.9	47.8	5.4	100.0 (534)	p > .05
		調整後標準化殘差 1.7	-1.7	-0.9	0.4	0.2		df = 4
	男性	% 13.9	13.4	21.1	46.4	5.1	100.0 (545)	χ²=5.775
		調整後標準化殘差 -1.7	1.7	0.9	-0.4	-0.2		
	總和	% 15.8	11.8	20.0	47.1	5.3	100.0 (1,079)	

		幾乎不會	不太會	有時會	經常會	無反應	總和	
客家世代	1974年後出生	% 18.0	16.5	25.9	33.3	6.3	100.0 (460)	p < .001
		調整後標準化殘差 1.7	4.1	4.2	-7.8	1.3		df = 4
	1974年(含)前出生	% 14.2	8.4	15.6	57.3	4.5	100.0 (620)	χ² = 64.949
		調整後標準化殘差 -1.7	-4.1	-4.2	7.8	-1.3		
	總和	% 15.8	11.9	20.0	47.0	5.3	100.0 (1,080)	

		幾乎不會	不太會	有時會	經常會	無反應	總和	
教育程度	小學以下	% 19.5	3.4	11.0	61.9	4.2	100.0 (118)	p < .001
		調整後標準化殘差 1.2	-3.0	-2.6	3.4	-0.5		df = 8
	國高中	% 11.7	10.5	17.6	56.9	3.3	100.0 (392)	χ² = 58.186
		調整後標準化殘差 -2.7	-1.0	-1.6	4.9	-2.2		
	大專以上	% 17.8	14.4	23.7	37.3	6.9	100.0 (569)	
		調整後標準化殘差 1.9	2.8	3.1	-6.8	2.4		
	總和	% 15.8	11.8	20.1	47.1	5.3	100.0 (1,079)	

表 5-71　「個人背景與在新認識的朋友面前，您介紹自己的時候，會不會表明自己是『客家人』的身分」交叉表（續）

			幾乎不會	不太會	有時會	經常會	無反應	總和	
收入	28,000元以下	%	13.8	7.7	21.5	52.3	4.6	100.0(130)	
		調整後標準化殘差	-0.6	-1.6	0.4	1.3	-0.3		
	28,001-52,000元	%	19.1	9.5	17.8	51.5	2.1	100.0(241)	
		調整後標準化殘差	1.7	-1.3	-1.9	1.6	-2.5		
	52,001-72,000元	%	11.7	11.1	15.6	54.4	7.2	100.0(180)	$p < .001$
		調整後標準化殘差	-1.7	-0.4	-1.7	2.2	1.4		df = 20
	72,001-97,000元	%	18.5	12.6	25.2	42.0	1.7	100.0(119)	$\chi^2 = 50.596$
		調整後標準化殘差	0.9	0.2	1.5	-1.2	-1.9		
	97,001-168,000元	%	17.8	16.7	19.5	36.2	9.8	100.0(174)	
		調整後標準化殘差	0.9	2.1	-0.2	-3.2	3.0		
	168,001元以上	%	6.6	18.0	31.1	37.7	6.6	100.0(61)	
		調整後標準化殘差	-2.0	1.5	2.2	-1.5	0.5		
	總和	%	15.7	11.9	20.1	47.1	5.2	100.0(905)	

			幾乎不會	不太會	有時會	經常會	無反應	總和	
職業	高、中級白領	%	20.2	12.7	19.3	45.5	2.3	100.0(347)	
		調整後標準化殘差	2.7	0.6	-0.4	-0.7	-3.0		
	中低、低級白領	%	8.3	12.2	24.4	45.8	9.3	100.0(312)	$p < .001$
		調整後標準化殘差	-4.3	0.3	2.3	-0.5	3.8		df = 12
	藍領	%	14.1	11.2	19.5	52.9	2.3	100.0(348)	$\chi^2 = 91.244$
		調整後標準化殘差	-1.1	-0.4	-0.3	2.7	-3.0		
	其他	%	36.6	8.5	7.0	31.0	16.9	100.0(71)	
		調整後標準化殘差	5.0	-0.9	-2.8	-2.8	4.5		
	總和	%	15.9	11.8	20.0	47.0	5.3	100.0(1,078)	

資料來源：劉嘉薇（2017-2018）。

說明一：本題完整題目為「在新認識的朋友面前，您介紹自己的時候，會不會表明自己是『客家人』的身分？」（問卷第4-6題）。

說明二：表中百分比為橫列百分比。調整後標準化殘差絕對值大於1.96者以灰階標示。

說明三：無反應包括拒答、看情形、無意見、不知道。

說明四：客家民眾收入總數（N）與本研究樣本總數（1,078）有落差，係因選項為「拒答」或是「不知道」者，界定為遺漏值。

男性與女性觀察之，若欲瞭解男性與女性對在新認識的朋友面前，您介紹自己的時候，會不會表明自己是「客家人」的身分評估與整體分布相同或不同，調整後殘差即為解釋個別細格（例如男性或女性）與表中最後一列總和分布的差異。為解釋何種背景的客家民眾特別會在新認識的朋友面前，介紹自己的時候，表明自己是「客家人」的身分，何種民眾特別不會在新認識的朋友面前，介紹自己的時候，表明自己是「客家人」的身分，評估結果中的「幾乎不會」代表不會在新認識的朋友面前，介紹自己的時候，表明自己是「客家人」的身分；「經常會」代表會在新認識的朋友面前，介紹自己的時候，表明自己是「客家人」的身分。

首先，在區域方面，居住在北北基桃竹苗的客家民眾「幾乎不會」在新認識的朋友面前，介紹自己的時候，表明自己是「客家人」身分的比例為12.5%，顯著低於總和的15.9%；居住在中彰投的客家民眾「幾乎不會」在新認識的朋友面前，介紹自己的時候，表明自己是「客家人」身分的比例為26.1%，顯著高於總和的15.9%，「不太會」的比例為21.0%，顯著高於總和的11.6%，「經常會」的比例為27.5%，顯著低於總和的47.1%；居住在雲嘉南高屏的客家民眾「幾乎不會」在新認識的朋友面前，介紹自己的時候，表明自己是「客家人」身分的比例為21.1%，顯著高於總和的15.9%，「不太會」的比例為6.0%，顯著低於總和的11.6%；居住在宜花東的客家民眾「經常會」在新認識的朋友面前，介紹自己的時候，表明自己是「客家人」身分的比例為59.7%，顯著高於總和的47.1%。

在客家世代方面，1974年後出生的客家民眾「不太會」在新認識的朋友面前，介紹自己的時候，表明自己是「客家人」身分的比例為16.5%，顯著高於總和的11.9%，「有時會」的比例為25.9%，顯著高於總和的20.0%，「經常會」的比例為33.3%，顯著低於總和的47.0%；同時，1974年（含）前出生的客家民眾「不太會」在新認識的朋友面前，介紹自己的時候，表明自己是「客家人」身分的比例為8.4%，顯著低於總和的11.9%，「有時會」的比例為15.6%，顯著低於總和的20.0%，「經常

會」的比例為57.3%，顯著高於總和的47.0%。

在教育程度方面，小學以下的客家民眾「不太會」在新認識的朋友面前，介紹自己的時候，表明自己是「客家人」身分的比例為3.4%，顯著低於總和的11.8%，「有時會」的比例為11.0%，顯著低於總和的20.1%，「經常會」的比例為61.9%，顯著高於總和的47.1%；國高中的客家民眾「幾乎不會」在新認識的朋友面前，介紹自己的時候，表明自己是「客家人」身分的比例為11.7%，顯著低於總和的15.8%，「經常會」的比例為56.9%，顯著高於總和的47.1%，「無反應」的比例為3.3%，顯著低於總和的5.3%；大專以上的客家民眾「不太會」在新認識的朋友面前，介紹自己的時候，表明自己是「客家人」身分的比例為14.4%，顯著高於總和的11.8%，「有時會」的比例為23.7%，顯著高於總和的20.1%，「經常會」的比例為37.3%，顯著低於總和的47.1%，「無反應」的比例為6.9%，顯著高於總和的5.3%。

在收入方面，家庭月收入28,001-52,000元的客家民眾在新認識的朋友面前，介紹自己的時候，「幾乎不會」表明自己是「客家人」身分，「無反應」的比例為2.1%，顯著低於總和的5.2%；月收入52,001-72,000元的客家民眾「經常會」在新認識的朋友面前，介紹自己的時候，表明自己是「客家人」身分的比例為54.4%，顯著高於總和的47.1%；月收入97,001-168,000元的客家民眾「不太會」在新認識的朋友面前，介紹自己的時候，表明自己是「客家人」身分的比例為16.7%，顯著高於總和的11.9%，「經常會」的比例為36.2%，顯著低於總和的47.1%，「無反應」的比例為9.8%，顯著高於總和的5.2%；月收入168,001元以上的客家民眾「幾乎不會」在新認識的朋友面前，介紹自己的時候，表明自己是「客家人」身分的比例為6.6%，顯著低於總和的15.7%，「有時會」的比例為31.1%，顯著高於總和的20.1%。

最後，在職業方面，高、中級白領的客家民眾「幾乎不會」在新認識的朋友面前，介紹自己的時候，「幾乎不會」表明自己是「客家人」身分的比例為20.2%，顯著高於總和的15.9%，「無反應」的比例為2.3%，

顯著低於總和的5.3%；中低、低級白領的客家民眾「幾乎不會」在新認識的朋友面前，介紹自己的時候，表明自己是「客家人」身分的比例為8.3%，顯著低於總和的15.9%，「有時會」的比例為24.4%，顯著高於總和的20.0%，「無反應」的比例為9.3%，顯著高於總和的5.3%；藍領的客家民眾「經常會」在新認識的朋友面前，介紹自己的時候，表明自己是「客家人」身分的比例為52.9%，顯著高於總和的47.0%，「無反應」的比例為2.3%，顯著低於總和的5.3%；其他職業的客家民眾「幾乎不會」在新認識的朋友面前，介紹自己的時候，表明自己是「客家人」身分的比例為36.6%，顯著高於總和的15.9%，「有時會」的比例為7.0%，顯著低於總和的20.0%；「經常會」的比例為31.0%，顯著低於總和的47.0%，「無反應」的比例為16.9%，顯著高於總和的5.3%。至於其他細格與總和的差異皆不顯著，不予描述。

　　以下表5-72為客家民眾「個人背景與同不同意『我以身為客家人為榮』的說法」交叉表。首先，我們將關注客家民眾個人背景與同不同意「我以身為客家人為榮」的說法的關聯，六項個人背景中（區域、性別、客家世代、教育程度、收入及職業），皆與客家民眾同不同意「我以身為客家人為榮」的說法有關聯，p小於.05，以下將以調整後殘差解釋個別細格與總和百分比的差異，亦即在每一交叉表的最後一列，皆具有客家民眾同不同意「我以身為客家人為榮」的說法。例如若分為男性與女性觀察之，若欲瞭解男性與女性同不同意「我以身為客家人為榮」的說法評估與整體分布相同或不同，調整後殘差即為解釋個別細格（例如男性或女性）與表中最後一列總和分布的差異。為解釋何種背景的客家民眾會特別同意「我以身為客家人為榮」的說法，何種民眾會特別不同意「我以身為客家人為榮」的說法，評估結果中的「非常不同意」代表不同意「我以身為客家人為榮」的說法；「非常同意」代表同意「我以身為客家人為榮」的說法。

　　首先，在區域方面，居住在北北基桃竹苗的客家民眾「非常不同意」「我以身為客家人為榮」的說法的比例為3.6%，顯著高於總和的

表 5-72　「個人背景與同不同意『我以身為客家人為榮』的說法」交叉表

			非常不同意	不太同意	有點同意	非常同意	無反應	總和	
區域	北北基桃竹苗	% 調整後標準化殘差	3.6 2.9	5.2 -2.8	21.1 -0.3	64.5 1.8	5.6 -2.1	100.0 (673)	p < .001 df = 12 χ² = 66.431
	中彰投	% 調整後標準化殘差	0.7 -1.5	13.6 3.4	35.7 4.4	42.1 -5.3	7.9 0.5	100.0 (140)	
	雲嘉南高屏	% 調整後標準化殘差	0.5 -2.0	9.6 1.7	17.2 -1.6	62.6 0.1	10.1 2.0	100.0 (198)	
	宜花東	% 調整後標準化殘差	1.5 -0.5	1.5 -1.8	6.1 -3.1	83.3 3.6	7.6 0.2	100.0 (66)	
	總和	%	2.5	6.9	21.4	62.4	6.9	100.0 (1,077)	

			非常不同意	不太同意	有點同意	非常同意	無反應	總和	
性別	女性	% 調整後標準化殘差	3.0 1.2	4.3 -3.3	24.3 2.4	62.2 -0.2	6.2 -1.0	100.0 (534)	p < .01 df = 4 χ² = 17.010
	男性	% 調整後標準化殘差	1.8 -1.2	9.4 3.3	18.3 -2.4	62.8 0.2	7.7 1.0	100.0 (545)	
	總和	%	2.4	6.9	21.3	62.5	7.0	100.0 (1,079)	

			非常不同意	不太同意	有點同意	非常同意	無反應	總和	
客家世代	1974年後出生	% 調整後標準化殘差	1.7 -1.2	7.4 0.6	27.8 4.5	58.5 -2.3	4.6 -2.7	100.0 (460)	p < .001 df = 4 χ² = 26.377
	1974年（含）前出生	% 調整後標準化殘差	2.9 1.2	6.5 -0.6	16.5 -4.5	65.4 2.3	8.7 2.7	100.0 (619)	
	總和	%	2.4	6.9	21.3	62.5	7.0	100.0 (1,079)	

			非常不同意	不太同意	有點同意	非常同意	無反應	總和	
教育程度	小學以下	% 調整後標準化殘差	6.8 3.3	2.5 -2.0	15.3 -1.7	61.0 -0.3	14.4 3.4	100.0 (118)	p < .001 df = 8 χ² = 32.002
	國高中	% 調整後標準化殘差	1.3 -1.8	8.9 2.0	20.1 -0.8	63.1 0.4	6.6 -0.3	100.0 (393)	
	大專以上	% 調整後標準化殘差	2.3 -0.3	6.3 -0.7	23.6 1.8	62.2 -0.1	5.6 -1.8	100.0 (569)	
	總和	%	2.4	6.9	21.4	62.4	6.9	100.0 (1,080)	

表 5-72　「個人背景與同不同意『我以身為客家人為榮』的說法」交叉表（續）

		非常不同意	不太同意	有點同意	非常同意	無反應	總和	
收入	28,000元以下　% 調整後標準化殘差	3.0 0.2	6.8 0.0	19.7 -0.5	62.9 0.0	7.6 0.7	100.0 （132）	
	28,001-52,000元　% 調整後標準化殘差	0.4 -2.6	10.0 2.4	20.8 -0.2	62.1 -0.3	6.7 0.3	100.0 （240）	
	52,001-72,000元　% 調整後標準化殘差	1.7 -1.0	4.4 -1.4	19.3 -0.7	66.3 1.1	8.3 1.2	100.0 （181）	p < .001 df = 20 χ² = 49.030
	72,001-97,000元　% 調整後標準化殘差	5.8 2.2	3.3 -1.6	25.8 1.3	61.7 -0.3	3.3 -1.4	100.0 （120）	
	97,001-168,000元　% 調整後標準化殘差	3.4 0.6	6.9 0.1	14.9 -2.3	68.4 1.7	6.3 0.0	100.0 （174）	
	168,001元以上　% 調整後標準化殘差	6.6 1.9	6.6 -0.1	42.6 4.2	42.6 -3.4	1.6 -1.5	100.0 （61）	
	總和　%	2.8	6.7	21.4	62.9	6.3	100.0 （908）	

		非常不同意	不太同意	有點同意	非常同意	無反應	總和	
職業	高、中級白領　% 調整後標準化殘差	5.5 4.5	12.1 4.8	20.7 -0.3	56.2 -3.0	5.5 -1.3	100.0 （347）	
	中低、低級白領　% 調整後標準化殘差	1.3 -1.5	4.2 -2.2	23.5 1.1	65.9 1.4	5.1 -1.5	100.0 （311）	p < .001 df = 12 χ² = 53.042
	藍領　% 調整後標準化殘差	0.9 -2.3	4.3 -2.2	20.3 -0.5	64.8 1.0	9.7 2.5	100.0 （349）	
	其他　% 調整後標準化殘差	0.0 -1.4	4.3 -0.9	18.6 -0.6	68.6 1.1	8.6 0.5	100.0 （70）	
	總和　%	2.4	6.8	21.3	62.6	7.0	100.0 （1,077）	

資料來源：劉嘉薇（2017-2018）。

說明一：本題完整題目為「請問您同不同意『我以身為客家人為榮』的說法？」（問卷第4-7題）。

說明二：表中百分比為橫列百分比。調整後標準化殘差絕對值大於1.96者以灰階標示。

說明三：無反應包括拒答、看情形、無意見、不知道。

說明四：客家民眾收入總數（N）與本研究樣本總數（1,078）有落差，係因選項為「拒答」或是「不知道」者，界定為遺漏值。

2.5%，「不太同意」的比例爲5.2%，顯著低於總和的6.9%，「無反應」的比例爲5.6%，顯著低於總和的6.9%；居住在中彰投的客家民衆「不太同意」「我以身爲客家人爲榮」的說法的比例爲13.6%，顯著高於總和的6.9%，「有點同意」的比例爲35.7%，顯著高於總和的21.4%，「非常同意」的比例爲42.1%，顯著低於總和的62.4%；居住在雲嘉南高屛的客家民衆「非常不同意」「我以身爲客家人爲榮」的說法的比例爲0.5%，顯著低於總和的2.5%，「無反應」的比例爲10.1%，顯著高於總和的6.9%；居住在宜花東的客家民衆「有點同意」「我以身爲客家人爲榮」的說法的比例爲6.1%，顯著低於總和的21.4%，「非常同意」的比例爲83.3%，顯著高於總和的62.4%。

在性別方面，女性客家民衆「不太同意」「我以身爲客家人爲榮」的說法的比例爲4.3%，顯著低於總和的6.9%，「有點同意」的比例爲24.3%，顯著高於總和的21.3%；同時，男性客家民衆「不太同意」「我以身爲客家人爲榮」的說法的比例爲9.4%，顯著高於總和的6.9%，「有點同意」的比例爲18.3%，顯著低於總和的21.3%。

在客家世代方面，1974年後出生的客家民衆「有點同意」「我以身爲客家人爲榮」的說法的比例爲27.8%，顯著高於總和的21.3%，「非常同意」的比例爲58.5%，顯著低於總和的62.5%，「無反應」的比例爲4.6%，顯著低於總和的7.0%；同時，1974年（含）前出生的客家民衆「有點同意」「我以身爲客家人爲榮」的說法的比例爲16.5%，顯著低於總和的21.3%，「非常同意」的比例爲65.4%，顯著高於總和的62.5%，「無反應」的比例爲8.7%，顯著高於總和的7.0%。

在教育程度方面，小學以下的客家民衆「非常不同意」「我以身爲客家人爲榮」的說法的比例爲6.8%，顯著高於總和的2.4%，「不太同意」的比例爲2.5%，顯著低於總和的6.9%，「無反應」的比例爲14.4%，顯著高於總和的6.9%；國高中的客家民衆「不太同意」「我以身爲客家人爲榮」的說法的比例爲8.9%，顯著高於總和的6.9%。

在收入方面，家庭月收入28,001-52,000元的客家民衆「非常不同意」

「我以身爲客家人爲榮」的說法的比例爲0.4%，顯著低於總和的2.8%，「不太同意」的比例爲10.0%，顯著高於總和的6.7%；月收入72,001-97,000元的客家民眾「非常不同意」「我以身爲客家人爲榮」的說法的比例爲5.8%，顯著高於總和的2.8%；月收入97,001-168,000元的客家民眾「有點同意」「我以身爲客家人爲榮」的說法的比例爲14.9%，顯著低於總和的21.4%；月收入168,001元以上的客家民眾「有點同意」「我以身爲客家人爲榮」的說法的比例爲42.6%，顯著高於總和的21.4%，「非常同意」的比例爲42.6%，顯著低於總和的62.9%。

　　最後，在職業方面，高、中級白領的客家民眾「非常不同意」「我以身爲客家人爲榮」的說法的比例爲5.5%，顯著高於總和的2.4%，「不太同意」的比例爲12.1%，顯著高於總和的6.8%，「非常同意」的比例爲56.2%，顯著低於總和的62.6%；中低、低級白領的客家民眾「不太同意」「我以身爲客家人爲榮」的說法的比例爲4.2%，顯著低於總和的6.8%；藍領的客家民眾「非常不同意」「我以身爲客家人爲榮」的說法的比例爲0.9%，顯著低於總和的2.4%，「不太同意」的比例爲4.3%，顯著低於總和的6.8%，「無反應」的比例爲9.7%，顯著高於總和的7.0%。至於其他細格與總和的差異皆不顯著，不予描述。

　　以下表5-73爲客家民眾「個人背景與認不認同客家人『義民』形象」交叉表。首先，我們將關注客家民眾個人背景與認不認同客家人「義民」形象的關聯，六項個人背景中（區域、性別、客家世代、教育程度、收入及職業），皆與客家民眾認不認同客家人「義民」形象有關聯，p小於.05，以下將以調整後殘差解釋個別細格與總和百分比的差異，亦即在每一交叉表的最後一列，皆具有客家民眾認不認同客家人「義民」形象。例如若分爲男性與女性觀察之，若欲瞭解男性與女性認不認同客家人「義民」形象與整體分布相同或不同，調整後殘差即爲解釋個別細格（例如男性或女性）與表中最後一列總和分布的差異。爲解釋何種背景的客家民眾會特別認同客家人「義民」形象，何種民眾會特別不認同客家人「義民」形象，評估結果中的「非常不認同」代表不認同客家人「義民」形象；

表 5-73　「個人背景與認不認同客家人『義民』形象」交叉表

		非常不認同	不太認同	有點認同	非常認同	無反應	總和	
區域	北北基桃竹苗 % 調整後標準化殘差	1.2 -0.1	3.7 -4.3	32.2 2.3	43.8 2.9	19.0 -3.5	100.0 (673)	
	中彰投 % 調整後標準化殘差	0.7 -0.6	13.7 4.0	26.6 -0.9	33.8 -1.7	25.2 0.8	100.0 (139)	$p < .001$ df = 12 $\chi^2 = 46.876$
	雲嘉南高屏 % 調整後標準化殘差	1.5 0.4	8.6 1.6	27.8 -0.7	31.3 -2.9	30.8 3.1	100.0 (198)	
	宜花東 % 調整後標準化殘差	1.5 0.2	7.6 0.5	16.7 -2.4	47.0 1.1	27.3 1.0	100.0 (66)	
	總和 %	1.2	6.1	29.7	40.4	22.5	100.0 (1,076)	
		非常不認同	不太認同	有點認同	非常認同	無反應	總和	
性別	女性 % 調整後標準化殘差	1.3 0.3	3.6 -3.5	33.6 2.8	35.8 -3.1	25.7 2.5	100.0 (533)	$p < .001$ df = 4 $\chi^2 = 27.492$
	男性 % 調整後標準化殘差	1.1 -0.3	8.6 3.5	25.9 -2.8	45.1 3.1	19.3 -2.5	100.0 (545)	
	總和 %	1.2	6.1	29.7	40.5	22.4	100.0 (1,078)	
		非常不認同	不太認同	有點認同	非常認同	無反應	總和	
客家世代	1974年後出生 % 調整後標準化殘差	0.7 -1.4	5.9 -0.2	41.2 7.0	34.9 -3.3	17.4 -3.4	100.0 (459)	$p < .001$ df = 4 $\chi^2 = 52.266$
	1974年（含）前出生 % 調整後標準化殘差	1.6 1.4	6.1 0.2	21.3 -7.0	44.7 3.3	26.2 3.4	100.0 (619)	
	總和 %	1.2	6.0	29.8	40.5	22.4	100.0 (1,078)	
		非常不認同	不太認同	有點認同	非常認同	無反應	總和	
教育程度	小學以下 % 調整後標準化殘差	0.8 -0.5	5.1 -0.5	17.8 -3.0	31.4 -2.1	44.9 6.2	100.0 (118)	$p < .001$ df = 8 $\chi^2 = 60.326$
	國高中 % 調整後標準化殘差	2.0 1.6	4.3 -1.9	25.2 -2.4	44.5 2.0	23.9 0.9	100.0 (393)	
	大專以上 % 調整後標準化殘差	0.9 -1.3	7.6 2.1	35.2 4.2	39.6 -0.6	16.7 -4.7	100.0 (568)	
	總和 %	1.3	6.1	29.7	40.5	22.4	100.0 (1,079)	

表 5-73　「個人背景與認不認同客家人『義民』形象」交叉表（續）

		非常不認同	不太認同	有點認同	非常認同	無反應	總和	
收入	28,000元以下 %	3.0	6.1	18.9	40.9	31.1	100.0	
	調整後標準化殘差	1.5	0.0	-3.1	-0.1	3.2	(132)	
	28,001-52,000元 %	0.8	6.7	30.5	39.3	22.6	100.0	
	調整後標準化殘差	-1.0	0.6	0.0	-0.7	0.9	(239)	
	52,001-72,000元 %	0.0	6.1	31.7	40.0	22.2	100.0	p < .01
	調整後標準化殘差	-1.9	0.1	0.4	-0.4	0.6	(180)	df = 20
	72,001-97,000元 %	0.0	9.2	37.5	40.0	13.3	100.0	χ² = 42.465
	調整後標準化殘差	-1.5	1.6	1.8	-0.3	-2.1	(120)	
	97,001-168,000元 %	3.5	3.5	30.1	46.8	16.2	100.0	
	調整後標準化殘差	2.3	-1.5	-0.1	1.6	-1.6	(173)	
	168,001元以上 %	3.3	3.3	39.3	41.0	13.1	100.0	
	調整後標準化殘差	1.1	-0.9	1.6	-0.1	-1.5	(61)	
	總和 %	1.5	6.0	30.5	41.3	20.7	100.0 (905)	

		非常不認同	不太認同	有點認同	非常認同	無反應	總和	
職業	高、中級白領 %	1.4	9.2	34.7	34.4	20.2	100.0	
	調整後標準化殘差	0.5	3.0	2.5	-2.8	-1.3	(346)	
	中低、低級白領 %	1.3	4.8	29.5	42.9	21.5	100.0	p <. 05
	調整後標準化殘差	0.1	-1.1	-0.1	1.1	-0.5	(312)	df = 12
	藍領 %	1.1	4.9	25.2	43.6	25.2	100.0	χ² = 23.359
	調整後標準化殘差	-0.1	-1.1	-2.2	1.4	1.4	(349)	
	其他 %	0.0	1.4	28.6	44.3	25.7	100.0	
	調整後標準化殘差	-1.0	-1.7	-0.2	0.7	0.7	(70)	
	總和 %	1.2	6.0	29.7	40.5	22.6	100.0 (1,077)	

資料來源：劉嘉薇（2017-2018）。

說明一：本題完整題目爲「請問您認不認同客家人『義民』的形象？」（問卷第4-8題）。

說明二：表中百分比爲橫列百分比。調整後標準化殘差絕對值大於1.96者以灰階標示。

說明三：無反應包括拒答、看情形、無意見、不知道。

說明四：客家民眾收入總數（N）與本研究樣本總數（1,078）有落差，係因選項爲「拒答」或是「不知道」者，界定爲遺漏值。

「非常認同」代表認同客家人「義民」形象。

　　首先，在區域方面，居住在北北基桃竹苗的客家民眾「不太認同」客家人「義民」形象的比例為3.7%，顯著低於總和的6.1%，「有點認同」的比例為32.2%，顯著高於總和的29.7%，「非常認同」「義民」形象的比例為43.8%，顯著高於總和的40.4%，「無反應」的比例為19.0%，顯著低於總和的22.5%；居住在中彰投的客家民眾「不太認同」客家人「義民」形象的比例為13.7%，顯著高於總和的6.1%；居住在雲嘉南高屏的客家民眾「非常認同」客家人「義民」形象的比例為31.3%，顯著低於總和的40.4%，「無反應」的比例為30.8%，顯著高於總和的22.5%；居住在宜花東的客家民眾「有點認同」客家人「義民」形象的比例為16.7%，顯著低於總和的29.7%。

　　在性別方面，女性客家民眾「不太認同」客家人「義民」形象的比例為3.6%，顯著低於總和的6.1%，「有點認同」的比例為33.6%，顯著高於總和的29.7%，「非常認同」的比例為35.8%，顯著低於總和的40.5%，「無反應」的比例為25.7%，顯著高於總和的22.4%；同時，男性客家民眾「不太認同」客家人「義民」形象的比例為8.6%，顯著高於總和的6.1%，「有點認同」的比例為25.9%，顯著低於總和的29.7%，「非常認同」的比例為45.1%，顯著高於總和的40.5%，「無反應」的比例為19.3%，顯著低於總和的22.4%。

　　在客家世代方面，1974年後出生的客家民眾「有點認同」客家人「義民」形象的比例為41.2%，顯著高於總和的29.8%，「非常認同」的比例為34.9%，顯著低於總和的40.5%，「無反應」的比例為17.4%，顯著低於總和的22.4%；同時，1974年（含）前出生的客家民眾「有點認同」客家人「義民」形象的比例為21.3%，顯著低於總和的29.8%，「非常認同」的比例為44.7%，顯著高於總和的40.5%，「無反應」的比例為26.2%，顯著高於總和的22.4%。

　　在教育程度方面，小學以下的客家民眾「有點認同」客家人「義民」形象的比例為17.8%，顯著低於總和的29.7%，「非常認同」的比例

爲31.4%，顯著低於總和的40.5%，「無反應」的比例爲44.9%，顯著高於總和的22.4%；國高中的客家民眾「有點認同」客家人「義民」形象的比例爲25.2%，顯著低於總和的29.7%，「非常認同」的比例爲44.5%，顯著高於總和的40.5%；大專以上的客家民眾「不太認同」客家人「義民」形象的比例爲7.6%，顯著高於總和的6.1%，「有點認同」的比例爲35.2%，顯著高於總和的29.7%，「無反應」的比例爲16.7%，顯著低於總和的22.4%。

在收入方面，家庭月收入28,000元以下的客家民眾「有點認同」客家人「義民」形象的比例爲18.9%，顯著低於總和的30.5%，「無反應」的比例爲31.1%，顯著高於總和的20.7%；月收入72,001-97,000元的客家民眾「無反應」於客家人「義民」形象的比例爲13.3%，顯著低於總和的20.7%；月收入97,001-168,000元的客家民眾「非常不認同」客家人「義民」形象的比例爲3.5%，顯著高於總和的1.5%。

最後，在職業方面，高、中級白領的客家民眾「不太認同」客家人「義民」形象的比例爲9.2%，顯著高於總和的6.0%，「有點認同」的比例爲34.7%，顯著高於總和的29.7%，「非常認同」的比例爲34.4%，顯著低於總和的40.5%；藍領的客家民眾「有點認同」客家人「義民」形象的比例爲25.2%，顯著低於總和的29.7%。至於其他細格與總和的差異皆不顯著，不予描述。

三、政黨偏好／統獨立場

以下表5-74爲客家民眾「個人背景與比較支持哪一個政黨」交叉表。首先，我們將關注客家民眾個人背景與比較支持哪一個政黨的關聯，六項個人背景中（區域、性別、客家世代、教育程度、收入及職業），皆與客家民眾比較支持哪一個政黨有關聯，p小於.05，以下將以調整後殘差解釋個別細格與總和百分比的差異，亦即在每一交叉表的最後一列，皆具有客家民眾比較支持哪一個政黨。例如若分爲男性與女性觀察之，若欲瞭解男

表 5-74 「個人背景與比較支持哪一個政黨」交叉表

		國民黨	親民黨	新黨	民進黨	臺聯	時代力量	都支持	都不支持	其他	看情況	無反應	總和	
區域	北北基桃竹苗 %	23.8	4.0	0.9	17.8	0.1	5.9	3.1	18.7	0.3	15.8	9.5	100.0 (673)	
	調整後標準化殘差	-0.9	0.7	1.3	-1.2	-1.5	0.7	1.1	1.0	0.2	0.1	-0.2		
	中彰投 %	37.1	2.9	0.7	9.3	0.7	3.6	1.4	17.1	0.0	19.3	7.9	100.0 (140)	
	調整後標準化殘差	3.7	-0.6	0.1	-3.1	0.7	-1.1	-1.0	-0.2	-0.7	1.3	-0.8		
	雲嘉南高屏 %	16.1	3.0	0.0	29.1	1.0	5.5	3.0	19.1	0.5	12.6	10.1	100.0 (199)	
	調整後標準化殘差	-3.1	-0.6	-1.3	4.0	1.6	0.0	0.3	0.5	0.7	-1.3	0.2		
	宜花東 %	33.8	4.4	0.0	20.6	0.0	5.9	0.0	5.9	0.0	16.2	13.2	100.0 (68)	
	調整後標準化殘差	1.8	0.3	-0.7	0.3	-0.5	0.1	-1.4	-2.7	-0.4	0.1	1.0		
	總和 %	24.7	3.7	0.6	19.0	0.4	5.6	2.7	17.8	0.3	15.6	9.6	100.0 (1,080)	$p<.05$ df = 30 $\chi^2=57.650$
性別	女性 %	25.8	2.2	0.6	15.9	0.2	7.1	1.7	17.4	0.4	15.4	13.3	100.0 (534)	
	調整後標準化殘差	0.8	-2.4	-0.3	-2.5	-1.0	2.4	-2.3	-0.2	0.0	-0.3	4.0		
	男性 %	23.8	4.9	0.7	21.8	0.5	3.8	4.0	17.9	0.4	15.9	6.0	100.0 (546)	
	調整後標準化殘差	-0.8	2.4	0.3	2.5	1.0	-2.4	2.3	0.2	0.0	0.3	-4.0		
	總和 %	24.8	3.6	0.6	18.9	0.4	5.5	2.9	17.7	0.4	15.6	9.6	100.0 (1,080)	$p<.001$ df = 10 $\chi^2=37.202$
客家世代	1974年後出生 %	19.6	5.4	0.0	17.6	0.0	10.7	2.2	23.5	0.4	11.1	9.6	100.0 (460)	
	調整後標準化殘差	-3.5	2.8	-2.3	-1.0	-1.5	6.3	-1.2	4.4	0.3	-3.6	0.0		
	1974年(含)前出生 %	28.8	2.3	1.1	20.0	0.5	1.8	3.4	13.2	0.4	19.1	9.5	100.0 (619)	
	調整後標準化殘差	3.5	-2.8	2.3	1.0	1.5	-6.3	1.2	-4.4	-0.3	3.6	0.0		
	總和 %	24.8	3.6	0.6	19.0	0.3	5.6	2.9	17.6	0.4	15.7	9.5	100.0 (1,079)	$p<.001$ df = 10 $\chi^2=89.812$

表 5-74 「個人背景與比較支持哪一個政黨」交叉表（續）

教育程度		國民黨	親民黨	新黨	民進黨	臺聯	時代力量	都支持	都不支持	其他	看情況	無反應	總和	
小學以下	%	24.8	0.0	0.0	17.9	0.9	0.9	6.8	11.1	0.0	18.8	18.8	100.0 (117)	
	調整後標準化殘差	-0.0	-0.2	-0.9	-0.3	0.9	-2.4	2.7	-2.0	-0.6	1.0	3.6		
國高中	%	29.6	3.1	0.5	22.2	0.3	2.6	2.3	13.8	0.5	15.8	9.4	100.0 (392)	
	調整後標準化殘差	2.7	-0.8	-0.4	2.1	-0.5	-3.3	-0.9	-2.5	1.1	0.1	-0.1		
大專以上	%	21.6	4.9	0.9	16.8	0.4	8.6	2.5	21.6	0.2	14.9	7.7	100.0 (570)	
	調整後標準化殘差	-2.6	2.2	1.0	-1.8	-0.1	4.6	-0.9	3.6	-0.7	-0.7	-2.2		
總和	%	24.8	3.7	0.6	18.9	0.4	5.6	2.9	17.6	0.3	15.7	9.5	100.0 (1,079)	$p < .001$ df = 20 $\chi^2 = 72.439$

收入		國民黨	親民黨	新黨	民進黨	臺聯	時代力量	都支持	都不支持	其他	看情況	無反應	總和	
28,000元以下	%	31.8	1.5	0.8	22.0	0.8	0.8	2.3	16.7	0.0	15.2	8.3	100.0 (132)	
	調整後標準化殘差	1.7	-1.6	0.1	0.6	0.9	-2.8	-0.6	-0.2	-0.8	0.0	0.5		
28,001-52,000元	%	23.4	4.6	0.4	14.6	0.4	5.0	2.1	18.0	0.4	23.0	7.9	100.0 (239)	
	調整後標準化殘差	-0.9	0.5	-0.5	-2.4	0.3	-0.8	-1.0	0.3	-0.1	3.9	0.5		
52,001-72,000元	%	25.1	3.4	0.0	22.9	0.0	6.1	1.1	16.2	0.0	12.8	12.3	100.0 (179)	
	調整後標準化殘差	-0.2	-0.6	-1.2	1.1	-0.9	0.0	-1.7	-04	-1.0	-1.0	2.9		
72,001-97,000元	%	23.5	3.4	0.0	28.6	0.0	8.4	6.7	12.6	0.8	13.4	2.5	100.0 (119)	
	調整後標準化殘差	-0.6	-0.4	-1.0	2.5	-0.7	1.1	2.4	-1.4	0.7	-0.6	-2.1		
97,001-168,000元	%	27.2	7.5	1.7	18.5	0.6	2.9	5.2	22.0	0.0	9.8	4.6	100.0 (173)	
	調整後標準化殘差	0.5	2.5	1.9	-0.5	0.6	-2.0	1.8	1.8	-1.0	-2.2	-1.5		
168,001元以上	%	23.0	1.6	1.6	14.8	0.0	26.2	1.6	14.8	3.3	9.8	3.3	100.0 (61)	
	調整後標準化殘差	-0.5	-1.0	1.0	-1.0	-0.5	6.8	-0.7	-0.5	3.5	-1.2	-1.2		
總和	%	25.7	4.1	0.7	19.9	0.3	6.1	3.1	17.3	0.4	15.2	7.2	100.0 (903)	$p < .001$ df = 50 $\chi^2 = 138.302$

表 5-74　「個人背景與比較支持哪一個政黨」交叉表（續）

職業		國民黨	親民黨	新黨	民進黨	臺聯	時代力量	都支持	都不支持	其他	看情況	無反應	總和	
高、中級白領	%	33.6	5.2	1.1	13.8	0.0	4.0	4.0	16.1	0.3	14.9	6.9	100.0 (348)	p < .001 df = 30 χ² = 85.631
	調整後標準化殘差	4.6	1.8	1.4	-3.0	-1.2	-1.4	1.6	-0.9	0.0	-0.4	-2.1		
中低、低級白領	%	21.9	3.9	0.3	14.5	0.6	9.6	3.2	20.9	0.6	16.1	8.4	100.0 (311)	
	調整後標準化殘差	-1.4	0.2	-0.9	-2.4	1.5	3.8	0.4	1.8	1.5	0.2	-0.9		
藍領	%	20.0	2.3	0.6	26.6	0.3	3.7	2.0	14.6	0.0	17.1	12.9	100.0 (350)	
	調整後標準化殘差	-2.5	-1.7	-0.2	4.4	0.0	-1.8	-1.2	-1.9	-1.2	0.9	2.5		
其他	%	18.3	2.8	0.0	26.8	0.0	2.8	0.0	26.8	0.0	9.9	12.7	100.0 (71)	
	調整後標準化殘差	-1.3	-0.4	-0.7	1.7	-0.5	-1.0	-1.5	2.1	-0.5	-1.4	0.9		
總和	%	24.8	3.7	0.6	19.0	0.3	5.5	2.9	17.7	0.3	15.6	9.6	100.0 (1,080)	

資料來源：劉嘉薇（2017-2018）。

說明一：本題完整題目為「在國民黨、民進黨、新黨、親民黨、臺聯以及時代力量這六個政黨中，請問您認為您比較支持哪一個政黨？」（問卷第4-9題）。

說明二：表中百分比為橫列百分比。調整後標準化殘差絕對值大於1.96者以灰階標示。

說明三：無反應包括拒答、看情形、無意見、不知道。

說明四：其他包含「信心希望聯盟」、「國民黨、民進黨」。

說明五：客家民眾收入總數（1,078）與本研究樣本總數（1,080）有落差，係因選項為「拒答」或是「不知道」者，界定為遺漏值。

性與女性比較支持哪一個政黨與整體分布相同或不同，調整後殘差即為解釋個別細格（例如男性或女性）與表中最後一列總和分布的差異。為解釋何種背景的客家民眾會特別比較支持哪一個政黨，評估結果中的各選項表示比較支持的政黨為何，評估結果中的「其他」代表較支持「信心希望聯盟」、「國民黨、民進黨」。

　　首先，在區域方面，居住在中彰投的客家民眾較支持「國民黨」的比例為37.1%，顯著高於總和的24.7%，較支持「民進黨」的比例為9.3%，顯著低於總和的19.0%；居住在雲嘉南高屏的客家民眾「國民黨」的比例為16.1%，顯著低於總和的24.7%，較支持「民進黨」的比例為29.1%，顯著高於總和的19.0%；居住在宜花東的客家民眾「都不支持」的比例為5.9%，顯著低於總和的17.8%。

　　在性別方面，女性客家民眾較支持「親民黨」的比例為2.2%，顯著低於總和的3.6%，較支持「民進黨」的比例為15.9%，顯著低於總和的18.9%，較支持「時代力量」的比例為7.1%，顯著高於總和的5.5%，「都支持」的比例為1.7%，顯著低於總和的2.9%，「無反應」的比例為13.3%，顯著高於總和的9.6%；同時，男性客家民眾較支持「親民黨」的比例為4.9%，顯著高於總和的3.6%，較支持「民進黨」的比例為21.8%，顯著高於總和的18.9%，較支持「時代力量」的比例為3.8%，顯著低於總和的5.5%，「都支持」的比例為4.0%，顯著高於總和的2.9%，「無反應」的比例為6.0%，顯著低於總和的9.6%。

　　在客家世代方面，1974年後出生的客家民眾較支持「國民黨」的比例為19.6%，顯著低於總和的24.8%，較支持「親民黨」的比例為5.4%，顯著高於總和的3.6%，較支持「新黨」的比例為0.0%，顯著低於總和的0.6%，較支持「時代力量」的比例為10.7%，顯著高於總和的5.6%，「都不支持」的比例為23.5%，顯著高於總和的17.6%，「看情況」的比例為11.1%，顯著低於總和的15.7%；同時，1974年（含）前出生的客家民眾較支持「國民黨」的比例為28.8%，顯著高於總和的24.8%，較支持「親民黨」的比例為2.3%，顯著低於總和的3.6%，較支持「新黨」的比

例為1.1%，顯著高於總和的0.6%，較支持「時代力量」的比例為1.8%，顯著低於總和的5.6%，「都不支持」的比例為13.2%，顯著低於總和的17.6%，「看情況」的比例為19.1%，顯著高於總和的15.7%。

在教育程度方面，小學以下的客家民眾較支持「時代力量」的比例為0.9%，顯著低於總和的5.6%，「都支持」的比例為6.8%，顯著高於總和的2.9%，「都不支持」的比例為11.1%，顯著低於總和的17.6%，「無反應」的比例為18.8%，顯著高於總和的9.5%；國高中的客家民眾較支持「國民黨」的比例為29.6%，顯著高於總和的24.8%，「民進黨」的比例為22.2%，顯著高於總和的18.9%，「時代力量」的比例為2.6%，顯著低於總和的5.6%，「都不支持」的比例為13.8%，顯著低於總和的17.6%；大專以上的客家民眾較支持「國民黨」的比例為21.6%，顯著低於總和的24.8%，較支持「親民黨」的比例為4.9%，顯著高於總和的3.7%，「時代力量」的比例為8.6%，顯著高於總和的5.6%，「都不支持」的比例為21.6%，顯著高於總和的17.6%，「無反應」的比例為7.7%，顯著低於總和的9.5%。

在收入方面，家庭月收入28,000元以下的客家民眾較支持「時代力量」的比例為0.8%，顯著低於總和的6.1%；家庭月收入28,001-52,000元的客家民眾較支持「民進黨」的比例為14.6%，顯著低於總和的19.9%，「看情況」的比例為23.0%，顯著高於總和的15.2%；家庭月收入52,001-72,000元客家民眾「無反應」的比例為12.3%，顯著高於總和的7.2%；家庭月收入72,001-97,000元的客家民眾較支持「民進黨」的比例為28.6%，顯著高於總和的19.9%，「都支持」的比例為6.7%，顯著高於總和的3.1%，「無反應」的比例為2.5%，顯著低於總和的7.2%；家庭月收入97,001-168,000元的客家民眾，較支持「親民黨」的比例為7.5%，顯著高於總和的4.1%，較支持「時代力量」的比例為2.9%，顯著低於總和的6.1%，「看情況」的比例為9.8%，顯著低於總和的15.2%；家庭月收入168,001元以上的客家民眾較支持「時代力量」的比例為26.2%，顯著高於總和的6.1%。

　　最後，在職業方面，高、中級白領的客家民眾較支持「國民黨」的比例為33.6%，顯著高於總和的24.8%，較支持「民進黨」的比例為13.8%，顯著低於總和的19.0%，「無反應」的比例為6.9%，顯著低於總和的9.6%；中低、低級白領的客家民眾較支持「民進黨」的比例為14.5%，顯著低於總和的19.0%，較支持「時代力量」的比例為9.6%，顯著高於總和的5.5%；藍領的客家民眾較支持「國民黨」的比例為20.0%，顯著低於總和的24.8%，較支持「民進黨」的比例為26.6%，顯著高於總和的19.0%，「無反應」的比例為12.9%，顯著高於總和的9.6%；其他職業的客家民眾「都不支持」的比例為26.8%，顯著高於總和的17.7%。至於其他細格與總和的差異皆不顯著，不予描述。

　　以下表5-75為客家民眾「個人背景與比較偏向哪一個政黨」交叉表。首先，我們將關注客家民眾個人背景與比較偏向哪一個政黨的關聯，六項個人背景中（區域、性別、客家世代、教育程度、收入及職業），僅與客家世代及教育程度與比較偏向哪一個政黨有關聯，p小於.05，以下將以調整後殘差解釋個別細格與總和百分比的差異，亦即在每一交叉表的最後一列，皆具有客家民眾比較偏向哪一個政黨。例如若分為男性與女性觀察之，若欲瞭解男性與女性比較偏向哪一個政黨與整體分布相同或不同，調整後殘差即為解釋個別細格（例如男性或女性）與表中最後一列總和分布的差異。為解釋何種背景的客家民眾會特別比較偏向哪一個政黨，評估結果中的各選項表示比較偏向的政黨為何，評估結果中的「其他」代表較偏向「綠黨」、「綠黨、社民黨」。

　　在客家世代方面，1974年後出生的客家民眾「都支持」的比例為0.0%，顯著低於總和的1.6%，「都不支持」的比例為56.5%，顯著高於總和的42.5%，「看情況」的比例為16.8%，顯著低於總和的22.8%，「無反應」的比例為7.0%，顯著低於總和的11.3%；同時，1974年（含）前出生的客家民眾「都支持」的比例為2.8%，顯著高於總和的1.6%，「都不支持」的比例為31.9%，顯著低於總和的42.5%，「看情況」的比例為27.3%，顯著高於總和的22.8%，「無反應」的比例為14.5%，顯著高於總

表 5-75　「個人背景與比較偏向哪一個政黨」交叉表

變項	細項	統計量	國民黨	親民黨	新黨	無黨團結聯盟	民進黨	時代力量	都支持	都不支持	都不偏	其他	看情況	無反應	總和	檢定
區域	北北基桃竹苗	%	5.0	0.6	0.0	0.3	2.2	1.6	1.6	43.7	12.6	0.3	22.0	10.1	100.0 (318)	
		調整後標準化殘差	0.3	1.1	-2.3	0.7	-2.0	-0.1	-0.1	0.8	2.0	-0.4	-0.5	-1.2		$\chi^2 = 45.958$
	中彰投	%	1.6	0.0	1.6	0.0	10.9	4.7	0.0	40.6	4.7	1.6	23.4	10.9	100.0 (64)	$df = 33$
		調整後標準化殘差	-1.3	-0.5	1.1	-0.4	3.5	2.1	-1.1	-0.3	-1.6	1.6	0.1	-0.1		$p > .05$
	雲嘉南高屏	%	6.7	0.0	1.1	0.0	3.3	0.0	3.3	37.8	10.0	0.0	22.2	15.6	100.0 (90)	
		調整後標準化殘差	0.9	-0.7	0.7	-0.5	-0.1	-1.3	1.4	-1.0	-0.2	-0.7	-0.1	1.4		
	宜花東	%	4.2	0.0	4.2	0.0	0.0	0.0	0.0	45.8	0.0	0.0	33.3	12.5	100.0 (24)	
		調整後標準化殘差	-0.2	-0.3	2.3	-0.2	-0.9	-0.6	-0.6	0.4	-1.7	-0.3	1.3	0.2		
	總和	%	4.8	0.4	0.6	0.2	3.4	1.6	1.6	42.3	10.5	0.4	22.8	11.3	100.0 (496)	
性別	女性	%	2.0	0.0	0.4	0.0	5.5	1.6	2.3	39.1	12.1	0.4	23.4	13.3	100.0 (256)	
		調整後標準化殘差	-2.9	-1.5	-0.6	-1.0	2.6	-0.1	1.3	-1.6	1.1	0.0	0.5	1.3		$\chi^2 = 24.164$
	男性	%	7.5	0.8	0.8	0.4	1.2	1.7	0.8	46.1	9.1	0.4	21.6	9.5	100.0 (241)	$df = 11$
		調整後標準化殘差	2.9	1.5	0.6	1.0	-2.6	0.1	-1.3	1.6	-1.1	0.0	-0.5	-1.3		$p > .05$
	總和	%	4.6	0.4	0.6	0.2	3.4	1.6	1.6	42.5	10.7	0.4	22.5	11.5	100.0 (497)	
客家世代	1974年後出生	%	2.8	0.0	0.0	0.0	3.7	1.4	0.0	56.5	11.7	0.0	16.8	7.0	100.0 (214)	
		調整後標準化殘差	-0.7	-1.2	-1.5	-0.9	0.3	0.0	-2.5	5.5	0.6	-1.2	-2.8	-2.6		$\chi^2 = 44.651$
	1974年（含）前出生	%	6.0	0.7	1.1	0.4	3.2	1.4	2.8	31.9	9.9	0.7	27.3	14.5	100.0 (282)	$df = 11$
		調整後標準化殘差	0.7	1.2	1.5	0.9	-0.3	0.0	2.5	-5.5	-0.6	1.2	2.8	2.6		$p < .001$
	總和	%	4.6	0.4	0.6	0.2	3.4	1.4	1.6	42.5	10.7	0.4	22.8	11.3	100.0 (496)	

表 5-75 「個人背景與比較偏向哪一個政黨」交叉表（續）

教育程度

		國民黨	親民黨	新黨	無黨團結聯盟	民進黨	時代力量	都支持	都不支持	都不偏	其他	看情況	無反應	總和
小學以下	%	4.5	1.5	0.0	0.0	3.0	0.0	1.5	33.3	3.0	0.0	18.2	34.8	100.0 (66)
	調整後標準化殘差	0.0	1.0	-0.7	-0.4	-0.1	-1.1	-0.1	-1.6	-2.2	-0.6	-1.0	6.5	
國高中	%	3.6	0.6	0.6	0.6	3.6	1.8	3.0	37.6	12.7	0.0	24.2	11.5	100.0 (165)
	調整後標準化殘差	-0.7	0.0	0.0	1.4	0.4	0.3	1.8	-1.5	1.0	-1.0	0.5	0.1	
大專以上	%	5.3	0.4	0.8	0.0	3.0	1.9	0.8	47.5	11.3	0.8	23.0	5.3	100.0 (265)
	調整後標準化殘差	0.7	-0.7	0.5	-1.1	-0.3	0.5	-1.6	2.5	0.5	1.3	0.1	-4.5	
總和	%	4.6	0.6	0.6	0.2	3.2	1.6	1.6	42.3	10.7	0.4	22.8	11.3	100.0 (496)

$\chi^2 = 60.508$　df = 22　$p < .001$

收入

		國民黨	親民黨	新黨	無黨團結聯盟	民進黨	時代力量	都支持	都不支持	都不偏	其他	看情況	無反應	總和
28,000元以下	%	3.6	0.0	0.0	0.0	0.0	1.8	3.6	50.9	10.9	0.0	18.2	10.9	100.0 (55)
	調整後標準化殘差	-0.6	-0.6	-0.7	-0.4	-1.2	-0.3	0.7	1.2	-0.2	-0.4	-0.9	0.8	
28,001-52,000元	%	5.7	0.8	0.8	0.8	4.1	2.5	3.3	36.1	12.4	0.0	27.9	5.7	100.0 (122)
	調整後標準化殘差	0.2	0.6	0.1	1.5	1.9	0.1	0.9	-1.9	0.2	-0.7	1.5	-1.2	
52,001-72,000元	%	5.3	0.0	0.0	0.0	0.0	2.6	2.6	43.4	13.2	0.0	26.3	6.6	100.0 (76)
	調整後標準化殘差	0.0	-0.7	-0.9	-0.5	-1.4	0.2	0.2	0.0	0.4	-0.5	0.8	-0.6	
72,001-97,000元	%	4.4	0.0	0.0	0.0	2.2	2.2	0.0	35.6	6.7	0.0	31.1	17.8	100.0 (45)
	調整後標準化殘差	-0.3	-0.5	-0.6	-0.4	0.1	0.0	-1.1	-1.1	-1.1	-0.4	1.4	2.5	
97,001-168,000元	%	6.9	1.4	1.4	0.0	1.4	2.8	0.0	56.9	12.5	1.4	9.7	5.6	100.0 (72)
	調整後標準化殘差	0.7	1.2	0.7	-0.5	-0.4	0.3	-1.4	2.6	0.2	2.1	-3.0	-0.9	
168,001元以上	%	4.8	0.0	4.8	0.0	4.8	0.0	4.8	33.3	14.3	0.0	23.8	9.5	100.0 (21)
	調整後標準化殘差	-0.1	-0.3	2.2	-0.2	0.9	-0.7	0.8	-0.9	0.4	-0.2	0.1	0.2	
總和	%	5.4	0.5	0.8	0.3	2.0	2.3	2.3	43.2	11.8	0.3	23.0	8.2	100.0 (391)

$\chi^2 = 50.855$　df = 55　$p > .05$

表 5-75 「個人背景與比較偏向哪一個政黨」交叉表（續）

		國民黨	親民黨	新黨	無黨團結聯盟	民進黨	時代力量	都支持	都不支持	都不偏	其他	看情況	無反應	總和
職業	高、中級白領 %	6.1	0.7	0.7	0.0	2.0	2.0	1.4	38.8	13.6	0.7	22.4	11.6	100.0 (147)
	調整後標準化殘差	1.0	0.6	0.1	-0.6	-1.1	0.5	-0.3	-1.1	1.4	0.6	-0.2	0.1	
	中低、低級白領 %	3.2	0.0	0.6	0.0	3.2	0.6	1.9	41.6	9.7	0.6	29.2	9.1	100.0 (154)
	調整後標準化殘差	-1.0	-0.9	0.1	-0.7	-0.1	-1.1	0.4	-0.2	-0.4	0.6	2.2	-1.0	
	藍領 %	4.9	0.6	0.6	0.6	3.7	2.5	1.9	42.6	9.3	0.0	21.0	12.3	100.0 (162)
	調整後標準化殘差	0.2	0.5	0.0	1.4	0.2	1.1	0.3	0.1	-0.7	-1.0	-0.7	0.5	
	其他 %	2.9	0.0	0.0	0.0	8.6	0.0	0.0	60.0	8.6	1.0	5.7	14.3	100.0 (35)
	調整後標準化殘差	-0.5	-0.4	-0.5	-0.3	1.7	-0.8	0.8	2.2	-0.4	-0.4	-2.5	0.6	
	總和 %	4.6	0.4	0.6	0.2	3.4	1.6	1.6	42.4	10.6	0.4	22.9	11.2	100.0 (498)

$p > .05$
$df = 33$
$\chi^2 = 26.602$

資料來源：劉嘉薇（2017-2018）。

說明一：本題完整題目為「您比較偏向國民黨、偏向民進黨、偏向新黨、偏向親民黨、偏向臺聯還是時代力量，或是都不偏？」（問卷第4-9-1題）。

說明二：表中百分比為橫列百分比。調整後標準化殘差總值大於1.96者以灰階標示。

說明三：無反應包括拒答、看情形、無意見、不知道。

說明四：其他包含「綠黨」、「樣黨」、「社民黨」。

說明五：客家民眾總數（N）皆與本研究樣本總數（1,078）有落差，受訪者於上一題（表5-74）的回應為「國民黨」、「親民黨」、「新黨」、「無黨團結聯盟」、「民進黨」、「時代力量」或「臺聯」，已明確回答支持的政黨，因此不需回答此題。

和的11.3%。

在教育程度方面，小學以下的客家民眾「都不偏」的比例為3.0%，顯著低於總和的10.7%，「無反應」的比例為34.8%，顯著高於總和的11.3%；大專以上的客家民眾「都不支持」的比例為47.5%，顯著高於總和的42.3%，「無反應」的比例為5.3%，顯著低於總和的11.3%。

以下表5-76為客家民眾「個人背景與政黨偏好」交叉表。在六項個人背景中（區域、性別、客家世代、教育程度、收入及職業），區域、客家世代、收入以及職業與政黨偏好有關聯，p小於.05，以下將以調整後殘差解釋個別細格與總和百分比的差異，亦即在每一交叉表的最後一列，皆具有客家民眾比較偏向哪一個政黨。

首先，在區域方面，居住在中彰投的客家民眾較偏向「泛藍」的比例為42.4%，顯著高於總和的31.8%；居住在雲嘉南高屏的客家民眾較偏向「泛綠」的比例為36.7%，顯著高於總和的27.1%；偏向「泛藍」的比例為22.6%，顯著低於總和的31.8%

在客家世代方面，1974年後出生的客家民眾偏向「泛綠」的比例為30.5%，顯著高於總和的27.1%，「泛藍」的比例為26.4%，顯著低於總和的31.6%。1974年（含）前出生的客家民眾在支持泛藍和泛綠的情況上，則與1974年後出生的客家民眾相反。

在收入方面，家庭月收入28,001-52,000元的客家民眾「中立及無反應」的比例為44.2%，顯著高於總和的38.4%；家庭月收入72,001-97,000元的客家民眾偏向「泛綠」的比例為38.3%，顯著高於總和的28.2%；家庭月收入97,001-168,000元的客家民眾偏向「泛藍」的比例為40.5%，顯著高於總和的33.3%；家庭月收入168,001元以上的客家民眾偏向「泛綠」的比例為43.3%，顯著高於總和的28.2%。

最後，在職業方面，高、中級白領的客家民眾偏向「泛藍」的比例為42.9%，顯著高於總和的31.7%；偏向「泛綠」的比例為19.9%，顯著低於總和的27.1%；藍領偏向泛藍或泛綠的情況則與高、中級白領的情況相反。

表 5-76 「個人背景與政黨偏好」交叉表

			泛藍	泛綠	中立及無反應	總和	
區域	北北基桃竹苗	% 調整後標準化殘差	31.4 -0.4	25.7 -1.3	42.9 1.6	100.0 (673)	p < .01 df = 6 χ^2 = 23.466
	中彰投	% 調整後標準化殘差	42.4 2.9	20.9 -1.8	36.7 -1.1	100.0 (139)	
	雲嘉南高屏	% 調整後標準化殘差	22.6 -3.1	36.7 3.4	40.7 -0.1	100.0 (199)	
	宜花東	% 調整後標準化殘差	40.9 1.6	25.8 -0.3	33.3 -1.3	100.0 (66)	
	總和	%	31.8	27.1	41.1	100.0 (1,077)	

			泛藍	泛綠	中立及無反應	總和	
性別	女性	% 調整後標準化殘差	29.6 -1.4	26.8 -0.2	43.5 1.5	100.0 (533)	p > .05 df = 2 χ^2 = 2.745
	男性	% 調整後標準化殘差	33.6 1.4	27.4 0.2	39.0 -1.5	100.0 (544)	
	總和	%	31.7	27.1	41.2	100.0 (1,077)	

			泛藍	泛綠	中立及無反應	總和	
客家世代	1974年後出生	% 調整後標準化殘差	26.4 -3.2	30.5 2.2	43.1 1.1	100.0 (459)	p < .01 df = 2 χ^2 = 11.128
	1974年（含）前出生	% 調整後標準化殘差	35.5 3.2	24.6 -2.2	39.9 -1.1	100.0 (619)	
	總和	%	31.6	27.1	41.3	100.0 (1,078)	

			泛藍	泛綠	中立及無反應	總和	
教育程度	小學以下	% 調整後標準化殘差	27.4 -1.1	21.4 -1.5	51.3 2.3	100.0 (117)	p > .05 df = 4 χ^2 = 8.390
	國高中	% 調整後標準化殘差	35.2 1.8	27.3 0.2	37.5 -1.9	100.0 (392)	
	大專以上	% 調整後標準化殘差	30.3 -1.1	28.0 0.8	41.7 0.4	100.0 (568)	
	總和	%	31.8	27.0	41.2	100.0 (1,077)	

表 5-76　「個人背景與政黨偏好」交叉表（續）

			泛藍	泛綠	中立及無反應	總和	
收入	28,000元以下	%	36.2	23.8	40.0	100.0 (130)	
		調整後標準化殘差	0.7	-1.2	0.4		
	28,001-52,000元	%	32.5	23.3	44.2	100.0 (240)	
		調整後標準化殘差	-0.3	-2.0	2.1		
	52,001-72,000元	%	30.6	30.6	38.9	100.0 (180)	$p < .05$ df = 10 $\chi^2 = 23.328$
		調整後標準化殘差	-0.9	0.8	0.1		
	72,001-97,000元	%	28.3	38.3	33.3	100.0 (120)	
		調整後標準化殘差	-1.2	2.6	-1.2		
	97,001-168,000元	%	40.5	23.7	35.8	100.0 (173)	
		調整後標準化殘差	2.2	-1.5	-0.8		
	168,001元以上	%	28.3	43.3	28.3	100.0 (60)	
		調整後標準化殘差	-0.9	2.7	-1.7		
	總和	%	33.3	28.2	38.4	100.0 (903)	

			泛藍	泛綠	中立及無反應	總和	
職業	高、中級白領	%	42.9	19.9	37.2	100.0 (347)	
		調整後標準化殘差	5.5	-3.7	-1.8		
	中低、低級白領	%	28.0	26.7	45.3	100.0 (311)	$p < .001$ df = 6 $\chi^2 = 37.090$
		調整後標準化殘差	-1.7	-0.2	1.8		
	藍領	%	25.9	33.3	40.8	100.0 (348)	
		調整後標準化殘差	-2.8	3.2	-0.2		
	其他	%	21.4	34.3	44.3	100.0 (70)	
		調整後標準化殘差	-1.9	1.4	0.5		
	總和	%	31.7	27.1	41.2	100.0 (1,076)	

資料來源：劉嘉薇（2017-2018）。

說明一：本題爲合併第4-9題和第4-9-1題，第4-9題已回答明確答案者，以其答案爲其政黨認同，無答案者，以第4-9-1題有明確答案者爲答案。皆無法歸類，最後歸爲中立或無反應。

說明二：表中百分比爲橫列百分比。調整後標準化殘差絕對值大於1.96者以灰階標示。

說明三：無反應包括拒答、無意見、不知道。

說明四：客家民眾收入總數（N）與本研究樣本總數（1,078）有落差，係因選項爲「拒答」或是「不知道」者，界定爲遺漏值。

　　以下表5-77為客家民眾「個人背景與對臺灣和大陸關係的看法」交叉表。首先，我們將關注客家民眾個人背景與對臺灣和大陸關係的看法的關聯，六項個人背景中（區域、性別、客家世代、教育程度、收入及職業），皆與對臺灣和大陸關係的看法有關聯，p小於.05，以下將以調整後殘差解釋個別細格與總和百分比的差異，亦即在每一交叉表的最後一列，皆具有客家民眾對臺灣和大陸關係的看法。例如若分為男性與女性觀察之，若欲瞭解男性與女性對臺灣和大陸關係的看法與整體分布相同或不同，調整後殘差即為解釋個別細格（例如男性或女性）與表中最後一列總和分布的差異。為解釋何種背景的客家民眾會選擇對臺灣和大陸關係的看法，評估結果中的各選項表示對臺灣和大陸關係的六種看法。

　　首先，在表5-77客家民眾「個人背景與對臺灣和大陸關係的看法」交叉表中，在區域方面，居住在北北基桃竹苗的客家民眾認為臺灣與大陸的關係為「維持現狀，以後走向統一」的比例為15.9%，顯著高於總和的13.7%；居住在中彰投的客家民眾認為臺灣與大陸的關係為「盡快統一」的比例為8.6%，顯著高於總和的3.7%，其認為是「維持現狀，以後走向統一」的比例為5.8%，顯著低於總和的13.7%；居住在宜花東的客家民眾認為臺灣與大陸的關係為「盡快宣布獨立」的比例為7.7%，顯著高於總和的2.8%。

　　在性別方面，女性客家民眾認為臺灣與大陸的關係為「維持現狀，以後走向統一」的比例為9.0%，顯著低於總和的13.6%，其認為「維持現狀，以後走向獨立」的比例為16.7%，顯著高於總和的12.6%；同時，男性客家民眾認為臺灣與大陸的關係為「維持現狀，以後走向統一」的比例為18.2%，顯著高於總和的13.6%，其認為「維持現狀，以後走向獨立」的比例為8.6%，顯著低於總和的12.6%。

　　在客家世代方面，1974年後出生的客家民眾認為臺灣與大陸的關係為「盡快宣布獨立」的比例為1.3%，顯著低於總和的2.6%，其認為「維持現狀，以後走向獨立」的比例為17.4%，顯著高於總和的12.6%，其認為「維持現狀，看情形再決定獨立或統一」的比例為37.7%，顯著高於總

表 5-77　「個人背景與對臺灣和大陸關係的看法」交叉表

		盡快統一	盡快宣布獨立	維持現狀，以後走向統一	維持現狀，以後走向獨立	維持現狀，再決定走向獨立或統一	永遠維持現狀	無反應	總和	
區域	北北基桃竹苗	%	3.0	2.2	15.9	12.1	31.7	28.4	6.7	100.0 (672)	
		調整後標準化殘差	-1.7	-1.4	2.8	-0.7	-1.1	1.8	-1.6		
	中彰投	%	8.6	2.2	5.8	15.1	33.8	25.9	8.6	100.0 (139)	p<.01 df=18 χ²=36.747
		調整後標準化殘差	3.3	-0.5	-2.9	1.0	0.2	-0.2	0.4		
	雲嘉南高屏	%	3.5	3.5	12.1	12.6	36.4	23.2	8.6	100.0 (198)	
		調整後標準化殘差	-0.2	0.7	-0.7	0.0	1.1	-1.2	0.5		
	宜花東	%	1.5	7.7	12.3	12.3	33.8	18.5	13.8	100.0 (65)	
		調整後標準化殘差	-1.0	2.5	-0.3	-0.1	0.2	-1.5	1.9		
	總和	%	3.7	2.8	13.7	12.6	33.0	26.5	7.7	100.0 (1,074)	
性別	女性	%	2.8	1.9	9.0	16.7	32.5	28.0	9.2	100.0 (533)	p<.001 df=6 χ²=39.492
		調整後標準化殘差	-1.5	-1.6	-4.4	4.0	-0.5	1.1	1.8		
	男性	%	4.6	3.5	18.2	8.6	33.8	25.0	6.3	100.0 (544)	
		調整後標準化殘差	1.5	1.6	4.4	-4.0	0.5	-1.1	-1.8		
	總和	%	3.7	2.7	13.6	12.6	33.1	26.5	7.7	100.0 (1,077)	
客家世代	1974年後出生	%	2.6	1.3	12.4	17.4	37.7	24.0	4.6	100.0 (459)	p<.001 df=6 χ²=40.413
		調整後標準化殘差	-1.6	-2.3	-1.1	4.1	2.7	-1.6	-3.3		
	1974年(含)前出生	%	4.5	3.6	14.7	9.1	29.8	28.3	10.0	100.0 (618)	
		調整後標準化殘差	1.6	2.3	1.1	-4.1	-2.7	1.6	3.3		
	總和	%	3.7	2.6	13.7	12.6	33.1	26.5	7.7	100.0 (1,077)	

表 5-77 「個人背景與對臺灣和大陸關係的看法」交叉表（續）

教育程度		盡快統一	盡快宣布獨立	維持現狀，以後走向統一	維持現狀，以後走向獨立	維持現狀，看情形再決定獨立或統一	永遠維持現狀	無反應	總和	
小學以下	%	5.1	5.1	9.3	5.9	12.7	33.9	28.0	100.0 (118)	$p < .001$ df = 12 $\chi^2 = 138.527$
	調整後標準化殘差	0.8	1.8	-1.4	-2.3	-5.0	1.9	8.8		
國高中	%	6.4	2.3	12.0	9.4	31.6	30.6	7.7	100.0 (392)	
	調整後標準化殘差	3.3	-0.5	-1.2	-2.4	-0.8	2.3	0.0		
大專以上	%	1.8	2.3	15.7	16.2	38.4	22.2	3.5	100.0 (568)	
	調整後標準化殘差	-3.7	-0.7	2.1	3.7	3.9	-3.4	-5.4		
總和	%	3.8	2.6	13.6	12.6	33.1	26.5	7.7	100.0 (1,078)	

收入		盡快統一	盡快宣布獨立	維持現狀，以後走向統一	維持現狀，以後走向獨立	維持現狀，看情形再決定獨立或統一	永遠維持現狀	無反應	總和	
28,000元以下	%	6.1	5.3	8.4	5.3	28.2	33.6	13.0	100.0 (131)	$p < .001$ df = 30 $\chi^2 = 70.522$
	調整後標準化殘差	1.7	2.4	-2.3	-2.5	-1.8	1.9	4.4		
28,001- 52,000元	%	4.6	1.7	15.4	12.4	32.4	28.2	5.4	100.0 (241)	
	調整後標準化殘差	1.0	-0.9	0.2	0.2	-1.0	0.5	0.2		
52,001- 72,000元	%	2.2	2.8	19.3	11.6	36.5	24.3	3.3	100.0 (181)	
	調整後標準化殘差	-1.1	0.3	1.8	-0.2	0.5	-0.9	-1.3		
72,001- 97,000元	%	1.7	0.8	17.4	14.9	30.6	30.6	4.1	100.0 (121)	
	調整後標準化殘差	-1.2	-1.2	0.8	1.0	-1.1	1.0	-0.6		
97,001- 168,000元	%	1.7	2.3	14.5	12.7	48.0	18.5	2.3	100.0 (173)	
	調整後標準化殘差	-1.4	-0.1	-0.2	0.3	4.0	-2.8	-1.9		
168,001元以上	%	6.6	1.6	11.5	18.0	27.9	31.1	3.3	100.0 (61)	
	調整後標準化殘差	1.3	-0.4	-0.8	1.5	-1.2	0.8	-0.7		
總和	%	3.5	2.4	15.0	12.0	35.0	26.9	5.2	100.0 (908)	

表 5-77　「個人背景與對臺灣和大陸關係的看法」交叉表（續）

		盡快統一	盡快宣布獨立	維持現狀，以後走向統一	維持現狀，以後走向獨立	維持現狀，看情形再決定獨立或統一	永遠維持現狀	無反應	總和
職業	高、中級白領 %	4.3	2.0	24.0	11.3	31.5	23.4	3.5	100.0 (346)
	調整後標準化殘差	0.7	-0.8	6.8	-0.9	-0.8	-1.5	-3.6	
	中低、低級白領 %	2.6	2.9	9.3	14.8	32.8	30.5	7.1	100.0 (311)
	調整後標準化殘差	-1.3	0.4	-2.6	1.3	-0.2	2.0	-0.5	
	藍領 %	4.6	3.2	9.2	9.2	33.0	27.6	13.2	100.0 (348)
	調整後標準化殘差	1.1	0.8	-3.0	-2.4	-0.1	0.6	4.7	
	其他 %	1.4	1.4	4.3	27.1	44.3	17.1	4.3	100.0 (70)
	調整後標準化殘差	-1.0	-0.6	-2.4	3.8	2.0	-1.8	-1.1	
總和	%	3.7	2.6	13.7	12.7	33.2	26.4	7.7	100.0 (1,075)

p < .001
df = 18
χ² = 93.408

資料來源：劉嘉薇（2017-2018）。

說明一：本題完整題目為「關於臺灣和大陸的關係，有下面幾種不同的看法：1.盡快統一；2.盡快宣布獨立；3.維持現狀，以後走向統一；4.維持現狀，以後走向獨立；5.維持現狀，看情形再決定獨立或統一；6.永遠維持現狀。請問您比較偏向哪一種？」（問卷第4-10題）。

說明二：表中百分比為橫列百分比。調整後標準化殘差絕對值大於1.96者以灰階標示。

說明三：無反應包括拒答、很難說、無意見、不知道。

說明四：客家民眾收入總數（N）與本研究樣本總數（1,078）有落差，係因選項為「拒答」或是「不知道」者，界定為遺漏值。

和的33.1%，「無反應」的比例爲4.6%，顯著低於總和的7.7%；同時，1974年（含）前出生的客家民眾認爲臺灣與大陸的關係爲「盡快宣布獨立」的比例爲3.6%，顯著高於總和的2.6%，其認爲「維持現狀，以後走向獨立」的比例爲9.1%，顯著低於總和的12.6%，其認爲「維持現狀，看情形再決定獨立或統一」的比例爲29.8%，顯著低於總和的33.1%，「無反應」的比例爲10.0%，顯著高於總和的7.7%。

　　在教育程度方面，小學以下的客家民眾認爲臺灣與大陸的關係爲「維持現狀，以後走向獨立」的比例爲5.9%，顯著低於總和的12.6%，其認爲「維持現狀，看情形再決定獨立或統一」的比例爲12.7%，顯著低於總和的33.1%，「無反應」的比例爲28.0%，顯著高於總和的7.7%；國高中的客家民眾認爲臺灣與大陸的關係爲「盡快統一」的比例爲6.4%，顯著高於總和的3.8%，其認爲「維持現狀，以後走向獨立」的比例爲9.4%，顯著低於總和12.6%，認爲「永遠維持現狀」的比例爲30.6%，顯著高於總和的26.5%；大專以上的客家民眾認爲臺灣與大陸的關係爲「盡快統一」的比例爲1.8%，顯著低於總和的3.8%，其認爲「維持現狀，以後走向統一」的比例爲15.7%，顯著高於總和的13.6%，認爲「維持現狀，以後走向獨立」的比例爲16.2%，顯著高於總和12.6%，認爲「維持現狀，看情形再決定獨立或統一」的比例爲38.4%，顯著高於總和的33.1%，認爲「永遠維持現狀」的比例爲22.2%，顯著低於總和的26.5%，「無反應」的比例爲3.5%，顯著低於總和的7.7%。

　　在收入方面，家庭月收入28,000元以下的客家民眾認爲臺灣與大陸的關係爲「盡快宣布獨立」的比例爲5.3%，顯著高於總和的2.4%，其認爲「維持現狀，以後走向統一」的比例爲8.4%，顯著低於總和的15.0%，認爲「維持現狀，以後走向獨立」的比例爲5.3%，顯著低於總和12.0%，「無反應」的比例爲13.0%，顯著高於總和的5.2%；家庭月收入97,001-168,000元的客家民眾認爲臺灣與大陸的關係爲「維持現狀，看情形再決定獨立或統一」的比例爲48.0%，顯著高於總和的35.0%，其認爲「永遠維持現狀」的比例爲18.5%，顯著低於總和的26.9%。

　　最後，在職業方面，高、中級白領的客家民眾認為臺灣與大陸的關係為「維持現狀，以後走向統一」的比例為24.0%，顯著高於總和的13.7%，「無反應」的比例為3.5%，顯著低於總和的7.7%；中低、低級白領的客家民眾認為臺灣與大陸的關係為「維持現狀，以後走向統一」的比例為9.3%，顯著低於總和的13.7%，其認為「永遠維持現狀」的比例為30.5%，顯著高於總和的26.4%；藍領的客家民眾認為臺灣與大陸的關係為「維持現狀，以後走向統一」的比例為9.2%，顯著低於總和的13.7%，其認為「維持現狀，以後走向獨立」的比例為9.2%，顯著低於總和的12.7%，「無反應」的比例為13.2%，顯著高於總和的7.7%；其他職業的客家民眾認為臺灣與大陸的關係為「維持現狀，以後走向統一」的比例為4.3%，顯著低於總和的13.7%，其認為「維持現狀，以後走向獨立」的比例為27.1%，顯著高於總和的12.7%，「維持現狀，看情形再決定獨立或統一」的比例為44.3%，顯著高於總和的33.2%。至於其他細格與總和的差異皆不顯著，不予描述。

第五節　客家族群投票抉擇

　　下表5-78為客家民眾「個人背景與會不會因為候選人是客家人而投票給他」交叉表。首先，我們將關注客家民眾個人背景與會不會因為候選人是客家人而投票給他的關聯，六項個人背景中（區域、性別、客家世代、教育程度、收入及職業），皆與對會不會因為候選人是客家人而投票給他有關聯，p小於.05，以下將以調整後殘差解釋個別細格與總和百分比的差異，亦即在每一交叉表的最後一列，皆具有客家民眾會不會因為候選人是客家人而投票給他。例如若分為男性與女性觀察之，若欲瞭解男性與女性會不會因為候選人是客家人而投票給他與整體分布相同或不同，調整後殘差即為解釋個別細格（例如男性或女性）與表中最後一列總和分布的差異。為解釋何種背景的客家民眾特別會因為候選人是客家人而投票給他，

何種背景的客家民眾特別不會因為候選人是客家人而投票給他，評估結果中的「幾乎不會」代表評估不會因為候選人是客家人而投票給他，「經常會」代表評估會因為候選人是客家人而投票給他，「看情形」則代表視情況來決定是否因為候選人是客家人而投票給他。

　　首先，在區域方面，居住在中彰投的客家民眾「幾乎不會」因為候選人是客家人而投票給他的比例為50.4%，顯著高於總和的41.5%；居住在雲嘉南高屏的客家民眾「不太會」因為候選人是客家人而投票給他的比例為18.6%，顯著低於總和的24.1%，「經常會」的比例為8.5%，顯著高於總和的4.3%；居住在宜花東的客家民眾「有時會」因為候選人是客家人而投票給他的比例為15.2%，顯著高於總和的6.6%。

　　在性別方面，女性客家民眾「不太會」因為候選人是客家人而投票給他的比例為27.5%，顯著高於總和的24.0%，「有時會」的比例為5.1%，顯著低於總和的6.8%；同時，男性客家民眾「不太會」因為候選人是客家人而投票給他的比例為20.5%，顯著低於總和的24.0%，「有時會」的比例為8.4%，顯著高於總和的6.8%。

　　在客家世代方面，1974年後出生的客家民眾「幾乎不會」因為候選人是客家人而投票給他的比例為50.3%，顯著高於總和的41.6%，「不太會」的比例為29.2%，顯著高於總和的23.9%，「經常會」的比例為2.4%，顯著低於總和的4.4%，「看情形」的比例為12.0%，顯著低於總和的22.0%；同時，1974年（含）前出生的客家民眾「幾乎不會」因為候選人是客家人而投票給他的比例為35.1%，顯著低於總和的41.6%，「不太會」的比例為20.0%，顯著低於總和的23.9%，「經常會」的比例為5.8%，顯著高於總和的4.4%，「看情形」的比例為29.4%，顯著高於總和的22.0%。

　　在教育程度方面，小學以下的客家民眾「幾乎不會」因為候選人是客家人而投票給他的比例為29.7%，顯著低於總和的41.5%，「不太會」的比例為11.0%，顯著低於總和的23.9%，「看情形」的比例為39.8%，顯著高於總和的22.1%，「無反應」的比例為5.1%，顯著高於總和的1.5%；

表 5-78　「個人背景與會不會因為候選人是客家人而投票給他」交叉表

			幾乎不會	不太會	有時會	經常會	看情形	無反應	總和	
區域	北北基桃竹苗	%	40.9	25.6	5.5	3.7	22.7	1.6	100.0 (673)	
		調整後標準化殘差	-0.6	1.4	-1.9	-1.2	0.7	0.5		
	中彰投	%	50.4	25.2	5.0	2.9	15.8	0.7	100.0 (139)	$p < .01$ df = 15 $\chi^2 = 36.331$
		調整後標準化殘差	2.3	0.3	-0.8	-0.9	-1.9	-0.8		
	雲嘉南高屏	%	36.7	18.6	8.5	8.5	25.6	2.0	100.0 (199)	
		調整後標準化殘差	-1.5	-2.0	1.2	3.3	1.4	0.7		
	宜花東	%	43.9	24.2	15.2	0.0	16.7	0.0	100.0 (66)	
		調整後標準化殘差	0.4	0.0	2.9	-1.8	-1.1	-1.0		
	總和	%	41.5	24.1	6.6	4.3	22.0	1.5	100.0 (1,077)	

			幾乎不會	不太會	有時會	經常會	看情形	無反應	總和	
性別	女性	%	40.6	27.5	5.1	3.7	21.2	1.9	100.0 (534)	$p < .05$ df = 5 $\chi^2 = 12.569$
		調整後標準化殘差	-0.5	2.7	-2.2	-1.0	-0.7	1.1		
	男性	%	42.1	20.5	8.4	4.9	22.9	1.1	100.0 (546)	
		調整後標準化殘差	0.5	-2.7	2.2	1.0	0.7	-1.1		
	總和	%	41.4	24.0	6.8	4.4	22.0	1.5	100.0 (1,080)	

			幾乎不會	不太會	有時會	經常會	看情形	無反應	總和	
客家世代	1974年後出生	%	50.3	29.2	5.4	2.4	12.0	0.7	100.0 (459)	$p < .001$ df = 5 $\chi^2 = 72.678$
		調整後標準化殘差	5.0	3.5	-1.5	-2.7	-6.8	-1.8		
	1974年（含）前出生	%	35.1	20.0	7.8	5.8	29.4	1.9	100.0 (619)	
		調整後標準化殘差	-5.0	-3.5	1.5	2.7	6.8	1.8		
	總和	%	41.6	23.9	6.8	4.4	22.0	1.4	100.0 (1,078)	

			幾乎不會	不太會	有時會	經常會	看情形	無反應	總和	
教育程度	小學以下	%	29.7	11.0	7.6	6.8	39.8	5.1	100.0 (118)	$p < .001$ df = 10 $\chi^2 = 73.216$
		調整後標準化殘差	-2.8	-3.5	0.4	1.4	4.9	3.4		
	國高中	%	36.7	25.0	5.1	5.9	26.5	0.8	100.0 (392)	
		調整後標準化殘差	-2.4	0.6	-1.6	1.8	2.7	-1.5		
	大專以上	%	47.3	25.8	7.6	2.8	15.3	1.2	100.0 (569)	
		調整後標準化殘差	4.1	1.6	1.2	-2.6	-5.7	-0.7		
	總和	%	41.5	23.9	6.7	4.4	22.1	1.5	100.0 (1,079)	

表 5-78　「個人背景與會不會因為候選人是客家人而投票給他」交叉表（續）

		幾乎不會	不太會	有時會	經常會	看情形	無反應	總和	
收入	28,000元以下　% 調整後標準化殘差	26.7 -3.8	20.6 -1.1	9.9 1.2	7.6 2.2	33.6 3.7	1.5 0.8	100.0 (131)	
	28,001-52,000元　% 調整後標準化殘差	43.3 0.5	21.0 -1.4	6.7 -0.4	2.5 -1.4	25.6 1.9	0.8 -0.1	100.0 (238)	
	52,001-72,000元　% 調整後標準化殘差	35.6 -1.9	30.6 2.1	8.9 0.9	3.9 -0.2	19.4 -0.7	1.7 1.2	100.0 (180)	p < .001 df = 25 χ^2 = 63.537
	72,001-97,000元　% 調整後標準化殘差	43.3 0.4	22.5 -0.5	8.3 0.5	4.2 -0.2	20.8 -0.2	0.8 -0.1	100.0 (120)	
	97,001-168,000元　% 調整後標準化殘差	53.4 3.4	28.7 1.5	5.7 -0.9	4.0 -0.1	8.0 -4.8	0.0 -1.4	100.0 (174)	
	168,001元以上　% 調整後標準化殘差	51.7 1.6	20.0 -0.8	1.7 -1.7	3.3 -0.3	23.3 0.4	0.0 -0.8	100.0 (60)	
	總和　%	41.9	24.5	7.3	4.1	21.4	0.9	100.0 (903)	

		幾乎不會	不太會	有時會	經常會	看情形	無反應	總和	
職業	高、中級白領　% 調整後標準化殘差	45.4 1.9	26.2 1.2	8.1 1.1	3.7 -0.7	15.9 -3.3	0.6 -1.6	100.0 (347)	
	中低、低級白領　% 調整後標準化殘差	38.6 -1.2	26.4 1.2	8.4 1.2	3.9 -0.5	21.2 -0.4	1.6 0.4	100.0 (311)	p < .001 df = 15 χ^2 = 46.092
	藍領　% 調整後標準化殘差	40.2 -0.6	16.7 -3.9	5.5 -1.3	5.5 1.2	30.2 4.5	2.0 1.2	100.0 (348)	
	其他　% 調整後標準化殘差	40.0 -0.3	38.6 3.0	1.4 -1.9	4.3 0.0	14.3 -1.6	1.4 0.0	100.0 (70)	
	總和　%	41.4	24.0	6.9	4.4	21.9	1.4	100.0 (1,076)	

資料來源：劉嘉薇（2017-2018）。

說明一：本題完整題目為「請問您會不會因為候選人是客家人而投票給他？」（問卷第5-1題）。

說明二：表中百分比為橫列百分比。調整後標準化殘差絕對值大於1.96者以灰階標示。

說明三：無反應包括拒答、無意見、不知道。

說明四：客家民眾收入總數（N）與本研究樣本總數（1,078）有落差，係因選項為「拒答」或是「不知道」者，界定為遺漏值。

國高中的客家民眾「幾乎不會」因為候選人是客家人而投票給他的比例
為36.7%，顯著低於總和的41.5%，「看情形」的比例為26.5%，顯著高於
總和的22.1%；大專以上的客家民眾「幾乎不會」因為候選人是客家人而
投票給他的比例為47.3%，顯著高於總和的41.5%，「經常會」的比例為
2.8%，顯著低於總和的4.4%，「看情形」的比例為15.3%，顯著低於總和
的22.1%。

　　在收入方面，家庭月收入28,000元以下的客家民眾「幾乎不會」因
為候選人是客家人而投票給他的比例為26.7%，顯著低於總和的41.9%，
「經常會」的比例為7.6%，顯著高於總和的4.1%，「看情形」的比例為
33.6%，顯著高於總和的21.4%；家庭月收入52,001-72,000元的客家民眾
「不太會」因為候選人是客家人而投票給他的比例為30.6%，顯著高於總
和的24.5%；家庭月收入97,001-168,000元的客家民眾「幾乎不會」因為候
選人是客家人而投票給他的比例為53.4%，顯著高於總和的41.9%，「看
情形」的比例為8.0%，顯著低於總和的21.4%。

　　最後，在職業方面，高、中級白領的客家民眾在決定是否會因為候
選人是客家人就投票給他是「看情形」的比例為15.9%，顯著低於總和的
21.9%；藍領的客家民眾「不太會」因為候選人是客家人而投票給他的比
例為16.7%，顯著低於總和的24.0%，「看情形」的比例為30.2%，顯著高
於總和的21.9%；其他職業的客家民眾「不太會」因為候選人是客家人而
投票給他的比例為38.6%，顯著高於總和的24.0%。至於其他細格與總和
的差異皆不顯著，不予描述。

　　以下表5-79為客家民眾「個人背景與在考慮投給誰的時候，候選人的
政黨還是族群比較重要」交叉表。首先，我們將關注客家民眾個人背景與
在考慮投給誰的時候，候選人的政黨還是族群比較重要的關聯，六項個人
背景中（區域、性別、客家世代、教育程度、收入及職業），除了職業以
外，皆與在考慮投給誰的時候，候選人的政黨還是族群比較重要有關聯，
*p*小於.05，以下將以調整後殘差解釋個別細格與總和百分比的差異，亦即
在每一交叉表的最後一列，皆具有客家民眾在考慮投給誰的時候，候選人

表 5-79　「個人背景與在考慮投給誰的時候，候選人的政黨還是族群比較重要」交叉表

			政黨	族群	都不重要	都重要	看情形	無反應	總和	
區域	北北基桃竹苗	%	34.3	16.6	22.6	0.7	21.7	4.2	100.0 (674)	
		調整後標準化殘差	0.3	-0.5	1.0	-2.6	0.9	-1.8		
	中彰投	%	35.3	13.7	28.1	2.2	14.4	6.5	100.0 (139)	p < .05 df = 15 χ² = 27.049
		調整後標準化殘差	0.4	-1.2	2.0	0.7	-2.0	0.8		
	雲嘉南高屏	%	32.3	19.7	14.6	2.5	23.2	7.6	100.0 (198)	
		調整後標準化殘差	-0.5	1.1	-2.6	1.3	0.9	1.7		
	宜花東	%	32.3	21.5	18.5	4.6	18.5	4.6	100.0 (65)	
		調整後標準化殘差	-0.3	1.0	-0.6	2.1	-0.5	-0.2		
	總和	%	33.9	17.1	21.6	1.5	20.8	5.1	100.0 (1,076)	

			政黨	族群	都不重要	都重要	看情形	無反應	總和	
性別	女性	%	36.0	15.6	19.9	1.3	19.9	7.3	100.0 (533)	p < .01 df = 5 χ² = 16.120
		調整後標準化殘差	1.4	-1.2	-1.4	-0.7	-0.7	3.4		
	男性	%	32.1	18.3	23.4	1.8	21.6	2.7	100.0 (546)	
		調整後標準化殘差	-1.4	1.2	1.4	0.7	0.7	-3.4		
	總和	%	34.0	17.0	21.7	1.6	20.8	5.0	100.0 (1,079)	

			政黨	族群	都不重要	都重要	看情形	無反應	總和	
客家世代	1974年後出生	%	38.0	14.1	26.1	0.7	15.2	5.9	100.0 (460)	p < .001 df = 5 χ² = 33.040
		調整後標準化殘差	2.4	-2.1	3.1	-2.1	-3.9	1.1		
	1974年（含）前出生	%	30.9	19.1	18.3	2.3	25.1	4.4	100.0 (618)	
		調整後標準化殘差	-2.4	2.1	-3.1	2.1	3.9	-1.1		
	總和	%	34.0	17.0	21.6	1.6	20.9	5.0	100.0 (1,078)	

			政黨	族群	都不重要	都重要	看情形	無反應	總和	
教育程度	小學以下	%	21.2	24.6	11.9	1.7	27.1	13.6	100.0 (118)	p < .001 df = 10 χ² = 74.245
		調整後標準化殘差	-3.1	2.3	-2.7	0.1	1.8	4.4		
	國高中	%	33.0	19.9	15.3	2.3	23.0	6.4	100.0 (391)	
		調整後標準化殘差	-0.5	2.0	-3.8	1.4	1.4	1.5		
	大專以上	%	37.3	13.4	27.9	1.1	17.9	2.5	100.0 (569)	
		調整後標準化殘差	2.4	-3.3	5.3	-1.5	-2.4	-4.2		
	總和	%	34.0	17.0	21.6	1.6	20.8	5.1	100.0 (1,078)	

表 5-79　「個人背景與在考慮投給誰的時候，候選人的政黨還是族群比較重要」交叉表（續）

			政黨	族群	都不重要	都重要	看情形	無反應	總和	
收入	28,000元以下	%	32.8	19.1	10.7	3.8	26.7	6.9	100.0 (131)	
		調整後標準化殘差	-0.6	0.5	-3.2	2.5	1.8	2.0		
	28,001-52,000元	%	31.0	18.4	28.9	0.8	16.3	4.6	100.0 (239)	
		調整後標準化殘差	-1.6	0.4	3.4	-0.9	-2.0	0.8		
	52,001-72,000元	%	39.4	17.8	18.9	0.6	16.7	6.7	100.0 (180)	$p < .001$ df = 25 $\chi^2 = 92.999$
		調整後標準化殘差	1.3	0.1	-0.9	-1.1	-1.5	2.3		
	72,001-97,000元	%	48.3	18.3	15.0	4.2	13.3	0.8	100.0 (120)	
		調整後標準化殘差	3.2	0.3	-1.8	2.7	-2.1	-1.8		
	97,001-168,000元	%	36.4	9.8	24.3	0.0	28.9	0.6	100.0 (173)	
		調整後標準化殘差	0.3	-3.0	1.1	-1.8	3.0	-2.4		
	168,001元以上	%	16.7	30.0	25.0	0.0	28.3	0.0	100.0 (60)	
		調整後標準化殘差	-3.1	2.6	0.7	-1.0	1.5	-1.6		
	總和	%	35.3	17.5	21.3	1.4	20.7	3.8	100.0 (903)	

			政黨	族群	都不重要	都重要	看情形	無反應	總和	
職業	高、中級白領	%	39.5	16.1	21.6	1.7	19.3	1.7	100.0 (347)	
		調整後標準化殘差	2.6	-0.5	0.0	0.3	-0.8	-3.4		
	中低、低級白領	%	33.4	16.1	21.9	1.3	21.9	5.5	100.0 (311)	$p > .05$ df = 15 $\chi^2 = 23.641$
		調整後標準化殘差	-0.2	-0.5	0.1	-0.5	0.5	0.4		
	藍領	%	28.4	18.6	22.9	1.4	21.5	7.2	100.0 (349)	
		調整後標準化殘差	-2.7	1.0	0.7	-0.3	0.4	2.2		
	其他	%	37.1	17.1	14.3	2.9	20.0	8.6	100.0 (70)	
		調整後標準化殘差	0.6	0.0	-1.5	0.9	-0.2	1.4		
	總和	%	34.0	17.0	21.6	1.6	20.8	5.0	100.0 (1,077)	

資料來源：劉嘉薇（2017-2018）。

說明一：本題完整題目為「一般來說，請問您在考慮投給誰的時候，候選人的政黨還是族群比較重要？」（問卷第5-2題）。

說明二：表中百分比為橫列百分比。調整後標準化殘差絕對值大於1.96者以灰階標示。

說明三：無反應包括拒答、無意見、不知道。

說明四：客家民眾收入總數（N）與本研究樣本總數（1,078）有落差，係因選項為「拒答」或是「不知道」者，界定為遺漏。

的政黨還是族群比較重要。例如若分為男性與女性觀察之，若欲瞭解男性與女性在考慮投給誰的時候，候選人的政黨還是族群比較重要與整體分布相同或不同，調整後殘差即為解釋個別細格（例如男性或女性）與表中最後一列總和分布的差異。為解釋何種背景的客家民眾特別會因為候選人的政黨而投票給他，何種背景的客家民眾特別會因為候選人的族群而投票給他，評估結果中的「政黨」代表評估政黨是考慮投票對象的主要因素，「族群」代表評估族群是考慮投票對象的主要因素，「看情形」則代表視情況來決定是因為政黨因素，還是因為族群因素，而決定投票對象。

　　首先，在區域方面，居住在北北基桃竹苗的客家民眾認為候選人的政黨與族群「都重要」的比例為0.7%，顯著低於總和的1.5%；居住在中彰投的客家民眾認為候選人的政黨與族群「都不重要」的比例為28.1%，顯著高於總和的21.6%，「看情形」的比例為14.4%，顯著低於總和的20.8%；居住在雲嘉南高屏的客家民眾認為候選人的政黨與族群「都不重要」的比例為14.6%，顯著低於總和的21.6%；居住在宜花東的客家民眾認為候選人的政黨與族群「都重要」的比例為4.6%，顯著高於總和的1.5%。

　　在性別方面，女性客家民眾「無反應」的比例為7.3%，顯著高於總和的5.0%；同時，男性客家民眾「無反應」的比例為2.7%，顯著低於總和的5.0%。

　　在客家世代方面，1974年後出生的客家民眾認為「政黨」比較重要的比例為38.0%，顯著高於總和的34.0%，其認為「族群」比較重要的比例為14.1%，顯著低於總和的17.0%，其認為「都不重要」的比例為26.1%，顯著高於總和的21.6%，其認為「都重要」的比例為0.7%，顯著低於總和的1.6%，「看情形」的比例為15.2%，顯著低於總和的20.9%；同時，1974年（含）前出生的客家民眾認為「政黨」比較重要的比例為30.9%，顯著低於總和的34.0%，其認為「族群」比較重要的比例為19.1%，顯著高於總和的17.0%，其認為「都不重要」的比例為18.3%，顯著低於總和的21.6%，其認為「都重要」的比例為2.3%，顯著高於總和的

1.6%，「看情形」的比例為25.1%，顯著高於總和的20.9%。

在教育程度方面，小學以下的客家民眾認為「政黨」比較重要的比例為21.2%，顯著低於總和的34.0%，其認為「族群」比較重要的比例為24.6%，顯著高於總和的17.0%，其認為「都不重要」的比例為11.9%，顯著低於總和的21.6%，「無反應」的比例為13.6%，顯著高於總和的5.1%；國高中的客家民眾認為「族群」比較重要的比例為19.9%，顯著高於總和的17.0%，其認為「都不重要」的比例為15.3%，顯著低於總和的21.6%；大專以上的客家民眾認為「政黨」比較重要的比例為37.3%，顯著高於總和的34.0%，其認為「族群」比較重要的比例為13.4%，顯著低於總和的17.0%，其認為「都不重要」的比例為27.9%，顯著高於總和的21.6%，「看情形」的比例為17.9%，顯著低於總和的20.8%，「無反應」的比例為2.5%，顯著低於總和的5.1%。

最後，在收入方面，家庭月收入28,000元以下的客家民眾認為政黨與族群「都不重要」的比例為10.7%，顯著低於總和的21.3%，其認為「都重要」的比例為3.8%，顯著高於總和的1.4%，「無反應」的比例為6.9%，顯著高於總和的3.8%；家庭月收入28,001-52,000元的客家民眾認為政黨與族群「都不重要」的比例為28.9%，顯著高於總和的21.3%，「看情形」的比例為16.3%，顯著低於總和的20.7%；家庭月收入52,001-72,000元的客家民眾「無反應」的比例為6.7%，顯著高於總和的3.8%；家庭月收入72,001-97,000元的客家民眾認為「政黨」比較重要的比例為48.3%，顯著高於總和的35.3%，其認為「都重要」的比例為4.2%，顯著高於總和的1.4%，「看情形」的比例為13.3%，顯著低於總和的20.7%；家庭月收入97,001-168,000元的客家民眾認為「族群」比較重要的比例為9.8%，顯著低於總和的17.5%，「看情形」的比例為28.9%，顯著高於總和的20.7%，「無反應」的比例為0.6%，顯著低於總和的3.8%；家庭月收入168,001元以上的客家民眾認為「政黨」比較重要的比例為16.7%，顯著低於總和的35.3%，其認為「族群」比較重要的比例為30.0%，顯著高於總和的17.5%。

　　以下表5-80爲客家民眾「個人背景與2016年總統選舉投票給誰」交叉表。首先，我們將關注客家民眾個人背景與2016年總統選舉投票給誰的關聯，六項個人背景中（區域、性別、客家世代、教育程度、收入及職業），皆與2016年總統選舉投票給誰有關聯，p小於.05，以下將以調整後殘差解釋個別細格與總和百分比的差異，亦即在每一交叉表的最後一列，皆具有客家民眾2016年總統選舉投票給誰。例如若分爲男性與女性觀察之，若欲瞭解男性與女性2016年總統選舉投票給誰與整體分布相同或不同，調整後殘差即爲解釋個別細格（例如男性或女性）與表中最後一列總和分布的差異。爲解釋何種背景的客家民眾投票給哪一組總統選舉候選人，評估結果中的各選項代表客家民眾投票給予的各組總統選舉候選人。

　　首先，在區域方面，居住在中彰投的客家民眾投票給「宋楚瑜、徐欣瑩」的比例爲12.2%，顯著高於總和的7.8%；居住在雲嘉南高屏的客家民眾投票給「蔡英文、陳建仁」的比例爲46.5%，顯著高於總和的35.2%，「忘了／沒去投（含沒有投票權）」的比例爲26.3%，顯著低於總和的32.1%；居住在宜花東的客家民眾「無反應」的比例爲10.4%，顯著高於總和的4.8%。

　　在性別方面，女性客家民眾投票給「朱立倫、王如玄」的比例爲16.3%，顯著低於總和的20.0%，投票給「宋楚瑜、徐欣瑩」的比例爲6.0%，顯著低於總和的7.8%，「忘了／沒去投（含沒有投票權）」的比例爲36.4%，顯著高於總和的32.1%，「無反應」的比例爲6.2%，顯著高於總和的4.7%；同時，男性客家民眾投票給「朱立倫、王如玄」的比例爲23.5%，顯著高於總和的20.0%，投票給「宋楚瑜、徐欣瑩」的比例爲9.6%，顯著高於總和的7.8%，「忘了／沒去投（含沒有投票權）」的比例爲27.9%，顯著低於總和的32.1%，「無反應」的比例爲3.3%，顯著低於總和的4.7%。

　　在客家世代方面，1974年後出生的客家民眾投票給「朱立倫、王如玄」的比例爲14.4%，顯著低於總和的20.1%，「忘了／沒去投（含沒有投票權）」的比例爲37.3%，顯著高於總和的32.1%，「無反應」的比例

表 5-80 「個人背景與2016年總統選舉投票票給誰」交叉表

		朱立倫、王如玄	蔡英文、陳建仁	宋楚瑜、徐欣瑩	忘了/沒去投（含沒有投票權）	無反應	總和	
區域	北北基桃竹苗 %	20.8	33.3	7.9	33.9	4.2	100.0 (673)	$p<.01$ df=12 $\chi^2=29.318$
	調整後標準化殘差	0.8	-1.7	0.1	1.6	-1.3		
	中彰投 %	20.1	31.7	12.2	33.1	2.9	100.0 (139)	
	調整後標準化殘差	0.0	-0.9	2.1	0.3	-1.1		
	雲嘉南高屏 %	15.2	46.5	5.6	26.3	6.6	100.0 (198)	
	調整後標準化殘差	-1.9	3.7	-1.3	-2.0	1.3		
	宜花東 %	26.9	28.4	4.5	29.9	10.4	100.0 (67)	
	調整後標準化殘差	1.4	-1.2	-1.0	-0.4	2.2		
	總和 %	20.1	35.2	7.8	32.1	4.8	100.0 (1,077)	
性別	女性 %	16.3	35.1	6.0	36.4	6.2	100.0 (533)	$p<.001$ df=4 $\chi^2=22.109$
	調整後標準化殘差	-3.0	-0.2	-2.2	3.0	2.2		
	男性 %	23.5	35.7	9.6	27.9	3.3	100.0 (544)	
	調整後標準化殘差	3.0	0.2	2.2	-3.0	-2.2		
	總和 %	20.0	35.4	7.8	32.1	4.7	100.0 (1,077)	
客家世代	1974年後出生 %	14.4	38.4	9.4	37.3	0.4	100.0 (458)	$p<.001$ df=4 $\chi^2=55.306$
	調整後標準化殘差	-4.0	1.9	1.7	3.1	-5.7		
	1974年(含)前出生 %	24.2	33.0	6.6	28.3	7.9	100.0 (619)	
	調整後標準化殘差	4.0	-1.9	-1.7	-3.1	5.7		
	總和 %	20.1	35.3	7.8	32.1	4.7	100.0 (1,077)	

表 5-80 「個人背景與2016年總統選舉投票給誰」交叉表（續）

		朱立倫、王如玄	蔡英文、陳建仁	宋楚瑜、徐欣瑩	忘了/沒去投（含沒有投票權）	無反應	總和
教育程度	小學以下 %	16.8	29.4	4.2	37.0	12.6	100.0 (119)
	調整後標準化殘差	-0.9	-1.4	-1.5	1.2	4.3	
	國高中 %	24.0	38.5	6.6	26.0	4.8	100.0 (392)
	調整後標準化殘差	2.4	1.6	-1.1	-3.2	0.1	
	大專以上 %	18.0	34.4	9.3	35.3	3.0	100.0 (567)
	調整後標準化殘差	-1.8	-0.7	2.0	2.4	-2.8	
	總和 %	20.0	35.3	7.8	32.1	4.7	100.0 (1,078)

$p < .001$
$df = 8$
$\chi^2 = 38.081$

		朱立倫、王如玄	蔡英文、陳建仁	宋楚瑜、徐欣瑩	忘了/沒去投（含沒有投票權）	無反應	總和
收入	28,000元以下 %	16.8	35.1	5.3	39.7	3.1	100.0 (131)
	調整後標準化殘差	-1.1	-0.4	-1.4	2.3	-0.2	
	28,001-52,000元 %	19.7	28.0	9.6	37.2	5.4	100.0 (239)
	調整後標準化殘差	-0.3	-3.2	0.6	2.4	2.1	
	52,001-72,000元 %	21.7	40.6	5.0	30.6	2.2	100.0 (180)
	調整後標準化殘差	0.5	1.2	-1.9	-0.2	-0.9	
	72,001-97,000元 %	16.0	42.9	10.9	28.6	1.7	100.0 (119)
	調整後標準化殘差	-1.3	1.5	1.0	-0.6	-1.1	
	97,001-168,000元 %	28.7	37.9	12.6	17.2	3.4	100.0 (174)
	調整後標準化殘差	3.1	0.4	2.1	-4.4	0.1	
	168,001元以上 %	11.5	45.9	6.6	34.4	1.6	100.0 (61)
	調整後標準化殘差	-1.8	1.6	-0.6	0.6	-0.8	
	總和 %	20.4	36.6	8.6	31.1	3.3	100.0 (904)

$p < .001$
$df = 20$
$\chi^2 = 50.543$

表 5-80 「個人背景與2016年總統選舉投票與投票給誰」交叉表（續）

		朱立倫、王如玄	蔡英文、陳建仁	宋楚瑜、徐欣瑩	忘了/沒去投（含沒有投票權）	無反應	總和	
職業	高、中級白領 %	28.2	31.1	10.7	26.8	3.2	100.0 (347)	
	調整後標準化殘差	4.7	-2.0	2.4	-2.6	-1.8		p < .001
	中低、低級白領 %	14.5	32.8	8.4	39.5	4.8	100.0 (311)	df = 12
	調整後標準化殘差	-2.9	-1.1	0.4	3.3	0.0		$\chi^2 = 51.002$
	藍領 %	18.1	41.5	5.4	28.4	6.6	100.0 (349)	
	調整後標準化殘差	-1.1	3.0	-2.0	-1.8	1.9		
	其他 %	12.9	35.7	2.9	44.3	4.3	100.0 (70)	
	調整後標準化殘差	-1.5	0.1	-1.6	2.3	-0.2		
	總和 %	20.0	35.3	7.8	32.1	4.8	100.0 (1,077)	

資料來源：劉嘉薇（2017-2018）。

說明一：本題完整題目為「請問2016年總統選舉您投票給誰？」（問卷第5-3題）。

說明二：表中百分比為橫列百分比。調整後標準化殘差絕對值大於1.96者以灰階標示。

說明三：無反應包括拒答、不知道。

說明四：客家民眾收入總數（N）與本研究樣本總數（1,078）有落差，係因選項為「拒答」或是「不知道」者，界定為遺漏值。

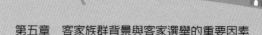

爲0.4%，顯著低於總和的4.7%；同時，1974年（含）前出生的客家民眾投票給「朱立倫、王如玄」的比例爲24.2%，顯著高於總和的20.1%，「忘了／沒去投（含沒有投票權）」的比例爲28.3%，顯著低於總和的32.1%，「無反應」的比例爲7.9%，顯著高於總和的4.7%。

在教育程度方面，小學以下的客家民眾「無反應」的比例爲12.6%，顯著高於總和的4.7%；國高中的客家民眾投票給「朱立倫、王如玄」的比例爲24.0%，顯著高於總和的20.0%，「忘了／沒去投（含沒有投票權）」的比例爲26.0%，顯著低於總和的32.1%；大專以上的客家民眾投票給「宋楚瑜、徐欣瑩」的比例爲9.3%，顯著高於總和的7.8%，「忘了／沒去投（含沒有投票權）」的比例爲35.3%，顯著高於總和的32.1%，「無反應」的比例爲3.0%，顯著低於總和的4.7%。

在收入方面，家庭月收入28,000元以下的客家民眾「忘了／沒去投（含沒有投票權）」的比例爲39.7%，顯著高於總和的31.1%；家庭月收入28,001-52,000元的客家民眾投票給「蔡英文、陳建仁」的比例爲28.0%，顯著低於總和的36.6%，「忘了／沒去投（含沒有投票權）」的比例爲37.2%，顯著高於總和的31.1%，「無反應」的比例爲5.4%，顯著高於總和的3.3%；家庭月收入97,001-168,000元的客家民眾投票給「朱立倫、王如玄」的比例爲28.7%，顯著高於總和的20.4%，其投票給「宋楚瑜、徐欣瑩」的比例爲12.6%，顯著高於總和的8.6%，「忘了／沒去投（含沒有投票權）」的比例爲17.2%，顯著低於總和的31.1%。

最後，在職業方面，高、中級白領的客家民眾投票給「朱立倫、王如玄」的比例爲28.2%，顯著高於總和的20.0%，投票給「蔡英文、陳建仁」的比例爲31.1%，顯著低於總和的35.3%，投票給「宋楚瑜、徐欣瑩」的比例爲10.7%，顯著高於總和的7.8%，「忘了／沒去投（含沒有投票權）」的比例爲26.8%，顯著低於總和的32.1%；中低、低級白領的客家民眾投票給「朱立倫、王如玄」的比例爲14.5%，顯著低於總和的20.0%，「忘了／沒去投（含沒有投票權）」的比例爲39.5%，顯著高於總和的32.1%；藍領的客家民眾投票給「蔡英文、陳建仁」的比例爲

41.5%，顯著高於總和的35.3%，投票給「宋楚瑜、徐欣瑩」的比例爲5.4%，顯著低於總和的7.8%；其他職業的客家民眾「忘了／沒去投（含沒有投票權）」的比例爲44.3%，顯著高於總和的32.1%。至於其他細格與總和的差異皆不顯著，不予描述。

以下表5-81爲客家民眾「個人背景與2012年總統選舉投票給誰」交叉表。首先，我們將關注客家民眾個人背景與2012年總統選舉投票給誰的關聯，六項個人背景中（區域、性別、客家世代、教育程度、收入及職業），除了收入以外，皆與2012年總統選舉投票給誰有關聯，p小於.05，以下將以調整後殘差解釋個別細格與總和百分比的差異，亦即在每一交叉表的最後一列，皆具有客家民眾2012年總統選舉投票給誰。例如若分爲男性與女性觀察之，若欲瞭解男性與女性2012年總統選舉投票給誰與整體分布相同或不同，調整後殘差即爲解釋個別細格（例如男性或女性）與表中最後一列總和分布的差異。爲解釋何種背景的客家民眾投票給哪一組總統選舉候選人，評估結果中的各選項代表客家民眾投票給予的各組總統選舉候選人。

首先，在區域方面，居住在北北基桃竹苗的客家民眾投給「蔡英文、蘇嘉全」的比例爲13.8%，顯著低於總和的16.0%，投給「馬英九、吳敦義」的比例爲43.2%，顯著高於總和的39.7%；居住在雲嘉南高屏的客家民眾投給「蔡英文、蘇嘉全」的比例爲23.7%，顯著高於總和的16.0%，投給「馬英九、吳敦義」的比例爲26.3%，顯著低於總和的39.7%。

在性別方面，女性客家民眾投票「忘了／沒去投（含沒有投票權）」的比例爲41.3%，顯著高於總和的35.7%；同時，男性客家民眾投票給「忘了／沒去投（含沒有投票權）」的比例爲30.1%，顯著低於總和的35.7%。

在客家世代方面，1974年後出生的客家民眾投票給「蔡英文、蘇嘉全」的比例爲10.0%，顯著低於總和的16.0%，投給「馬英九、吳敦義」的比例爲34.8%，顯著低於總和的39.7%，投給「宋楚瑜、林瑞雄」的比

表 5-81 「個人背景與2012年總統就選舉投票投票給誰」交叉表

		蔡英文、蘇嘉全	馬英九、吳敦義	宋楚瑜、林瑞雄	忘了/沒去投(含沒有投票權)	無反應	總和	
區域	北北基桃竹苗	%	13.8	43.2	4.7	35.2	3.1	100.0 (674)	p < .01 df = 12 χ² = 29.358
	調整後標準化殘差		-2.5	3.0	-0.5	-0.4	-1.1		
	中彰投	%	12.9	42.1	5.7	33.6	5.7	100.0 (140)	
	調整後標準化殘差		-1.1	0.6	0.4	-0.6	1.4		
	臺嘉南高屏	%	23.7	26.3	6.6	39.9	3.5	100.0 (198)	
	調整後標準化殘差		3.3	-4.3	1.1	1.4	-0.1		
	宜花東	%	21.5	40.0	1.5	32.3	4.6	100.0 (65)	
	調整後標準化殘差		1.3	0.0	-1.3	-0.6	0.4		
	總和	%	16.0	39.7	5.0	35.7	3.6	100.0 (1,077)	
性別	女性	%	13.9	37.1	3.8	41.3	3.9	100.0 (533)	p < .01 df = 4 χ² = 17.363
	調整後標準化殘差		-1.9	-1.8	-1.8	3.8	0.6		
	男性	%	18.0	42.5	6.1	30.1	3.3	100.0 (544)	
	調整後標準化殘差		1.9	1.8	1.8	-3.8	-0.6		
	總和	%	16.0	39.8	4.9	35.7	3.6	100.0 (1,077)	
客家世代	1974年後出生	%	10.0	34.8	3.0	50.7	1.5	100.0 (460)	p < .001 df = 4 χ² = 90.838
	調整後標準化殘差		-4.6	-2.9	-2.5	8.9	-3.3		
	1974年(含)前出生	%	20.5	43.4	6.5	24.4	5.3	100.0 (620)	
	調整後標準化殘差		4.6	2.9	2.5	-8.9	3.3		
	總和	%	16.0	39.7	5.0	35.6	3.7	100.0 (1,080)	

表 5-81　「個人背景與2012年總統選舉投票票給誰」交叉表（續）

		蔡英文、蘇嘉全	馬英九、吳敦義	宋楚瑜、林瑞雄	忘了/沒去投（含沒有投票權）	無反應	總和	
教育程度	小學以下	%	19.5	31.4	2.5	37.3	9.3	100.0 (118)	
		調整後標準化殘差	1.1	-2.0	-1.3	0.4	3.4		
	國高中	%	22.4	40.3	6.1	28.1	3.1	100.0 (392)	
		調整後標準化殘差	4.4	0.3	1.4	-3.9	-0.9		
	大專以上	%	10.7	41.2	4.6	40.5	3.0	100.0 (568)	
		調整後標準化殘差	-4.9	1.0	-0.5	3.5	-1.3		
	總和	%	16.0	39.8	4.9	35.6	3.7	100.0 (1,078)	$p < .001$ df = 8 $\chi^2 = 47.446$
收入	28,000元以下	%	21.4	34.4	7.6	32.1	4.6	100.0 (131)	
		調整後標準化殘差	1.5	-1.9	0.9	-0.2	1.5		
	28,001-52,000元	%	15.8	39.6	7.1	34.2	3.3	100.0 (240)	
		調整後標準化殘差	-0.4	-0.9	0.9	0.5	0.8		
	52,001-72,000元	%	16.0	41.4	5.5	35.4	1.7	100.0 (181)	
		調整後標準化殘差	-0.3	-0.1	-0.2	0.8	-0.9		
	72,001-97,000元	%	12.6	46.2	7.6	31.9	1.7	100.0 (119)	
		調整後標準化殘差	-1.3	1.0	0.8	-0.2	-0.7		
	97,001-168,000元	%	18.6	44.8	2.9	31.4	2.3	100.0 (172)	
		調整後標準化殘差	0.7	0.8	-1.8	-0.5	-0.3		
	168,001元以上	%	14.8	52.5	3.3	27.9	1.6	100.0 (61)	
		調整後標準化殘差	-0.4	1.7	-0.9	-0.9	-0.5		
	總和	%	16.7	41.9	5.9	32.9	2.7	100.0 (904)	$p > .05$ df = 20 $\chi^2 = 18.110$

表 5-81 「個人背景與2012年總統選舉投票與給誰」交叉表（續）

職業		蔡英文、蘇嘉全	馬英九、吳敦義	宋楚瑜、林瑞雄	忘了/沒去投（含沒有投票權）	無反應	總和
高、中級白領	%	15.0	51.3	3.2	27.1	3.5	100.0 (347)
	調整後標準化殘差	-0.6	5.3	-1.8	-4.0	-0.3	
中低、低級白領	%	13.1	39.7	6.1	38.1	2.9	100.0 (312)
	調整後標準化殘差	-1.6	0.0	1.1	1.1	-0.9	
藍領	%	19.5	33.9	6.6	35.1	4.9	100.0 (348)
	調整後標準化殘差	2.2	-2.7	1.8	-0.3	1.4	
其他	%	15.5	12.7	0.0	69.0	2.8	100.0 (71)
	調整後標準化殘差	-0.1	-4.8	-2.0	6.1	-0.4	
總和	%	16.0	39.8	4.9	35.6	3.7	100.0 (1,078)

$p < .001$
$df = 12$
$\chi^2 = 72.781$

資料來源：劉嘉薇（2017-2018）。

說明一：本題完整題目為「請問2012年總統您總統選舉投票給誰？」（問卷第5-4題）。

說明二：表中百分比為橫列百分比。調整後標準化殘差絕對值大於1.96者以灰階標示。

說明三：無反應包括拒答、不知道。

說明四：客家民眾收入總數（N）與本研究樣本總數（1,078）有落差，係因選項為「拒答」或是「不知道」者，界定為遺漏值。

例為3.0%，顯著低於總和的5.0%，「忘了／沒去投（含沒有投票權）」的比例為50.7%，顯著高於總和的35.6%，「無反應」的比例為1.5%，顯著低於總和的3.7%；同時，1974年（含）前出生的客家民眾投票給「蔡英文、蘇嘉全」的比例為20.5%，顯著高於總和的16.0%，投給「馬英九、吳敦義」的比例為43.4%，顯著高於總和的39.7%，投給「宋楚瑜、林瑞雄」的比例為6.5%，顯著高於總和的5.0%，「忘了／沒去投（含沒有投票權）」的比例為24.4%，顯著低於總和的35.6%，「無反應」的比例為5.3%，顯著高於總和的3.7%。

在教育程度方面，小學以下的客家民眾投票給「馬英九、吳敦義」的比例為31.4%，顯著低於總和的39.8%，「無反應」的比例為9.3%，顯著高於總和的3.7%；國高中的客家民眾投票給「蔡英文、蘇嘉全」的比例為22.4%，顯著高於總和的16.0%，「忘了／沒去投（含沒有投票權）」的比例為28.1%，顯著低於總和的35.6%；大專以上的客家民眾投票給「蔡英文、蘇嘉全」的比例為10.7%，顯著低於總和的16.0%，「忘了／沒去投（含沒有投票權）」的比例為40.5%，顯著高於總和的35.6%。

最後，在職業方面，高、中級白領的客家民眾投票給「馬英九、吳敦義」的比例為51.3%，顯著高於總和的39.8%，「忘了／沒去投（含沒有投票權）」的比例為27.1%，顯著低於總和的35.6%；藍領的客家民眾投票給「蔡英文、蘇嘉全」的比例為19.5%，顯著高於總和的16.0%，投票給「馬英九、吳敦義」的比例為33.9%，顯著低於總和的39.8%；其他職業的客家民眾投票給「馬英九、吳敦義」的比例為12.7%，顯著低於總和的39.8%，投給「宋楚瑜、林瑞雄」的比例為0.0%，顯著低於總和的4.9%，「忘了／沒去投（含沒有投票權）」的比例為69.0%，顯著高於總和的35.6%。至於其他細格與總和的差異皆不顯著，不予描述。

以下表5-82為客家民眾「個人背景與選舉時大部分都投給哪一個政黨」交叉表。首先，我們將關注客家民眾個人背景與選舉時大部分都投給哪一個政黨的關聯，六項個人背景中（區域、性別、客家世代、教育程度、收入及職業），除了職業以外，皆與客家民眾選舉時大部分都投給哪

表 5-82　「個人背景與選舉時大部分都投給哪一個政黨」交叉表

區域		國民黨	親民黨	無黨團結聯盟	民進黨	臺聯	其他	忘了／沒去投	看情況	無反應	總和
北北基桃竹苗	%	30.4	1.6	0.6	17.8	0.0	0.1	8.0	38.0	3.4	100.0 (674)
	調整後標準化殘差	0.5	2.1	0.8	-3.3	-1.3	-1.6	0.8	2.4	-1.8	
中彰投	%	39.6	0.7	0.0	15.8	0.7	0.0	7.9	30.9	4.3	100.0 (139)
	調整後標準化殘差	2.7	-0.5	-0.9	-1.6	2.6	-0.8	0.2	-1.1	0.0	
雲嘉南高屏	%	19.7	0.0	0.5	36.4	0.0	0.0	7.1	31.3	5.1	100.0 (198)
	調整後標準化殘差	-3.5	-1.7	0.1	5.9	-0.5	-1.0	-0.3	-1.3	0.6	
宜花東	%	34.8	0.0	0.0	18.2	0.0	4.5	3.0	28.8	10.6	100.0 (66)
	調整後標準化殘差	0.9	-0.9	-0.6	-0.6	-0.3	5.8	-1.4	-1.1	2.6	
總和	%	29.9	1.1	0.5	21.0	0.1	0.4	7.5	35.3	4.3	100.0 (1,077)

$p < .001$　df = 24　$\chi^2 = 98.763$

性別		國民黨	親民黨	無黨團結聯盟	民進黨	臺聯	其他	忘了／沒去投	看情況	無反應	總和
女性	%	27.4	0.4	0.6	19.7	0.0	0.2	9.2	37.0	5.6	100.0 (533)
	調整後標準化殘差	-1.7	-2.3	0.5	-1.0	-1.0	-1.0	2.2	1.0	2.2	
男性	%	32.2	1.8	0.4	22.2	0.2	0.5	5.7	34.1	2.9	100.0 (546)
	調整後標準化殘差	1.7	2.3	-0.5	1.0	1.0	1.0	-2.2	-1.0	-2.2	
總和	%	29.8	1.1	0.5	20.9	0.1	0.4	7.4	35.5	4.3	100.0 (1,079)

$p < .05$　df = 8　$\chi^2 = 19.934$

客家世代		國民黨	親民黨	無黨團結聯盟	民進黨	臺聯	其他	忘了／沒去投	看情況	無反應	總和
1974年後出生	%	25.7	1.5	0.7	19.4	0.0	0.7	12.4	34.4	5.2	100.0 (459)
	調整後標準化殘差	-2.6	1.4	0.8	-1.1	-0.9	1.3	5.4	-0.6	1.4	
1974年(含)前出生	%	32.9	0.6	0.3	22.3	0.2	0.2	3.7	36.3	3.5	100.0 (620)
	調整後標準化殘差	2.6	-1.4	-0.8	1.1	0.9	-1.3	-5.4	0.6	-1.4	
總和	%	29.8	1.0	0.5	21.0	0.1	0.4	7.4	35.5	4.3	100.0 (1,079)

$p < .001$　df = 8　$\chi^2 = 39.682$

表 5-82　「個人背景與選舉時大部分都投給哪一個政黨」交叉表（續）

教育程度		國民黨	親民黨	無黨團結聯盟	民進黨	臺聯	其他	忘了／沒去投	看情況	無反應	總和
小學以下	%	22.2	0.0	0.0	20.5	0.0	0.0	2.6	45.3	9.4	100.0 (117)
	調整後標準化殘差	-1.9	-1.2	-0.8	-0.1	-0.3	-0.7	-2.1	2.4	2.8	
國高中	%	33.1	1.0	0.3	22.6	0.0	0.3	5.9	33.3	3.6	100.0 (393)
	調整後標準化殘差	1.7	0.0	-0.8	1.0	-0.8	-0.5	-1.5	-1.1	-1.0	
大專以上	%	29.2	1.2	0.7	19.9	0.2	0.5	9.5	34.9	3.9	100.0 (568)
	調整後標準化殘差	-0.5	0.7	1.2	-0.9	0.9	0.9	2.8	-0.4	-0.8	
總和	%	29.9	1.0	0.5	21.0	0.1	0.4	7.4	35.4	4.4	100.0 (1,078)

p＜.05　df＝16　χ² ＝ 29.308

收入		國民黨	親民黨	無黨團結聯盟	民進黨	臺聯	其他	忘了／沒去投	看情況	無反應	總和
28,000元以下	%	32.8	0.8	1.5	22.1	0.0	0.0	4.6	34.4	3.8	100.0 (131)
	調整後標準化殘差	0.3	-0.5	2.0	0.3	-0.4	-0.7	-1.0	-0.1	0.3	
28,001-52,000元	%	33.8	1.7	0.0	17.5	0.4	0.0	7.9	34.2	4.6	100.0 (240)
	調整後標準化殘差	0.8	0.7	-1.2	-1.7	1.7	-1.0	0.9	-0.3	1.1	
52,001-72,000元	%	30.0	0.0	0.0	21.7	0.0	1.7	11.7	31.1	3.9	100.0 (180)
	調整後標準化殘差	-0.6	-1.7	-1.0	0.2	-0.5	3.5	3.0	-1.2	0.4	
72,001-97,000元	%	31.9	0.0	0.8	24.4	0.0	0.0	0.8	37.0	5.0	100.0 (119)
	調整後標準化殘差	0.0	-1.3	0.7	0.9	-0.4	-0.7	-2.7	0.5	1.0	
97,001-168,000元	%	30.1	3.5	0.6	24.3	0.0	0.0	5.8	35.8	0.0	100.0 (173)
	調整後標準化殘差	-0.5	3.0	0.3	1.1	-0.5	-0.8	-0.5	0.3	-2.8	
168,001元以上	%	31.1	0.0	0.0	18.0	0.0	0.0	4.9	42.6	3.3	100.0 (61)
	調整後標準化殘差	-0.1	-0.9	-0.5	-0.6	-0.3	-0.5	-0.6	1.3	-0.1	
總和	%	31.7	1.2	0.4	21.2	0.1	0.3	6.6	34.8	3.4	100.0 (904)

p＜.05　df＝40　χ² ＝ 61.815

表 5-82　「個人背景與選舉時大部分都投給哪一個政黨」交叉表（續）

		國民黨	親民黨	無黨團結聯盟	民進黨	臺聯	其他	忘了/沒去投	看情況	無反應	總和	
職業	高、中級白領	%	43.5	2.0	0.3	15.6	0.0	0.9	2.6	34.3	0.9	100.0 (347)	
		調整後標準化殘差	6.7	2.0	-0.3	-3.0	-0.7	1.8	-4.2	-0.5	-3.9		
	中低/低級白領	%	25.3	1.0	0.3	19.2	0.0	0.0	9.6	38.5	6.1	100.0 (312)	
		調整後標準化殘差	-2.1	-0.3	-0.2	-0.9	-0.6	-1.3	1.7	1.4	1.8		
	藍領	%	24.0	0.6	0.0	25.7	0.3	0.3	8.3	34.9	6.0	100.0 (350)	
		調整後標準化殘差	-2.9	-1.2	-1.4	2.7	1.4	-0.3	0.7	-0.2	1.8		
	其他	%	12.7	0.0	2.8	31.0	0.0	0.0	18.3	29.6	5.6	100.0 (71)	
		調整後標準化殘差	-3.3	-0.9	3.5	2.2	-0.3	-0.5	3.6	-1.1	0.5		
	總和	%	29.9	1.1	0.4	20.9	0.1	0.4	7.5	35.4	4.4	100.0 (1,080)	$p > .05$ df = 33 $\chi^2 = 26.602$

資料來源：劉嘉薇（2017-2018）。

說明一：本題完整題目為「請問選舉時您大部分都投給哪一個政黨？」（問卷第5-5題）。

說明二：表中百分比為橫列百分比。調整後標準化殘差絕對值大於1.96者以灰階標示。

說明三：無反應包括拒答、不知道以及無意見。

說明四：其他包含「綠黨」。

說明五：客家民眾收入總數（N）與本研究樣本總數（1,078）有落差，係因選項為「拒答」或是「不知道」者，界定為遺漏值。

一個政黨有關聯，p小於.05，以下將以調整後殘差解釋個別細格與總和百分比的差異，亦即在每一交叉表的最後一列，皆具有客家民眾選舉時大部分都投給哪一個政黨。例如若分為男性與女性觀察之，若欲瞭解男性與女性選舉時大部分都投給哪一個政黨的評估與整體分布相同或不同，調整後殘差即為解釋個別細格（例如男性或女性）與表中最後一列總和分布的差異。為解釋何種背景的客家民眾在選舉時大部分都投給哪一個政黨，評估結果中的各選項表示選舉時大部分都投給哪一個政黨為何，評估結果中的「其他」代表較支持「綠黨」。

首先，在區域方面，居住在北北基桃竹苗的客家民眾投給「親民黨」的比例為1.6%，顯著高於總和的1.1%，投給「民進黨」的比例為17.8%，顯著低於總和的21.0%，「看情況」的比例為38.0%，顯著高於總和的35.3%；居住在中彰投的客家民眾投給「國民黨」的比例為39.6%，顯著高於總和的29.9%，較支持「臺聯」的比例為0.7%，顯著高於總和的0.1%；居住在雲嘉南高屏的客家民眾投給「國民黨」的比例為19.7%，顯著低於總和的29.9%，投給「民進黨」的比例為36.4%，顯著高於總和的21.0%；居住在宜花東的客家民眾投給「其他」的比例為4.5%，顯著高於總和的0.4%，「無反應」的比例為10.6%，顯著高於總和的4.3%。

在性別方面，女性客家民眾投給「親民黨」的比例為0.4%，顯著低於總和的1.1%，「忘了／沒去投」的比例為9.2%，顯著高於總和的7.4%，「無反應」的比例為5.6%，顯著高於總和的4.3%；同時，男性客家民眾投給「親民黨」的比例為1.8%，顯著高於總和的1.1%，「忘了／沒去投」的比例為5.7%，顯著低於總和的7.4%，「無反應」的比例為2.9%，顯著低於總和的4.3%。

在客家世代方面，1974年後出生的客家民眾投給「國民黨」的比例為25.7%，顯著低於總和的29.8%，「忘了／沒去投」的比例為12.4%，顯著高於總和的7.4%；同時，1974年（含）前出生的客家民眾投給「國民黨」的比例為32.9%，顯著高於總和的29.8%，「忘了／沒去投」的比例為3.7%，顯著低於總和的7.4%。

在教育程度方面，小學以下的客家民眾「忘了／沒去投」的比例為2.6%，顯著低於總和的7.4%，「看情況」的比例為45.3%，顯著高於總和的35.4%，「無反應」的比例為9.4%，顯著高於總和的4.4%；大專以上的客家民眾「忘了／沒去投」的比例為9.5%，顯著高於總和的7.4%。

最後，在收入方面，家庭月收入28,000元以下的客家民眾投給「無黨團結聯盟」的比例為1.5%，顯著高於總和的0.4%；家庭月收入52,001-72,000元客家民眾投給「其他」的比例為1.7%，顯著高於總和的0.3%，「忘了／沒去投」的比例為11.7%，顯著高於總和的6.6%；家庭月收入72,001-97,000元的客家民眾「忘了／沒去投」的比例為0.8%，顯著低於總和的6.6%；家庭月收入97,001-168,000元的客家民眾投給「親民黨」的比例為3.5%，顯著高於總和的1.2%，「無反應」的比例為0.0%，顯著低於總和的3.4%。

整體而言，由於本書為客家族群投票抉擇大規模研究的創始者，對於這些影響因素的分析，定位為「探索性」研究，因此基礎數據的分析格外重要，也較多基礎數據的鋪陳，未來將針對這些基礎數據作進一步的模型分析。

結　論

第一節　客家選舉政治的描繪

　　客家政治的發展受到選舉結果的影響，因此我們除了在「投票抉擇」以各種方式探詢客家民眾的投票抉擇，也以「社會學因素」、「理性抉擇因素」、「社會心理學因素」討論可能影響投票抉擇的因素，分述如下。

一、社會學因素

　　超過八成的客家人認為他們住的地方容易跟閩南人接觸，將近八成的客家人認為他們住的地方容易到閩南庄。不到五成的客家人認為他們自己能完全聽懂客家話，將近八成的客家人會講客家話。八成左右的客家人會在閩南人面前承認自己是客家人，且「經常會」占多數。客家人對於自己相較於閩南人在政治上處於弱勢（43.4%）和非處於弱勢（43.7%）相差不多，皆為四成左右。有三成左右的客家人的配偶為本省客家人，且可能因本省閩南人為臺灣最大族群，因此所占比例僅次於本省客家人。將近七成的客家人表示客家宗親會並不會向他們拉票。客家宗親會大部分不會幫特定政黨拉票，而是依情況而定。超過五成的客家人表示地方派系在選舉時並不會向他們拉票。客家宗親會大部分不會幫特定政黨拉票，而是依情況而定。近八成左右的客家人不常參加客家文化相關活動（例如：義民祭、桐花季、山歌班等）。近九成的客家人表示他們沒有參加過客家相關社團。八成左右的客家人不常使用客家媒體來聽或看選舉的新聞。

二、理性抉擇因素

　　有四成的客家人認為國民黨政府比較重視北部客家庄的發展。但有三成的客家人表示他們不知道國民黨政府比較重視哪個區域客家庄的發展。有三成的客家人認為民進黨政府比較重視南部客家庄的發展，但也有三成的客家人表示他們不知道民進黨政府比較重視哪個區域客家庄的發展。超過五成的客家人不瞭解《客家基本法》。近四成的客家人認為最重要的議

題在於「保存客家傳統文化」。在客家人認為最重要的議題上，國民黨政府和民進黨政府的做法對他們而言偏向沒有差別。在客家人認為最重要的議題，且覺得國民黨政府和民進黨政府對該議題的做法有差別上，認為國民黨政府做得比較好。有六成的客家人表示他們沒有聽過蔡英文所提出的「國家級臺三線客庄浪漫大道」政策。在聽過「國家級臺三線客庄浪漫大道」政策的客家人之中，對於該政策的滿意度偏向滿意。

三、社會心理學因素

客家民眾對於許信良這位政治人物喜歡程度，以「喜歡」居多。客家民眾對葉菊蘭這位政治人物喜歡程度，以「喜歡」居多，但值得一提的是沒聽過這個人的比例達13.2%。客家民眾對吳伯雄這位政治人物喜歡程度，以「喜歡」居多，「介於中間者」則比「不喜歡」多。

大多數的客家民眾均會在新朋友面前介紹自己的同時，表明自己具有客家人身分。客家民眾大多同意「我以身為客家人為榮」的說法。客家民眾大多認同客家人「義民」的形象。客家民眾政黨偏好偏向「國民黨」的比例占27.0%，「親民黨」的比例占3.9%，「新黨」的比例占0.9%，「無黨團結聯盟」的比例占0.1%，「民進黨」的比例占20.5%，「臺聯」的比例占0.3%，「時代力量」的比例占6.3%，「中立及看情況」的比例占35.7%，「無反應及其他政黨」的比例占5.5%。在選擇對臺灣和大陸關係的看法中，以「維持現狀，看情形再決定獨立或統一」的比例為最多。

客家民眾大多「不會」因為候選人是客家人而投票給他，此部分值得一提的是「看情況」的比例占有22.0%，是整體比例當中的第二高，此類因為比例較高，所以留下特別討論。在考慮投給誰的時候，候選人的政黨還是族群比較重要中，認為「政黨」較為重要的比例最多，但此部分值得一提的是，「看情況」的比例占有20.8%，是整體比例當中的第三高，此類因為比例較高，所以留下特別討論。

四、投票抉擇

　　客家民眾2016年總統選舉投票給誰中，投給「蔡英文、陳建仁」的比例為最多，但「忘了／沒去投（含沒有投票權）」的比例占有32.1%，是整體比例當中的第二高，此類因為比例較高，所以留下特別討論。客家民眾2012年總統選舉投票給誰中，投給「馬英九、吳敦義」的比例為最多，但「忘了／沒去投（含沒有投票權）」的比例占有35.6%，是整體比例當中的第二高，此類因為比例較高，所以留下特別討論。在選舉時大部分都投給哪一個政黨中，以「國民黨」為大宗，但值得一提的是「看情況」的比例高達35.5%，是整體比例當中最高者。

　　回到本研究在理論建構時的社會學面向，當前客家族群已經很容易與閩南族群接觸，閩客關係不似過去文獻提及的對立。能聽懂客家話者有七、八成，但能流利地講的僅有五成多，亦有八成五會承認自己是客家人，而在政治上認為客家人是弱勢者和不是弱勢者各有一半。參加客家文化相關活動的民眾有六成多，但參與客家相關社團者僅有一成多，從不看客家媒體的也有五成五。整體而言，在新認識的朋友面前會表明自己「客家人」身分者為多數，以身為客家人為榮者亦為多數。

　　再從理性抉擇面向討論客家政治，客家民眾認為國民黨較重視北部客家庄的發展，民進黨較重視南部客家庄的發展。沒聽過《客家基本法》的客家民眾仍有二成四，蔡英文所提出的「國家級臺三線客庄浪漫大道」政策有超過六成沒有聽過，但聽過者偏向滿意，以上客家政策方面的發現，也值得當局注意並持續推動客家政策。

　　進一步考量到選舉動員因素時，派系、宗親、政黨認同更是特別值得注意。有六成八客家民眾沒有客家宗親向他們拉票，拉票者所支持的政黨也不固定。再者，有五成六的民眾沒有受到客家派系拉票，即使受到派系拉票，拉票者所支持的政黨也同樣不固定。客家族群整體政黨認同較偏向國民黨，選舉時大多投給國民黨，2012年投給國民黨的馬英九較多，不過，2016年時投給民進黨的蔡英文較多，未來發展如何，格外值得注意。

最後，客家民眾對客籍政治人物的認識並不多，常有「沒聽過」的情況出現，在選舉時打客籍政治人物牌，爭取客家票，也不見得是好招，但若提升客家民眾對客籍政治人物的好感，可能另當別論。

第二節　客家族群個人背景與影響投票抉擇因素

　　政治態度的研究在臺灣學界已經蓬勃發展，然單一族群的研究卻相當缺乏。我們在選舉中不會聽到候選人高喊我是外省人或我是原住民如此的口號，但卻經常有候選人高喊自己為客家人，攻占客家族群政黨偏好和投票抉擇已是政治人物競選的常態，然影響客家族群投票抉擇因素又該如何解析？

　　本研究提及了「鄰近效應」，這與以下提出的幾大因素不謀而合，社會學的系絡因素表現在地形、語言和閩客關係，這些都會因為省籍之間「鄰近」而可能出現「大群」影響「小群」，在地形方面，北部的「大群」是客家人，且在地形上相當集中，南部的「大群」是閩南人，且其地形分布鑲嵌至客家庄。在語言方面，南部的「大群」語言是閩南語，也可能影響南客的語言使用，進而因為政治社會化影響政治意識形態。最後，閩客情結也因為北部「大群」的客家人比例較多，閩客情結容易彰顯，南部客家人比例較少，反而需要與閩南人合作，閩客情結較低。解釋客家族群與閩南族群人口多寡為主體的相關各種因素，就是理解或解釋客家族群北藍南綠的主因。北藍南綠的主要因素之一是，客家族群在北部所占比例較南部高，而在只有國民黨的年代，北客便具有支持國民黨的屬性（這也是普遍對客家人偏藍的印象），不易受閩南族群融合或同質化的影響。

　　既然前一節已探討影響客家民眾投票抉擇的三大因素，那麼，這三大因素又與客家民眾的哪些特質有關，亦即不同背景的客家民眾對這些因素和投票抉擇本身，又有什麼差異，便是接下來要探討的。

一、社會學因素

在地形方面，影響客家人和閩南人接觸難易程度的是區域、性別、客家世代和教育程度，認為不容易接觸的是北北基桃竹苗、男性、1974年後出生、小學以下。影響客家人到閩南庄難易程度的是區域、性別、客家世代、教育程度以及收入，認為不容易到閩南庄較突出（與總和相比）的是北北基桃竹苗和中彰投、1974年後出生、小學以下、收入97,001元以上者。

在語言方面，影響客家人聽懂客家話程度的是區域、客家世代、教育程度、收入以及職業，聽不太懂或完全不懂較突出（與總和相比）的是中彰投、1974年後出生、大專以上、收入168,001元以上，職業高、中級白領。影響客家人客家話流利程度的是區域、性別、客家世代、教育程度、收入以及職業，不會說或不太流利較突出（與總和相比）的是中彰投、宜花東、1974年後出生、大專以上、收入在72,001元以上以及職業為高、中級白領。

在閩客關係法方面，北北基桃竹苗和雲嘉南高屏的客家人都比中彰投客家人覺得客家人好相處，1974年（含）前出生的客家人比1974年後出生的客家人，覺得客家人比較好相處。雲嘉南高屏的客家人比北北基桃竹苗的客家人，覺得閩南人比較好相處。白領比藍領的客家人覺得閩南人比較好相處。1974年（含）前出生的客家人比1974年後出生的客家人，覺得閩南人比較好相處。

影響承認自己是否為客家人的因素是區域、客家世代、教育程度、收入以及職業，幾乎不會和不太會承認較突出（與總和相比）的是雲嘉南高屏、1974年後出生、小學以下、收入72,001元到97,000元以及高、中級白領。在評估客家人政治弱勢的程度上，影響因素是區域、性別、教育程度、職業以及收入，認為弱勢較突出（與總和相比）的是北北基桃竹苗、男性、大專以上、收入在52,001元到72,000元以及職業為高、中級白領。

在宗親、地方派系和社團（活動）參與方面，與客家宗親會拉票與

否有關的因素是區域、性別、客家世代、教育程度、收入以及職業，會拉票較突出（與總和相比）的是雲嘉南高屏、男性、1974年（含）前出生、國高中以下、收入28,000元以下以及藍領。至於宗親會是幫哪一個政黨拉票，1974年後出生的客家人「無反應」者較多，1974年（含）前出生則是看情況較多。職業中低、低級白領「無反應」較多，藍領則是民進黨較多。再者，與地方派系拉票與否有關的因素是客家世代、教育程度和收入，會拉票較突出（與總和相比）的是1974年（含）前出生、國高中、收入28,000元以下以及藍領。至於地方派系是幫哪一個政黨拉票，北北基桃竹苗以及宜花東幫國民黨拉票者較多，雲嘉南高屏幫民進黨拉票者較多，高、中級白領遇到幫民進黨拉票者較多。

至於參加客家文化相關活動方面，與參與程度有關的因素是客家世代、教育程度、收入以及職業，會參加（與總和相比）的是1974年（含）前出生、收入28,000元以下和97,001元到168,000元以及中低、低級白領。另一方面，與參與客家相關社團程度有關的因素是客家世代、教育程度以及收入，會參加（與總和相比）的是1974年（含）前出生、小學以下以及收入28,000元以下。

在使用客家媒體來聽或看選舉的新聞方面，與使用程度有關的因素是區域、客家世代、教育程度以及收入，會使用（與總和相比）的是雲嘉南高屏、1974年（含）前出生、國高中以下以及收入28,000元以下。

二、理性抉擇因素

在評估國民黨較重視哪個區域客家庄發展方面，影響因素包括區域、性別、客家世代、教育程度、收入以及職業，認為是北部（與總和相比）的是雲嘉南高屏、1974年後出生、大專以上、收入97,001元以上以及中低、低級白領。認為是中部（與總和相比）的是中彰投、1974年後出生以及收入28,000元以上。認為是南部（與總和相比）的是宜花東以及收入28,001元到52,000元之間的客家民眾。認為是東部（與總和相比）的是宜

花東以及高、中級白領。

在評估民進黨較重視哪個區域客家庄發展方面，影響因素包括區域、性別、客家世代、教育程度、收入以及職業，認為是北部（與總和相比）的是男性、1974年後出生、大專以上以及收入168,001元以上。認為是中部（與總和相比）的是1974年後出生以及收入168,001元以上。認為是南部（與總和相比）的是雲嘉南高屏、1974年後出生、大專以上，以及高、中級白領。認為是東部（與總和相比）的是宜花東以及男性。

在瞭解《客家基本法》方面，影響因素包括區域、性別、客家世代、教育程度、收入以及職業，瞭解（與總和相比）的是北北基桃竹苗、1974年（含）前出生、小學以下以及收入28,000元以下以及中低、低級白領。沒聽過《客家基本法》的以雲嘉南高屏和藍領較多（與總和相比）。

在瞭解《客家基本法》方面，影響因素包括區域、性別、客家世代、教育程度、收入以及職業，瞭解（與總和相比）的是北北基桃竹苗、1974年（含）前出生、小學以下以及收入28,000元以下以及中低、低級白領。沒聽過《客家基本法》的以雲嘉南高屏和藍領較多（與總和相比）。

在最重要客家議題方面，影響因素包括區域、性別、客家世代以及教育程度，認為是語言傳承（與總和相比）的是北北基桃竹苗、男性、1974年後出生以及大專以上。認為是保存客家傳統文化（與總和相比）的是中彰投、女性以及1974年後出生。認為是客家人不團結（與總和相比）的是雲嘉南高屏、1974年（含）前出生以及國高中以下。針對上述議題，國民黨政府或民進黨政府做得比較好？只有高、中級白領認為國民黨政府做得比較好，認為民進黨政府做得比較好的是雲嘉南高屏、男性、1974年（含）前出生、收入97,001元到168,000元以及藍領的客家人。

至於是否聽過蔡英文提出的「國家級臺三線客庄浪漫大道」，聽過（與總和相比）的是北北基桃竹苗和男性。在聽過的人當中，比較偏向滿意的僅有男性，世代間則沒有明顯差異。

三、社會心理學因素

在政治人物因素方面，大專以上相對於小學以下對許信良的喜歡程度較高。雲嘉南高屏相對於北北基投竹苗對葉菊蘭的喜歡程度較高。1974年（含）前出生相對於1974年後出生，對葉菊蘭和吳伯雄評價較高。

在客家意識／客家認同方面，在認識的新朋友面前，會表明自己是客家人（與總和相比）的是宜花東、國高中、收入52,001元到72,000元，以及中低、低級白領和藍領。以身為客家人為榮（與總和相比）的是女性，其他沒有特別明顯。較認同義民形象（與總和相比）的包括北北基桃竹苗以及大專以上。

在政黨偏好方面，較支持泛藍（與總和相比）的是中彰投、1974年（含）前出生、收入97,001元到168,000元以及高、中級白領。較支持泛綠（與總和相比）的是雲嘉南高屏、1974年後出生、收入72,001元到97,000元和168,001元以上以及藍領。

在統獨立場方面，較偏向統一（與總和相比）的是北北基桃竹苗、男性、國高中以及高、中級白領。較偏向獨立（與總和相比）的是宜花東、女性、大專以上以及收入28,000元以下。

四、投票抉擇

在投票抉擇方面，會因為候選人是客家人而投給他的比較突出（與總和相比）的是雲嘉南高屏、宜花東、男性、1974年（含）前出生以及收入28,000元以下。在客家民眾投票時，政黨還是族群比較重要呢？認為政黨（與總和相比）比較重要的是1974年後出生、大專以上以及收入72,001元到97,000元的客家選民。認為族群因素（與總和相比）比較重要的是1974年（含）前、國高中以下以及收入168,001元以上的選民。

在2016總統選舉時，男性、1974年（含）前出生、國高中、收入97,001元到168,000元以及高、中級白領的客家人偏向投給朱立倫這組候選人。雲嘉南高屏和藍領的客家人偏向投給蔡英文這組候選人。中彰投、

男性、大專以上、收入97,001元到168,000元以及高、中級白領的客家人偏向投給宋楚瑜這組候選人。

在2012總統選舉時，雲嘉南高屏、1974年（含）前出生、國高中和藍領的客家人偏向投給蔡英文這組候選人。北北基桃竹苗、1974年（含）前出生以及高、中級白領的客家人偏向投給馬英九這組候選人。1974年（含）前出生的客家人偏向投給宋楚瑜這組候選人，之所以1974年（含）前出生的客家人分別會投給三組候選人是因為1974年後出生的客家選民偏向忘了或沒去投（含沒有投票權）。

最後，客家選民選舉時大部分都投給哪一個政黨？中彰投和1974年（含）前出生的客家人（與總和相比）偏向投給國民黨，北北基桃竹苗、男性以及收入97,001元到168,000元的客家人（與總和相比），偏向投給親民黨。收入28,000元以下的客家人（與總和相比）偏向投給無黨團結聯盟。雲嘉南高屏的客家人（與總和相比）偏向投給民進黨。中彰投的客家人（與總和相比）偏向投給臺聯。

整體而言，我們仍能看到選民投票抉擇南北的差異、世代的差異以及社經地位的差異。在這些差異中，一個重要的問題是，這些結果與一般以全國民眾為樣本的調查有何不同？首先，客家世代有別於一般以全國民眾為母體的劃分，本書中的客家世代植基於客家民眾是否經歷「還我母語運動」，而這項劃分也與客家此一族群所面臨的政治環境息息相關，非其他族群所面對的政治環境。客家政治世代除了對投票抉擇有所影響，也對影響客家族群投票抉擇的因素有所影響，如果我們從客家政治世代來解釋，不同世代在地形的認知、語言的使用、閩客關係的認定、宗親／地方派系的拉票情況、參與客家社團（活動）的認知上，以及使用客家媒體來聽或看選舉的新聞上都有所差異，亦即當我們在討論客家選舉政治時，客家政治世代是不容忽視的問題。

除此之外，社經地位相關變數（包括：教育程度、收入和職業）都解釋了影響客家族群投票抉擇因素，低社經地位者普遍不容易接觸到閩南人、客語能力較好、較容易受到宗親和地方派系的拉票，客家意識或客家

認同也較高。北北基宜花東以及宜花東幫國民黨拉票者較多，雲嘉南高屏幫民進黨拉票者較多，高、中級白領遇到幫民進黨拉票者較多。高社經者普遍較容易接觸到閩南人、覺得閩南人好相處、客語能力較不好，認為自己的族群在政治上較弱勢。

　　區域（北、中、南、東）除了與客家民眾的投票抉擇有關，更影響國民黨／民進黨較重視哪個區域客家庄發展的看法，雲嘉南高屏的客家民眾認為國民黨較重視北部客家庄的發展，認為民進黨較重視南部客家庄的發展。中彰投客家民眾認為國民黨較重視中部，宜花東客家民眾認為國民黨較重視東部，宜花東客家民眾也認為民進黨較重視東部客家庄的發展，這些結果也值得政黨思考客家政策的落實程度。《客家基本法》也僅為北部民眾所熟知，亦值得當局持續努力。

　　至於客籍政治人物在客家民眾的評價中，倒不太會因為選民背景差異而有大幅變化。然而，在政黨偏好方面，較支持泛藍的是中彰投、1974年（含）前出生，以及高、中級白領。較支持泛綠的是雲嘉南高屏、1974年後出生以及藍領。兩大政黨在客家民眾的支持基礎的確不同。

　　最後，客家族群投票抉擇的討論也一個方向與全國民眾的研究相當不同，那就是有「客家票」嗎？亦即客家選民投票時較重視政黨還是族群，答案很清楚，年輕選民重視政黨，年長選民較重視族群，我們可以說，「客家票」存在於年長那一代，他們客家意識或客家認同強，客語較流利，閩客關係不如年輕世代，選舉時有較多宗親或地方派系拉票，政黨認同偏向泛藍。隨著世代的遞延，未來「客家票」的演變，將影響著客家選舉政治的變遷，也關乎著未來候選人以客家為競選口號或圖騰的競選策略演變。

　　第四章、第五章各種數據的鋪陳，沒有任一遺漏，連「無反應」選項都保留，連僅有一個樣本的選項都保留，無非因為這是一本客家選舉政治或客家族群投票抉擇的基礎研究，所以保留原始的細節，雖然保留這些細節看似違反統計分析的原理，但卻符合客家選舉政治的「道理」。客家族群不是臺灣最大的族群，也不是最小的族群，因此容易被忽略，它在過

去常與本省閩南人合稱本省人，但其投票抉擇卻與本省閩南人不同。當本省閩南人被稱爲或自稱臺灣人時，其實大多時候不包括客家族群，這群被忽略的族群在選舉時卻又被高喊著要爭取「客家票」。然而，很現實也很務實地，我們發現，多數客家族群並不會特別因爲候選人是客家人而投給他，那麼「客家票」是否只意謂著某種政治術語？「客家庄」與「客家票」的連結是否不是想像中強烈？務實地以政見、議題（客家話的傳承、客家傳統文化的保存和經濟）或形塑政黨認同贏得客家民眾支持，可能更爲重要。

客家族群有自己的母語，然而，這個語言不太「流行」也不太「通行」，也許在客家庄會聽到，但多數僅限於客家族群自身的交流。在都會，更難聽得到客家話，也僅能在少數場合偶爾聽見。近年來，政府將客語列爲國家語言，也象徵著這語言「失傳」的「危機」，提倡說母語的政策愈多，也代表了母語不再於家庭中習慣使用，使母語需要被提倡，甚至通過客語認證的家庭，會被頒發「客語家庭」。這群在大環境政治變遷中的客家族群，他們的客家意識或客家認同，甚至是客語使用，隨著世代、教育程度、收入、職業都有差異，其中重要的線索是，隨著客家族群社經地位提高和年輕客家世代出生，使得客家族群離「客家」更遠，這些年紀較輕和高社經地位的客家民眾，也許因著求學、經商或通婚，需要與其他族群做更多交流，漸漸地離開了「客家」的原鄉和意識。

本書探討這些影響客家族群投票抉擇的因素，從客家的精神和底蘊出發，從訪談和文獻檢閱，得到許許多多可以被量化的素材，進一步以調查研究法進行這些因素的系統性分析，發現閩客居住所處的地形、客家民眾對其他族群的看法、是否爲都會客家、客家世代和兩大政黨對客家的重視程度等，都會隨著客家民眾人口背景而變化。多數客家族群都回答，對客家人來說，最重要的議題是客家話的傳承和客家傳統文化的保存，「1974年後」出生未經歷「還我母語運動」客家世代的政治態度，以及住在都會客家族群的政治態度，將是未來觀察的重點。而不同客家世代對客家政治事務的看法將左右未來客家選舉政治的發展，也是客家意識、客家認同和

客家政治發展的契機與挑戰。

第三節　客家選舉研究的機會與挑戰

　　客家族群北藍南綠不同於所有選民北藍南綠的解釋因素包括哪些？本研究未來將選舉研究理論引進客家學研究，企圖跨領域科技整合，從選民政治態度的角度切入客家族群研究，過去研究雖已涉及此一面向的研究，但多以選舉制度面角度討論，雖有實證分析，但研究不多。本研究未來將進行實證分析，有助於選舉研究與客家學研究的對話。

　　客家族群在政治上和政府決策扮演一定的影響力，客家族群在公共事務的重要性，值得當局重視。然未來仍有些方向值得努力，本書已取得足夠多的客家族群樣本，甚至從選民「個體」的角度，測量客家族群社會學、社會心理學、理性抉擇三方面的「個體」認知、態度和行為。

　　至於在選舉中，若有客家籍政治人物支持某候選人，是否讓該位候選人在客家庄的得票特別高？未來可以比較歷次選舉，若候選人在客家庄得到客籍政治人物支持時，則該候選人在客家庄的得票率如何？這將可以作為未來的研究方向。

　　族群與政治幾乎是難分難解的問題，少數族群在選舉中受到重視，因其選票可能是關鍵少數，而選後少數族群面對的又是何種境地？少數族群在政治上的代表權如何透過制度設計被展現？這些都是當局者面對的挑戰。臺灣是多元的社會，南北客家族群政黨偏好和投票抉擇的差異其來有自，而當多元如果演變成分歧，南客與北客的隔閡也就值得注意。南北客家族群所居住的地形也許不是當政者能改變的，然客家語言的使用、閩客關係的緩和、南北的均衡發展，以及南部政治菁英的培養都是各政黨可以努力的方向。

　　最後，看待客家選舉政治除了既有的北藍南綠，更需要用客家政治世代和社經地位細細討論不同背景民眾的投票抉擇，並建構相關統計模型，這也是未來客家選舉研究的機會。再者，本書客家族群的定義為《客家基

本法》的定義，未來將可嘗試根據不同定義（圖3-2）的客家族群在政治態度與行為的差異。除此之外，以客家鄉鎮市區為單位的總體資料分析，也將是未來客家選舉政治研究的發展方向，以客家文化重點發展區為單位的分析，將是一個可以努力的方向。最後，以單一客家縣市或鄉鎮選民投票抉擇進行量化或質性研究，亦是匯聚更多客家選舉研究的機會。隨著客家年輕世代與客家事務距離的遙遠，也許網路聲量的探勘也是瞭解客家年輕世代的途徑之一，然而，畢竟聲量不代表所有客家族群，這也會是這方面研究的挑戰。

附　　錄

附錄一 客家文化重點發展區

直轄市、縣（市）	鄉（鎮、市、區）	小計
桃園市	中壢區、楊梅區、龍潭區、平鎮區、新屋區、觀音區、大園區、大溪區	8
新竹縣	竹北市、竹東鎮、新埔鎮、關西鎮、湖口鄉、新豐鄉、芎林鄉、橫山鄉、北埔鄉、寶山鄉、峨眉鄉	11
新竹市	東區、香山區	2
苗栗縣	苗栗市、竹南鎮、頭份鎮、卓蘭鎮、大湖鄉、公館鄉、銅鑼鄉、南庄鄉、頭屋鄉、三義鄉、西湖鄉、造橋鄉、三灣鄉、獅潭鄉、泰安鄉、通霄鎮、苑裡鎮、後龍鎮	18
臺中市	東勢區、新社區、石岡區、和平區、豐原區	5
南投縣	國姓鄉、水里鄉	2
雲林縣	崙背鄉	1
高雄市	美濃區、六龜區、杉林區、甲仙區	4
屏東縣	長治鄉、麟洛鄉、高樹鄉、萬巒鄉、內埔鄉、竹田鄉、新埤鄉、佳冬鄉	8

直轄市、縣（市）	鄉（鎮、市、區）	小計
花蓮縣	鳳林鎮、玉里鎮、吉安鄉、瑞穗鄉、富里鄉、壽豐鄉、花蓮市、光復鄉	8
臺東縣	關山鎮、鹿野鄉、池上鄉	3
合計：11個直轄市、縣（市）、70個鄉（鎮、市、區）		

資料來源：行政院客家委員會2015，「客家文化重點發展區」，行政院客家委員
　　　　　會：http://www.hakka.gov.tw/ct.asp?xItem=128653&ctNode=2896&mp=28
　　　　　93&ps=69，查詢日期：2015/10/27（中華民國100年2月25日客會企字第
　　　　　1000002677號公告發布）。

說明：客家人口達三分之一以上之鄉（鎮、市、區），應以客語為通行語之一，並由
　　　客家委員會將其列為客家文化重點發展區，加強客家語言、文化與文化產業之
　　　傳承及發揚。

附錄二　六堆範圍彙整

	松崎仁三郎	石萬壽	鍾壬壽	曾彩金	六堆客家鄉土文化資訊網	六堆客家文化園區	六項來源聯集
中堆	竹田鄉 內埔鄉	竹田鄉 內埔鄉	竹田鄉 內埔鄉	竹田鄉	竹田鄉	竹田鄉	竹田鄉 內埔鄉
先鋒堆	萬巒鄉	萬巒鄉	萬巒鄉	萬巒鄉	萬巒鄉	萬巒鄉	萬巒鄉
前堆	麟洛鄉 長治鄉	麟洛鄉 長治鄉	長治鄉 麟洛鄉	長治鄉 麟洛鄉 九如鄉 屏東市 鹽埔鄉	麟洛鄉 長治鄉	長治鄉 麟洛鄉 九如鄉圳寮 屏東市田寮 鹽埔鄉七份仔	麟洛鄉 長治鄉 九如鄉 屏東市 鹽埔鄉
後堆	內埔鄉	內埔鄉	內埔鄉	內埔鄉	內埔鄉	內埔鄉	內埔鄉
左堆	佳冬鄉 新埤鄉	佳冬鄉 新埤鄉	佳冬鄉 新埤鄉	佳冬鄉 新埤鄉	佳冬鄉 新埤鄉	新埤鄉 佳冬鄉	佳冬鄉 新埤鄉
右堆	里港鄉 高樹鄉 六龜區 杉林區 美濃區	里港鄉	高樹鄉 六龜區 杉林區 美濃區	高樹鄉 美濃區 六龜區 杉林區 旗山區 里港鄉	高樹鄉 美濃區	高樹鄉 美濃區 六龜區 杉林區 甲仙一部分 里港鄉武洛 旗山區手巾寮	高樹鄉 美濃區 六龜區 杉林區 旗山區 里港鄉

資料來源：筆者整理自六堆客家文化園區；六堆客家鄉土文化資訊網，2011；石萬壽，1986；松崎仁三郎，1935；曾彩金，2001；鍾壬壽，1973。

附錄三　問卷：客家民眾政治態度與行為民意調查

> 開場白：
>
> 　　您好！我們是國立臺北大學劉嘉薇老師委託典通民意訪問中心的電話訪問員，正在進行一項「臺灣民眾對社會議題的看法」的問卷訪問，打擾您幾分鐘請教您幾個簡單的問題。首先，請問您年滿二十歲了嗎？（若未滿二十歲，則詢問家中有無年滿二十歲的民眾）
>
> 　　在調查訪問中所彙集之所有資料（含個資），僅供整體統計分析之用，保證相關內容絕不任意公開或違反任何法律行為之用途。
>
> 　　（若對方對調查有疑慮時）如果您對這個訪問有疑慮，您可以透過臺北大學公共行政暨政策學系的網站查詢（http://pa.ntpu.edu.tw/index.php/ch/），或是於白天上班時間撥打 02-8674-1111#67461，謝謝您！

一、族群背景〔詢問對象：全體民眾〕

Q1-1.　一個人身分可以有很多種的認定，包含本省客家人、本省閩南人、大陸各省市人、原住民，在以上幾種身分當中，您會認為自己（客：自家）有哪幾種身分呢？（複選題，題目四大族群隨機出現，追問「還有嗎？」（客：罕有模））

　　　01.本省客家人

　　　02.大陸客家人

　　　03.海外／華僑客家人

　　　04.本省閩南人

　　　05.大陸各省市人（外省人）

　　　06.原住民

　　　67.外國人　　　　　　　　　90.其他（請註明）＿＿＿＿＿＿＿＿

　　　97.沒想過這個問題　　　　　98.不知道　　　　　95.拒答

　　　※未勾選01-03者中止訪問。

Q1-2.　如果只能選一種身分，請問您認為自己是本省客家人、本省閩南人、大陸各省市人，還是原住民？（單選題，題目四大族群隨機出現）

01.本省客家人

02.大陸客家人

03.海外／華僑客家人

04.本省閩南人

05.大陸各省市人（外省人）

06.原住民

67.外國人　　　　　　　　　90.其他（請註明）＿＿＿＿＿＿＿＿

97.沒想過這個問題　　　　　98.不知道　　　　　95.拒答

Q1-3.　請問您的父親（客：爸爸）是本省客家人、本省閩南人、大陸各省市人，還是原住民？（單選題，題目四大族群隨機出現）

01.本省客家人

02.大陸客家人

03.海外／華僑客家人

04.本省閩南人

05.大陸各省市人（外省人）

06.原住民

67.外國人　　　　　　　　　90.其他（請註明）＿＿＿＿＿＿＿＿

97.沒想過這個問題　　　　　98.不知道　　　　　95.拒答

Q1-4.　請問您的母親（客：媽媽）是本省客家人、本省閩南人、大陸各省市人，還是原住民？（單選題，題目四大族群隨機出現）

01.本省客家人

02.大陸客家人

03.海外／華僑客家人

04.本省閩南人

05.大陸各省市人（外省人）

06.原住民

67.外國人　　　　　　　　　90.其他（請註明）＿＿＿＿＿＿＿＿

97.沒想過這個問題　　　　98.不知道　　　　　95.拒答

Q1-5. 請問您的祖父母（客：阿搭、阿餒）、外祖父母（客：外阿公、外阿婆）中，有沒有人是客家人？請問哪些人是客家人？
01.祖父　　　02.祖母　　　03.外祖父　　04.外祖母
92.都沒有　　98.不知道　　95.拒答

※Q1-3回答01-03、Q1-4回答01-03、Q1-5回答01-04不問Q1-6。

Q1-6. 就您所知，請問在您的祖先中是否具有客家人的身分？（訪員注意：受訪者的祖父母或外祖父母以上（ 不包括 祖父母或外祖父母）祖先，有人是客家人身分就算是有）
01.有　　　02.沒有　　　98.不知道　　　95.拒答

Q1-7. 請問您有沒有下面的客家淵源（客：關係）？（複選題，提示選項1-6）
01.配偶是客家人的淵源
02.成長時期主要照顧者是客家人的淵源（如養父母等）
03.住在客家庄且會說客家話的淵源
04.工作關係會說客家話的淵源
05.有客家朋友的淵源
06.學習說客家話的淵源
92.都沒有　　　　98.不知道　　　　95.拒答

※以下問題詢問對象：〔客家血緣〕Q1-3及Q1-4選01-03或Q1-5選01-04或Q1-6選01，上述皆無者，〔客家淵源〕Q1-7有選01-06且〔自我認同〕Q1-1或Q1-2有選01-03。

Q6-1. 請問您的戶籍在哪一個縣市？＿＿＿＿＿哪一個鄉鎮市區？＿＿＿＿＿
95.拒答　　　98.不知道　　※回答95-98者中止訪問。

**接下來請問您與客家相關的事務

二、社會學因素

Q2-1. 請問您住的地方容不容易跟閩南人（客：河洛人）接觸？
01.非常不容易　　02.不太容易　　03.有點容易　　04.非常容易
95.拒答　　96.看情形　　97.無意見　　98.不知道

Q2-2. 請問您住的地方容不容易到閩南庄（大多數是閩南人住的地方）？
01.非常不容易　　02.不太容易　　03.有點容易　　04.非常容易
95.拒答　　96.看情形　　97.無意見　　98.不知道

Q2-3. 請問您認為自己能聽懂多少客家話？是完全不懂、不太懂、大部分懂還是完全懂？
01.完全不懂　　02.不太懂　　03.大部分懂　　04.完全懂
95.拒答　　96.看情形　　97.無意見　　98.不知道

Q2-4. 請問您會不會講客家話？是不會說、不太流利、還算流利還是非常流利？
01.不會說　　02.不太流利　　03.還算流利　　04.非常流利
95.拒答　　96.看情形　　97.無意見　　98.不知道

Q2-5. 如果我們用0到10來表示下面族群的人好不好相處；0表示非常不好相處，10表示非常好相處，5表示中間，請您從0到10裡面選出您認為最接近的位置。（以下四題隨機出現）

Q2-5-1. 本省客家人_____95.拒答	96.看情形	97.無意見	98.不知道
Q2-5-2. 本省閩南人_____95.拒答	96.看情形	97.無意見	98.不知道
Q2-5-3. 大陸各省市人_____95.拒答	96.看情形	97.無意見	98.不知道
Q2-5-4. 原住民_____95.拒答	96.看情形	97.無意見	98.不知道

Q2-6. 在閩南人面前，請問您會不會承認自己是客家人？
01.幾乎不會　　02.不太會　　03.有時會　　04.經常會

95.拒答　　　96.看情形　　97.無意見　　98.不知道

Q2-7.　相對於閩南人，請問您認爲客家人在政治上是不是弱勢的族群？
01.非常不弱勢　02.不太弱勢　03.有點弱勢　　04.非常弱勢
95.拒答　　　96.看情形　　97.無意見　　98.不知道

Q2-8.　請問您的婚姻狀況？（客：敢有結婚？）
01.已婚　　　　　02.未婚　　　03.離婚　　04.喪偶
90.其他（請註明）_____　　　95.拒答　　98.不知道
※回答02-98，跳問Q2-9。

Q2-8-1. 請問您的先生或太太是本省客家人、本省閩南人、大陸各省市人，還是原住民？
01.本省客家人
02.大陸客家人
03.海外／華僑客家人
04.本省閩南人
05.大陸各省市人（外省人）
06.原住民
90.其他（請註明）_____　　　95.拒答　　　98.不知道

Q2-9.　請問有選舉的時候，客家宗親會會向您拉票嗎？
01.會　　02.不會　　95.拒答　　98.不知道
※回答02-98，跳問Q2-10。

Q2-9-1. 請問他們大部分是幫哪一個政黨拉票？
01.國民黨　　02.親民黨　　03.新黨　　04.無黨團結聯盟
05.民進黨　　06.臺聯　　07.時代力量　90.其他（請註明）_____
95.拒答　　　96.看情形　　97.無意見　　98.不知道

Q2-10. 請問有選舉的時候，地方派系會向您拉票嗎？

　　　　 01.會　　　 02.不會　　　 95.拒答　　　 98.不知道

　　　　 ※回答02-98，跳問Q2-11。

Q2-10-1.請問他們大部分是幫哪一個政黨拉票？

　　　　 01.國民黨　　　 02.親民黨　　　 03.新黨　　　 04.無黨團結聯盟
　　　　 05.民進黨　　　 06.臺聯　　　 07.時代力量　　 90.其他（請註明）＿＿＿＿＿
　　　　 95.拒答　　　 96.看情形　　　 97.無意見　　　 98.不知道

Q2-11. 請問您常不常參加客家文化相關活動（例如：義民祭、桐花季、山歌班等）？

　　　　 01.從不　　　 02.很少　　　 03.有時　　　 04.經常
　　　　 95.拒答　　　 96.看情形　　　 97.無意見　　　 98.不知道

Q2-12. 請問您有沒有參加過客家相關社團？

　　　　 01.有　　　　　 02.沒有
　　　　 95.拒答　　　　 98.不知道

Q2-13. 在選舉期間，請問您多常使用客家媒體來聽或看選舉的新聞（例如：客家電視、客家廣播、客家雜誌和「客家小吵」等）？

　　　　 01.從不　　　 02.很少　　　 03.有時　　　 04.經常
　　　　 95.拒答　　　 96.看情形　　　 97.無意見　　　 98.不知道

三、理性抉擇因素

Q3-1. 請問您認為國民黨政府比較重視哪個區域客家庄的發展？是北部、中部、南部還是東部？

　　　　 01.北部　　　 02.中部　　　 03.南部　　　 04.東部
　　　　 95.拒答　　　 96.看情形　　　 97.無意見　　　 98.不知道

Q3-2. 請問您認爲民進黨政府比較重視哪個區域客家庄的發展？是北部、中部、南部還是東部？

01.北部　　　02.中部　　　03.南部　　　04.東部
95.拒答　　　96.看情形　　97.無意見　　98.不知道

Q3-3. 請問您瞭不瞭解《客家基本法》？

01.非常不瞭解　02.不太瞭解　03.還算瞭解　04.非常瞭解
95.拒答　　　96.看情形　　97.無意見　　98.不知道　　92.沒聽過

Q3-4. 請問您認爲對客家人來說，最（客：慶）重要的議題是什麼？（開放題）

01.語言的傳承（客家話的傳承與使用）
02.保存客家傳統文化
03.客家人不團結
04.經濟
90._____（請記錄）
95.拒答　　　96.看情形　　97.無意見　　98.不知道
（回答95-98，跳問Q3-5）

Q3-4-1.有關上面的議題，請問您認爲國民黨政府和民進黨政府的做法有沒有差別？

01.差很多　　02.有點差別　　03.不太有差別　　04.幾乎沒有差別
95.拒答　　　96.看情形　　97.無意見　　98.不知道
※回答04-98，跳問Q3-5。

Q3-4-2.有關上面的議題，請問您認爲國民黨政府做得比較好？還是民進黨政府做得比較好？

01.國民黨政府　02.民進黨政府　91.都不好　92.都好（91.92選項不提供）
95.拒答　　　96.看情形　　97.無意見　98.不知道

Q3-5. 請問您有沒有聽過蔡英文所提出的「國家級臺三線客庄浪漫大道」政策？

　　　01.沒有聽過　　　02.聽過　　　　　　95.拒答　　　　　98.不知道

　　　※回答01、95-98，跳問Q4-1-1。

Q3-5-1. 請問您滿不滿意這項政策？◄

　　　01.非常不滿意　　02.不太滿意　　03.有點滿意　　04.非常滿意

　　　95.拒答　　　　　96.看情形　　　97.無意見　　　98.不知道

四、社會心理因素

（一）對政治人物的看法

　　接著，我們想要請您用0到10來表示您對客籍政治人物的看法，0表示您「非常不喜歡」這個政治人物，10表示您「非常喜歡」這個政治人物。（以下三題隨機出現）

Q4-1-1. 您會給許信良多少？＿＿＿＿＿

　　　95.拒答　　　96.看情形　　　97.無意見　　　98.不知道　　　92.沒聽過這個人

Q4-1-2. 葉菊蘭呢？＿＿＿＿＿

　　　95.拒答　　　96.看情形　　　97.無意見　　　98.不知道　　　92.沒聽過這個人

Q4-1-3. 吳伯雄呢？＿＿＿＿＿

　　　95.拒答　　　96.看情形　　　97.無意見　　　98.不知道　　　92.沒聽過這個人

1.北部（只詢問臺北市、新北市、基隆市、桃園市、新竹縣、新竹市、苗栗縣民眾，四題隨機出現）

Q4-2-1. 林光華呢？＿＿＿＿＿

　　　95.拒答　　96.看情形　　97.無意見　　98.不知道　　92.沒聽過這個人

Q4-2-2. 彭紹瑾呢？＿＿＿＿＿

　　　95.拒答　　96.看情形　　97.無意見　　98.不知道　　92.沒聽過這個人

Q4-2-3. 徐耀昌呢？_____
　　　　95.拒答　　96.看情形　　97.無意見　　98.不知道　　92.沒聽過這個人

2.中部（只詢問臺中市、彰化縣、南投縣民眾，三題隨機出現）

Q4-3-1. 您會給陳庚金多少？_____
　　　　95.拒答　　96.看情形　　97.無意見　　98.不知道　　92.沒聽過這個人
Q4-3-2. 徐中雄呢？_____
　　　　95.拒答　　96.看情形　　97.無意見　　98.不知道　　92.沒聽過這個人
Q4-3-3. 林豐喜呢？_____
　　　　95.拒答　　96.看情形　　97.無意見　　98.不知道　　92.沒聽過這個人

3.南部（只詢問雲林縣、嘉義縣、嘉義市、臺南市、高雄市、屏東縣、離島民眾，四題隨機出現）

Q4-4-1. 您會給（已故的）邱連輝多少？_____
　　　　95.拒答　　96.看情形　　97.無意見　　98.不知道　　92.沒聽過這個人
Q4-4-2. 邱議瑩呢？_____
　　　　95.拒答　　96.看情形　　97.無意見　　98.不知道　　92.沒聽過這個人
Q4-4-3. 鍾紹和呢？_____
　　　　95.拒答　　96.看情形　　97.無意見　　98.不知道　　92.沒聽過這個人
Q4-4-4. 鍾榮吉呢？_____
　　　　95.拒答　　96.看情形　　97.無意見　　98.不知道　　92.沒聽過這個人

4.東部（只詢問宜蘭縣、花蓮縣、臺東縣民眾，三題隨機出現）

Q4-5-1. 您會給傅崑其多少？_____
　　　　95.拒答　　96.看情形　　97.無意見　　98.不知道　　92.沒聽過這個人
Q4-5-2. 吳水雲呢？_____
　　　　95.拒答　　96.看情形　　97.無意見　　98.不知道　　92.沒聽過這個人
Q4-5-3. 饒穎奇呢？_____
　　　　95.拒答　　96.看情形　　97.無意見　　98.不知道　　92.沒聽過這個人

Q4-6.　在新認識的朋友面前，您介紹自己的時候，會不會表明自己是「客家人」的身分？
　　　01.幾乎不會　　02.不太會　　03.有時會　　04.經常會
　　　95.拒答　　　　96.看情形　　97.無意見　　98.不知道

Q4-7.　請問您同不同意「我以身為客家人為榮」的說法？
　　　01.非常不同意　02.不太同意　03.有點同意　04.非常同意
　　　95.拒答　　　　96.看情形　　97.無意見　　98.不知道

Q4-8.　請問您認不認同客家人「義民」的形象？（「義民爺」的義民形象）
　　　01.非常不認同　02.不太認同　03.有點認同　04.非常認同
　　　95.拒答　　　　96.看情形　　97.無意見　　98.不知道

Q4-9.　在國民黨、民進黨、新黨、親民黨、臺聯以及時代力量這六個政黨中
　　　【選項隨機出現】，請問您認為您比較支持哪一個政黨？
　　　01.國民黨　　　02.親民黨　　03.新黨　　　04.無黨團結聯盟
　　　05.民進黨　　　06.臺聯　　　07.時代力量

> 08.都支持　　09.都不支持
> 90.其他（請註明）
> 95.拒答　　　　96.看情況　　97.無意見　　98.不知道

　　　※回答08-98，續問Q4-9-1，回答01-07跳問Q4-10。
　　　（回答「選人不選黨」者，請追問「非選舉時期」整體而言較支持哪一
　　　個政黨）

Q4-9-1.您比較偏向國民黨、偏向民進黨、偏向新黨、偏向親民黨、偏向臺聯黨
　　　還是時代力量，或是都不偏【選項隨機出現】？
　　　01.國民黨　　　02.親民黨　　03.新黨　　　04.無黨團結聯盟
　　　05.民進黨　　　06.臺聯　　　07.時代力量
　　　08.都支持　　09.都不支持
　　　90.其他（請註明）＿＿＿＿＿
　　　95.拒答　　　　96.看情況　　97.無意見　　98.不知道

Q4-10. 關於臺灣和大陸的關係，有下面幾種不同的看法？

　　　　01.盡快統一

　　　　02.盡快宣布獨立

　　　　03.維持現狀，以後走向統一

　　　　04.維持現狀，以後走向獨立

　　　　05.維持現狀，看情形再決定獨立或統一

　　　　06.永遠維持現狀

Q4-10-1. 請問您比較偏向哪一種？

　　　　01.盡快統一

　　　　02.盡快宣布獨立

　　　　03.維持現狀，以後走向統一

　　　　04.維持現狀，以後走向獨立

　　　　05.維持現狀，看情況再決定獨立或統一

　　　　06.永遠維持現狀

　　　　90.其他（請註明）＿＿＿＿＿＿＿＿＿

　　　　95.拒答

　　　　96.很難說

　　　　97.無意見

　　　　98.不知道

**接下來我們想請問您有關選舉投票時的想法。

五、投票抉擇

Q5-1.　請問您會不會因為候選人是客家人而投票給他？

　　　　01.幾乎不會　　02.不太會　　03.有時會　　04.經常會

　　　　95.拒答　　　　96.看情形　　97.無意見　　98.不知道

Q5-2.　一般來說，請問您在考慮投給誰的時候，候選人的政黨還是族群比較重要？

　　　　01.政黨　　　　02.族群

　　　　91.都不重要　　92.都重要（91.92選項不提供）

95.拒答　　96.看情形　　97.無意見　　98.不知道

Q5-3.　請問2016年總統選舉您投票給誰？（提供01-03選項）
01.朱立倫、王如玄　　02.蔡英文、陳建仁　　03.宋楚瑜、徐欣瑩
92 忘了／沒去投（含沒有投票權）　　　95.拒答　　　98.不知道

Q5-4.　請問2012年總統選舉您投票給誰？（提供01-03選項）
01.蔡英文、蘇嘉全　　02.馬英九、吳敦義　　03.宋楚瑜、林瑞雄
92. 忘了／沒去投（含沒有投票權）　　　95.拒答　　　98.不知道

Q5-5.　請問選舉時您大部分都投給哪一個政黨？
01.國民黨　　02.親民黨　　03.新黨　　04.無黨團結聯盟
05.民進黨　　06.臺聯　　07.時代力量
90.其他（請註明）＿＿＿＿＿＿
95.拒答　　96.看情形　　97.無意見　　98.不知道
92.忘了／沒去投

**接下來請教您一些個人的問題
六、個人背景

Q6-2.　請問您是民國哪一年出生的？（說不出的改問：您今年幾歲？由訪員換
算成出生年：即106－歲數＝出生年次）
＿＿＿＿＿＿年　　　995.拒答　　　998.不知道

Q6-3.　請問您的最高學歷是什麼（讀到什麼學校）？
01.不識字及未入學　02.小學　03.國、初中　04.高中、職　05.專科
06.大學　07.研究所及以上　95.拒答　98.不知道

Q6-4.　請問您的職業（客：頭路）是什麼？

主管人員
101.民代
102.政府行政主管
103.公營事業主管
104.民營事業主管
105.民營事業公司負責人（自營商人），有僱用人
106.民營事業公司負責人（自營商人），沒有僱用人

專業人員
201.政府部門研究人員（科學家）
202.私人部門研究人員（科學家）
203.公立醫療單位醫事技術人員（醫師、藥師、護士、醫療人員）
204.非公立醫療單位醫事技術人員（醫師、藥師、護士、醫療人員）
205.會計師
206.公立教育機構教師
207.私立教育機構教師
208.法官、書記官、檢察官、司法官
209.律師
210.宗教工作者
211.藝術工作者（演員、表演工作者、攝影師）
212.文字工作者（作家、記者、劇作家）
213.公營事業工程師（機師）
214.民營事業工程師（機師）　　215.職業運動專業人士

佐理人員 301.政府單位與公營事業部門職員　302.民營事業職員　303.買賣業務人員

服務人員 401.服務、餐旅人員（含攤販、個人服務、計程車司機）

農林漁牧 501.農林漁牧

勞工 601.政府單位與公營事業部門勞工　602.民營事業勞工

學生 701.學生

軍警 801.軍警調查人員

家管
901.家管，沒有做家庭代工　　902.家管，但有做家庭代工
903.家裡有事業，有幫忙但未領薪水　904.家裡有事業，有幫忙且領薪水
續問6-5題

905.失業者（含待業中）　906.退休者　090.其他（請註明）　095.拒答
跳問6-6題

098.不知道

Q6-5.　請問您先生（或太太）的職業是什麼？（若已失業、退休者，請追問失業、退休前之職業）

主管人員
101.民代
102.政府行政主管
103.公營事業主管
104.民營事業主管
105.民營事業公司負責人（自營商人），有僱用人
106.民營事業公司負責人（自營商人），沒有僱用人

專業人員
201.政府部門研究人員（科學家）
202.私人部門研究人員（科學家）
203.公立醫療單位醫事技術人員（醫師、藥師、護士、醫療人員）
204.非公立醫療單位醫事技術人員（醫師、藥師、護士、醫療人員）
205.會計師
206.公立教育機構教師
207.私立教育機構教師
208.法官、書記官、檢察官、司法官
209.律師
210.宗教工作者
211.藝術工作者（演員、表演工作者、攝影師）
212.文字工作者（作家、記者、劇作家）
213.公營事業工程師（機師）
214.民營事業工程師（機師）
215.職業運動專業人士

佐理人員　301.政府單位與公營事業部門職員　302.民營事業職員　303.買賣業務人員

服務人員　401.服務、餐旅人員（含攤販、個人服務、計程車司機）

農林漁牧　501.農林漁牧

勞工　601.政府單位與公營事業部門勞工　602.民營事業勞工

學生　701.學生

軍警　801.軍警調查人員

其他
901.配偶已去世　902.沒有配偶（含已離異）　090.其他（請註明）
095.拒答　　　　　　098.不知道

Q6-6.　請問您以前（或退休前）的職業是什麼？

主管人員　101.民代　102.政府行政主管　103.公營事業主管　104.民營事業主管
105.民營事業公司負責人（自營商人），有僱用人
106.民營事業公司負責人（自營商人），沒有僱用人

專業人員　201.政府部門研究人員（科學家）　202.私人部門研究人員（科學家）
203.公立醫療單位醫事技術人員（醫師、藥師、護士、醫療人員）
204.非公立醫療單位醫事技術人員（醫師、藥師、護士、醫療人員）
205.會計師　206.公立教育機構教師　207.私立教育機構教師
208.法官、書記官、檢察官、司法官　209.律師　210.宗教工作者
211.藝術工作者（演員、表演工作者、攝影師）
212.文字工作者（作家、記者、劇作家）　213.公營事業工程師（機師）
214.民營事業工程師（機師）　215.職業運動專業人士

佐理人員　301.政府單位與公營事業部門職員　302.民營事業職員　303.買賣業務人員
服務人員　401.服務、餐旅人員（含攤販、個人服務、計程車司機）
農林漁牧　501.農林漁牧
勞工　601.政府單位與公營事業部門勞工　602.民營事業勞工
學生　701.學生
軍警　801.軍警調查人員
其他　090.其他（請註明）　095.拒答　098.不知道

Q6-7.　請問您家庭月收入大約多少？
01.28,000元以下　　02.28,001-52,000元
03.52,001-72,000元　04.72,001-97,000元
05.97,001-168,000元　06.168,001元以上
95.拒答　　　　　　98.不知道

＊＊＊＊＊＊＊＊＊＊

訪員自填：
1.受訪者性別：男性、女性
2.訪問使用語言：國語、閩南語、客語、國客語、閩客語、國閩語

參考書目

一、中文部分

中央選舉委員會，2016，〈歷屆公職選舉資料〉，中選會選舉資料庫網站：http://db.cec.gov.tw/，檢索日期：2016年3月30日。

中華民國行政院，2016，〈國家級臺三線客庄浪漫大道推動方案規劃〉，中華民國行政院網站：http://www.ey.gov.tw/News_Content.aspx?n=4E506D8D07B5A38D&sms=16018955FD908208&s=0DDDBF414D05DCAD，檢索日期：2016年1月29日。

六堆客家文化園區，〈涵蓋範圍〉，園區簡介：http://thcdc.hakka.gov.tw/wSite/ct?xItem=5401&ctNode=719&mp=12，檢索日期：2015年5月29日。

六堆客家鄉土文化資訊網，2011，〈六堆鄉土簡介〉，六堆客家鄉土文化資訊網站：http://liouduai.tacocity.com.tw/，檢索日期：2011年5月29日。

王甫昌，1993，〈族群通婚的後果：省籍通婚對於族群同化的影響〉，《人文及社會科學集刊》，6(1): 231-267。

王甫昌，2002，〈族群接觸機會？還是族群競爭？本省閩南人族群意識內涵與地域差異模式之解釋〉，《臺灣社會學》，4: 11-74。

王保鍵，2016，〈桃園客家政策與客家意象〉，2016第四屆臺灣客家研究國際學術研討會，9月10-11日，臺北：臺灣大學。

王保鍵、邱榮舉，2012，《臺灣客家運動——客家基本法》，臺北：五南。

丘昌泰，2007，〈政策篇〉，載於《臺灣客家研究概論》，徐正光主編，臺北：行政院客家委員會，頁534-562。

石萬壽，1986，〈乾隆以前臺灣南部客家人的墾殖〉，《臺灣文獻》，37(4): 9-84。

朱雲漢，2012，「2009年至2012年『臺灣選舉與民主化調查』三年期研究規劃(3/3)：2012年總統與立法委員選舉面訪案（TEDS2012）」，計畫編號：NSC 100-2420-H-002-030，臺北：行政院國家科學委員會補助專題研究計畫。

江明修、吳正中，2013，〈客家政治與民主發展〉，載於《客家政治與經濟》，江明修主編，臺北：智勝，頁29-48。

江明修、邱郁芬，2012，〈客家在大臺北地區的發展現況與未來〉，2012臺北客家國際學術研討會，9月29-30日，臺北：客家文化主題公園。

行政院客家委員會，2011，〈99年至100年全國客家人口基礎資料調查研究〉，行政院客家委員會網站：https://www.google.com.tw/url?sa=t&rct=j&q=&esrc=s&source=web&cd=3&cad=rja&uact=8&ved=0ahUKEwi8xvWRkOjLAhUJmZQKHSIyCnAQFggwMAI&url=http%3A%2F%2Fwww.hakka.gov.tw%2Fdl.asp%3FfileName%3D1521131271.pdf&usg=AFQjCNHn3cEiKtDODaX0WcLYvnPbtTOVVg，檢索日期：2015年3月30日。

行政院客家委員會，2014，〈103年度臺閩地區客家人口推估及客家認同委託研究成果〉，行政院客家委員會網站：http://www.hakka.gov.tw/Block/Block?NodeID=626&LanguageType=CH，檢索日期：2016年12月3日。

行政院客家委員會，2015，〈客家文化重點發展區〉，行政院客家委員會網站：http://www.hakka.gov.tw/ct.asp?xItem=128653&ctNode=2896&mp=2893&ps=69，查詢日期：2015年10月27日。

何來美，2007，〈解嚴後客家族群投票行為取向的流變〉，臺灣客家社會運動20年學術研討會，12月8日，臺北：臺灣大學。

何來美，2008，〈解嚴後客家族群投票行為取向的流變〉，載於《多元族群與客家：臺灣客家運動20年》，張維安、徐正光、羅烈師主編，臺北：臺灣客家研究學會，頁242-273。

何來美，2009，《何來美文學苗集：客家政治與文化》，苗栗：苗栗縣政府。

何來美，2012，〈從2012大選觀客家族群票源流向〉，客家雜誌網站：http://hakka226.pixnet.net/blog/post/43572910-%E5%BE%9E2012%E5%A4%A7%E9%81%B8%E8%A7%80%E5%AE%A2%E5%AE%B6%E6%97%8F%E7%BE%A4%E7%A5%A8%E6%BA%90%E6%B5%81%E5%90%91----%E4%BD%95%E4%BE%86%E7%BE%8E-，檢索日期：2015年2月3日。

吳應文，1989，〈政治是長遠的人格事業──邱連輝三十年完整的經歷〉，《客家風雲》，22: 6-8。

巫麗雪、蔡瑞明，2006，〈跨越族群的藩籬：從機會供給觀點分析臺灣的族群通婚〉，《人口學刊》，32: 1-41。

李文玫，1999，《「後生人」的客家經驗探究》，行政院客家委員會獎助客家學術研究成果報告。

李旺臺，1982，〈地方政治人物風雲鑑（一）：王玉雲、邱連輝、尤清、余陳月瑛、蘇南成〉，《聯合月刊》，15: 44-49。

李玫憂，1995，《臺灣地區重大交通建設區域分配公平性之分析》，臺南：成功大學都市計劃學系碩士論文。

周錦宏，2012，〈1990～2012臺灣客家研究之發展〉，2012新世紀臺灣客家：十年的回顧與前瞻研討會，11月24-25日，臺北：臺灣大學。

松崎仁三郎，1935，《嗚呼忠義亭》，高雄州：盛文社。

邱榮舉、施正鋒、陳石山、范振乾、何來美、王保鍵、葉紘麟，2010，〈臺灣客家族群政治板塊變化辨析〉，《中國評論》，155: 65-80。

邱榮舉、劉嘉薇，2012.1-2012.11，「大臺北地區客家族群投票行為之研究：調查資料分析與深入訪談」，計畫編號：101-07-01-07，新北：行政院客家委員會委託研究案。

客家雜誌編輯部，1996，〈總統候選人談族群語言文化政策（客家篇）〉，《客家雜誌》，69: 14-19。

客家雜誌編輯部，2004，〈客家票北藍南綠〉，《客家雜誌》，166: 20-21。

客家雜誌編輯部，2008a，〈單一選區兩票制對客家的影響〉，《客家雜誌》，211: 1-2。

客家雜誌編輯部，2008b，〈總統大選觀察與建言〉，《客家雜誌》，214: 1-2。

客家雜誌編輯部，2008c，〈2008馬英九客家政策白皮書〉，《客家雜誌》，214: 10-12。

施正鋒，1997，〈臺灣族群政治〉，《族群政治與政策》，臺北：前衛。

施正鋒，2006，《臺灣客家族群政治與政策》，臺中：新新臺灣文化教育基金會。

施正鋒，2007，〈臺灣民主化過程中的族群政治〉，《臺灣民主季刊》，4(4): 1-26。

柯朝欽，2015，〈臺灣客家現代族群想像的三種類型：民族認同、公民權利以及認知框架〉，《全球客家研究》，(5): 149-192。

洪惟仁，2006，〈高屏地區的語言分布〉，《語言暨語言學》，7(2): 365-418。

范振乾，2002，〈客家事務行政體系之建構〉，載於《客家公共政策研討會論文輯》，行政院客家委員會編著。臺北：行政院客家委員會。

唐詩，2015，〈桃竹苗固票　朱立倫：客家人國父建立國民黨〉，Yahoo奇摩新聞網站：https://tw.news.yahoo.com/-103429028.html，檢索日期：2016年1月29日。

張維安，2006，《記憶、認同與族群：族群記憶與臺灣客家意識的發展》，行政院客家委員會95年度獎助客家學術研究計畫結案報告。

張維安，2015，〈族群記憶與臺灣意識的形成〉，《思索臺灣客家研究》，中壢：國立中央大學出版中心。

張語羚，2015，〈明年客家妹當總統　蔡英文：確立客語成國家語言之一〉，ETtoday東森新聞雲網站：http://www.ettoday.net/news/20150923/568993.htm，檢索日期：2016年2月3日。

梁世武，2009，〈臺灣族群通婚與族群認同之研究〉，《問題與研究》，48(3): 33-62。

陳定銘、陳瑋鴻，2012，〈都市化後客家面臨的挑戰與因應〉，2012臺北客家國際學術研討會，9月29-30日，臺北：客家文化主題公園。

陳信木、林佳瑩，2015，〈居住隔離、族群互動、與客語使用之關連分析〉，客家委員會獎助客家學術研究計畫研究成果報告。

陳婕如，2017，〈客家族群政黨傾向之變化：2012、2014、2016桃園市選舉之分析〉，《中國地方自治》，70(5): 39-59。

陳順勝，1995，〈濁水溪往南的臺灣〉，《醫望HOPE雜誌》，7: 13-17。

陳義彥，1986，〈我國投票行為研究的回顧與展望〉，《思與言》，23(6): 557-585。

陳義彥，2000，「跨世紀總統選舉中選民投票行為科際整合研究」，計畫編號NSC 892414H004021SSS，臺北：行政院國家科學委員會補助專題研究計畫。

陳嘉甄，2013，〈客家意象形成與族群認同〉，客家委員會102年獎助客家學術研究。

彭文正、陳康宏，2012，〈客家平面媒體的議題設定功能〉，2012新世紀臺灣客家：十年的回顧與前瞻研討會，11月24-25日，臺北：臺灣大學。

彭鳳貞，2013，《桃竹苗地區客家選票之穩定與變遷研究——1985～2012新竹縣的跨時性分析》，臺北：行政院客家委員會委託研究案（成果報告）。

彭鳳貞、黃佳模，2014，《桃竹苗地區客家選票之穩定與變遷研究（第二階段）——以苗栗縣為焦點的分析》，臺北：行政院客家委員會委託研究案（成果報告）。

彭鳳貞、黃佳模，2015，《桃竹苗地區客家選票之穩定與變遷研究（第三階

段）—以桃園市為焦點的跨時性分析》，臺北：行政院客家委員會委託研究案（成果報告）。

曾建元，2016，〈書評：丘昌泰，2011，《臺灣客家》〉，《全球客家研究》，7: 299-322。

曾彩金，2001，《六堆客家社會文化發展與變遷之研究——建築篇》，屏東：六堆文教基金會。

游清鑫，2007，「2005年至2008年『臺灣選舉與民主化調查』四年期研究規劃（IV）民國九十七年總統選舉面訪案」，計畫編號：NSC 96-2420-H-004-17，臺北：行政院國家科學委員會補助專題研究計畫。

黃秀端，2004，「2002年至2004年『選舉與民主化調查』三年期研究規劃（III）：民國九十三年總統大選民調案」，計畫編號：NSC 92-2420-H-031-004，臺北：行政院國家科學委員會補助專題研究計畫。

黃尚志、蔡哲嘉，1995，〈南丐北帝的醫事人力與設施〉，《醫望HOPE雜誌》，7: 18-23。

楊重信，1990，〈臺北都會發展展望〉，《臺北都會區發展規劃研討會論文集》，臺北：內政部營建署。

葉德聖，2013，《您不能不知道的臺灣客家運動？》，臺北：五南。

劉千嘉、章英華，2014，〈原漢通婚家庭子女的族群認同與身分從屬〉，《臺灣社會學刊》，54: 131-180。

劉嘉薇，2014.1-2014.11，「地形、語言與情節——六堆客家族群投票抉擇之分析」，計畫編號：103-07-07，新北：行政院客委會委託研究案。

劉嘉薇，2017-2018，「選舉研究的缺角——客家族群投票行為之研究」，計畫編號：MOST 106-2410-H-305-040-SSS，臺北：行政院科技部專題研究計畫。

蔡珮，2007，《家庭觀影情境中族裔電視與族裔認同建構——以客家電視臺與客家族群為例》，計畫編號：NSC 96-2412-H-128-014-，臺北：行政院國家科學委員會補助專題研究計畫（成果報告）。

蕭新煌、黃世明，2001，《臺灣客家族群史政治篇》，南投：臺灣省文獻委員會。

謝復生，1996，「總統選舉選民投票行為之科際整合研究（選後面訪）」，計畫編號：NSC 85-2414-H-004-017Q3，臺北：行政院國家科學委員會補助專題研究計畫。

鍾壬壽，1973，《六堆客家鄉土誌》，屏東：常青出版社。

簡炯仁，2000，〈屏東平原客家「六堆」聚落的形成與社會變遷〉，《聚落、宗族與族群關係‧第四屆國際客家學術研討會論文集》，臺北：中央研究院民族學研究所。

羅烈師，2005，〈臺灣地區二十年來客家博碩士論文簡述〉，行政院客家委員會網站：http://www.hakka.gov.tw/Content/Content?NodeID=625&PageID=36792，檢索日期：2016年10月18日。

羅清俊與詹富堯，2012，〈立法委員特殊利益提案與中央政府計畫型補助款的分配：從民國94年至98年之資料探析〉，《公共行政學報》，42: 1-31。

二、英文部分

Berkowitz, Morris I., Frederick P. Brandauer, and John H. Reed. 1969. *Folk Religion in an Urban Setting: A Study of Hakka Villagers in Transition*. Hong Kong: Christian Study Centre on Chinese Religion and Culture.

Brown-Iannuzzi, Jazmin L., Kristjen B Lundberg, and Stephanie McKee. 2017. "The Politics of Socioeconomic Status: How Socioeconomic Status May Influence Political Attitudes and Engagement." *Current Opinion in Psychology* 18: 11-14.

Campbell, Angus, Philip E. Converse, Warren Miller, and Donald Stokes. 1960. *The American Voter*. New York: John Wiley & Sons, Inc.

Cohen, Myron L. 1968. "The Hakka or 'Guest People': Dialect as a Sociocultural Variable in Southeastern China." *Ethnohistory* 15(3): 237-292.

Constable, Nicole. 1996. *Guest People: Hakka Identity in China and Abroad*. Seattle: University of Washington Press

Cox, K. R. 1969. "The Voting Decision in a Spatial Context." In *Progress in Geography*, eds. C. Board, R. J. Chorley, P. Haggett, and D. R. Stoddart. London: Edward Arnold, 81-117.

Deutsch, M., and H. B. Gerard. 1955. "A Study of Normative and Informational Social Influences upon Individual Judgment." *Journal of Abnormal and Social Psychology* 51: 629-636.

Erbaugh, Mary S. 1992. "The Secret History of the Hakkas: The Chinese Revolution as a Hakka Enterprise." *China Quarterly* 132: 937-968

Gordon, Milton M. 1964. *Assimilation in American Life, the Role of Race, Religion, and National Origins*. NY: Oxford University Press.

Hashimoto, Mantaro J. 1973. *The Hakka Dialect: A Linguistic Study of Its Phonology, Syntax and Lexicon*. Cambridge [Eng.] University Press.

Hsu, Minna. 2010. "Forming a Basis for Recognition: The Construction of a Taiwanese Hakka Identity through Government Policy since 2000." *Taiwan International Studies Quarterly* 6(2): 165-193.

Jenkins, Richard. 1996. *Social Identity*. London; New York: Routledge.

Key, V. O., Jr. 1949. *Southern Politics in the State and Nations*. New York: A. A. Knopf.

Lahtinen, Hannu, Mikko Mattila, Hanna Wass, and Pekka Martikainen. 2017. "Explaining Social Class Inequality in Voter Turnout: The Contribution of Income and Health." *Scandinavian Political Studies* 40(4): 388-410.

Lay, Jinn-Guey, Yu-wen Chen, and Ko-Hua Yap. 2006. "Spatial Variation of the DPP's Expansion between Taiwan's Presidential Elections." *Issues & Studies* 42(4): 1-22.

Laurison, Daniel. 2016. "Social Class and Political Engagement in the United States." *Sociology Compass* 10(8): 684-697.

Lazarsfeld, Paul F., Bernard Berelson, and Hazel Gaudet. 1944. *The People's Choice*. New York: Columbia University Press.

Lutz, Jessie G. and Rolland Ray Lutz. 1998. *Hakka Chinese Confront Protestant Christianity, 1850-1900: With the Autobiographies of Eight Hakka Christians, and a Commentary*. Armonk, N.Y.: M.E. Sharpe.

Price, H. D. 1970. "Rise and Decline of One-party Systems in Anglo-American Experience." In *Authoritarian Politics in Modern Society: The Dynamics of Established One-party Systems*, eds. S. P. Huntington and C. H. Moore. New York: Basic Books.

Schmitt-Beck, Rüdiger. 2003. "Mass Communication, Personal Communication and Vote Choice: The Filter Hypothesis of Media Influence in Comparative Perspective." *British Journal of Political Science* 33(2): 233-259.

Sindler, A. P. 1955. "Bifactional Rivalry as an Alternative to Two-party Competition in

Louisiana." *American Political Science Review* 49(3): 641-662.

Young, Stuart. 2000."Taiwan's Minority Voters Hold the Power in a Close Race, the Hakka Ethnic Group Eyes the March 18 Election with Hopes of Saving Its Culture." *Christian Science Monitor*, March 10: 6.

國家圖書館出版品預行編目資料

客家選舉政治：影響客家族群投票抉擇因素的
　分析／劉嘉薇著. ——初版. ——臺北市：
五南圖書出版股份有限公司, 2019.02
　面；　公分
ISBN 978-957-763-270-8（平裝）

1.選舉　2.政治學　3.客家

572.3　　　　　　　　　　108000650

1PAW

客家選舉政治：
影響客家族群投票抉擇因素的分析

作　　　者 — 劉嘉薇（357.1）

企劃主編 — 劉靜芬

責任編輯 — 蔡琇雀、呂伊真、李孝怡

封面設計 — 王麗娟

出 版 者 — 五南圖書出版股份有限公司

發 行 人 — 楊榮川

總 經 理 — 楊士清

總 編 輯 — 楊秀麗

地　　　址：106台北市大安區和平東路二段339號4樓

電　　　話：(02)2705-5066　　傳　　　真：(02)2706-6100

網　　　址：https://www.wunan.com.tw

電子郵件：wunan@wunan.com.tw

劃撥帳號：01068953

戶　　　名：五南圖書出版股份有限公司

法律顧問　林勝安律師

出版日期　2019年 2 月初版一刷
　　　　　2024年 9 月初版三刷

定　　　價　新臺幣480元

經典永恆・名著常在

五十週年的獻禮 —— 經典名著文庫

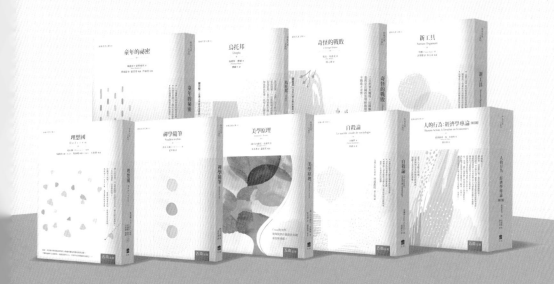

五南，五十年了，半個世紀，人生旅程的一大半，走過來了。

思索著，邁向百年的未來歷程，能為知識界、文化學術界作些什麼？

在速食文化的生態下，有什麼值得讓人雋永品味的？

歷代經典・當今名著，經過時間的洗禮，千錘百鍊，流傳至今，光芒耀人；

不僅使我們能領悟前人的智慧，同時也增深加廣我們思考的深度與視野。

我們決心投入巨資，有計畫的系統梳選，成立「經典名著文庫」，

希望收入古今中外思想性的、充滿睿智與獨見的經典、名著。

這是一項理想性的、永續性的巨大出版工程。

不在意讀者的眾寡，只考慮它的學術價值，力求完整展現先哲思想的軌跡；

為知識界開啟一片智慧之窗，營造一座百花綻放的世界文明公園，

任君遨遊、取菁吸蜜、嘉惠學子！